船舶原理与积载

（第二版）

主编　范育军
主审　黄广茂

哈尔滨工程大学出版社

内 容 简 介

本书是2009年江苏省高等学校立项精品教材,是航海院校与航运企业共同编写的项目式教材,全书共分六个项目。项目〇:船舶原理。该项目除了介绍船舶发展史以外,还介绍了与海上货物运输有关的船舶类型、船型和性能、船舶的基本结构知识。项目一:基本理论。该项目介绍了与船舶积载有关的船舶知识和货物知识,以及充分利用船舶的装载能力等。项目二:基本方法。介绍满足船舶的稳性要求、强度条件、吃水差的计算与调整等方法。项目三:杂货船积载。主要包括杂货、危险货物、重大件货物、冷藏货物以及木材货物运输等。项目四:散货船积载。分别介绍散装谷物、散装固体货物和散装液体货物等在海上船运时的各自特点和要求。项目五:集装箱船积载,讲述集装箱船运输的特点和要求。

为满足教学的要求和实践的需要,本书在附录中还列入了常见的货运单证、两种船型的有关资料及其积载的一般格式、杂货船积载实例、组件货物的系固方案核查计算方法等。

本书可作为高职高专院校航海技术专业的教材,也可作为高职高专航运管理类专业的教材,并可供在职船员及航运企业管理人员自学或培训使用。

图书在版编目(CIP)数据

船舶原理与积载(第二版)/范育军主编. —哈尔滨:哈尔滨
工程大学出版社,2010.10(2021.8 重印)
 ISBN 978 – 7 – 81133 – 883 – 6

Ⅰ.①船…　Ⅱ.①范…　Ⅲ.①船舶原理②船舶积配开
Ⅳ.①U661　U693

中国版本图书馆 CIP 数据核字(2010)第 130138 号

出版发行	哈尔滨工程大学出版社
社　　址	哈尔滨市南岗南通大街 145 号
邮政编码	150001
发行电话	0451 – 82519328
传　　真	0451 – 82519699
经　　销	新华书店
印　　刷	北京中石油彩色印刷有限责任公司
开　　本	787mm ×1 092mm　1/16
印　　张	20.5
字　　数	511 千字
版　　次	2011 年 1 月第 1 版
印　　次	2021 年 8 月第 3 次印刷
定　　价	38.00 元

http://www.hrbeupress.com
E-mail:heupress@ hrbeu.edu.cn

前　言

《船舶原理与积载(第二版)》是在熟悉船舶原理的基础上研究海上运输过程中货物管理的一门学科。它包括船舶原理的基本知识、货物在装载、海上运输、卸载等环节中对船运货物管理的原理、技术和方法。

承运人在海上货物运输过程中,负有管理货物的责任。他不仅要保证货物及时、完整无损地运送到规定的目的地,还要保证船舶安全、保证人命安全和保护海洋环境。

航海技术专业和国际航运管理类专业的学生,必须掌握海上运输中货物管理的理论、知识、技术和方法,所以,《船舶原理与积载》是航海技术专业和国际航运管理类专业的主要专业课程之一。

《船舶原理与积载(第二版)》以货物为主线,围绕海上货物运输中应遵循的安全、优质、快速、经济为目标,系统讲述了船舶的基本原理、海上货运管理的原理、方法和要求,兼顾满足航海技术专业的学生或在职船员参加国家海事局组织的全国海船船员适任证书考试的要求,即满足 STCW 公约关于具有履行"货物装卸与积载职能"的能力要求和满足《中华人民共和国海船船员适任考试大纲》的要求。书中选用了最新版本的国内外各类有关规则和规范资料,介绍了与海上货物运输有关的一些最新发展技术。

本教材以范育军主编的《船舶原理与积载》(2008 版)为母本,与兄弟航海院校和中外运长航集团南京油运公司合作编写的项目式教材。全书分六个项目。项目○:船舶原理。该项目除了介绍船舶发展史以外,还介绍了与海上货物运输有关的船舶类型、船型和性能、船舶的基本结构知识。项目一:基本理论。介绍了与船舶积载有关的船舶知识和货物知识,还介绍了充分利用船舶的装载能力的要求与实施办法。项目二:基本方法。介绍满足船舶的稳性、强度条件、吃水差的要求及基本计算技能。项目三:杂货船积载。主要包括杂货、危险货物、重大件货物、冷藏货物以及木材货物运输等。项目四:散货船积载。包括散装谷物、散装固体货物和散装液体货物等在海上船运时的各自特点和要求。项目五:集装箱船积载。

本书可作为高职高专院校航海技术专业和国际航运管理类专业的教材,并可供在职船员及航运企业管理人员自学或培训使用。

南通航运职业技术学院范育军副教授、船长编写了项目○中第一、二部分,项目二中第一、三部分,项目三中第一部分,项目四中第一部分和项目五;葛圣彦和孔定新老师共同编写了项目○中第三部分和项目一;朱永俊船长编写了项目三中第二部分;刘芳武副教授编写了附录一。中外运长航集团南京油运公司指导船长陈益群编写了项目四中第三部分。青岛远洋船员学院张钢副教授、船长编写了项目四中第二部分。福建交通职业技术学院陈福金副教授、船长编写了项目二中第二部分。南通航运职业技术学院黄广茂副教授主审。本书的编写得到不少同行的关心和支持,特别是武德春教授对本书的书稿提出了宝贵意见,在此表示衷心的感谢。

　　由于编写时间仓促,书中不足之处在所难免,敬请读者批评指正。

编　者

2010 年 5 月

目　　录

项目三　杂货船积载

项目四　散货船积载

绪　论

人类与水是分不开的,随着人类社会的进步与发展,船舶已成为人类活动的重要工具之一。船舶的发展经历了相当长的历史阶段,在世界的东方和西方,至少在七八千年前就出现了舟船。埃及、希腊、罗马和中国是世界造船与航海的发源地。在古埃及某王室的墓中曾出土了一件陶制花瓶,上面绘有世界上最古老的帆船,其年代可追溯到公元前3000年。公元前1500年,埃及女王就曾用帆船去远征。

公元前4世纪以后,罗马成为地中海区域的大国,对外贸易大为发展。根据公元200年的一座浮雕而绘制的罗马商船中,该船出现了双橹双帆,表明了驶帆技术的进步。

中国是世界上主要的船舶发源地之一,其古代的造船技术在世界上曾长期处于领先地位,在世界船舶发展的历史长河中作出过重大贡献。

《易·系辞》所记:"刳木为舟,剡木为楫",说的就是在旧石器时期利用火和石斧制造独木舟和船桨的过程。在浙江省余姚县河姆度村新石器时期文化遗址,发现有精湛的木构技术,并出土了大约7 000年前的雕花木桨,为我国舟船技术出现之早提供了实物证据。据理而论,有桨必有舟,独木舟在这一地区形成于8 000年前或更早一些。

到了春秋、战国时期(前770~前221),冶炼技术逐渐发展,开始广泛使用铁工具,促进了造船业的发展。不仅在黄河、长江上有相当规模的水上运输,而且在长江流域发生过多次水战,舟师的活动范围扩展到我国沿海。

1974年至1978年间,在河北平山县三汲乡战国墓中发掘出随葬的2 300年前的游船,引人注目的是,这艘战国古船用铁箍连接船板边缝的技术前所未见。现代木船在重要部位使用的形同蚂蟥的"锔钉",实际上就是半个铁箍,显然是铁箍的继承和发展。

秦、汉时期是我国舟船技术获得大发展的时期。到了唐、宋时期,中国的舟船技术日臻成熟。在这样的经济、技术基础上,才有明代永乐年间郑和七下西洋的壮举。

郑和于1405~1433年的28年间,受明成祖朱棣的委派,统率舟师七下西洋。每次出洋船员均超过2万人,船舶200多艘,其中大型宝船长44丈,宽18丈,排水量达14 000吨以上。郑和的船队不但到了南洋群岛的主要国家,而且一直到达非洲东岸,总航程10万余里。其规模之大,人数之多,船舶技术之先进,航行海域之广阔,都是历史上前所未有的。

众所周知,哥伦布比郑和下西洋晚87年,驾驶着3艘小船,他的旗舰"圣玛利亚"号长24米,排水量120吨。全舰队共有船员87人,如图0-1。

中国自明朝中叶以后,长期处于相对停滞的封建社会,重农轻商的传统极不利于商品经济的发展。1840年的鸦片战争后,英国侵占了我国香港,并迫使清政府开放5个口岸,中国开始沦为半殖民地半封建社会。外国的帆船、轮船自由地在我国沿海和内河航行,中国的造船

图0-1　哥伦布探险船队旗舰"圣·玛丽亚"号

业日益衰败。

1865年,我国建成第一艘蒸汽机轮船"黄鹄"号,该船长17.6m,航速约6kn。我国最初的几艘蒸汽机轮船,从技术上看,可能要比英国等技术先进的诸国落后七八十年,但这毕竟是中国近代造船的开端。

新中国的诞生,使船舶工业获得新生。新中国船舶工业的发展大体经历了三个历史时期:第一个时期是1949~1960年,依靠自己的力量迅速恢复和发展旧中国留下来的船舶工业,并借助前苏联的技术援助,奠定了中国现代船舶工业的初步基础。第二个时期是1961~1978年,在前苏联政府中断技术援助和西方国家继续对中国实行技术、经济封锁的情况下,克服国民经济暂时困难和十年动乱的影响,自力更生,奋发图强,基本建成船舶工业体系。第三个时期是1979年以后,在中共十一届三中全会路线和方针指引下,坚持四项基本原则,实行改革开放,中国船舶工业进入现代化建设的新时期。

在这三个时期,我国造船工业得到了长足的发展,其代表性的船舶有:20世纪50年代,京沪铁路运输繁忙,江南船厂设计和建造了几艘用于南京下关浦口的火车渡船"上海"、"江苏"、"金陵"号等。这些船的船长约110m,可装运20余节车厢。

1973年大连造船厂建成大舱口远洋货船"大理"号,它载重量12 000t,主机为南斯拉夫造,苏尔寿6RND76/155型低速柴油机,球鼻首、尾机、尾上层建筑实用美观。同年沪东造船厂设计建造了当时尺度最大的散货船"郑州"号,载重量25 000t。

改革开放政策的实行,国内、国际市场的开拓,促进了我国船舶工业的迅速发展,建造了许多船形优、性能好的出口船舶。例如:承接香港海洋服务公司订货,由中国船舶与海洋工程设计研究院设计,中华造船厂于1982年建成多用途货船"海建"号,它是我国第一艘出口的多用途货船。

从20世纪80年代后期开始,我国船舶制造业陆续从国外引进了50多项设计建造技术,并积极消化吸收,不断创新,使自主研发和建造能力显著增强,在散货船、油船等领域形成竞争优势,并培育出"中国江南"、"中国沪东"、"中国大连"等品牌船型。这一时期,代表性的船舶主要有:我国首次设计制造的高技术海洋石油开采工程船——52 000t浮式海上储油轮"渤海友谊"号,1989年4月5日在沪东造船厂交船。该船成功实现了我国浮式生产储油轮(简称FPSO)建造"零"的突破。我国现已成为世界上新建FPSO数量最多的国家。

自1956年集装箱船(图0-2)问世以来,越来越受到运输业的欢迎,现在已经发展成为运输船中最主要的船型。

2008年,10 000TEU级的集装箱船在江苏南通中远川崎建成,将集装箱船带入了超大型集装箱船的时代。

进入21世纪以来,我国造船业全面开花,呈现出资金密集、技术密集、劳动

图0-2 集装箱船

密集的特点。这一时期建造了大型的先进水面舰船、集装箱船、客滚船、LPG液化石油气船、三用工作船、豪华型游艇、多用途船等多种高附加值船舶。我国自行研发的17.5万吨好望角环保型散装船目前是世界独一无二的。

在开发高速大动力船型方面,我国也有了创新成果,由求新造船厂建造的"天鹅"号地效翼船,是当时世界上最大的动力气垫地效翼船,总体性能达到国际先进水平。

　　随着世界船舶市场船型的不断更新,我国也不断向高新尖端领域船舶发展。大连新船重工于2002年8月31日建造成功的我国第一艘30万吨级巨型油船(VLCC),填补了国内多项空白,在超大型油船的设计、建造上实现了"零"的突破,圆了几代中国造船人的梦想。从此大大增强了我国船舶工业在国际船舶市场上的竞争力,并跨入世界造船强国之列。

　　中远集团所属南通中远川崎船舶工程有限公司建造的30万吨级巨型油轮"远明湖"号,以93万建造工时(坞期仅为四个半月),再次刷新中国建造远洋船舶的工时最短记录。在此之前,南通中远川崎已经建造一艘30万吨级油轮。

　　科技创新推动了船舶工业的快速发展。液化天然气船(LNG)、大型油轮(VLCC)、超大型油轮(ULCC)、客滚船、大型集装箱船等一批高技术、高附加值船舶的成功开发,拓展了新的市场领域,扩大了国际市场份额;造船效率大幅提高,部分船舶建造周期已接近世界先进水平,国际竞争能力进一步提升。

　　经过十几年的努力,中国当代的船舶工业已经赢得世界航运和造船界的信赖。根据英国劳氏船级社的统计,中国的出口船舶占世界出口船份额稳步增长,继韩国之后居世界第二位,2010年,我国船舶工业订单量已跃居世界第一。因此说,中国既是世界上的造船古国,也是当今世界的造船大国。

项目〇　船舶原理

- 了解船舶类型、船型和性能
- 熟悉船体基本结构

第一部分　船　舶　类　型

知识点 1：船舶概述

　　船舶在用途、航行区域、运动状态、推进方式、动力装置、造船材料和使用范围等方面也各不相同，因此船舶种类繁多，各具特色。

　　按用途可分为：用于军事目的叫军用船舶；用于运输、渔业、工程、海洋开发等方面的船舶统称为民用船舶。

　　按航行区域可分为海洋船舶、港湾船舶和内河船舶三大类。海洋船舶又分为远洋船舶、近洋船舶和沿海船舶三种。航行在湖泊上的船舶一般归于内河船舶类。

　　按运动状态可归纳为浮行船、滑行船、腾空船三类。浮行船舶是指一切水上浮行和水下潜行的船舶。滑行船是指航行时，船身绝大部分露出水面而滑行的船舶。腾空船是指船身在完全脱离水面的状态下运行的船舶。

　　按推进方式可分为原始的撑篙、拉纤、划桨、摇橹等人力推进的船舶；依靠风帆、风车、风筒等风力推进的船舶；依靠各种机械推进的明轮船、喷水船、螺旋桨船、空气推进船等。

　　按动力装置的不同可分为往复蒸汽机船、柴油机船、汽轮机船、燃气轮机船、电力推进船、联合动力装置推进船和核动力装置船。

　　按造船材料可分为木船、水泥船、玻璃钢船和钢船。

知识点2：船舶分类

一、运输船舶

（一）客船

它的主要任务是载运旅客及其携带的行李，对兼运少量货物的客船又称客货船。由于客船多为定班定线航行，通常亦称为客班船。

客船的性能和设备需确保航行安全。船舶应具有足够的强度，在一定的风浪作用下不至于倾覆；在旅客集中于一舷或在船舶回转时，应保持相当的稳定性，不至于出现不利于安全和使旅客发生惊慌的过度倾斜，通常认为惊慌倾斜角度不超过8°～10°；在一定数量的隔舱因破洞进水时仍能保持船舶不至于沉没，在构造上和选用材料方面均应有必要的防火措施；有符合要求的消防、救生、通信等设备。

客船的外形特征是甲板层数多，上层建筑丰满，首尾大都呈阶梯形，使上层建筑及其他实体都包络在一个光顺的流线之内，以减少空气的阻力。此外，在船的顶层两边，停放着数量较多的救生艇和其他救生工具，这是客船的一个显著特征。客船一般具有快速、平稳、灵活、安全、可靠和生活设施齐全等特点。

1. 远洋客船

它是航行于大洋之间的大型客船，一般满载排水量都在1万吨以上。图0－3所示为豪华的邮轮。

2. 近洋客船

它是航行于近洋各城市之间的客船，一般满载排水量为5 000～10 000 t。如近洋客船"长征"号，它满载排水量为7 700 t，船长138 m，船宽17.6 m，吃水6 m。

3. 沿海客船

它是航行于沿海各港口之间的客船，其航线距离海岸不远，一般满载排水量在5 000 t以下，航速为12～16 kn。

图0－3　邮轮

4. 内河客船

它是航行于江河湖泊上的客船，排水量为几十吨至几千吨。在我国，最具代表性的是航行于长江上的客船。

5. 旅游船

客船载客是以从一地至另一地为目的的，而旅游船载客是进行水面观光、旅行、游玩的。因此，旅游船要求造型美观，典雅舒适，窗多口大，有宽阔的视野与高低视角，可时快时慢，使人感到轻松、快乐。

（二）货船

它是以载运货物为主的专用船舶。货船上除了供船员住宿、活动和装有各种必需设备的舱室外，大部分的舱位都作为堆贮货物的货舱。货船的种类很多，大小不等，小到几百吨，大到几十万吨。按载运货物的性质不同可分为干货船和液货船两大类。

1. 普通货船

又称杂货船或统货船,是干货船的一种,主要装载一般包装、袋装、箱装和桶装的件杂货。杂货船一般都是双层甲板,为缩短装卸货物的时间,货舱口特别大,并且配备了完善的起货设备,如吊货杆、起重绞车或回转式起重机等。

2. 散装货船

它是专门用来运送煤炭、矿沙、谷物、化肥、水泥、钢铁、木材等散装物资的船舶。这种船装得多,卸得快,成本低,第二次世界大战后发展很快,其数量仅次于油船。它的特点是驾驶室和机舱都在尾部;货舱口比杂货船的还要宽大;内底板与舷侧用向上倾斜的边板连接,以便散货能自动向中央集中;甲板下两舷与舱口边做成倾斜的顶边舱,以限制散货向左右两舷移动;此外有较多的压载水舱,作为空载时压载之用。

3. 集装箱船

为了提高营运效率,1956年美国一家公司将油船"盖特威城"号改装后在甲板上试装集装箱取得成功,装卸时间由7天缩短到15小时,取得了良好的经济效益。集装箱船是一种专门载运集装箱的特种船。它的全部船舱或部分船舱用来装载集装箱,必要时在甲板或舱盖上也可堆放集装箱。集装箱船的舱口又宽又长,甲板较小,货舱尺寸都按装箱要求规格化。它装卸效率高,货损小,停港时间短,经济效益好。图0-4为东方海外的集装箱船。

图0-4　集装箱船

4. 滚装船

它是20世纪60年代末在集装箱船的基础上产生的新船种。在滚装船上,既没有货舱口,也没有吊杆和起重设备。船尾高高竖起一块大跳板,船靠码头后,跳板放下,搁在码头上,装有集装箱的车辆便可顺利地开上开下,进行装卸作业。

滚装船无论是外部形状、内部结构、舱室布置,还是装置设备,都独具特点。从外形看,滚装船比同等载货量的其他货船都要高大。因其用车辆载箱上下并随船航行,故有多层停车甲板。滚装船适应性强,可以装运多种类型的货物,比集装箱船具有更大的灵活性。

5. 载驳货船

它在某种意义上说就是用驳船代替集装箱船的特种集装箱船。驳船类似于集装箱船,可以装载各种货物,它是浮在水面上的运输单元。

6. 冷藏货船

它是专门运输易腐货物的船,货物主要是果品和肉类,要求在运输过程中保持一定的低温,以保证货物不致变质与腐烂。冷藏船为防止下层货物被压坏,常设置多层甲板。

7. 液货船

它是专门载运液体货物的船。液体货物有油、酒、液化气、氨水及其他化学药液等,大量运输的是石油及其制品。

装运石油的船舶叫油船。在海上运输中,油船占了近一半。油船有独特的船型特征和外形布置,它只有一层纵通的甲板。油船里面有纵横舱壁将油舱隔开,舱口小,水密性好,航行时不怕波浪涌上甲板,所以在满载航行时,其甲板边线几乎是接近水面的。石油产品是易燃物,很容易挥发和燃烧,过量的石油挥发气体还会引起爆炸,所以油船上的消防设备比较完善。在酷暑季节设有降温用的甲板洒水设备;在严寒季节,为了不使石油冻黏变稠,便于输送,备有蒸汽加热装置。

（三）推、拖、驳船

拖船、顶推船和驳船编队组合成货物运输船队,较之货船有更灵活的机动性和更大的运输量。

1. 拖船

它是用来拖曳没有自航能力的船舶、木排,或协作大型船舶进出港口、靠离码头,或作救助海洋遇难船只的船舶。拖船没有装载货物的货舱,船身不大,但却装有大功率的推进主机和拖曳设备。

拖船有海洋拖船、港作拖船和内河拖船之分。海洋拖船在各海港之间进行拖曳运输作业,或者执行救援海难遇险船舶的任务;港作拖船主要在港湾内进行作业,如拖曳船舶进出港口、协助大型船舶靠离码头、拖带船舶出入船坞、拖带工程船舶移位以及进行船队编队、救生、消防等工作;内河拖船主要在内河进行拖曳作业。图 0-5 所示为海上救助船。

2. 顶推船

它是专门用来顶推非自航货船的船舶。它与拖船相比有以下优点:推船与驳船连接后可前进也可倒退,拖船与驳船连接则只能进不能退;推船与驳船连接可自由回转或停止前进,拖船与驳船连接不能自由回转或随意停航;推船所推驳船可省去舵设备,拖、驳船队则每条驳船都需有舵设备和配有舵手;推、驳船

图 0-5　海上救助船

队长度短,而拖、驳船队长度长。此外,顶推运输比拖带运输航速高。

3. 驳船

它是泛指一切本身没有自航能力而需拖船或顶推船带动的货船。驳船的特点是载货量大,吃水浅,设备简单,船上通常不设置起货设备。驳船一般为非机动船,本身没有推进装置(少数有推进器的驳船称为机动驳)。驳船与拖船或推船组成驳船船队,可以航行于狭窄水道和浅水航道。

（四）渡船

它是航行于江、河两岸渡口或海峡、岛屿间的从事短途渡运旅客、货物、车辆和列车的船舶。渡船设备比较简单,有良好的操纵性能。

1. 旅客渡船

它是专门用于旅客横渡海峡及江、河用的船舶,严格地说也属于客船。为了扩大旅客的乘载量,并保证有足够的稳性,采用双体船是较为适宜的。

2. 汽车渡船

它是一种首尾对称的双端渡船,两端均装有推进器和舵,并可两端靠岸,航行时船舶不用调头,汽车上下不用开倒车。

3. 火车渡船

它是装载铁路车辆航行于江河、海峡或岛屿之间的渡船。

二、渔业船舶

(一)渔船船型的分类

渔业船舶是从事渔业工作船舶的总称。由于渔法、渔具和渔捞对象的不同,其形式和特点相当复杂。根据渔船任务的不同,大致可分为以下四类:

(1)直接从事渔捞生产的船舶;

(2)专门从事渔获冷藏加工的船舶;

(3)专门从事收鲜、运输的船舶;

(4)专门从事渔政、救助和渔业调查、实习的船舶。

(二)网类渔船

1. 拖网渔船

它是一种利用拖曳袋形网具来捕捞海洋底层及中、下层鱼鲜的渔船。两船同时拖一个渔网的叫"对拖渔船";一船单独拖网的叫"单拖渔船"。

2. 围网渔船

它是一种主要捕捞海洋中游行迅速的上层鱼群的渔船。围网渔船既可单船作业,也可双船作业,当发现鱼群后,在其周围撒下长带形的网具将鱼群包围,然后把网具的底索收紧,使网成为一个大口袋,鱼群则被捕在渔网中。

3. 钓鱼渔船

它采用的捕鱼方式是钓钩钓鱼,即用钓线连接钓钩,钩上装饵料,引诱水里的鱼上钩,然后用人力或机械将鱼取上来。

4. 捕鲸船

它是一种追猎式渔船,是捕杀鲸鱼的专用船舶。捕杀鲸鱼后,一般到基地或捕鲸母船去加工。

捕鲸船通常在首部设炮位,前桅设　望台,驾驶室与炮位之间有步桥相通,追鲸时,炮手、　望人员、船长、机舱人员要紧密配合。

5. 渔业加工母船

它的主要任务是在海上接收捕捞船的渔获物,将其加工成各种鱼品,在船上贮藏或转运,因此它常与捕捞船、冷藏运输船、油船等组成综合船队。

三、工程船舶

工程船舶是为某种水上或水下工程的需要而设计建造的船舶的总称,它装置有成套的专门的工程机械,用以完成特定的工作任务,因此它实际上是水上的浮动工厂。现代工程船舶的任务相当广泛,大致可分为海洋开发船、航道工程船及专业工程船三类。

(一)海洋开发船

1. 钻井船(平台)

固定式平台只适用浅水,而且不能移动。在移动式平台中,先发展支撑于海底的坐底式平台,后来才发展自升式平台。

（1）坐底式钻井平台

该平台上体为钻井平台或称平台本体,下体为移动时提供浮力的沉垫。在上体与下体之间连接若干立柱,需要钻井而坐底时,在水体中灌入压载水使之沉底,而上体的平台则露出水面一定高度。坐底式的作业深度约为 10～25 m,个别可达 50 m。

（2）自升式钻井平台

在驳船式的船体边、角上装三四根甚至更多的桩腿,每根桩腿可以利用液压或齿轮齿条装置各自相对于船体上下升降。自升式钻井平台工作水深由 60 m 增到 100 m,作业稳定,效率高,成本低,目前有半数钻井船采用这种形式。图 0-6 为自升式钻井平台。

（3）半潜式钻井平台

由于接地式钻井平台受到作业水深的限制,当工作水深超过 100 m 时,就转而使用浮式平台。最大作业水深达 500 m,而最大排水量达 30 000 t 以上。

图 0-6 自升式钻井平台

（4）钻井船

它是漂浮于水上进行钻井的船。采用多锚定位或中心锚泊定位。船的运动幅度相对较小,能适应作业要求。

2. 采油平台

其基本要求与钻探平台相同。它的基本类型有固定式、接地式(坐底式和自升式)、浮动式(船式、半潜式)、可拆移式(牵索塔式、张力腿式)等多种。浮动式和可拆移式能适应深水作业。

3. 海洋调查船

它是用于完成海洋表面状态、海流结构、海洋水文气象、地球重力场和磁场、海底结构、海中水声传播规律、海洋生物、地核组成等多学科、多领域的研究考察任务的船舶,是活动的海洋研究基地。

4. 教学实习船

船上设有大小教室、图书室、实习驾驶室、实习海图室、实习集控室、实验室、计算机室、电工测试室等。船上通信、导航设备齐全,并装有闭路电视,学生在教室上课即可看到船舶首尾及机舱作业的情况。

5. 海洋环境保护船

（1）海洋环境监测船

为保护海洋环境不受污染,常在港口附近的水域、船舶较密集的水道、采油区以及特定的海区设有海测环境监测船。船上装有污水采集器和相应的分析仪器,同时设有电视摄像机,可随时拍摄下非法排污船只的情况。

（2）浮油回收船

它是用以拦截和回收海上油井喷油或油船因海损溢油的船只。主要用于清除港口及海岸的浮油,有效地消除污染,是一种重要的海洋环境保护船。

（二）航道工程船

它是用于疏浚和管理航道水域,保证航道畅行无阻,以及协助水利建设的工程船舶。

1. 挖泥船

它是应用最多的一种工程船舶,主要用于疏浚航道和开挖港、渠。

（1）吸扬式挖泥船

吸扬式挖泥船的三种形式如下:

①耙吸式挖泥船;

②绞吸式挖泥船;

③静吸式挖泥船。

（2）单斗式挖泥船

单斗式挖泥船可分为抓扬式和铲扬式两种。

2. 助航船

它是在航道上测量水深、勘探险滩暗礁和敷设航行标志的船舶。

（1）测量船

它是测量航道水深和水底地形的一种船舶。

（2）灯船

设置在不便于修筑灯塔的地方,是给航行中的船指示航向的一种船舶。船上设有灯台,在夜晚能定时闪光,以显示灯船的位置。

（3）航标船

它是用于定期巡视和检查各处灯塔、灯船和航标情况,并担负在港口、航道或海域中设置航行标志(浮标)任务的专用船舶。

3. 破冰船

破冰船就是一种专门用来破碎冰层开辟航道的船舶。它的破冰层方法通常采用调节船内前后、左右水舱的水位,以增加船头及两舷的压重,使冰层挤压破碎。

4. 打捞船

为了保证航道的畅通及航行安全,必须及时清除航道中的沉船和其他物体。打捞船就是专门完成该项任务的船舶。船上配备有潜水、电焊、切割、加工机床、水泵、空压机、拖绞、起重等设备。

（三）专业工程船

这种船舶的专业性很强,种类较多,下面介绍几种有显著船型特征的专业工程船。

1. 起重船

又名浮吊,有两种形式:一种是固定式,如图0-7所示;另一种是旋转式。

2. 浮船坞

它是一种能将整艘船舶抬浮出水面的修船设备。通常船舶水下部分的壳板更换、污物清除、壳板油漆以及螺旋桨、舵或其他装置的拆换修理等工程均需在船厂的

图0-7　起重船

陆上干船坞内进行,而浮船坞实际是可以在水面上移动的船坞。与干船坞相比,它具有机动性好和投资少的优点。

3.修理船

浮船坞无动力装置而不能自航;修理船能自航但不能将被修船抬出水面。

4.水上水厂船

它是江河湖滨水域的现代化流动水厂。因取水方便,它比在陆地上建造一座相当规模的水厂投资费用节省2/3。

5.打桩船

打桩船与起重船相类似,箱形船体,且多为非自航船舶。打桩船最重要的设备是高大的桩架,通常建在首部。打桩时,桩架作为桩的导轨,重锤沿桩架升落。

6.海底敷管船及布缆船。

7.海洋救助打捞船

它是对遇难船舶进行施救和打捞沉船用的工程船。为了能迅速赶到现场,要求有较高的航速。

四、工作船舶

工作船舶是指为港口业务服务的专用船舶。

(一)引航船

它又称领港船,其任务是接送港口引航员上下外国船舶,并引导外国船舶安全进出港口。

(二)交通船

它是用作港内水上接送船员或港务人员登陆与登船的小型工作船。

(三)供应船

许多国内和国外的船舶到港后均需要添加淡水、燃料、食品等,供应船就是为此服务的。按照供应品的不同有各种各样的供应船,例如供水船、供油船、食品供应船等。

(四)消防船

它是执行对港内船舶、码头、海上油田和岸边建筑物进行消防灭火的专业工作船。消防船的船型很像一般的拖船,船身漆成红色。船上设置高压水泵和喷射水枪。消防水枪设在离水面很高的消防塔上,有的则设在加粗的船桅顶上。

(五)港作拖船

它的任务主要是拖曳其他船舶进出港,协助大型船舶靠离码头,拖带修造船舶进出船坞,拖带工程船舶移动位置,以及进行船队编队、救生、消防等工作。

(六)垃圾处理船

它主要处理在锚地停泊和进出港口的船上垃圾、生活污水和油污水,因而具有固体垃圾、生活污水、污油水等处理系统。

(七)医院船

它的使命主要是执行人道主义,及时地抢救和医治战斗中的伤者、病者、遇难者和收集死者。医院船应有明显的特殊标志,即它的外表面一律漆成白色,在船身的两侧及其平面上,应涂漆尽可能大的、最容易被人从空中或海上辨认的一个或多个红十字(或红新月)。一切医院船应悬挂本国国旗,在其大桅杆的最高处还要悬挂白底红十字旗(或白底红新月旗)。医院船上的设备除了同其他船舶相同的设备外,还配有与陆上医院相似的各种医疗设备,并设有手术室、X光室、化验室、血库、急诊室、治疗室、复苏室、看护室、休养室及其足够的病床;开有内科、外科、牙科、传染科、五官科等。

五、军用船舶

军用船舶是执行战斗任务和军事辅助任务的各类舰船的总称。按其基本任务的不同又可分为不同的舰种,如航空母舰、巡洋舰、驱逐舰、护卫舰、军用快艇、猎潜艇、布雷舰、反水雷舰艇、登陆舰艇和潜艇等;其中不具有直接作战能力,专门担负海上军事物资和技术保障任务,如补给船、侦察船、维修供应船、导弹和卫星跟踪测量船、远洋打捞救生船、潜艇救生船、消磁船、捞雷船、训练船、靶船等。

一般称排水量500吨以上的为舰,500吨以下的为艇。

(一)航空母舰

它是以舰载飞机为主要武器并作为其海上活动基地的大型军舰,是海军的水面战斗舰艇中的最大舰种。自1918年世界上第一艘航空母舰在英国问世以来,航空母舰在现代海战中起着越来越重要的作用,代表着现代舰队的实力。它主要用于攻击水面舰艇、潜艇和运输舰船,袭击海岸设施和陆上目标,支援登陆作战,夺取作战海区的制空权和制海权,并担负编队的反潜指挥中心。最大的核动力航空母舰可达9万余吨,其航速约26~35 kn,续航力大。大型航空母舰最多可携带飞机100余架,一般备有预警机、战斗机、攻击机及反潜直升机等多层次的作战用机。

图0-8　航空母舰

图0-8为美国核动力航空母舰。

(二)巡洋舰

它是一种强有力的、多用途的、适于远洋作战的大型水面战舰,其航速高,续航力大,耐波性好,具有相当强的战斗力和指挥功能。巡洋舰主要用于海上攻防作战,保卫己方或破坏敌方的海上交通线,支援登陆或反登陆作战,袭击港口基地和岸上目标,掩护己方舰艇扫雷或布雷,以及防空、反潜、警戒、巡逻、为舰载机导航等。

巡洋舰的排水量通常在6 000~15 000 t,最大可达30 000 t,航速约30~34 kn。

(三)驱逐舰

它是各国海军兵力中使用最广泛的一个舰种。驱逐舰是以导弹、反潜武器和火炮为主要武器的中型水面战斗舰艇。它航速较高,耐波性好,战斗力强,并具有多种作战能力,用于攻击敌方潜艇和水面舰船,以及侦察、巡逻、护航、警戒、防空、布雷和袭击岸上目标等。

驱逐舰的排水量通常为3 000~6 000 t,航速在35 kn左右。

(四)护卫舰

它是一种比驱逐舰武器装备弱,续航力小,以护航、反潜或巡逻为主要任务的轻型水面战斗舰艇。现代护卫舰上的武器多数以导弹为主,故也称导弹护卫舰。

护卫舰的排水量一般为 1 000 ~ 3 000t,航速为 25 ~ 30 kn。

（五）军用快艇

它是突出以某一种武器为主的军用高速艇。按其所配备的武器不同,可以分为炮艇、鱼雷艇和导弹艇,其航速在 35 ~ 50kn 之间。

（六）猎潜艇

猎潜艇上装有对潜艇的搜索器材和多种反潜武器,主要用于在近海和基地附近搜索并歼灭敌人潜艇。

猎潜艇是一种近海的轻型反潜兵力,排水量为 100 ~ 900 t,航速为 18 ~ 35 h。

（七）布雷舰艇

布雷舰分为远程布雷舰和基地布雷舰,排水量一般为 600 ~ 6 000 t,航速 12 ~ 30 kn。目前由于趋向于使用飞机和潜艇布雷。

（八）反水雷舰艇

它是专门用于扫除和消灭水雷,开避雷区航道,保障己方舰船航行安全的各种舰艇的总称,包括扫雷舰艇、猎雷舰艇和破雷舰艇。扫雷舰的排水量一般为 500 ~ 1 000 t。

（九）登陆舰艇

它是专门为登陆作战而设计的一种特种舰艇。

（十）潜艇

它又称潜水艇,是一种能潜入水下活动和作战的舰艇。它利用调节压载水舱的水来改变浮力,从而既可在水面又可在水下航行。它主要用于攻击敌方水面舰船和潜艇,袭击敌沿岸主要设施和岸上的重要目标,破坏敌海上交通线,也可用于布雷、侦察等。潜艇具有隐藏性好、机动灵活、自给力与续航力较大、突袭力较强的特点。图 0 - 9 所示为核潜艇。

图 0 - 9　核潜艇

核潜艇的航速最快可达 40 多节。

（十一）军辅船

它又称"勤务舰船"、"辅助舰船",其主要任务是为战斗舰艇提供各种战勤保障和技术服务,排水量几十吨至数万吨不等。

1. 补给船

它的基本使命是在海上为航行中的战斗舰艇补充各种消耗品,从而延长其续航能力,扩大其活动范围和作战半径,使舰队能在远离基地处活动。

2. 侦察船

它是一种装有多种侦察技术设备、专门在海上从事侦察活动的舰船。

这种长期在海上执行侦察任务的船舶,一般续航力较大,超过 10 000 海里,自持力约为 2 ~ 3 个月以上,其排水量约为 5 000 t 左右。

3. 维修供应船

它是海上供应基地,可以与战斗舰艇一起活动,不断及时地向战斗舰艇提供维修和补给服务,以免战斗舰艇经常往返岸上基地去进行维修和补给,因此维修供应船有时又被称为"母舰"、"供应舰"。

4. 导弹、卫星跟踪测量船

世界上仅美国、法国、中国和俄罗斯拥有。

5. 远洋打捞救生船

它是多用途的新型船舶,主要使命是在导弹试验时,测量弹头落点,打捞数据舱。

6. 潜艇救生船

它用于营救失事潜艇的艇员。

7. 消磁船

它是对舰船进行磁性检测、消磁处理的船只。

8. 捞雷船

因为鱼雷、水雷的价格昂贵,所以世界各国都用不装填炸药的操雷进行训练。捞雷船就是一种专门打捞回收操雷的军辅船。

9. 训练船

它的任务主要是为海军培养指挥员和专业人员提供教学及训练场所。

六、特种船舶

特种船舶是指相对于浮行船舶(排水船)的船型、航速、材料、结构、动力等某个方面有显著不同的船舶,以及一些新型船舶。

(一)滑行船

滑行船的特点是在水面航行时,仅部分船底与水面接触,同时静水浮力几乎完全被水动力取代,使船身抬起。滑行船航速高,每小时可达 40~50 海里,甚至 60 海里;稳性好,摇摆不大,航向稳定。

(二)水翼船

水翼船就是一种装有水翼的航行船舶。船底的首、尾部水下部分,各有一个断面与飞机机翼相类似的水翼。水翼船按水翼形式不同可分为以下几种。

1. 割划式水翼船

如图 0-10 所示,水翼形状呈 U 形,航行时 U 形水翼的上部翼端露出水面,在两舷将水面划开,而中部水翼浸没于水中。

2. 全浸式水翼船

水翼全部浸入水中,由电子操纵系统控制,受波浪影响小,性能好,失速也小,但其结构和控制系统比较复杂,造价高,因此仅用于海洋军用水翼船上。

图 0-10　水翼船

3. 浅浸式水翼船

这种水翼由两个一前一后的主水平翼组成,左右两舷的水面处还设有辅助平面水翼。

其特点是吃水浅,阻力小,结构简单,无需自动控制系统。

（三）气垫船

它是一种依靠气垫作用离开水面腾空航行的新型船舶。船上的升力风扇把压缩空气打入船底,在船底形成一个有一定厚度的空气层——气垫(静态气垫),用以支撑船体。

（四）垫气船

垫气船与气垫船都是向船底打入空气,形成气垫,然而它们在原理上却有很大不同。垫气船上的鼓风机功率很小,仅用于充填气室,它形成的气垫不能支撑船重,其船重仍由浮力来支撑,船有一定的吃水深度。垫气船的气垫存在于水中,因为船底有许多凹方格气室,气垫周围是隔板和水,所以气室内的气垫只有少量空气间断逸出,其空气补充量少,风机功率消耗自然也小。

（五）地效翼艇

地效翼艇在航行时,能使船体及附体全部升离水面,不受水的阻力,就像飞机似的只受空气阻力。地效翼艇的飞行高度为 0.3~0.8 m,属特超低空,这是与飞机的根本区别,而且它又能在水面或码头停泊,仍具有船的特征。它的航速介于飞机和船舶之间,可达到 100~300 海里/小时,是当今航速最快的船。

图 0-11　地效翼船

地效翼艇有许多优点,其航速为船舶中的最高者;它的飞行高度为特超低空,是雷达的盲区,故在军事上有其特殊的使用价值;它的使用范围广,可以在水面、陆地以及冰雪地面上起飞和降落;比飞机经济。

此外,还有双体(或多体)型船舶、半潜型船舶、全潜型船舶、新型帆船、全自动化船舶、超导电力(或电磁)推进船舶等新型船舶。

第二部分　船型和性能

船舶是一种浮动的水上工程建筑物,它航行在水中,经常会遇到狂风骇浪或急流险滩,因此要求船舶坚固耐用、性能良好、造型美观、经济合理,在江河湖泊中能高速、平稳、安全地航行。船舶的航行性能是指船舶在水中平衡和运动的规律,它包括浮性、稳性、抗沉性、快速性、操纵性和耐波性。

知识点 1:船型与尺度

船舶的航行性能与船体形状及尺度大小密切相关,因此在介绍船舶各项航行性能之前,先了解一下船体线型及其有关内容。

一、船体线型

为了使船舶航行时所受到的阻力最小,船体的表面都做成流线型的光滑曲面,两头尖瘦中间肥大,因此仅仅用长、宽、高三个尺度并不能表示出船舶的真实形状和大小,它是通过称为船体外型线图的图样来表示的。型线图在三个相互垂直的投影面上,以船体外型表面的截交线、投影线和外廓线表示船体外形的图样,如图 0 - 12 所示。型线图上所表示的船体形状包括外板型表面的形状和甲板型表面的形状。型线图的视图是由纵剖线图(V 面投影)、横剖线图(W 面投影)和半宽水线图(H 面投影)三个视图所组成。

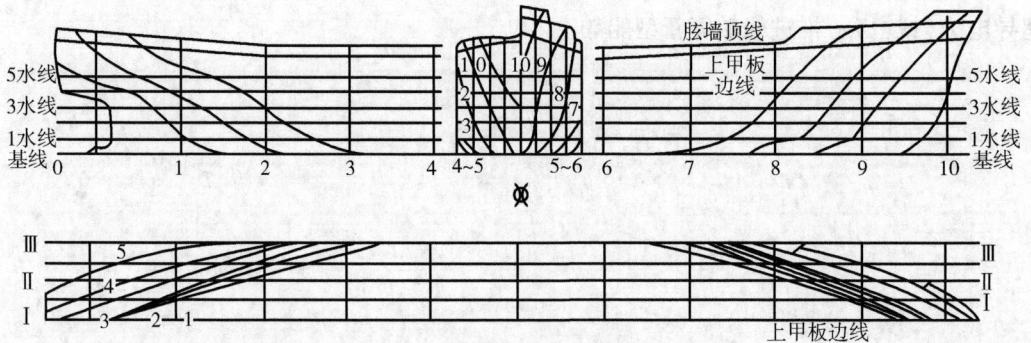

图 0 - 12　船体型线图

(一)三个相互垂直平面及三条交线

三个相互垂直平面为中线面、设计水线面和中站面,如图 0 - 13 所示。这三个相互垂直的平面相当于三视图中的 V,H,W 三个投影面。

1. 中线面及中纵剖线

中线面是一个垂直于基面(与船底相切的面)的船体左右对称平面,自船尾向船首看,左手的一侧为左舷,右手的一侧为右舷。中线面与船体型表面的交线为中纵剖线,它反映了

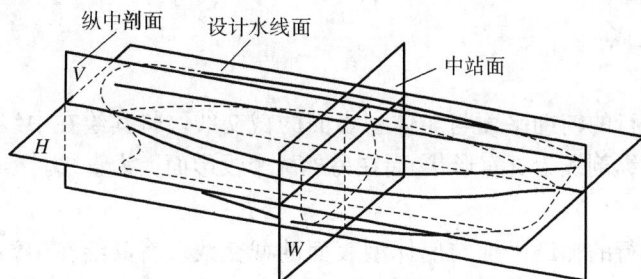

图 0－13 三个相互垂直的平面

船舶的侧面形状,包括甲板中心线、龙骨线及首尾外形轮廓线。

甲板线是甲板中心线和四板边线的统称。甲板中心线有直线和带脊弧的曲线两种;甲板边线也有直线和带舷弧的曲线两种。大多数船舶甲板都带有脊弧和舷弧。所谓脊弧是指甲板中线在船体中部稍低,向首尾两端逐步升高的曲线形状;同时,甲板边线也呈现首尾翘起,中部较低的舷弧。舷弧可减少首尾上浪,也可增加首尾的储备浮力。有些内河船舶为简化结构和便于施工也用水平的甲板线。

龙骨线有水平直线、倾斜直线、曲线或断折曲线几种形式。水平直线式使用最广,便于制造和进坞修理。倾斜直线式一般均为尾倾,这往往是因首吃水受到限制,或是为了放置较大直径的螺旋桨,如登陆艇、拖船、渔船、快艇等。

首部轮廓形状常用的几种形式。一般船舶多采用直线倾斜或水线以上略带曲线倾斜式船首,它既美观大方,又可增加甲板面积,还可减少航行时甲板上浪,军船采用直线倾斜式。目前很多大型运输船在水线以下都采用球鼻首,它可减少兴波阻力,提高航速。破冰船的首部在水下部分具有较大的倾斜度,以便冲上冰层。

尾部轮廓形状一般有椭圆形尾、巡洋舰尾和方尾三种。椭圆形尾现已不采用,目前应用较多的是巡洋舰尾。方尾的尾部为一垂直或斜平面所切割,通常用于高速船舶,它可以增大尾部甲板面积,减少船舶在高速航行时尾部的下沉程度。

2. 设计水线面及设计水线

设计水线面是通过船舶设计水线的一个水平面,把船舶分为水上与水下两部分。设计水线面与中线面垂直,它与船体型表面的交线称为设计水线。

设计水线首尾形状对船舶快速性等航行性能有重要的影响。水线面形状一般有平行中体式、无平行中体式和方尾式三种。

3. 中站面及中横剖线

中站面是通过船长中点处的一个横向垂直平面,它把船体分成前体和后体两部分。中站面与船体型表面的交线称为中横剖线。它大体反映了船体的正面形状,包括甲板梁拱线、船底线和舷侧线。

(1)梁拱线 一般为抛物线,中间高出舷侧的部分称为梁拱,其高度一般取为船宽的 $1/50 \sim 1/100$,它的主要作用是便于甲板排水。

(2)舭部 船底线与舷侧线的连接处称为舭部。舭部有圆舭和尖舭两种。一般船舶多采用圆舭型,高速快艇为便于建造,有采用尖舭型的。

(3)舷侧线 有直舷式、外倾式和内倾式。外倾可提高船的稳性,内倾可减少船在靠岸时甲板被碰坏的几率。

(二)三组截交线

1. 纵剖线

是与中线面平行的辅助平面与船体型表面的截交线。将其绘在中线面上称为纵剖线图。在纵剖线图中纵剖线为真实形状,而在另外两个投影面上为直线。

2. 横剖线

是与中站面平行的辅助平面与船体型表面的截交线。将其绘在中站面上称为横剖线图。由于船体表面左右对称,所以一般在横剖线图的右半边绘船首横剖线,而左半部分绘船尾横剖线。图上横剖线为真实形状,而在另外两个投影上为直线。

3. 水线

是与设计水线面平行的辅助平面与船体表面的截交线。将其绘在设计水线面上称为半宽水线图,这是因为船体是左右对称的,只要画出一半就足够了。半宽水线图上的水线为真实形状,而在另外两个投影面上为直线。

除此之外,在三个投影面上还要画出甲板边线(甲板与外板的交线)、外板顶线和舷墙顶线的投影,这样就构成了完整的船体型线图。型线图能够精确地表示出船体的形状,作为计算船舶性能和实船建造时的依据。

二、船体主尺度和船型系数

在绘制表示船体形状的型线图之前,设计者必须决定船体主尺度和船型系数。

(一)船舶主尺度

我国《钢质海船入级与建造规范》规定:船舶的主尺度是指船舶的型尺度,它主要包括船长、船宽、型深和型吃水。它的主要用途有:作为计算船舶的干舷、稳性和吃水差的依据;作为船舶设计和水动力计算的主要依据。

(1)总长 L_{OA}　船体型表面(包括两端上层建筑在内)最前端和最后端之间的水平距离。

(2)设计水线长 L_{WL}　设计水线面与船体型表面首尾交点之间的水平距离。

(3)垂线间长 L_{PP}　首垂线与尾垂线之间的水平距离。首垂线是通过设计水线船首端点所作的垂线。尾垂线是通过设计水线与舵杆中心线(或舵柱后缘)交点所作的垂线。通常亦称两柱间长或型长。其长度不得小于夏季水线长的96%,且不必大于97%。

(4)型宽 B　船舶最宽处两舷肋骨之间的水平距离。一般情况下,船舶最大宽度仅比型宽大两部船壳板厚度。

(5)型深 D　在船长中点处由平板龙骨的上边缘量至上层连续甲板上边缘的垂直距离。

(6)吃水 d　在船长中点处,由平板龙骨的上边缘量至夏季载重线的垂直距离,通常称为型吃水。型吃水仅比实际吃水小龙骨板的厚度。

(7)干舷 F　型深 D、甲板线厚度 ε 与吃水 d 的差值,即

$$F = D + \varepsilon - d \quad (\text{m}) \tag{0-1}$$

船舶的主尺度比值,既标志船舶的形状,也在一定程度上表明了船舶的航行和使用性能。如 L/B 同船的快速性有关;L/D 同船的纵强度有关;D/d 同船的抗沉性有关;B/d 同船的稳性有关;L/d 同船的操纵性有关。

（二）船型系数

船型系数是表示船体水下形状、肥瘦程度的无因次系数,它们都与船舶航行性能有密切关系,在设计时要根据船的用途、航区和速度的不同而适当选取。

1. 方形系数 C_B

船型系数又称排水量系数,它是设计水线以下的船体体积 V 与长方形体积 $L_{WL} \cdot B \cdot d$ 的比值,即

$$C_B = \frac{V}{L_{WL} \times B \times d} \qquad (0-2)$$

C_B 值的大小反映了船体水下部分总的肥瘦程度。C_B 大,表示船的水下型线较为饱满;C_B 小,船的水下型线较为瘦削。货船的 C_B 较大,客船小于货船,而军舰最小。

2. 棱形系数 C_P

棱形系数又称纵向棱形系数,它是设计水线下的船体体积 V 与纵向棱柱体积 $L_{WL} \cdot A_M$ 的比值,A_M 为中站面面积,即

$$C_p = \frac{V}{A_M \times L_{WL}} \qquad (0-3)$$

C_P 值的大小反映了船体水下部分的体积沿船长的分布情况。如果两船的船长和水下排水体积皆相同,C_P 值大,表示排水体积沿船长分布比较均匀;C_P 值小,则表示船体水下形状中部饱满而两端瘦削。

3. 水线面系数 C_{WP}

它是设计水线面面积 A_W 与长方形面积 $L_{WL} \cdot B$ 的比值,即

$$C_{WP} = \frac{A_W}{W_{WL} \times B} \qquad (0-4)$$

C_{WP} 值的大小反映了设计水面两端的尖削程度,它与船舶的快速性及稳性有关。客船和军舰的两端比较尖削,其 C_{WP} 值也较小;货船、油船的两端较丰满,其 C_{WP} 值就较大。

4. 中横剖面系数 C_M

它是设计水线以下的中横剖面面积 A_M 与长方形面积 $B \cdot d$ 的比值,即

$$C_M = \frac{A_M}{B \times d} \qquad (0-5)$$

C_M 值的大小反映了中横剖面的饱满程度。通常低速的大型货船的中横剖面比较丰满,其 C_M 值较大;而高速的军船、客船及渔船等的 C_M 值就较小。

上述诸系数一般皆指船在设计水线时的值,随着吃水的不同,诸系数值也就发生了变化。船舶的主尺度,仅仅表示船的大小,而船型系数则能更好地表示出船体水下部分的形状(肥瘦程度和排水体积分布情况),而最完整地表示出船体形状的则为船体型线图。船舶的主尺度和船型系数,对船的航行性能影响极大,因此必须根据不同船舶的用途、性能、航速等因素,参考有关资料合理选取。

三、船舶外形

船舶的外形和布局应当给人以美感,要简洁美观,实用大方,又有其特征。

船舶的外形包括首、尾部分形状、上层建筑形式、机舱位置的安排以及烟囱、桅杆等上部舾装件的形状和布置等。

　　船体最上面一层的连续甲板,一般称为上甲板。在上甲板以上的船体结构统称为上层建筑。通常,上层建筑结构的两侧是伸向两舷并同船舷连在一起的。如果两侧不同船舷相连而缩进一定的距离(大于0.04倍船宽),形成两边走道的结构,则称为甲板室。位于船首部分的上层建筑称为首楼,位于船中和船尾的分别称为桥楼和尾楼。为了增大上层建筑空间,有的船将首楼与桥楼连接起来,或将桥楼与尾楼连接起来,甚至把三者全部连接起来。

　　上层建筑的形式与机舱位置有一定的关系。按机舱位置在尾部、中部和中后部的货船分别称为尾机型船,中机型船和中后机型船。中机型船具有视野宽广、操作方便和空载时纵倾小等优点。尾机型船具有尾轴短、尾轴不穿过货舱、增加装载货物的空间等优点,一般油船、散货船都采用此型,并对防火有利。中后机型船的优点介于上述两种机型之间,其货舱布置得到改善,纵倾调整较尾机型船有利,现在杂货船多为这种形式。客船和客货船要求舱室多、空间大,采用全通上层建筑及多层甲板,以满足载客的需要。

　　船舶作为一种水上工程建筑物,上层建筑的层数、大小和造型对其外观有着直接的影响,船舶设计者除了满足船舶的性能和使用要求外,还应把主体上层建筑,以及烟囱、桅杆、雷达柱的位置同外形、舷墙、栏杆、门窗和船壳的配合,救生设备的安排布置等,从总体外观的协调上给予考虑,使不同用途的船舶在造型上各有特点,给人以美感。如货船的简洁朴实,客船的平稳轻快等。

知识点2:船舶浮性

一、船舶的漂浮平衡条件

　　漂浮于水面的任何船舶,都要受到两个力的作用,即重力与浮力的作用。

　　船舶所受的重力,是由船舶本身的重量及船上所有载荷的重量,即空船、货物、燃润料、淡水、压载水、船员及其行李、船用备品和船舶常数等所有重力之和。这些重力形成一个垂直向下的合力,即船舶重力W,其合力的作用点称为船舶重心,用符号G表示。

　　船舶所受的浮力是作用于水下部分船体表面的水压力的垂向分力的总和,其大小由船舶的排水体积和舷外水密度确定。当船舶静止漂浮于水面时,船舶所受浮力的作用点位于船舶排水体积的中心,称为船舶浮心B,见图0-14。

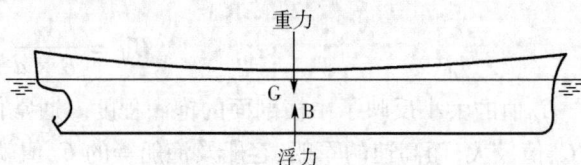

图0-14　静水中船体受力

　　船舶处于漂浮平衡状态的条件是:船舶所受的重力与浮力大小相等且作用方向相反,重心G和浮心B处于同一条铅垂线上。此条件下:

$$W = \Delta = V \cdot \rho \quad (t) \tag{0-6}$$

式中　W——船舶重力;

　　　Δ——船舶浮力;

　　　V——船舶排水体积,m³;

　　　ρ——船舶舷外水密度,g/cm³。

　　处于漂浮平衡状态的船舶,若在船上增加载荷,则船舶的重力大于浮力,平衡条件受到破坏。为了达到新的平衡,船舶下沉,吃水和排水体积增加,船舶所受浮力随之增大。当达到重力等于浮力时,船舶不再下沉,处于新的漂浮平衡状态。但是,在船上继续加载至重力大于船舶所能提供的最大浮力时,船舶将丧失浮性而沉没。所以为了保证船舶处于安全的漂浮平衡状态,必须限制船舶的最大允许装载吃水。

二、船舶坐标系

为了表示和确定如船舶的重心 G、浮心 B 及船上各类载荷的重心位置等,就需要建立一个坐标系。船舶坐标系由三个坐标轴 OX、OY 和 OZ 构成,分别表示在船上的纵向、横向和垂向位置。具体规定如下:

船舶纵向坐标轴 OX 为船舶中纵剖面(垂直于基平面,并将船体分为左右舷两个对称部分的纵向平面)与船底基准面(通过船长中点龙骨板上缘的平行于设计水线面的平面,与中纵剖面、中横剖面相互垂直)的交线,坐标正方向指向船首;

船舶横向坐标轴 OY 为船舶中横剖面(在船舶垂直间长或设计水线长中点处的横剖面,将船体分成前、后两部分)与船底基准面的交线,坐标正方向指向右舷;

船舶垂向坐标轴 OZ 为船舶中横剖面与中纵剖面的交线,坐标正方向指向向上;

船舶坐标系的原点取在中纵剖面、中横剖面与船底基准面的交点 O ,即基点。

船舶坐标系的原点也有取在船舶尾垂线与船底基线的交点处,使用船舶资料时,应予以注意。

三、船舶的漂浮状态

船舶的漂浮状态(简称浮态),是指船体相对于静水面的状态。

船舶的浮态共分4种:正浮(无横倾及纵倾)、横倾、纵倾、既纵倾又横倾。

船舶的4种浮态的表现形式都是随装载状态决定的,取决于船舶重心 G 点的位置,因此,装载状态不同,船舶浮态就不同。普通货船在航行时通常需要保持有适当纵倾(尾倾)和无横倾。当船舶吃水受限制时,为了提高船舶的载货重量能力,一般在过浅水区时需要保持平吃水,即处于正浮状态。在货物积载时应当考虑这些要求,使船舶处于适当的浮态。

知识点 3:船舶稳性

一、稳性的概念

船舶稳性(Stability)系指船舶在外力矩作用下不发生过大倾斜,当外力矩消失后,船舶具有回复到原来平衡位置的能力。

二、船舶的平衡状态

船舶处于何种平衡状态,取决于船体微幅倾斜前后浮力作用线的交点,即稳心点 M 与船舶重心点 G_0 之间的相对位置关系。

1. 稳定平衡状态

如图 0 - 15(a)所示,正浮时处于平衡状态的船舶,其稳心点 M(船舶微倾前后其浮力作用线的交点)位于船舶重心点 G_0 的上方。船舶受倾侧力矩 M_h 作用离开平衡位置后,浮力作用线在外侧,重力作用线在内侧,重力和浮力构成的力偶矩 M_R 与倾侧力矩 M_h 反向,复原力矩 M_R 为正值。此时,船舶在正浮时所处的平衡状态称为稳定平衡状态。

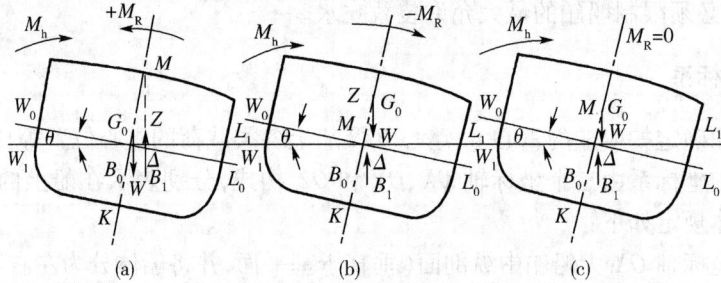

图 0 – 15　船舶的三种平衡状态

2. 不稳定平衡状态

如图 0 – 15(b)所示,正浮时处于平衡状态的船舶,其稳心点 M 位于重心点 G_0 的下方。船舶受倾侧力矩 M_h 作用离开平衡位置后,重力作用线在外侧,浮力作用线在内侧,重力和浮力构成的力偶矩 M_R 与倾侧力矩 M_h 同向,复原力矩 M_R 为负值。此时,船舶在正浮时所处的平衡状态称为不稳定平衡状态。

3. 随遇平衡状态

如图 0 – 15(c)所示,正浮时处于平衡状态的船舶,其稳心点 M 与重心点 G_0 重合。船舶受倾侧力矩作用离开平衡位置后,重力作用线与浮力作用线在同一条垂直线上,重力和浮力不构成力偶矩,复原力矩 M_R 为零。此时,船舶在正浮时所处的平衡状态为随遇平衡状态。

由此可见,处于不稳定平衡状态的船舶,当其受到较小外力矩作用而稍离开平衡位置时,即使外力矩立刻消失,船舶仍会在负的复原力矩作用下,在一定范围内继续倾侧,有可能最终导致船舶发生倾覆。处于随遇平衡状态的船舶受外力矩作用发生倾侧,当外力矩消失后,船舶因复原力矩为零,不可能回到正浮位置;当较长时间受到外力矩作用时,船舶的横倾角将在一定范围内不断增大,最终仍有可能导致船舶倾覆。只有处于稳定平衡状态的船舶,才具有一定的抵抗外力矩使其倾覆,且当外力矩消失后,在正的复原力矩作用下,使其自动回复到原来的平衡位置的能力。因此,要保证船舶的安全,使船舶具有一定的抵御风浪的能力,必须使船舶在正浮时处于稳定平衡状态,即保证船舶具有一定的稳性。

三、提高船舶稳性的措施

为了使船舶具有良好的稳性,必须保证具有正的 GM 值,随着 GM 值的增大,复原力矩也增大,则稳性也就提高。而 GM 值的增加,一般都从降低重心 G 和提高稳心 M 这几方面着手。

1. 降低船舶重心是改善稳性的根本措施。应尽量设法降低船舶的重心位置,使船在倾侧时,由于重力与浮力的作用而产生复原力矩。大型船舶可设置双层底,并注入压载水以降低重心;或在船底设置固定压载;或在装卸货物时,将货物放在船舶的底部;上层建筑采用铝合金材料,减轻重量,以降低船舶重心。

2. 提高横稳心 M 点的高度,使 GM 增大,也可改善船舶的稳性。船舶的稳心高度主要与船宽、吃水比 B/d 及水线面系数 C_{WP} 有关。B/d 及 C_{WP} 值大,则稳性好。但过分增加船宽和水线面系数或使重心降低太多都会使船产生剧烈摇摆,并影响船的快速性,所以在船舶设计初期就应合理地进行布置,并选择好的 B、d、C_{WP} 值。

3. 尽量减小上层建筑的受风面积,即减小上层建筑的长度和高度,以相应减小由于风压而引起的倾覆力矩。

知识点 4:船舶抗沉性

船舶抗沉性是指船舶在一舱或数舱进水后,仍能保持一定的浮性和稳性的能力。

对于各类船舶,军舰的抗沉性要求最高,客船次之,货船又次之,我国《海船抗沉性规范》对此都有明确规定。

一、抗沉性基本原理

船舶遭受破损的原因很多,诸如碰撞、触礁及军船遭受敌方鱼雷、水雷的攻击等,因此在碰到此类意外事故时,要求船舶不致沉没而继续保持生命力,就需要采取一定的措施。一方面要求船舶具有一定储备浮力,即储备的水密空间,使由于舱室进水而损失的浮力可由储备浮力来补偿;另一方面必须在舱室甲板下用水密舱壁将船体分隔成若干水密舱室,这样可使船在一部分舱破损进水后不至漫及全船。但是水密舱壁设置得越多,相应的舱室容积就减小和受限制,对于货物的装载、旅客和船员的居住条件及机械设备和装置的安置,都会带来困难和不便。另外,舱壁过密,相邻舱室同时破损进水的可能性就增大,抗沉性就恶化,因此要全面考虑,合理地设置水密舱壁。

分舱制中的一舱制是指在正常情况下,一舱进了水,船仍能保持不沉;二舱制是相邻两个舱进水后,船仍能保持不沉;三舱制是三个相邻的舱进水后,船仍能保持不沉。一般的客船和货船通常达到一舱制要求,而对大型客船和定期的班船,有两舱制和三舱制的。

二、海损影响与安全限界线

船舶破损进水后,一般要发生下沉,使船的平均吃水增加,随着破损部位不同,还会使船产生纵倾或横倾。船舶下沉及倾斜后,储备浮力减小,同时还会使船的稳性变坏,造成沉没和倾覆的危险。

在船舶遭受海损后,其吃水线不能超过水密甲板或舱壁甲板。国际海上安全公约规定:在船侧舱壁甲板边线下 76 mm 处绘一平行于甲板边线的曲线称为安全限界线。舱内进水后,船舶吃水只要不超过限界线则认为船是安全的。

三、可浸长度及许可舱长

为保证船舶破舱进水后的水线不超过限界线,就必须对船舱长度加以限制,要计算可浸长度。可浸长度是沿船长各点处舱室破损后水线达到安全限界线的最大长度。表示破舱进水后的水线正好与限界线相切,符合安全的要求。

许可舱长为船长各点处实际允许的水密隔舱长度。船舶舱室的分隔,水密横隔壁的设置是根据船舶的实际需要决定的,它必须满足抗沉性规范的规定。许可舱长等于可浸长度乘以分舱因数 F。

船舶破损以后浮态发生变化,会产生纵倾或横倾,因此抗沉性规范中对破损状态下倾角大小及稳性都做了规定,要求初稳心高度为正值。

四、提高抗沉性的措施

要提高船舶的抗沉性,一是采取分舱方法,另外可以增加储备浮力,即:

(1)设置双层底;

(2)增加干舷可增大型深或将水密舱壁延伸到更高一层甲板;

(3)减小吃水,当型深不变时,就相当于增加了干舷;

(4)增大舷弧以及使横剖面外倾,均可增大储备浮力。

应该指出,以上所说的抗沉性是船舶设计时就给予的抗沉能力。事实上船舶一旦发生海损事故,是否会沉没或倾覆在一定程度上还与船上人员采取的措施有关,如果沉着指挥抢险、堵漏、抽水、抛掉船上的负荷,调整船的倾斜,将会对船的浮态及稳性产生积极的效果。

知识点 5:船舶快速性

船舶快速性是指船舶消耗较小的功率而获得较高航速的能力。

船在水中航行时,主要受到水阻力 R 的作用,为了使船以一定速度向前航行,必须对船舶提供推力 T,以克服水阻力。

船舶行驶的运动方程式为

$$F_x = T - R = m_x \cdot a_x \qquad (0-7)$$

当 $T > R$ 时,船舶作加速行驶运动;当 $T = R$ 时,船舶作匀速行驶运动;当 $T < R$ 时,船舶作减速行驶运动。

船的推力是由船上安装的主机提供动力,带动船尾部的推进器而产生的。为了提高快速性,一方面应尽可能提高推进器的推力,另一方面则应尽力降低船舶的阻力。因此,船舶快速性包括船舶阻力和船舶推进器。

一、船在水中航行时的阻力

船在水中的航行阻力由三部分组成:摩擦阻力、兴波阻力和漩涡阻力。

(一)摩擦阻力

水是有黏性的液体。船体与水接触,就会有一部分的水黏附在船体上。当船航行时,船体表面与水摩擦形成摩擦阻力。

摩擦阻力的大小除与水的黏性有关外,还与船体水下湿表面积的大小、表面的光滑程度以及航速有关。船舶水下表面积越大,则黏附的水越多,摩擦阻力越大;船体表面的光滑程度对摩擦阻力的影响较大,焊缝、铆钉头、建造时造成的表面皱褶等使粗糙度增加,因而摩擦阻力也增大。船舶航行久了,船壳上常附有贝壳、牡蛎、海草等寄生物,造成表面不平,增加摩擦阻力,通常称为污底阻力。

摩擦阻力的计算实际上采用光滑平板的摩擦阻力公式,然后再考虑粗糙度的影响,称为粗糙度补贴。傅汝德假定:船体的摩擦阻力等于同速度、同长度、同湿表面积的光滑平板摩擦阻力。这样船的摩擦阻力就可通过实验得出的平板摩擦阻力的资料求出,其表达式为

$$R_f = (C_f + \Delta C_f)\frac{1}{2}\rho \cdot S \cdot v^2 \qquad (0-8)$$

式中　R_f——摩擦阻力，N；

C_f——摩擦阻力系数（光滑平板），它是雷诺数的函数 $R_e = \dfrac{VL}{v}$，其中 V 为船舶航速，

　　　　m/s；v 为水的运动黏性系数，m^2/s；L 为船舶水线长，m；

ΔC_f——补贴系数，对一般船舶，我国取 $\Delta C_f = 0.004\,1$；

ρ——水的密度，$N \cdot s^2/m^4$，海水为104，淡水为102；

S——湿表面积，m^2；

v——速度，m/s。

摩擦阻力系数 C_f 的公式一般由试验而得，可参考有关的资料和手册，我国现用的公式为

$$C_f = \frac{0.075}{(\tan R_e - 2)^2} \tag{0-9}$$

对于低速船，摩擦阻力占总阻力的比例较大，因此在船舶设计建造时，应从减少船的湿表面积和粗糙度着手。

（二）兴波阻力

船体首尾尖瘦、中间肥大。在水中运动时，周围压力不一样，在首尾形成两个高压区，使水面升高，而高出平衡位置的水质点在惯性和重力的作用下形成波浪。由于波浪的产生消耗了能量，船舶的航行速度越快，波浪越大，消耗的能量就越多。兴波的波能是由船舶提供的，因而就相当于船遭到了阻力。兴波阻力的形成也可以这样理解，由于船舶运动产生波浪，使周围水对船体的压力发生了变化，这些压力在船长方面的分力的合力就是兴波阻力。

船舶在水中航行时，首部和尾部各兴起一组波浪，称为首波系和尾波系。船首波系，在首柱稍后处产生，这一个波以波峰形成开始，以后发展为首散波与首横波；船尾波系，在尾柱稍前处产生，第一个波以波谷形成开始，以后也发展为横波与散波。两波系的散波自船体两侧成斜阶梯形扩散，扩散时清楚地分开，彼此互不干扰。两波系的横波的波峰与航行方向垂直，分布在两侧散波之间，首尾横波在尾部发生干扰。人们通常看到的是首尾横波的合成横波，而看不到独立的船尾横波。

根据模型试验和理论分析，兴波阻力应表示成如下之形式

$$R_W = C_W \cdot \frac{1}{2}\rho S v^2 \tag{0-10}$$

式中　C_W——兴波阻力系数，其余符号与前述相同。

兴波阻力系数 C_W 与航速、船长有关，或者与综合性参数 F_r 有关，F_r 称为傅汝德数，其表达式为

$$F_r = \frac{v}{\sqrt{g \cdot L}} \tag{0-11}$$

式中　v——船速，m/s；

g——重力加速度，m/s^2；

L——船长，m。

各种不同船型 C_W 数值不同，但 $C_W = f(F_r)$ 曲线形式有些是大致相同的。兴波阻力系数曲线有明显凸出与凹陷。凸起部分称为波阻峰点，表示阻力较大，这是由于在船尾处船首横波系波谷与船横波系波谷相重合，产生不利干扰所致；凹陷部分称为波阻谷点，表示阻力较小，这是由于在船尾处船首横波系波峰与船尾横波系波谷相遇，产生有利干扰所致。因此，

在船舶设计时,要使航速与船长密切配合,使其落至波阻谷点处,以减少兴波阻力。

大型海船中,有些船采用球鼻首,就是制造有利干扰,减少首部兴波高度,使兴波阻力减小。其原因是安装球鼻后,航行时球鼻也兴波,若设计合理,即球鼻的大小和位置选择得当,则球鼻兴起的波的波谷和船首波的波峰处于同一位置,两者合成的结果使船首波的波高降低,从而降低兴波阻力。由于低速船兴波阻力较小,故球鼻首多采用在航速稍高的船上。

(三)漩涡阻力

漩涡阻力是因水的黏性引起的。黏性流体流经船体表面时,由于船体曲面的变化而使流体发生减速,至尾部时边界层出现分离现象,形成漩涡,漩涡产生后使尾部压力下降,形成首尾压力差,称为漩涡阻力。从能量观点来看,漩涡的能量由船供给,相当于船体遭受阻力,即为漩涡阻力。漩涡阻力的大小与航速及船体水下形状,特别是后体形状有关,通常在船速一定时,形状起决定作用,因而又称形状阻力。一般瘦长的船体,由于水流能较顺利地流至尾部,不致产生涡流或产生较小的涡流,因而使漩涡阻力大大减小。尾部横断面作急剧收缩的船舶,所引起的漩涡阻力较为严重。实践证明,一艘优良船型的漩涡阻力仅占总水阻力的5%左右或更低。

(四)船舶总水阻力

船舶在静水中航行时的总水阻力为摩擦阻力、兴波阻力和漩涡阻力之和,其中兴波阻力和漩涡阻力合称为剩余阻力及 R_r 。总水阻力表达式为

$$R_水 = R_f + R_r \tag{0-12}$$

剩余阻力可由船模试验确定。船模试验是根据相似理论,将实船按一定的比例缩小制成船模后,在船模试验池中进行的。根据试验结果,采用傅汝德换算法换算成实船的剩余阻力,再将实船摩擦阻力和剩余阻力两者相加,即得出实船的总水阻力。

这里应当指出的是,前述的船舶总水阻力,皆是指船的水下部分主船体受到的水阻力,这叫裸船体阻力。事实上船的水下部分还有各种附体,如舵、舭龙骨、尾轴架等,它们在航行时,也会受到一定的阻力,称为附体阻力。同时船的水上部分还会受到空气阻力,这些也应加入总阻力之中。此外船舶在海洋里航行时,还会受到波涛的影响,使船的阻力增加,航速降低,称为汹涛阻力。这部分阻力由于情况比较复杂,所以一般用增加 $10\% \sim 20\%$ 的机器功率储备来解决。附体阻力、空气阻力、汹涛阻力这三种阻力合称附加阻力。

二、船舶推进器

船舶推进器就是将主机发出的功率转化为推动船舶前进的推力的设备。

要使船舶克服水的阻力快速前进,除由装在船上的主机提供动力外,还要有产生较大推力的推进工具,即推进器。

设船舶在航速为 $v(\text{m/s})$ 时所受到的阻力为 $R(\text{N})$,则克服阻力所消耗的功率(有效功率)为

$$P_E = R \cdot v \quad (\text{W}) \tag{0-13}$$

船舶主机发出的功率经过主轴传递到达螺旋桨,其间有多种消耗,主机的功率应大于船的有效功率。有效功率 P_E 与主机所产生的功率 P_S 之比称为推进系数 η ,即

$$\eta = \frac{P_E}{P_S} \tag{0-14}$$

它是各种效率相乘的综合之称,这个数值愈大,则表示船舶的推进性能越好。通常这些

效率有机械效率、传动系统效率、轴系效率、推进效率。

从上面的分析可知,要改善船舶的快速性,除了设计阻力最小的优良船型外,还必须配置性能好、效率高的推进器。

推进器目前主要有明轮、螺旋桨、平旋轮、喷水器等,现代推进器以螺旋桨为主。

知识点6:船舶操纵性

船舶操纵性是指船舶能根据驾驶者的意图保持或改变航速、航向和位置的性能。主要包括航向稳定性、回转性和转首性。

一、航向稳定性

船向稳定性是指船舶保持既定航向直线航行的性能,亦即要求船舶在直线航行中,不能出现偏离航向的现象。众所周知船航向偏离后,如果不予操舵,它再回到原来的航向是不可能的,所以要保持既定的航向,驾驶者必须不断地操舵。通常,如果平均操舵频率不大于4～6次/min,平均转舵角不超过3°～5°,可认为这艘船的航向稳定性是符合要求的。

二、回转性

回转性是指船舶改变原航向作圆弧运动的性能。舵是剖面为机翼形的装置,装在船尾中纵剖面的位置上,它垂直地浸没在水中,并能绕舵轴转动。根据机翼理论,当水流以某一角度流向机翼时,就产生一个升力。在舵上会产生的升力 P,它垂直作用于舵面上。P 的纵向分力 $P \cdot \sin\alpha$ 起着船的阻力作用而使船减速;P 的横向分力 $P \cdot \cos\alpha$ 远离船的重心 G,形成一个转船力矩,促使船舶回转,并使船舶横移。

船舶作回转运动大致可分为三个阶段,即转舵阶段、过渡阶段和稳定回转阶段。船舶回转时会产生横倾角,它是由舵力、离心力及水动力不是作用在船上同一高度而造成的。横倾角过大,甚至会使船倾覆。我国海船稳性规范中要求计算客船全速回转时的外倾角。

图0－16中的稳定回转时直径 D 称为船舶的回转直径,一般用以表示船舶回转性的好坏,通常为4～7倍船长。D 小则回转性能好。

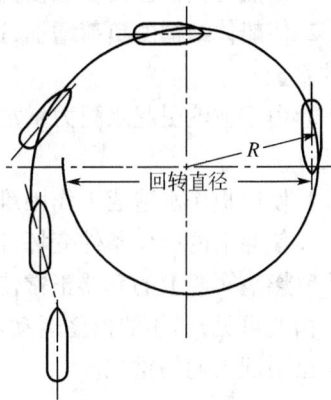

图0－16 船舶的回转

三、转首性

转首性是指船舶回转初期对舵的反应能力。转首性好,则船在驾驶者操舵后能较快地进入新的航向,或者船偏离航向经操舵后能很快回到原来航向上来。转首性和回转性是有区别的,有的船转首快,回转直径小,但有的船转首快,回转直径不一定小。而我们要求船舶既要转首快,又要回转直径小,这对于在狭小河港内调头及紧急避让都有重要意义。

船舶操纵性中航向稳定性和回转性是互相制约的,所以在船舶设计时,应根据船舶的用途以及航行区域对船舶操纵性的要求而定。对于从事远洋航行而变更航向、靠港、系泊以及启航次数少的船舶,主要是保证船舶具有良好的航向稳定性,以便减少操舵次数,不使航迹弯弯曲曲,从而节约燃料。而从事内河航行、短途航行或在狭窄、弯曲、急流和航道中航行的船舶,或在航次中频繁变动航向、靠港、系泊的船舶,则应保证它们具有极其良好的回转性,可减少来往船舶的碰撞机会,增加安全性。船舶操纵性与船的主尺度和船体线型有关,但主要靠舵来保证。

知识点 7：船舶耐波性

船舶耐波性是指船舶在风浪中遭受由于外力干扰所产生的各种摇荡运动,以及砰击上浪、失速飞车和波浪弯矩等,仍具有足够的稳性和船体结构强度,并能保持一定的航速安全航行的性能。耐波性中船舶的摇荡是主要的,其他现象主要是由摇荡引起的。

一、船舶摇荡的形式

船舶的摇荡主要有下列六种形式:
(1)横摇　船舶绕纵轴 GX 的往复摇动;
(2)纵摇　船舶绕横轴 GY 的往复摇动;
(3)首摇　船舶绕竖轴 CZ 的往复摇动;
(4)垂荡　船舶沿 GZ 轴的上下往复运动;
(5)横荡　船舶沿 GY 轴的左右往复运动;
(6)纵荡　船舶沿 GZ 轴的前后往复运动。
在这六种形式运动中,横摇、纵摇和垂荡对船舶航行的影响最大。

二、船舶摇荡引起的不良后果

1. 剧烈的横摇会使船舶横倾过大而丧失稳性,以致倾覆。
2. 使船体结构的负荷增加,造成结构和设备的损坏,并使固定不良或散装货物移动危及船的安全。
3. 由于波浪引起水阻力增加,推进器工作条件变坏,使航行速度降低,从而增加燃料的消耗。
4. 使甲板淹水造成工作困难,影响机器设备的正常运转。
5. 使船上的居住条件变坏,影响船舶工作人员操作和引起旅客呕吐、晕船。
6. 影响军舰上的武器正常使用。
由此可见,船舶的摇荡运动对船舶的航行性能和使用性能均有影响,因此在现代船舶设计中已引起人们的重视。

三、耐波性的改善

为了改善船舶的耐波性,首先应注意选择适宜的主尺度和注意船体内载荷的分布,以便在不影响其他性能的条件下,尽可能增大横摇固有周期。其次要注意船型的设计,减少阻力、甲板上浪和船底砰击的不利影响。此外,设置舭龙骨、减摇水舱或减摇鳍装置等。

第三部分　船体基本结构

知识点 1：全船构造概述

一、概述

船体结构的形式随船舶类型的不同而不同，就钢质船舶而言，全船结构可以分为主船体和上层建筑两大部分。主船体部分包括首部、中部和尾部；上层建筑部分包括首楼、桥楼、尾楼以及甲板室等。

二、船体钢材

船舶在风浪中航行受到各种各样的外力作用，单纯依靠增加钢板的厚度和钢材的尺寸来取得良好的安全效果往往是办不到的，因为这样不仅增加了船舶的自重，降低有效的载货量，同时从实际效果来看，单纯增加构件和钢板的厚度，对增加船舶的结构强度也收效甚微。

在实际的船舶中，钢材往往被加工成各种形状，制成各种型钢，这样就大大增加了结构的强度、刚性和稳定性，以相对较小的尺寸获得较大的结构强度，既有效地减少了钢材的用量，节约了建造成本，同时也降低了船舶的自重，提高了载货量。常用的船用型钢如图 0 - 17 所示。

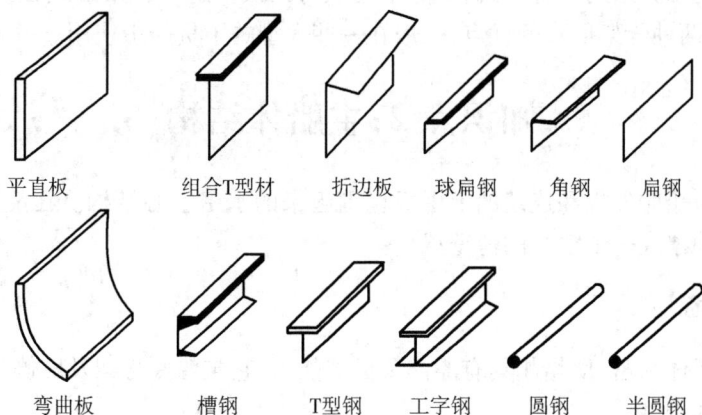

平直板　　组合T型材　　折边板　　球扁钢　　角钢　　扁钢

弯曲板　　槽钢　　T型钢　　工字钢　　圆钢　　半圆钢

图 0 - 17　船用型钢

在船用型钢中，有些型钢可以由钢材生产厂家直接轧制，如球扁钢、槽钢、圆钢等，这样可以提高船厂的生产效率。而有些型钢则要由船厂根据需要自行组合制造，像一些形状相对比较复杂的组合型材、尺寸比较独特的异型材料等，如 T 型材、折边板等。

三、船体骨架形式

为提高船舶的结构强度,同时尽可能的减少钢材用量,由型钢组成的船舶骨架总是构成一定的形状,让这些型钢联合起来,在一定程度上形成一个整体,以获得较好的承力效果。

由钢板和骨架构成的结构称为板架结构(图0-18),再由各种相应的板架组成整个船体。

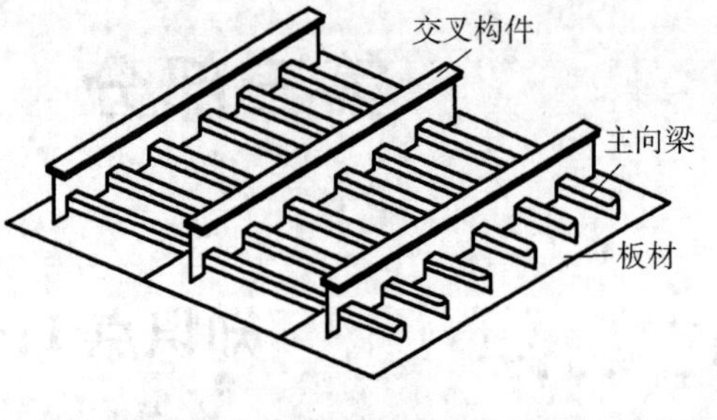

图0-18　板架结构

船体板架中,骨材一般沿着船长和船宽方向布置,形成纵横交错的方格。沿某一方向布置数量多的一组骨材,在结构术语中称为主向梁,而与之垂直的另一个方向上的骨材成为交叉构件。

船体的板架结构,按主向梁布置的方向一般可以分成三种形式。

1. 横骨架式

主向梁沿船宽方向布置,由主向梁和交叉构件所形成的方格的短边指向两舷。这种骨架形式横向骨架密集,具有较好的横向强度,并且施工方便,一般应用于对横向强度要求较高的小型船舶、内河船舶和一些大型船舶的首尾段。

2. 纵骨架式

主向梁沿船长方向布置,由主向梁和交叉构件所形成的方格的短边指向首尾。这种骨架形式纵向骨架密集,具有较好的纵向强度,一般应用于对总纵强度要求较高的大型船舶。目前许多内河船舶也采用这种骨架形式。一般在船舶的中部采用纵骨架式。

3. 混合骨架式

船上的结构部分采用横骨架式,部分采用纵骨架式。这个骨架形式根据需要设置主向梁,综合了上述两种骨架形式的优点,一般在一些大型的干货船中使用。

知识点2:主船体结构

主船体是由船舶外板和连续的上甲板包围起来的水密空心结构。在船舶结构力学中,一般把主船体抽象成一个空心的薄壁梁。

一、船体外板

外板保证船体水密,使船舶具有漂浮及运载能力,它与船底骨架及舷侧骨架一起共同保证船体的强度和刚度。

船体外板由许多块钢板拼合焊接而成。钢板长边通常沿船长方向布置,形成船长方向的一长列,称为列板。各列板根据其所处的位置不同而有不同的名称:在船底中心线处的一列板称为K列板;由船底向舷侧过渡的各列板依次记作A列板、B列板、C列板……到了舷侧顶部最上面的一列板称为S列板,如图0-19所示。

这些列板在船舶建造中还有专门的术语:K行板称为平板龙骨;由船底向舷侧过渡的部位称为舭部,与之相对应的一列板称为舭列板;平板龙骨与舭列板之间的列板统称为船底板;船体舷侧部分在上甲板以下的那一列板称为舷顶列板(S行板);舭列板以上,舷顶列板以下的各列板统称为舷侧列板。

二、船底结构

船舶的外板能够保证船舶的水密性,但是为了保证船舶的结构强度,只有外板还是远远不够的,还需要内部强有力的骨架。

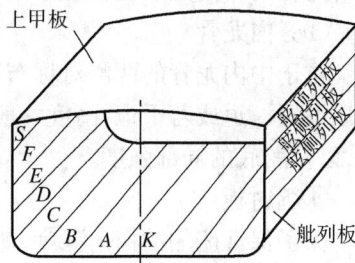

图0-19 外板结构

船底是船体的基础,它是保证船体总强度的重要组成部分。在结构力学中将船体视为一空心薄壁梁,船底是这一薄壁梁的底面,承受了很大的弯矩。同时,船底直接承受水的压力、各种机械设备、货物、主辅机的重量,以及螺旋桨的振动和装卸货物的冲击力。当船舶搁浅或坐墩时,船底承受了全船的重量。

船底结构可以分为单底结构和双层底结构。按其骨架形式又可以分为横骨架式和纵骨架式。

(一)单底结构

单底结构按照骨架形式有横骨架式单层底和纵骨架式单层底两种。

1. 横骨架式单底结构

这种单底结构主要由肋板、中内龙骨和旁内龙骨组成。其结构形式简单,施工方便,主要适用于拖船、渔船和一些小型的内河船舶。

(1)横骨架式单底的主要构件

①肋板

设在船底每一个肋位处的横向构件,见图0-20中的14。肋板的主要作用是承担船舶的横向强度。

②中内龙骨

位于船舶的中线面,并焊接在平板龙骨上,一般是用钢板焊接组合成的T型钢材。它一般与肋板高度相同,是一个纵向连续构件,除首尾端外不准有开孔,见图0-20中的6。

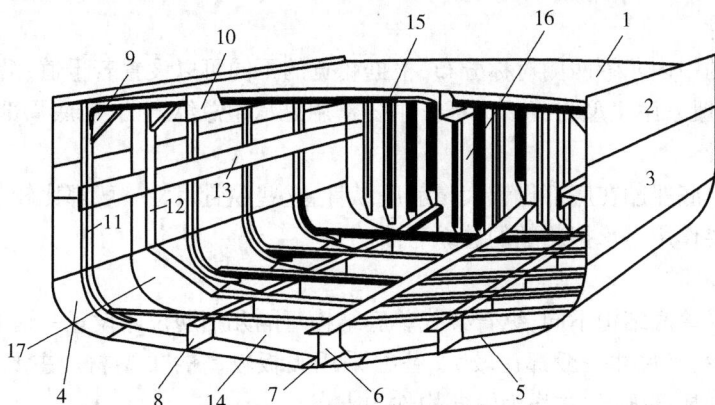

图0-20 横骨架式单层底

1—甲板板;2—舷顶列板;3—舷侧外板;4—舭列板;5—船底板;6—中内龙骨;
7—平板龙骨;8—旁内龙骨;9—肘板;10—甲板纵桁;11—普通肋骨;
12—强肋骨;13—舷侧纵桁;14—肋板;15—甲板横梁;16—横舱壁板;17—舭肘板

中内龙骨的作用是承担总纵弯曲、船底局部强度及建造和维修时墩木的反作用力等。

③旁内龙骨

位于中内龙骨的两侧对称布置的纵向构件,见图0－20中的8。根据船宽的不同,每侧可以设置一道或若干道,高度一般与肋板相同,并焊接在肋板上,其作用是承担总纵弯曲强度,以及船底的局部强度。

④舭肘板

为了保证船舶的横向强度,船舶的横向骨架要保证连续性,舷侧的肋骨与船底的肋板要很好地连接在一起,这里一般设置舭肘板,见图0－20中的17。它用来连接肋骨下端和肋板,以加强此处的连接强度。

(2)构件之间的连接特点

①中内龙骨

横骨架式单层底结构纵向构件比较少,为了保证船舶的总纵强度,中内龙骨采用纵向连续的强构件,一般都是尺寸相对比较大的T型材,它沿船长方向不允许间断,除非遇到横舱壁。

②旁内龙骨

旁内龙骨也是纵向强构件,尺寸相对中内龙骨要小,一般采用T型材或折边板。旁内龙骨沿船长方向不是连续的,当与肋板、横舱壁相遇时,旁内龙骨间断。

③肋板

横骨架式单底结构在每个肋位上都设置肋板,一般采用折边板,有的也采用T型材。与中内龙骨相遇时肋板间断,与旁内龙骨相遇时肋板通过,旁内龙骨间断。

2. 纵骨架式单底结构

这种单底结构主要由内龙骨、船底纵骨、肋板组成。其结构形式纵向强度好,主要用于一些小型舰艇。

(1)纵骨架式单底的主要构件

①中内龙骨

它是位于船舶中心线上的一个纵向构件,沿纵向可以间断也可以连续,一般采用T型材或折边板。主要作用是承担总纵弯曲、船底局部强度及建造和维修时墩木的反作用力等。

②旁内龙骨

位于单底的中内龙骨两侧对称分布,根据船宽的不同可以设置若干道,沿纵向可以间断也可以连续,一般采用T型材或折边板。主要作用是承担总纵弯曲、船底局部强度等。

③船底纵骨

纵骨架式单底船舶在底部设置大量船底纵骨,这些纵骨尺寸一般都比较小,多采用角钢或折边板。主要作用是承担船舶的总纵弯曲。

④肋板

与横骨架式单底结构不同,纵骨架式单底结构每隔几挡肋位才设置一道肋板,由于横向的肋板数量较少,其尺寸一般都比较大,往往采用腹板较高的T型材。主要作用是承担船舶的横向强度和局部强度,并作为纵向构件的支点。

⑤防倾肘板

由于纵骨架式单层底每隔几挡肋位才设置一道肋板,为了保证内龙骨的稳性,在两个肋板之间往往设置防倾肘板。它的主要作用是作为内龙骨的支点,保证内龙骨的稳性。

（2）构件之间的连接特点

①中内龙骨

对于一些对总纵强度要求较高的船舶,其中内龙骨一般保持连续,与肋板相遇时肋板间断。对于总纵强度要求不太高而对横向强度有较高要求的船舶,其中内龙骨与肋板相遇时,一般保持肋板连续而中内龙骨间断。

②旁内龙骨

一般与中内龙骨相同。

③船底纵骨

船底纵骨沿船长方向一般保持连续。与肋板等相遇时,在肋板上开孔让其穿过。

④肋板

每隔几挡肋位采用一道肋板,这些肋板负责船舶的横向强度,所以其尺寸一般都比较大,高度可以与内龙骨高度相同,也可以不同,一般其腹板高度大于内龙骨的腹板高度。

（3）纵骨架式单底与横骨架式单底的主要区别

①横骨架式单底在每个肋位上都设置肋板,而纵骨架式单底每隔几挡肋位才设置一道肋板,且尺寸较大。

②纵骨架式单底设置大量船底纵骨,而横骨架式单底只设置少数几道内龙骨,且尺寸较大。

（二）双层底结构

1. 横骨架式双层底结构

近年来,随着人们安全意识的提高,对船舶的结构也提出了更高的要求,一些内河船舶纷纷采用双层底结构,常见的有内河矿石船、矿砂船。在船舶的建造规范中,针对不同的船型和航区,是否采用双层底有明确的规定。

（1）横骨架式双层底的主要构件

①底纵桁

它是在双层底内沿着船长方向布置的与双层底等高的纵向大型构件,见图0-21中的4。一般采用较厚的钢板制成,上下两边分别与船舶的内、外底板焊接。要求双层底之间有一定的高度,可以使焊工进入双层底内部进行焊接作业,双层底高度一般取900 mm。其作用是承担总纵弯曲强度、局部强度及修造时墩木的反作用力。按照底纵桁所处的位置不同可以分为以下几种类型。

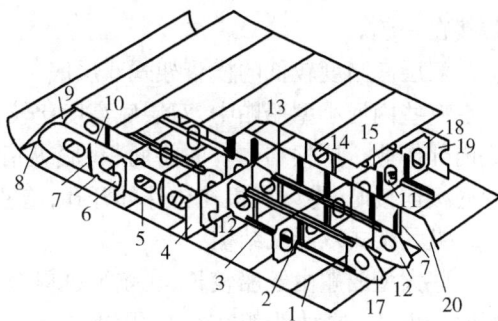
图0-21 横骨架式双层底

a. 中底桁 位于船舶中线面处的底纵桁,它是一个沿着船长方向连续的构件,见图0-21中的4。有些时候双层底内的空间作为船舶的压载水舱,为了减小自由液面的不利影响和增加强度,一般要求在船中0.75L范围内不准开任何孔。

b. 旁底桁 位于中底桁两侧对称布置的底纵桁,根据船宽的不同,每侧布置1-2道。它不是一个纵向连续构件,在肋板处间断,并焊接在肋板上,可以开设人孔、减轻孔、流水孔、通气孔等,见图0-21中的2。

　　c.箱形中底桁　位于双层底中线面两侧,一般间距 2 m 左右,对称设置两道水密的底纵桁和内底板,使其与船底板及相应的骨架一起构成一个水密的箱形结构。箱形中底桁可以提供较大的总纵强度,同时箱体内部还可以作为油舱、压载水舱或管路、电路的通道。

　　②肋板

　　布置在双层底内每个肋位上的横向构件,其作用是承担横向强度。按其结构的不同可以分为以下几种。

　　a.主肋板　也称实肋板,它与双层底等高,间断于中底桁,并焊接在中底桁上。主肋板上开有人孔、减轻孔、流水孔、通气孔、通焊孔等,见图 0 - 21 中的 6。有些内河船舶为了降低工艺难度,不开人孔、减轻孔等。根据结构强度的需要,以往船舶货舱区内每隔 2~4 挡肋位设置一道主肋板,目前大部分船舶在每个肋位上都设置主肋板。主肋板一般采用钢板制成,其作用是保证船舶的横向强度。

　　b.水密肋板和油密肋板　在规定的压力下能保证不透水的肋板称为水密肋板;在规定的压力下能保证不透油的肋板称为油密肋板。在双层底中设置水密肋板和油密肋板是用来分割不同的舱室,如不同的压载水舱、油舱等。水密肋板上不仅不允许开任何的孔,还要求焊缝达到要求,在规定的压力下不能透水;油密的肋板则要求更高,见图 0 - 21 中的 20。

　　c.框架肋板　为了减轻船重,节约原材料,由内底横骨、船底肋骨及连接肘板等组成框架式结构肋板。每隔一道实肋板设置 2~4 道框架肋板,这样在基本不损失结构情况的强度下,一定程度地减轻了船舶的结构重量。但是,这种肋板需要焊接,工艺复杂,减轻的重量也不大,目前已很少采用,而是全部采用主肋板。

　　(2)构件之间的连接特点

　　横骨架式双层底中,中底桁一般都要保持纵向连续性。当遇到肋板时,中底桁保持连续,肋板间断,并焊接在中底桁上。当中底桁遇到横舱壁时,中底桁间断,并采取必要的加强措施焊接在横舱壁上。旁底桁遇到实肋板和水密肋板时,旁底桁间断,并采用必要的加强措施焊接在一起。

　　2. 双层底高度较低的横骨架式双层底

　　在有些内河小型船舶中,双层底高度比较低(一般小于 500 mm),焊接工人无法进入双层底内部作业。这种结构一般将肋板、底纵桁等构件设置成有面板的 T 型材或折边板,在与内底板连接时,将内底板在构件处开孔,施塞焊。

　　3. 纵骨架式双层底结构

　　一些大型船舶由于船较长,在航行过程中受到的总纵弯矩很大。为了提高船舶抵抗总纵弯曲的能力,这种船舶往往采用纵向骨架密集的船底结构。

　　(1)纵骨架式双层底的主要构件

　　①中底桁

　　位于船舶中线面处的中纵桁,它是一个沿着船长方向连续的构件,其作用是承担总纵弯曲强度、局部强度及修造时墩木的反作用力,见图 0 - 22 中的 10。

　　②旁底桁

　　位于中底桁两侧对称布置的底纵

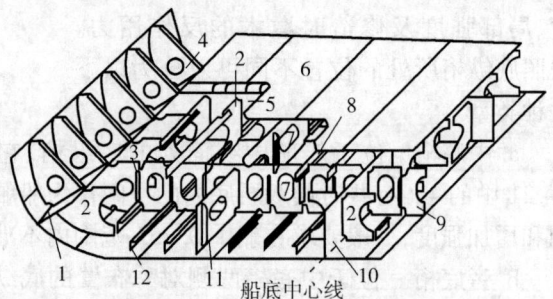

图 0 - 22　纵骨架式双层底

桁,根据船宽的不同,每侧布置若干道,其上下两边分别与船舶的内底板、船底板焊接在一起。它不是一个纵向连续构件,在肋板处间断,并焊接在肋板上。它和中底桁一起承担船舶的总纵强度和一些局部强度,见图 0 - 22 中的 11。

③船底纵骨

纵骨架双层底结构在双层底内纵向布置的构件较密,而横向布置的构件较稀。在船底板上各列底纵桁之间还密集布置着一些尺寸相对较小的骨材,称为船底纵骨。船底纵骨一般采用角钢制成,在双层底范围内一般保持连续。与肋板等横向构件相遇时,在肋板上开孔让船底纵骨通过。当横向构件要求水密时,在开孔两侧焊接补板进行水密处理,见图 0 - 22 中的 12。

④内底纵骨

在内底板下面除了有底纵桁等大型构件外,在各列底纵桁之间还布置一些纵向骨材,称为内底纵骨。内底纵骨和船底纵骨对应,在同一个平面内,一般也是采用角钢制成,其连接形式与船底纵骨相同,见图 0 - 22 中的 8。

⑤肋板

纵骨架式双层底结构不是每个肋位上都有肋板,而是每隔 3 - 4 挡肋位设置一道肋板,见图 0 - 22 中的 9。

(2)构件之间的连接特点

一般保持中底桁的全船连续性,肋板与中底桁相遇时肋板间断,并焊接在中底桁上;纵骨架式双层底横向构件少,承担了主要的横向强度,为了保证强度,要尽可能保持连续。当肋板与旁底桁相遇时,保持肋板连续,让旁底桁间断并焊接在肋板上;当船底纵骨、内底纵骨与肋板相遇时,在肋板的上下面开孔让其通过。

(3)纵骨架式双层底与横骨架式双层底的主要区别

①纵骨架式双层底结构中,在内底板的下面和船底板的里面布置有大量的纵骨,这些纵骨与船底纵桁、内外底板等一起承担总纵强度和局部强度,可使船底板减薄。

②纵骨架式双层底结构中,主肋板是每隔 3 ~ 4 个肋位布置一道,而在主肋板之间不设框架肋板。

三、舷侧结构

舷侧结构是连接船底和甲板的侧壁,它直接受到舷外水压力、碰撞力、波浪冲击力、冰块的冲击力和挤压力等作用。

一般船舶的舷侧只有一层外板,即单层壳舷侧,但具有纵通长大舱口的船舶,例如集装箱船和内河分节驳、深舱驳等,常采用双层壳结构,也称双层舷侧结构。

舷侧结构也分为纵骨架式和横骨架式两种结构形式。在民用船舶中,除油船及大型运输船舶外,大多采用横骨架式。

(一)横骨架式舷侧结构

其主要优点是制造方便,横向强度好,适用于内河船、一般货船和军舰等。

1.横骨架式舷侧结构的主要构件

(1)肋骨

横骨架式舷侧结构在每个肋位上布置有肋骨,负责船舶的主要横向强度。它一般下面与船底的肋板连接,上面伸至主甲板与甲板横梁连接,形成一个横向的环形框架,为船舶提高横向强度。肋骨一般由 T 型材、折边板、角钢等材料制成。根据肋骨的剖面尺寸大小和所起的作用不同,一般可以分为普通肋骨(图 0 - 23 中的 2)、强肋骨(图 0 - 23 的 6)。

(2)舷侧纵桁

舷侧布置尺寸较大的纵向构件,在横骨架式舷侧结构中是唯一的纵向构件,根据船舶强度的要求布置若干道,见图 0 - 23。舷侧纵桁作为主肋骨的支点,可以减小主肋骨的剖面尺寸,并可将一部分载荷传递给强肋骨及横舱壁。舷侧纵桁一般由 T 型材、折边板等材料制成。

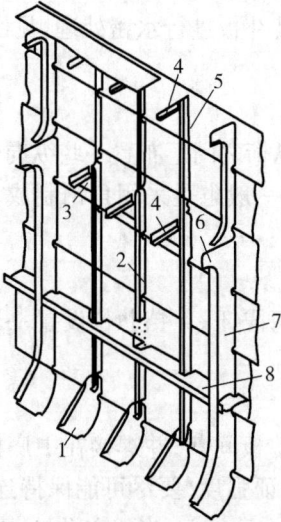

图 0 - 23　横骨架式舷侧结构

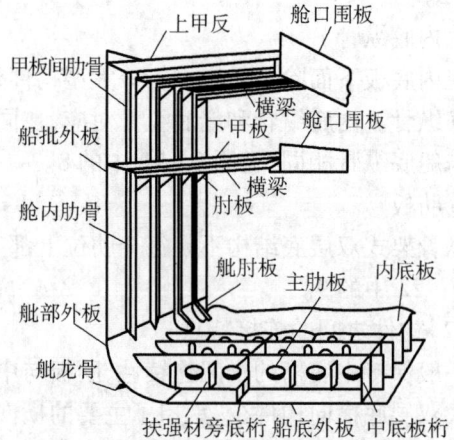

图 0 - 24　杂货船舱室结构

2. 横骨架式舷侧结构

根据肋骨的设置方式可分为如下几种形式。

(1)单一肋骨形式

为了避免高腹板的舷侧面构件占去过多的舱容,在货舱区域的舷侧全部采用尺寸相同的肋骨。

(2)由强肋骨、舷侧纵桁与普通肋骨组成的形式

除了设置普通肋骨外,还每隔若干挡肋距加装强肋骨,并设置舷侧纵桁。这种结构主要用于舷侧需要加强的部位,如油轮、海船的机舱区,长江船和内河船的舷侧;也有些船舶舷侧全部设置主肋骨。

(3)双层壳的舷侧结构形式

当货舱口宽度相当大时,为了增加抗扭强度,并有力地支撑侧肋骨,有些船采用了双层壳的舷侧结构,如集装箱船舶、内河深舱驳船等。

(二)纵骨架式舷侧结构

此结构常用于舰艇或某些油船及大型货船。舷侧采用与甲板和底板相同的纵骨架式,其优点是全船骨架形式一致,在总纵强度和外板稳定性方面比横骨架式有利,但施工较困难。纵骨架式舷侧有两种结构形式。

1. 由纵骨与强肋骨组成的形式

这种结构只有舷侧纵骨,而没有舷侧纵桁,沿着纵向布置较多的纵向骨材,每隔若干挡

肋位布置一道强肋骨。从连接形式上看,它是在强肋骨的腹板底部开孔让舷侧纵骨穿过。

2. 由纵骨、舷侧纵桁和强肋骨组成的形式

这种结构比上述结构多设若干道舷侧纵桁,在机舱区域的舷侧较为多见。

纵骨架式舷侧结构的横向强度由强肋骨保证,强肋骨还作为纵骨的支点,从而减小纵骨的剖面尺寸。舷侧纵骨是纵向连续构件,通常采用角钢或折边板。它除参与总纵弯曲和保证外板稳定性外,还要承受水压力,故沿舷部的不同高度其尺寸并不相同,例如船底附近的舷侧纵骨对总纵强度的作用较大,而且承受的横向载荷较大,所以纵骨的尺寸也较大。

舷侧纵桁联系横向肋骨,分担了一部分舷侧载荷,和强肋骨相互支撑,形成舷侧板架。其尺度通常和强肋骨相同,并间断于强肋骨。

四、甲板结构

为了充分利用船体内部空间,用甲板将船体上下部分分隔。上甲板保证船体顶部的水密及遮蔽下面的空阔,它构成船体等直梁的上翼板,是保证船体总强度的重要构件之一;下层甲板起着舱室地板的作用,装载着各种货物和设备,或布置指战员、船员,旅客居住与工作房间。甲板结构也分为横骨架式和纵骨架式两种。

(一)横骨架式甲板结构

甲板骨架中横向布置的构件较密,而纵向布置的构件较少。这种甲板结构施工简单,横向强度较好,一些内河船舶和小型船舶采用这种甲板形式。

在横骨架式的船体结构中,各层甲板均采用横骨架式甲板结构;而在纵骨架式的船体结构和混合骨架式的船体结构中,除了强力甲板以外的各层下甲板,也均采用横骨架式甲板结构。强力甲板的舱口之间的甲板,由于不参与总纵弯曲,故也采用横骨架式甲板结构。

(二)纵骨架式甲板结构

在甲板骨架中纵向布置的构件较密,而横向布置的较少。主要布置在纵骨架式船体结构和混合骨架式船体结构中的强力甲板上。

1. 横梁

它是指设在甲板或平台之下各肋位上的横向骨材的统称。根据尺寸的大小和位置分为普通横梁、强横梁、半梁、舱口端悬臂梁等。

(1)普通横梁

简称为横梁。主要是装没在横骨架式甲板结构中甲板下的每一个肋位上,承担横向强度,一般是由不等边角钢或球扁钢制成。

(2)强横梁

它是由组合型材制成的大型横向构件。在甲板下面每隔若干个肋位布置一道。它的作用是承担横向强度,在纵骨架式甲板结构中还用来支撑甲板纵骨。

(3)半梁

它是布置在舷侧至舱口边之间的横梁。

(4)舱口悬臂梁

它是布置在舷侧至舱口边之间的强横梁。

(5)舱口端梁

它是布置在舱口两端肋位上的横梁,与舱口两端围板的下半部分做成一个整体,用来加强舱口结构。

2. 甲板纵骨

它是在纵骨架式甲板结构中,沿船长方向布置的尺寸较小的骨材。其主要作用是承担总纵弯曲强度和甲板上的载荷,保证甲板的稳定性。

3. 甲板纵桁

它在甲板下沿着船长方向布置的大型组合型材。通常在甲板下设有若干道,其中应有2道与舱口边板对齐,兼作舱口纵桁。它是甲板结构中的重要构件。

4. 货舱舱口围板结构

货舱舱口围板设置在货舱开口的四周,包括纵向围板和横向围板。它的主要作用是支撑舱口盖(包括有可能堆放在舱口盖上的甲板货);露天货舱口围板还可防止打上甲板的海水灌进舱内和防止工作人员或货物落入舱内,同时也提高了甲板开口处的强度。

为了保证围板的强度,舱口围板上应设有垂直加强筋和肘板,高度较大的舱口围板上还设有水平加强筋。

五、舱壁结构

船上有许多横向和纵向布置的舱壁,它们将船体内部空间分隔成若干用途不同的舱室。横舱壁对保证船体横向强度和刚性有很大作用,这对纵骨架式的船舶尤为重要。纵向舱壁能增加船的总纵强度,限制液体摇荡,减少自由液面对船舶稳性的影响等。

(一)舱壁的用途

舱壁按其用途分为水密的、油密的、非水密的、防火的等类型。

1. 水密舱壁

它承担舱壁平面内的压缩力,包括甲板载荷和舷外水压力,在船舶进坞时还受墩木的反力。但它主要是在海损破舱时,承受舱内横向静水压力。

2. 液体舱壁

对于深舱、燃油舱或油舱的舱壁,除了受到上述的一般作用力外,主要承受经常性的舱内液体的静压力和当船舶摇摆时产生的冲击力。

3. 纵舱壁

除了作为液舱壁承受液体压力外,当纵舱壁的长度很长时,还参与船舶的总纵弯曲。

水密舱壁的数目和间距与船舶的类型有关,根据船长、舱室布置及抗沉性的要求而定。一般来说,抗沉性要求高的,舱壁的数目则多。

(二)舱壁结构

按结构形式分为平面舱壁和槽形舱壁。

1. 平面舱壁

平面舱壁结构由舱壁板和骨架组成。

舱壁板由若干块钢板组成,钢板一般要求横向布置。由于舱壁下部受力较大,所以板厚相应较厚。沿高度方向板厚逐渐减薄。

骨架有桁材和扶强材两种。桁材是尺寸较大的骨架,一般由 T 型材或折边板做成;有些船舶为了增强舱壁的强度,采用槽钢作为桁材。沿竖直方向布置的桁材称为垂直桁;沿水平方向布置的桁材称为水平桁。

2. 槽形舱壁

除了平面舱壁外,有些船舶还常采用槽形舱壁。槽形舱壁是由钢板压制而成的,它的槽形折曲部分起到了扶强材的作用。槽形舱壁的剖面形状一般有三角形、矩形、梯形和弧形几种。

槽形舱壁与平面舱壁相比,它的优点是在保证同样的强度条件下,可以减轻结构重量,节省钢材,同时,由于取消扶强材及其肘板,从而也减少了配合焊接的工作量,在散货船和油船上,可以有效地增加舱容,便于清舱工作。但槽形舱壁也存在一些缺点,主要是它在垂直于槽形方向上的承压能力较差。

和平面舱壁的扶强材布置一样,槽形舱壁的槽形体也有垂直和水平布置两种。但由于这种舱壁在垂直于和平行于槽形方向的承压能力不同,因此要注意槽形方向的合理布置。横舱壁的槽形体通常采用垂直布置。

在槽形舱壁上必须设与槽形体垂直的水平桁或垂直桁,在水平桁上要安装防倾肘板。

上层建筑的舱壁多采用轻舱壁。轻舱壁是指只起分隔舱室作用而不承受载荷的舱壁。钢质轻舱壁一般用 2 ~ 4 mm 的薄钢板制成。为了减轻结构重量,也有用 1.2 ~ 3 mm 铝合金板制成的。

知识点 3:首尾端结构

一、首端结构

首端是指上甲板以下,首尖舱壁以前部分。首端与中部相比,所受总纵弯矩较小,其载荷主要是局部外力。首部约 1/4 船长范围内在结构上必须采取必要的加强措施。

船首部横剖面大致呈 V 形,船底外板与舷侧外板连在一起,没有明显的舭部。首部最前端一个舱叫首尖舱。首尖舱内设有平台甲板,平台甲板以上多用作锚链舱和储物舱;平台甲板以下多用作压载水舱。首尖舱一般采用单底结构。

根据受力特点和简化施工的要求,首端采用横骨架式比较合理。除了某些军舰外,多数船舶首端都采用横骨架式的结构。

首端结构与船体中部的结构相比,有特殊的要求和结构形式,如强胸结构(包括强胸横梁和舷侧纵桁)、制荡舱壁等,这些结构都设置在防撞舱壁前的首尖舱内。所有海船在首端都设有防撞舱壁,它的作用是防止船首部意外受损时海水进入舱内。通常情况下,首尖舱舱壁也就是防撞舱壁。首尖舱内的压载水随船体运动而摇晃,这样会对船体产生冲击作用,所以在首尖舱中心线平面处设有开孔的制荡舱壁或制荡板,如图 0 - 25 所示。

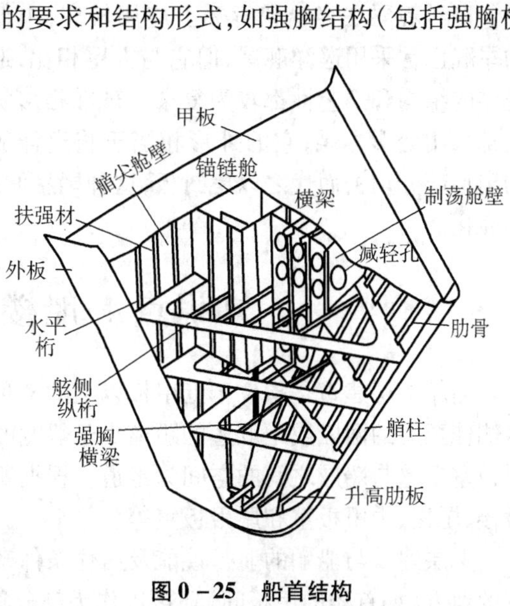

船首端水下部分结构一般都有加强措施,例如采用升高的肋板,减小肋骨间距,加装舷侧纵桁与强胸横梁。所谓强胸横梁就是上面没有甲板覆盖,起着撑杆作用的结构。在冰区航行的船舶,首部还应加装

图 0 - 25　船首结构

中间肋骨。有些狭窄的尖舱底,无法清除积水和进行油漆保养,就用水泥填塞,这样既可以防止锈蚀,又可起到增强作用。

近年来,许多大型货船都采用了球鼻形船首,这在一定条件下可以减小船的航行阻力。但装有球鼻的船首,对抛锚、起锚和船舶停靠码头都有妨碍,并且球鼻突出体使得结构和工艺复杂化。球鼻是首尖舱向首部水线以下的延伸部分,突出体受力较大,每挡肋位要求设置肋板,大的球鼻内中线面上必须设制荡舱壁,较小的可不设,但必须装中内龙骨。球鼻内要用纵横交叉的桁板加强。对长而大的球鼻,除中纵制荡舱壁外,还要加装横向制荡舱壁。球鼻外壳板的厚度不小于水线以下首柱钢板厚度,在锚链可能碰到的地方应局部加强。

二、尾端结构

尾尖舱壁以后、上甲板以下的船体部分称为尾端结构。尾端结构包括尾尖舱和尾部悬伸端,结构比较复杂。

船的尾部,除静水压力外,还承受舵和螺旋桨的重量及螺旋桨运转时的水动压力。螺旋桨工作时引起的水动压力产生周期性的脉冲振动,最大的振动约在尾部 1/8 船长范围内。对于机舱设在尾部,主机功率大的船舶常会引起激振,严重时会影响船的正常工作,甚至造成局部结构的破裂,并可能迅速波及到更大的范围,因此尾部结构应有较好的加强和防振措施。

民用船的尾部多用横骨架式结构,船尾通常有巡洋舰尾、方尾和椭圆形尾等形式。单螺旋桨的尾部横剖面呈 V 形,V 形的下部位置狭窄,有螺旋桨轴通过,V 形的上部逐渐宽大。甲板平台上设有舵机舱,尾部有舵和螺旋桨。尾部悬伸部分结构的加强通常采用斜肋骨和斜横梁。尾部平台以下如作为压载水舱,则应设制荡舱壁,以减少压载水摇晃产生的冲击,如图 0 - 26 所示。

巡洋舰尾在客船和货船上应用较广,中低速的军舰也常采用巡洋舰尾,但它与方尾相比,巡洋舰尾的结构和工艺性都较为复杂。现在很多货船上都采用变形方尾,它的外形相当于将巡洋舰尾

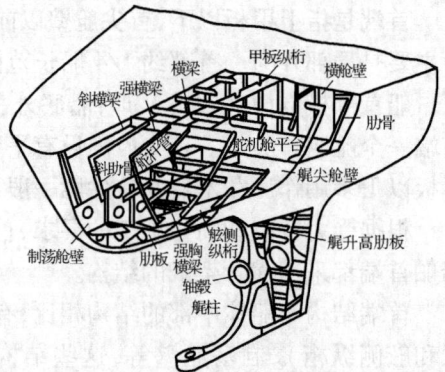

图 0 - 26　船尾结构

的扇形部分切去而代之以尾封板,这种尾悬伸出去的部分比巡洋舰尾短,在结构和工艺上大为简化。

知识点 4:船楼及甲板室结构

船舶上层建筑是指位于上甲板以上的各种围蔽建筑物,它包括船楼和甲板室。船楼的两侧伸至船的两舷或距舷边的距离小于船宽的 4%,不符合此条件的围蔽建筑即为甲板室。甲板室侧壁与船舷之间的空间为走道。根据所在位置的不同,船楼和甲板室又可分为首楼、桥楼、尾楼、中甲板室和尾甲板室等。

上层建筑与船舶的航行性能及居住条件密切相关,其内部可设客舱及船员的生活舱室,有的地方(如首楼的甲板间)还可以作为部分货舱使用,或存放缆绳、灯具和油漆等。

驾驶室设置在船中部或尾部上层建筑的顶部,有利于扩大驾驶人员的视野。上层建筑还能增加船舶的储备浮力,首楼可减少甲板上浪。此外,当上层建筑具有足够长度时,它可以全部或部分参与主船体的总纵弯曲,这样可以提高船体的总纵强度。

上层建筑主要承受波浪冲击和总纵弯曲。由于船舶主体沿船长方向是连续的,而上层建筑却是间断的,船体在上层建筑端部附近结构发生突变,当船舶总纵弯曲时,在船中的上层建筑端部将会产生严重的应力集中现象,如果不采取相应的结构措施,船舶航行时就有可能使该处的上甲板、舷顶列板和上层建筑侧壁发生裂缝,这必须引起充分注意。

甲板室与一般房屋建筑一样,由两边侧壁和前后端壁及甲板构成。一般在四周围壁的角隅处做成圆角,以减少这些地方的应力集中。

为减轻重量,围壁和甲板都用较薄的板材,但其上均有骨架加强。

三、评价标准

- 熟悉船型系数的表达式
- 掌握船舶舱室结构、部位名称术语

四、拓展与提高

- 熟悉船型系数与船舶航行性能的关系
- 熟悉典型船舶的板架结构形式

五、测试练习

一、单选题

1. 与船舶稳性有关的主尺度比是_____。
   A. L/B　　　　B. B/d　　　　C. L/D　　　　D. D/d

2. 双层底内的油舱与饮用水舱之间应_____。
   A. 确保水密　　B. 设置隔离空舱　C. 设水密肋板　　D. 设实肋板

3. 舭肘板的宽度和高度应_____。
   A. 宽度大于高度　B. 高度大于宽度　C. 高度等于宽度　D. 无具体要求

4. 舭龙骨有连续式和间断式两种结构,其中间断式的舭龙骨特点是_____。
   ①对航行船舶的航行阻力小;②横摇阻尼较大;③适用较高速度的船舶;④适用较低速度船舶。
   A. ①②③　　　　B. ①②　　　　C. ①　　　　D. ①②④

5. 舷侧结构由_____等组成。
   ①舷侧外板;②肋骨;③强肋骨;④舷侧纵桁;⑤舷边。
   A. ①②③④　　B. ②③④⑤　　C. ①②③④⑤　D. ①②③⑤

6. 舷墙的作用是_____。
   ①减少甲板上浪;②保证人员安全;③高度不小于1m;④防止物品滚落舷外;⑤增加总

纵强度。

　A.①②③④　　　B.①②④⑤　　　C.①②④　　　D.①～⑤

7.货舱容积损失少的骨架排列形式是_____。

　A.纵骨架式　　　　　　　　　B.横骨架式

　C.纵横混合骨架式　　　　　　D.自由骨架式

8.船底列板较舷侧列板的厚度应_____。

　A.加厚　　　B.减薄　　　C.相同　　　D.不一定

9.水密舱壁的主要作用是_____。

A.承受液体压力　　B.保证邻舱间水密

C.隔热　　　　　D.防火

10.槽型舱壁的优点是_____。

①重量轻;②清舱工作方便;③焊接工作量少;④占舱容大;⑤对包装箱装货物装货不利。

　A.①～③　　　B.①～④　　　C.①～⑤　　　D.②～⑤

11.船体首部设置球鼻首的主要作用是_____。

　A.减少摩擦阻力　B.增加首部强度　C.减少涡漩阻力　D.减少兴波阻力

12.下列属于首部结构特点的是_____。

①多采用纵骨架式;②肋骨间距小;③构件尺寸大;④设有许多空间骨架。

　A.①②③　　　B.②③④　　　C.①②③④　　　D.①②④

13.纵骨架式船体结构的优点是_____。

①纵向强度大;②船体重量轻;③适用于大型油船;④舱容利用率高。

　A.①②③　　　B.②③④　　　C.①③④　　　D.①②

14.双层底的作用是_____。

①增强船体总纵强度和船底局部强度;②用作油水舱,并可调整船舶吃水;③增加船舶抗沉能力和承受负载。

　A.①②　　　B.①③　　　C.②③　　　D.①②③

15.斜肋骨是指_____。

　A.在船的首尾端成放射状设置的肋骨　　B.在船中成放射状设置的肋骨

　C.在船的首端和船中成放射状设置的肋骨　D.以上都不对

16.船壳板的组成有_____。

①平板龙骨;②船底板;③舭列板;④舷侧外板;⑤舷顶列板。

　A.①②③④　　B.②③④⑤　　C.①③④⑤　　D.①②③④⑤

17.下列属于首部结构特点的是_____。

①多采用纵骨架式;②肋骨间距小;③构件尺寸大;④设有许多空间骨架。

　A.①②③　　　B.②③④　　　C.①②③④　　　D.①②④

18.按舱壁结构可分为_____。

①平面舱壁;②防火舱壁;③槽形舱壁;④制荡舱壁。

　A.①②④　　　B.②③④　　　C.①②③　　　D.①③

19.下列说法错误的是_____。

　A.中间肋骨是指水线附近两相邻肋骨间设置的短肋骨

　B.平面舱壁抵抗横向压力的能力较对称槽形舱壁弱

C. 船舶采用混合首柱,既有较大的强度,又不会使空船重量增加很大

D. 肋骨的作用是支持舷侧外板,并保证舷侧的强度和刚性

20. 舭龙骨的作用是_____。

A. 保证船体总纵强度　　　　　　　　B. 增强舭部局部强度

C. 减轻横摇　　　　　　　　　　　　D. 减轻纵摇

二、简答题

1. 常用的船型系数有哪些? 船型系数与船舶航行性能有何关系?

2. 何谓基平面、基线、基点?

3. 请简述横骨架式和纵骨架式船舶分别有什么优点。

4. 请简述双层底结构的作用及优点。

5. 请简述舱壁按用途分为几类? 各有什么作用及优点?

项目一　基本理论

一、学习目标

- 具有正确理解应用船舶和货物基础知识的能力
- 具有充分利用船舶装载力的能力

二、背景知识

知识点 1:船舶的重量性能和容积性能

一、船舶的重量性能

船舶的重量性能包括排水量及载重量。

1. 排水量(Displacement)Δ

指船舶在静水中处于自由漂浮状态时所排开水的重量。它等于装载状态下船舶的总重量。按照船舶装载状态的不同,排水量可分为以下几种。

(1)空船排水量(Light ship displacement)Δ_L

指船舶装备齐全但无载荷时的排水量。它等于空船重量,包括船体、机器、设备、以及锅炉中的燃料和淡水、冷凝器中的淡水等重量的总和。空船排水量可在船舶资料中查得。

(2)满载排水量(Full loaded displacement)Δ_S

指船舶满载时,吃水达到某一载重线时的排水量。通常是指船舶吃水达到夏季载重线时的排水量,又称夏季满载排水量。满载排水量等于船舶满载时的总重量,包括空船重量、货物、燃润料、淡水、压载水、船员及行李、粮食和供应品、船用备品和船舶常数等各类重量的总和。不同载重线所对应的满载排水量数据可在船舶资料中查得。

(3)装载排水量 Δ

指船舶在空载吃水与满载吃水之间任一吃水时的排水量,其数值随船舶的装载吃水确定。

2. 载重量

船舶的载荷重量称为载重量,通常可分为以下几种。

(1)总载重量(Deadweight)DW

指船舶在任一装载吃水时船上所有载荷的总重量。其数值等于该装载吃水时的船舶排水量 Δ 与空船排水量 Δ_L 的差值,即

$$DW = \Delta - \Delta_L \qquad (t) \qquad\qquad (1-1)$$

总载重量值随船舶的排水量(或吃水)的不同而异。船舶资料中提供有对应于不同载

重线的船舶总载重量值,其含义是表示船舶使用某一载重线时所允许的最大装载量。

（2）净载重量（Net deadweight）NDW

指船舶在具体航次中所能装载货物的最大重量。净载重量值等于由具体航次所确定的总载重量 DW 与航次储备量 $\sum G$ 及船舶常数 C 的差值,即

$$NDW = DW - \sum G - C \qquad (\text{t}) \qquad\qquad (1-2)$$

同一艘船舶在不同航次中由于使用的载重线、航程、油和水的存量以及吃水是否受限制等条件的不同,其净载重量值是不同的,需要经过计算才能确定。

（3）航次储备量（Stores）$\sum G$

指船舶在具体航次中为维持生产和生活的需要而必须储备的所有重量的总和。包括燃油、淡水、船员及行李、粮食、备品和日用品等重量。

（4）船舶常数（Constant）

新出厂的船舶经过营运一段时间后,船舶重量中产生的一些难以确切计量的重量的总和称为船舶常数。它可以通过测定求得,其值等于测定时空船排水量（已包含船舶常数）Δ_{L+C} 与新出厂时空船排水量 Δ_L 之差。

船舶常数由以下几部分重量组成。

（1）船体、机械等进行定期修理和局部改装而导致的空船重量的改变量;

（2）船上库存的破旧机件、器材和各种废旧物料;

（3）货舱内的残留物、垫舱物料及垃圾;

（4）油、水舱柜及污水井内残留的污油、污水及沉淀物;

（5）船体外附着物如海藻、贝壳等。

船舶常数的大小随以上各项重量的变化而变化,因此不是一个固定值。为了较准确地掌握船舶常数的大小,一般在年度修理后对其测定一次,测得的常数值一般延续使用到下次重新测定时为止,或者在必要的情况时作重新测定。

关于船舶航次的总载重量、净载重量、航次储备量的计算及船舶常数的测定方法在后面讲述。

综上所述,船舶的排水量和载重量之间的关系如下:

$$船舶排水量\ \Delta \begin{cases} 空船重量\ \Delta_L \\ 总载重量\ DW \begin{cases} 净载重量\ NDW \\ 航次储备量\ \sum G \\ 船舶常数\ C \end{cases} \end{cases}$$

二、船舶的容积性能

表示船舶容积性能的有:舱容及甲板货位、舱容系数、登记吨位。

1. 舱容（Compartment capacity）

可分为散装舱容、包装舱容、液货舱容积和液舱柜容积、甲板货位。

杂货船上同一货舱的舱容分为散装舱容和包装舱容两种。同一货舱的包装舱容比散装舱容要小,包装舱容约为散装舱容的 90% ~ 95%。因为散货可装进货舱内肋骨之间、横梁之间等的狭小空间,另外,舱内的支柱、管系等对装散货比装包装货的影响要小,舱容的利用

率不一样。装载无包装的小块状、颗粒状、粉末状的散装货物时使用散装舱容;而装载具有一定尺度的成件包装或裸装货物时则使用包装舱容。

船舶资料中均附有各货舱容积表。从表中可查取各货舱的包装舱容、散装舱容以及货舱的舱容中心的资料。附录二中表 F2-2 为"Q"轮货舱容积表。

装载液体散货的货舱容积称为液货舱容积。

装载燃料、淡水、压载水等的舱柜容积称为液舱柜容积。附录二中表 F2-4 为"Q"轮液舱容积表。

甲板货位。如集装箱船甲板可用货位与舱内容积之比为 1∶2～1∶1,而木材船甲板可用货位与舱内容积相比,也基本接近。

2. 舱容系数(Coefficient of load)α

指船舶的货舱总容积与净载重量的比值,即船舶每吨净载重量所能提供的货舱容积。舱容系数可用下式表示:

$$\alpha = \frac{\sum V_{ch}}{NDW} \quad (\mathrm{m}^3/\mathrm{t}) \tag{1-3}$$

式中　$\sum V_{ch}$——船舶货舱的总容积,m^3。

舱容系数的大小能反映船舶的载货性能,表示该船适宜装载重货还是轻货。显然,舱容系数大的船舶适宜装轻泡货,反之适宜装重货。

由于各具体航次 NDW 不同,因此相应的舱容系数也不同。船舶资料中的舱容系数是船舶在满载状态下保持最大续航能力时的数值。

3. 登记吨位(Registered tonnage)

指船舶为登记注册的需要,按照国家主管机关制定的船舶吨位丈量规范的各项规定丈量确定的船舶容积。我国船舶根据 2005 年的《海船法定检验技术规则》(以下简称《法定规则》)中的"丈量吨位"的各项规定丈量确定登记吨位并核发"吨位证书",并获国际上的承认。

船舶的登记吨位可分为总吨位、净吨位及运河吨位三种。

(1)总吨位(Gross tonnage)GT

系指根据有关国家主管机关规定的丈量规范,丈量船舶所有围蔽处所总容积后所核算的专门吨位为船舶总吨。

我国《法定规则》规定,船舶的总吨位按下式计算:

$$GT = K_1 \cdot V \tag{1-4}$$

式中　V——丈量确定的船舶所有围蔽处所的总容积,m^3;

　　　K_1——系数,$K_1 = 0.2 + 0.021 gV$。

船舶总吨位的用途有:

①表示船舶规模的大小,作为船舶拥有量的统计单位;

②作为船舶规范、国际公约中划分船舶等级及对船舶进行技术管理和设备要求的依据和标准;

③作为船舶登记、检验和丈量等收费的标准;

④作为估算船舶建造、买卖、租赁的费用及海损事故最高赔偿额的基准;

⑤作为某些港口使费的计算基准;

⑥作为计算净吨位的基础；

⑦作为船公司向船东保赔协会交付保险费用的依据。

（2）净吨位（Net tonnage）NT

系指根据有关国家主管机关规定的丈量规范所确定的船舶有效容积（也叫营运容积）。根据我国《法定规则》的规定，船舶的净吨位按下式计算：

$$NT = K_2 \cdot V_c \left(\frac{4d}{3D} \right)^2 + K_3 \cdot \left(N1 + \frac{N_2}{10} \right) \tag{1-5}$$

式中　K_2——系数，$K_2 = 0.2 + 0.021 g V_c$；

　　　V_c——各载货处所的总容积，m^3；

　　　D——船长中点处的型深，m；

　　　d——船长中点处的型吃水，m；

　　　K_3——系数，$K_3 = 1.25 \times \dfrac{GT + 10\ 000}{10\ 000}$；

　　　N_1——不超过 8 个铺位的客舱中的乘客铺位数；

　　　N_2——其他客舱中的乘客铺位数。

《法定规则》规定，在式（1-5）中，当 $\left(\dfrac{4d}{3D} \right)^2$ 大于 1 时取为 1；当 $K_2 \cdot V_c \left(\dfrac{4d}{3D} \right)^2$ 小于 $0.25GT$ 时取 $0.25GT$；当 NT 小于 $0.3GT$ 时取为 $0.3GT$；当乘客总铺位数小于 13 时，N_1 及 N_2 均取零。由此可见，净吨位是一个与船舶载货处所容积和载客处所容积有关的量值。关于丈量和计算的具体细节，可参阅我国《法定规则》。

净吨位的用途是作为计算各种港口使费或税金的基准，如港务费、引航费、码头费、进坞费、吨税等。各国港口的规定不尽相同，有些港口按船舶总吨、吃水等计收港口使费的。

（3）运河吨位（Canal tonnage）CT

系指由运河当局按其规定的丈量规范丈量确定的船舶登记吨位。凡航经苏伊士和巴拿马运河的船舶必须具备运河当局主管部门颁发的运河吨位证书。运河吨位也分总吨位及净吨位两种。

船舶通过运河时，运河当局按运河吨位作为征收运河通航费的基准。

表 1-1 为"Z"轮登记吨位一栏表。

表 1-1　"Z"轮登记吨位数值表

总吨位	净吨位	苏伊士运河吨位		巴拿马运河吨位	
GT	NT	GT	NT	GT	NT
48 311	16 601	51 749.59	44 463.92	52 615.10	40 907.46

知识点 2：船舶静水力参数资料及其使用

在计算或调整具体装载状态下船舶的稳性、纵向受力及吃水差等时，经常要用到如横稳心距基线高度 KM、浮心距基线高度 KB、浮心距船中距离 X_b、每厘米吃水吨数 TPC、每厘米纵倾力矩 MTC、漂心距船中距离 X_f 等参数。这些参数都可以根据某装载状态下的船舶平均吃水在静水力参数资料中直接查取。

静水力参数图表中所涉及的参数,若无特别说明,都是指船舶处于静止正浮状态下得出的计算结果。船舶静水力参数资料包括静水力曲线图、静水力参数表和载重表尺。这些资料由船舶设计部门根据船体的几何型线计算绘制而成,是船舶驾驶人员经常使用的重要的船舶资料。

一、静水力曲线图(Hydrostatic curves)

是表示船舶在静止正浮状态下,平均吃水与船舶浮性、稳性和船型系数三类参数的一组关系曲线。图1-1为"Q"轮的静水力曲线图。

1. 静水力曲线图的组成

(1)排水量(Displacement)Δ 曲线

表示船舶排水量随平均吃水变化而变化的关系曲线,通常包括标准海水排水量 Δ 与标准淡水排水量 Δ_f 两条曲线。

(2)型排水体积(Volume of moulded displacement)V_M 曲线

表示船舶型排水体积 V_M 随平均吃水变化而变化的关系曲线。

船舶的排水体积分型排水体积 V_M 和排水体积 V 两种。型排水体积是由船体型线图的型值用近似计算方法求得。其值不包括船舶水下部分的船壳及船壳外的螺旋桨、舵、舭龙骨等附体的排水体积在内。排水体积是型排水体积和水下部分的船壳及船壳外的螺旋桨、舵、舭龙骨等附体的排水体积之和。

型排水体积可根据船舶平均吃水利用型排水体积曲线直接求得。

有些静水力曲线图上无排水体积曲线,但排水体积可利用淡水排水量曲线求得。淡水排水量与排水体积数值上相等,只是单位不同,所以利用淡水排水量曲线即可求取船舶排水体积。

船舶排水体积也可按下式求取:

$$V = k \cdot V_M \qquad\qquad (1-6)$$

式中 k 为船壳系数,$k = 1.006 \sim 1.030$。一般情况下,对于不同的船舶,小船 k 值较大,大船 k 值较小;对于同一船舶,吃水较小时 k 取大些,吃水较大时 k 取小些。新船 k 值可在船舶资料中查取。

(3)浮心距船中距离(Longitudinal center of buoyancy from midship)X_b 曲线

表示船舶的浮心距中距离 X_b 随平均吃水变化而变化的规律。通常情况下船舶的浮心随平均吃水的增大从船中前向船中后移动。静水力曲线图中标有"⧄"符号的直线表示船中位置。我国规定,浮心的纵向位置用其距船中的距离表示,并规定:浮心距船中前的距离为正,浮心距船中后的距离为负。有些国家规定,浮心的纵向坐标用距尾垂线的距离表示的。

(4)浮心距基线高度(Vertical center of buoyancy above baseline)KB 曲线

表示船舶的浮心 B 距基线的垂直距离 KB 随平均吃水变化而变化的规律。

(5)水线面面积(Area of waterp1anes)A_w 曲线

表示船舶的水线面面积随船舶平均吃水变化而变化的规律,平均吃水增大,水线面面积增大。

(6)漂心距船中距离(Longitudinal center of floatation)X_f 曲线

船舶水线面面积的中心(或形心)称漂心,用符号 F 表示。漂心距船中距离曲线表示船舶水线面面积的中心 F 距船中的距离随平均吃水变化而变化的规律。船舶漂心的移动规律与浮心的移动规律相同,X_f 的正负号取法同 X_b。有些国家规定,漂心的纵向坐标用距尾垂线的距离来表示的。

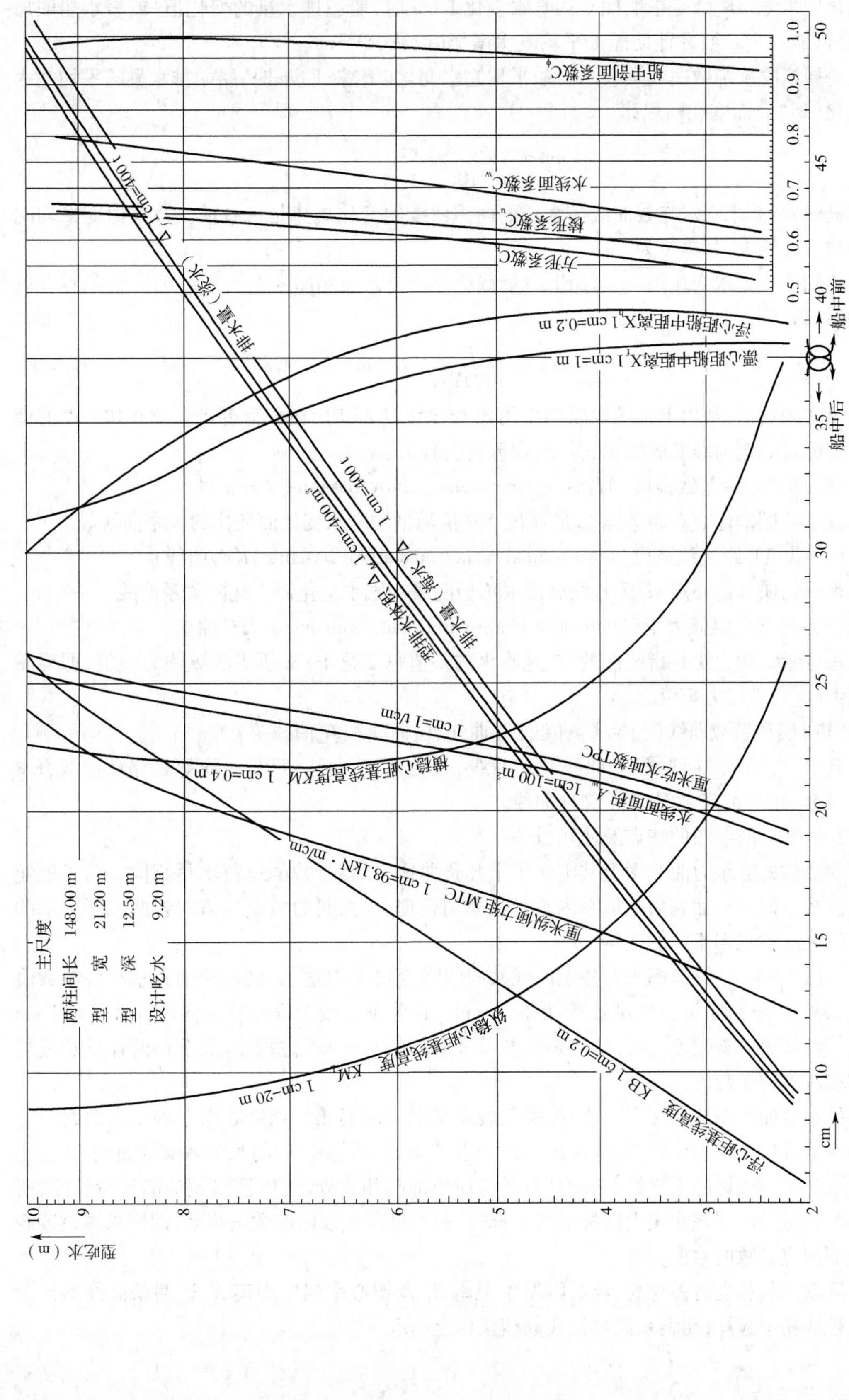

主尺度

两柱间长　148.00 m
型　宽　21.20 m
型　深　12.50 m
设计吃水　9.20 m

舯横剖面系数 C_ϕ

水线面系数 C_w

棱形系数 C_p

方形系数 C_δ

排水量（淡水）

排水量（海水）Δ　1 cm=400 m³　1 cm=400 t

浮心纵距船中距离 X_1 cm=0.2 m

浮心纵距船中距离 X_1 cm=1 m

横稳心距基线高度 KM　1 cm=0.4 m

水线面积 A_w　1 cm=100 m²

每厘米排水吨数 TPC　1 cm=1 t/cm

每厘米纵倾力矩 MTC　1 cm=98.1kN·m/cm

浮心距基线高度 KB　1 cm=0.2 m

漂心距船中距离 KM　1 cm=20 m

吃水深（m）

cm

船中后　船中前

图1-1　"Q"轮静水力曲线图

（7）每厘米吃水吨数(Metric tons per centimeter immersion)TPC曲线

每厘米吃水吨数是指船舶平均吃水变化 1 cm 时,船舶排水量的变化值,或表示船舶加载(或卸载)多少吨,才能使船舶平均吃水增加(或减少)1 cm。

每厘米吃水吨数曲线则表示船舶平均吃水变化(增减)1 cm 时,船舶排水量随平均吃水的变化(增减)而变化的规律。

$$TPC = \frac{\rho \cdot A_w}{100} \quad (\text{t}/\text{cm}) \qquad (1-7)$$

显然,每厘米吃水吨数曲线与水线面面积曲线的变化规律是一致的。TPC 值随平均吃水的增大而增大,其单位为 t/cm。

船舶平均吃水变化量 δd 与船上少量载荷变动量 P 及每厘米吃水吨数 TPC 之间存在以下关系,即

$$\delta d = \frac{P}{100TPC} \qquad (\text{m}) \qquad (4-8)$$

但必须指出,利用上式求取船舶平均吃水变化量 δd 时,在载荷变动量 $P \leqslant 10\%\Delta$ 的情况下才能得到较为准确的结果,否则,误差将会较大。

（8）横稳心距基线高度(Transversemetacenter above baseline)KM 曲线

表示船舶横稳心点 M 距基线的高度 KM 值随平均吃水变化而变化的关系曲线。

（9）纵稳心距基线高度(Longitudinal metacenter above baseline)KM_L曲线

表示船舶纵稳心点 M_L 距基线高度 KM_L值随平均吃水变化而变化的关系曲线。

（10）每厘米纵倾力矩(Moment to change trim one centimeter)MTC 曲线

每厘米纵倾力矩是指船舶的首、尾吃水的差值每变化 1 cm 所需的纵倾力矩值,即船舶纵倾 1 cm 所需的力矩值。

（11）船型系数曲线(包括 C_W曲线、C_M曲线、C_b曲线和 C_p曲线等)

其中,V_M曲线、Δ 曲线、X_b曲线、KB 曲线、A_W 曲线、X_f曲线、TPC 曲线等是浮性曲线;KM 曲线、KM_L曲线、MTC 曲线等是稳性曲线。

2. 静水力曲线图的特点及使用方法

在船舶的静水力曲线图上共汇集了十几条曲线,且各参数的单位不尽相同。为了能使这些曲线在同一平面直角坐标系内表示且布局合理,故曲线的横坐标值与各曲线所表示的参数值之间须采用不同的比例。

在图 1 – 1 中,纵坐标表示各条曲线共同的自变量平均吃水,横坐标则表示与各参数值有关的参考坐标值,称为计量长度,单位为 cm。在各条曲线上都标有其各自符号及每 1 cm 计量长度代表的参数值。因此,根据船舶某装载状态时的平均型吃水及求得的计量长度可以求取有关的参数值。

静水力曲线图的使用方法为:根据某装载状态下的船舶平均型吃水在静水力曲线图的纵坐标上确定相应的位置点,经过该点作一水平横线与所要求取的某参数值的曲线相交,经此交点再作横坐标的垂直线,在此垂直线与横坐标的相交处,可以读出相应的计量长度,所读取的计量长度与该曲线上所标示的 1 cm 计量长度所代表的参数值相乘,即可求得该装载状态下相应参数的数值。

读取计量长度时需注意,浮心距船中距离 X_b 及漂心距船中距离 X_f 这两条曲线的计量长度是从船中起算,船型系数直接在其横坐标上读取。

二、载重表尺（Deadweight scale）

又称载重表（图1-2），是以刻度标尺的形式给出，反映船舶的实际平均吃水值与排水量、总载重量、每厘米吃水吨数、每厘米纵倾力矩、横稳心距基线高度等参数之间的对应关系

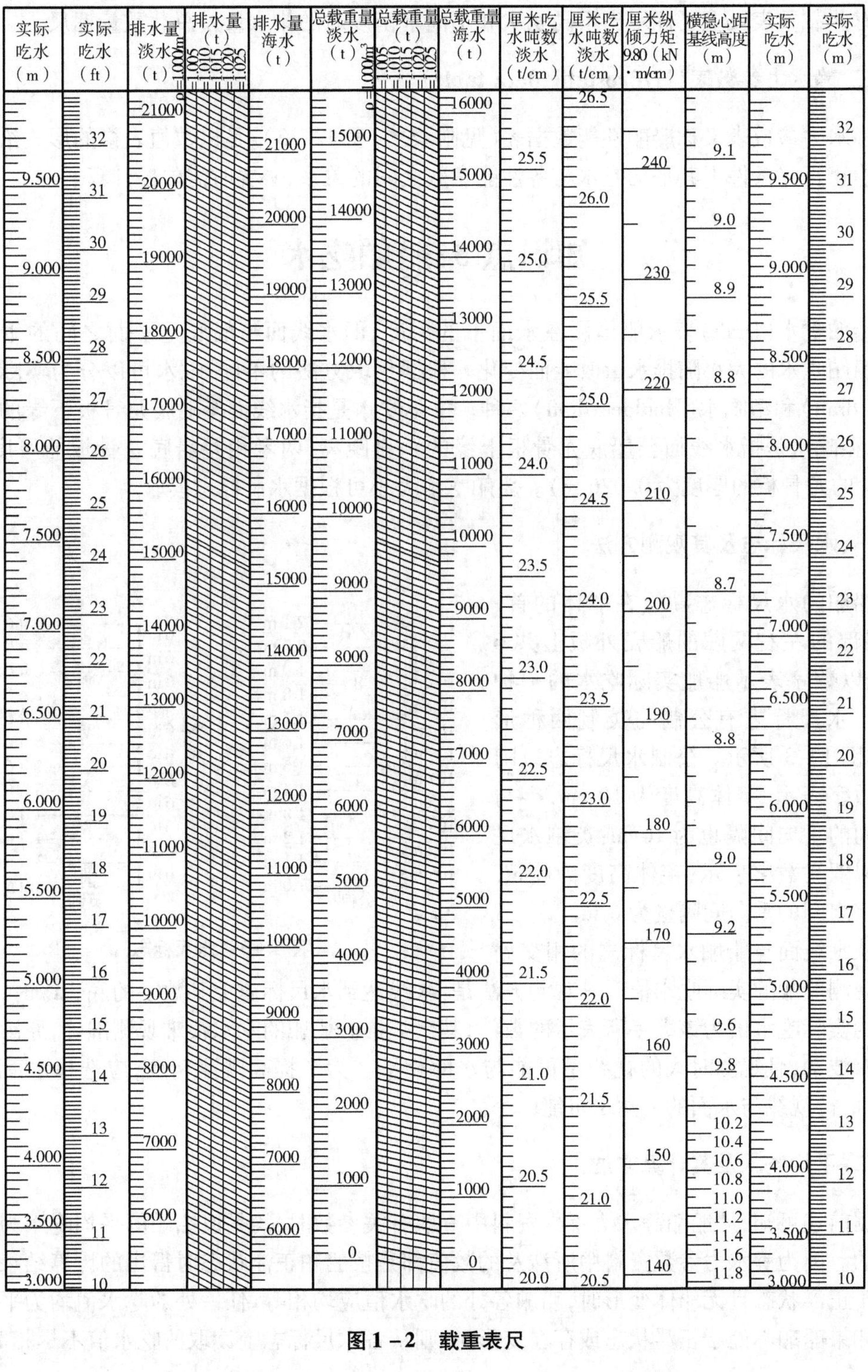

实际吃水 （m）	实际吃水 （ft）	排水量 淡水 （t）	排水量 （t）	排水量 海水 （t）	总载重量 淡水 （t）	总载重量 （t）	总载重量 海水 （t）	厘米吃水吨数 淡水 （t/cm）	厘米吃水吨数 淡水 （t/cm）	厘米纵倾力矩 9.80（kN·m/cm）	横稳心距基线高度 （m）	实际吃水 （m）	实际吃水 （m）

图 1-2　载重表尺

的标尺。

利用载重表尺求取有关参数比使用静水力曲线图更直观和实用。

载重表尺的使用方法很简单,根据船舶在某装载状态时的平均吃水($\rho = 1.025$ g/cm³时)在吃水标尺上找到其位置点,经该点作一条水平直线,从该直线与各参数标尺的交点处就可直接读出各参数的数值。同样,也可以根据船舶排水量查取平均吃水及其他各参数值。

有些载重表尺上还标示出不同吃水和不同水密度时的排水量及总载重量标尺。

三、静水力参数表(Hydrostatic data table)

静水力参数表又称船舶性能数据表(见附录二,表 F2 - 3),是以数值表格的形式给出船舶在静止正浮条件下其平均吃水与各性能参数之间的关系,必要时需内插计算。

知识点 3:船舶吃水

船舶吃水(Draft)表示船体浸在水面下的深度,即水线面与船底基平面之间的垂直距离。船舶吃水的大小随排水量改变而变化。根据量取方法的不同,吃水可以分为实际吃水(Real draft)和型吃水(Moulded draft)两种。实际吃水是指水线面至船底龙骨板下缘的垂直距离,型吃水是指水线面至船底龙骨板上缘的垂直距离,两者相差船底龙骨板的厚度(如"Q"轮的龙骨板的厚度为 0.026 m)。船舶吃水大小可根据水尺标志读取。

一、水尺标志及其观测方法

船舶的水尺标志勘绘在船体的首、中、尾部的左右两舷的船壳外板上共 6 处,是以数字表示船舶实际吃水的一种标记。水尺标志有公制与英制两种形式,如图 1 - 3 所示。公制水尺标志以阿拉伯数字表示,字体高度为 10 cm,字与字之间的垂向间隔也为 10cm;英制水尺标志以罗马数字表示,字体高度为 6 in,字与字之间的垂向间隔也为 6 in。

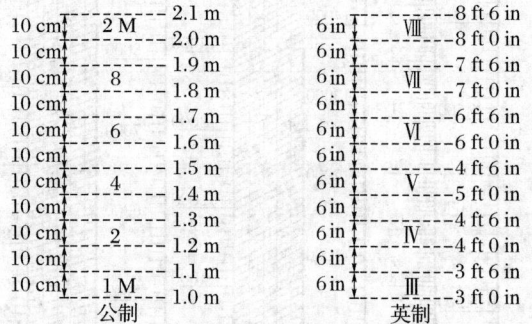

图 1 - 3　水尺标志

从水线面与船舶水尺标志的相交处便可观测船舶的实际吃水值。其观测方法是:水线达到水尺标志上某数字的底边缘时,表示该处的实际吃水值为该数字所表示的数值,其余类推。船舶的吃水很难观测准确,原因是水面常有波动,且观测时人的视线不可能与水面相平。为了提高观测精度,应选择水面较平静,且保持视线与水面的夹角尽可能的小。

二、平均吃水及其计算方法

据前述可知,从船舶静水力参数资料中查取有关参数时,均是以船舶的平均吃水为依据查取的。因为静水力参数资料中所涉及的数值都是按船舶正浮状态时得出的计算结果。船舶处于正浮状态且无船体变形时,船舶各处的吃水值应均相等,任一处的吃水值均为平均吃水。如果船舶不处于正浮状态或存在变形时,则从各水尺标志上读取的吃水值不尽相等,这时就需将这些吃水值换算成一个与正浮状态相等的吃水值(又称等容吃水),然后才能查取有关参数值。下面介绍船舶平均吃水的求取方法。

若忽略船体变形,则船舶的平均吃水可根据船舶的不同浮态分别按以下方法计算。

1.船舶处于正浮状态时,船舶各处的吃水值完全一致,此时,任何位置的吃水值都为实际平均吃水 d_m。

2.当船舶处于纵倾(无横倾)状态时,其实际平均吃水可按下式计算:

$$d_m = \frac{d_F + d_A}{2} + \frac{(d_F - d_A)}{L_{bp}} \cdot x_f \quad (\text{m}) \tag{1-9}$$

式中　d_F——船首水尺标志处的吃水,即首吃水,m;

　　　d_A——船尾水尺标志处的吃水,即尾吃水,m;

　　　L_{bp}——船舶垂线间长,m;

　　　x_f——船舶漂心距船中距离,m。

当漂心在船中,即 $x_f = 0$ 时,船舶的平均吃水可按下式求取:

$$d_m = \frac{d_F + d_A}{2} \quad (\text{m}) \tag{1-10}$$

3.当船舶既有纵倾又有横倾时,其平均吃水 d_m 按下式计算:

$$d_m = \frac{d_{FP} + d_{FS} + d_{MP} + d_{MS} + d_{AP} + d_{AS}}{6} + \frac{x_f}{L_{bp}} \cdot t \quad (\text{m}) \tag{1-11}$$

式中　d_{FP}, d_{FS}——分别表示船舶首部左、右舷吃水,m;

　　　d_{MP}, d_{MS}——分别表示船舶中部左、右舷吃水,m;

　　　d_{AP}, d_{AS}——分别表示船舶尾部左、右舷吃水,m;

　　　t——表示船舶的吃水差: $t = \dfrac{d_{FP} + d_{FS} - d_{AP} - d_{AS}}{2}$,m。

必须指出,用以上这些公式计算求得的平均吃水值,尚未考虑船体纵向变形对平均吃水的影响。当要求精度更高时,还须对观测吃水值作多次修正,详见项目四水尺计量部分。

三、舷外水密度变化对船舶吃水的影响

同一船舶在排水量相同的情况下,在不同密度的水域所排开水的体积是不同的,因此吃水也就不相同。船舶由密度大的水域进入密度小的水域,吃水会增大,反之吃水会减小,所以,当船舶舷外水密度发生改变时需对船舶吃水进行修正。

当船舶在非标准海水密度的水域时,从水尺标志上观测到的船舶吃水换算成平均吃水后不能直接从静水力参数资料中查取有关参数,须把其换算成标准海水($\rho = 1.025\ \text{g/cm}^3$)中的平均吃水后才能查取有关参数值。

当利用水尺计算装卸货物重量以及为了船舶能安全通过有水深限制的浅水区域时,必须用密度计测定当地水的实际密度,以修正由于水密度不同对船舶吃水的影响。

在不同密度的水中,船舶平均吃水的变化值的计算方法如下。

1.水密度变化对船舶平均吃水的影响

设船舶舷外水密度由 ρ_1 变为 ρ_2,且船舶排水量 Δ 不变,则船舶平均吃水的变化量 δd 为:

$$\delta d = \frac{\Delta}{100TPC}\left(\frac{\rho_s}{\rho_2} - \frac{\rho_s}{\rho_1}\right) \quad (\text{m}) \tag{1-12}$$

式中　δd——舷外水密度变化引起的船舶平均吃水的变化量,m;

　　　ρ_1、ρ_2——不同密度水域中水的密度值,g/cm^3;

　　　ρ_s——标准海水密度(1.025 g/cm^3);

　　　Δ——船舶排水量,t;

　　　TPC——每厘米吃水吨数,t/cm。

2. 淡水水尺超额量(Fresh water allowance)FWA

简称淡水超额量,是指船舶由标准海水水域驶入标准淡水水域时船舶平均吃水的增量。其计算式可由式(1-12)推导出:

$$FWA = \frac{\Delta}{40TPC} \quad (\text{cm}) \tag{1-13}$$

3. 半淡水水尺超额量(Semi fresh water allowance)SFWA

指船舶由标准海水水域驶入半淡水(1.000 g/cm^3 < ρ < 1.025 g/cm^3)水域时,船舶平均吃水的增量。$SFWA$ 可用以下近似公式计算:

$$SFWA \approx 40(1.025 - \rho) \cdot FWA \tag{1-14}$$

4. 新水域船舶平均吃水的近似计算

$$d_2 = \frac{\rho_1}{\rho_2}d_1 \tag{1-15}$$

知识点4:载重线标志及载重线海图

一、船舶干舷(Freeboard)

船舶干舷是指在船中处从干舷甲板的上边缘量至有关载重线的上边缘间的垂直距离。可分为热带干舷、夏季干舷、冬季干舷、(夏季)淡水干舷、热带淡水干舷等。干舷的大小可用干舷高度表示。

二、干舷与吃水、储备浮力的关系

从船舶营运的角度出发,要求船舶能装载尽可能多的货物,但为了保证船舶的安全,则要求船舶满载后水线以上仍然留有一部分水密空间。船舶满载水线以上船舶主体水密部分的体积所能提供的浮力称储备浮力。储备浮力大则航行较安全。

储备浮力的大小是根据船舶尺度、类型、航区和航行季节等因素确定。海船的储备浮力约为排水量的20%~50%,河船的储备浮力约为排水量的10%~15%。

船舶干舷的大小可作为衡量储备浮力大小的尺度。显然,干舷愈大储备浮力愈大。船舶干舷 F 与型深 D、型吃水 d 和干舷甲板厚度 ε 的关系为:

$$F = D + \varepsilon - d \tag{1-16}$$

船舶在任何装载情况下都不得使干舷小于所核定的最小干舷,即船舶的实际吃水不得超过船舶的满载吃水。核定船舶最小干舷时考虑的因素有:储备浮力、船舶强度、船舶稳性及抗沉性等。

船舶最小干舷分为夏季、热带、冬季、北大西洋冬季和淡水最小干舷,其中夏季最小干舷是确定其他最小干舷的基准,而夏季最小干舷是由船舶主尺度、丰满度、船舶类型、上层建筑、舷弧等因素所决定的。

三、船舶的载重线标志

船舶载重线是按照公约及有关规则的规定,在船中左右两舷船壳板外面勘绘载重线标志,是限定船舶的最大吃水,以确保船舶最小干舷的标志。

《法定规则》规定,勘绘载重线确定相应的干舷高度时除必须满足《国际载重线公约》对储备浮力的要求外,还必须根据船舶用途、航区和船舶结构,全面满足《法定规则》对于船舶强度、完整稳性、破舱稳性等各方面的综合要求。当按上述要求所核定的干舷值不一致时,应取其中的最大值作为最小干舷,以最大限度地确保船舶的安全航行。

《法定规则》规定,我国船舶的载重线标志由中国船级社或由其委托指定机关负责勘绘。下面介绍各类船舶的载重线标志。

1.国际航行船舶的载重线标志

由甲板线、载重线圈及水平横线、各载重线三部分组成,如图1-4所示。

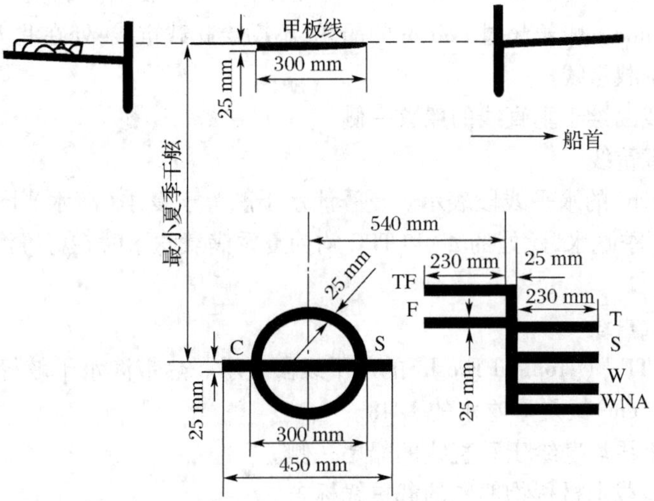

图1-4　国际航行船舶的载重线标志

(1)甲板线

系指勘绘于船中左右两舷,其上边缘与干舷甲板上表面处于同一水平位置,是一条长300 mm,宽25 mm的水平直线。对于舷缘为圆弧形的船舶,其甲板线可勘绘在船中每侧某一适当位置。

(2)载重线圈及水平横线

系包括一外径为300 mm,线宽为25 mm的圆环和与圆环相交的一条水平横线组成。水平横线长450 mm,宽为25 mm,水平横线的上边缘通过圆环中心,圆环中心位于船中。从圆环中心至甲板线上边缘的垂直距离即为按《法定规则》所核定的夏季干舷。圆环两侧的字母"C"和"S"表示勘绘载重线标志的主管机关为中国船级社(China classification society)。

（3）各载重线

船舶按其航行海区和季节期而定的各载重线，分别以长 230 mm、宽为 25 mm 的水平线段表示。各载重线与一根位于圆环中心前方（船首方向）540 mm、宽为 25 mm 的垂直线相垂直。各载重线的上缘就是船舶在不同区带和季节区域中所允许的最大装载吃水的限定线，也表示相应情况下船舶所允许的最小干舷。各载重线的名称及位置介绍如下：

①夏季载重线

以标有字母"S"（Summer）的水平线段表示，该水平线段与水平横线相平。夏季干舷是由圆环中心至甲板线上边缘的垂直距离。通常称为最小夏季干舷。

②热带载重线

以标有字母"T"（Tropical）的水平线段表示。热带干舷等于夏季干舷减去夏季吃水的 1/48。

③冬季载重线

以标有字母"W"（Winter）的水平线段表示。冬季干舷等于夏季干舷加上夏季吃水的 1/48。

④北大西洋冬季载重线

以标有字母"WNA"（Winter North Atlantic）的水平线段表示。北大西洋冬季干舷等于冬季干舷加上 50 mm。船长超过 100 m 的船舶，不勘绘此载重线，处在北大西洋冬季季节期海区时仍使用冬季载重线。

以上各载重线勘绘于垂直线的船首一侧。

⑤夏季淡水载重线

以标"F"（Fresh）的水平线段表示。夏季淡水干舷等于夏季（海水）干舷减去 $\Delta_S/40$TPC（cm）或 1/48 的夏季吃水，此处的 Δ_S 和 TPC 均为夏季满载吃水时在标准海水中的排水量和每厘米吃水吨数。

⑥热带淡水载重线

以标有字母"TF"（Tropical Fresh）的水平线段表示。热带淡水干舷等于热带（海水）干舷减去 $\Delta_S/40$TPC（cm）或夏季吃水的 1/48。

以上淡水载重线均勘绘于垂直线的船尾一侧。

2. 国际航行装载木材货物船舶的载重线标志

我国《法定规则》规定，对于在干舷甲板或上层建筑甲板的露天部分装载木材货物，且船舶的结构、设备、装载满足《法定规则》要求的装载木材的船舶，可以勘绘和使用木材载重线标志。

木材载重线加绘在载重线圈及横线的船尾一侧，在各载重线的原字母前加标字母"L"（Lumber）。其具体规定如下：热带木材干舷等于夏季木材干舷减去夏季木材吃水的 1/48；冬季木材干舷等于夏季木材干舷加上夏季木材吃水的 1/36；冬季北大西洋木材干舷与其他货船的冬季北大西洋干舷相同；其他木材干舷和上述货船的有关规定相同。装载木材货物船舶的干舷比一般货船为小。

木材船载重线标志如图 1-5 所示。

3. 国际航行船舶的全季节载重线标志

对于所有货船，如按《法定规则》的全面要求所核定的干舷大于《国际载重线公约》所要求的最小干舷，因而其载重线勘绘于相当或低于该公约所核定的最小干舷的最低季节性载重线位置时，则仅需勘绘淡水载重线。此时，载重线标志如图 1-6 所示。

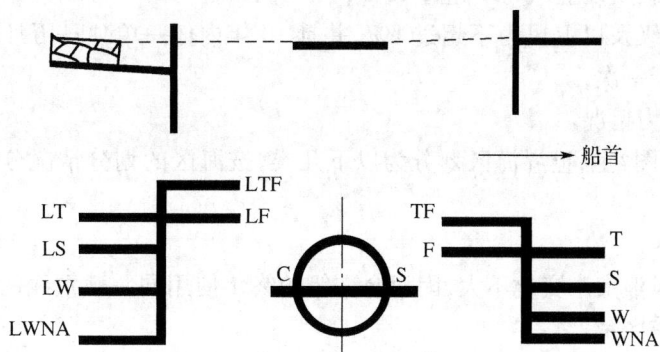

图1-5　木材船载重线标志

4. 国内航行船舶的载重线标志

仅在国内沿海航行的我国船舶,由于沿岸海域的风浪较小,对稳性、强度、抗沉性等的要求可低于国际航行船舶。因此,《法定规则》规定,国内航行船舶的最小干舷比国际航行船舶的最小干舷小。

国内航行船舶的载重线标志如图1-7所示。载重线及载重线圈的下半部与标志同色,载重线圈两侧标以字母"Z"和"C",所勘划的载重线有热带载重线(标以字母"R")、夏季载重线(标以字母"X")以及热带淡水载重线(标以字母"RQ")和夏季淡水载重线(标以字母"Q"),因我国沿海海区定为季节热带区域,所以,在载重线标志中没有冬季载重线。

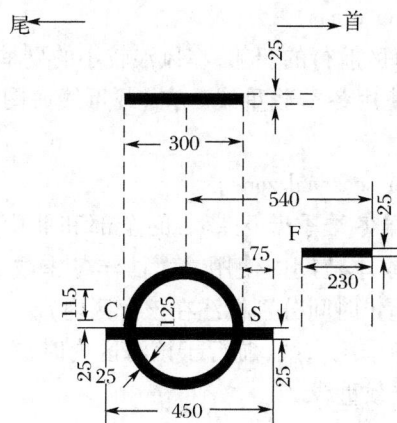

图1-6　全季节载重线标志

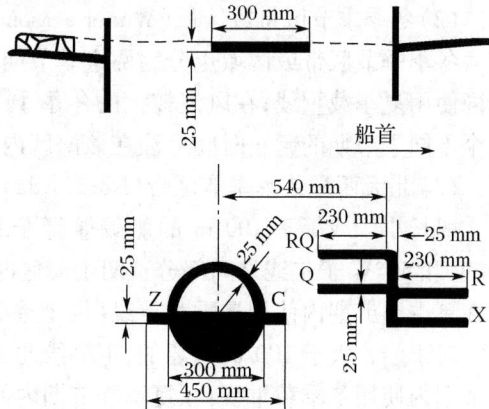

图1-7　国内航行船舶载重线标志

四、《载重线海图》的使用和船舶载重线的确定

载重线的使用是根据船舶航行的海区和季节期来确定的,所以确定使用哪一条载重线需使用《商船用区带、区域和季节期海图》,该图简称《载重线海图》。

根据长期观测和积累的全球各海区在不同季节期内风浪大小及其频率,将世界海区进行 划分并绘制成《载重线海图》。

《1966年国际载重线公约》规定世界海区划分的标准如下。

夏季:蒲氏 8 级及以上风力不超过 10%;

热带:蒲氏 8 级及以上风力不超过 1%,并且 10 年内任一单独日历月份在 5°×5°区域内热带风暴不多于一次;

冬季:其余风力情况。

在《载重线海图》上,世界海区划分为以下几类,按海区的划分情况分别确定使用不同的载重线。

1. 区带(Zones)

指一年各季风浪大小变化不大,因而允许船舶终年使用同一载重线的海区。区带又分为热带区带和夏季区带。

(1)热带区带(Tropical zones)

在热带区带海区航行的船舶,允许终年使用热带载重线。

(2)夏季区带(Summer zones)

在夏季区带海区航行的船舶,允许终年使用夏季载重线。

2. 季节区带或季节区域(Seasonal zones or seasonal areas)

是指一年各季中风浪大小变化较大,因而要求在该海区内航行的船舶需根据不同的季节期使用不同的载重线的海区。季节区带或季节区域又分为以下几种。

(1)季节热带区域(Seasonal tropical area)

季节热带区域分为两个季节期,在该海区内航行的船舶,在风浪较小的季节期内使用热带载重线,在风浪较大的季节期内使用夏季载重线。在《载重线海区图》上,两个不同季节期的起止时间标注在该海区内。

(2)冬季季节区带或区域(Winter seasonal zones or areas)

冬季季节区带或区域也分为两个季节期,在该海区航行的船舶,在风浪较小的夏季季节期内使用夏季载重线,在风浪较大的冬季季节期内使用冬季载重线。在《载重线海图》上,两个不同季节期的起止时间标注在该海区内。

(3)北大西洋冬季季节区带(North Atlantic winter seasonal zone)

船长小于或等于 100 m 的船舶航行于北大西洋冬季季节区带 I 的全部和 II 中位于15°W 和 50°W 子午线之间部分这两个海区时,在冬季季节期内使用北大西洋冬季载重线,而在夏季季节期内使用夏季载重线(两个季节期的起止时间分别标注在该海区内)。

对于船长大于 100 m 的船舶,不勘绘北大西洋冬季载重线,航行于该海区内时,在冬季季节期内使用冬季载重线,在夏季季节期内使用夏季载重线。

五、我国沿海海区的划分及船舶载重线的使用

我国政府在加入 1966 年《国际船舶载重线公约》时,对该公约中将我国东部沿海(包括台湾海峡、东海、黄海、渤海)划分为夏季区带,南部沿海划分为热带季节区域的规定声明保留。我国政府规定,我国沿海海区划分为两个热带季节区域,将我国东部沿海的夏季区带改为热带季节区域,并将南部沿海的热带季节区域的热带季节期的时间延长,两个热带季节区域的区域及季节期划分规定如下。

1. 我国国际航行船舶的海区及季节期划分

(1)香港—苏阿尔恒向线以北的中国沿海

夏季季节期:自 10 月 1 日至 4 月 15 日,使用夏季载重线。

热带季节期:自 4 月 16 日至 9 月 30 日,使用热带载重线。

(2)香港—苏阿尔恒向线以南的中国沿海

夏季季节期:自 10 月 1 日至 1 月 20 日,使用夏季载重线。

热带季节期:自 1 月 21 日至 9 月 30 日,使用热带载重线。

所有我国国际航行船舶可照此执行,悬挂缔约国国旗的外国船舶仍可执行《国际船舶载重线公约》的规定。

2. 我国国内航行船舶的海区及季节期划分

(1)汕头以北的中国沿海

热带季节期:自 4 月 16 日至 10 月 31 日,使用热带载重线。

夏季季节期:自 11 月 1 日至 4 月 15 日,使用夏季载重线。

(2)汕头以南的中国沿海

热带季节期:自 2 月 16 日至 10 月 31 日,使用热带载重线。

夏季季节期:自 11 月 1 日至 2 月 15 日,使用夏季载重线。

知识点 5:货物的基本性质

由于货物的种类繁多,性质各异,为保证船舶与人员的安全,保证货物运输的重量,需要了解所运货物的特性。

货物的基本性质通常可以分为:化学性质、物理性质、生物性质和机械性质。

一、货物的化学性质

是指货物化学成分受环境因素或货物与物质的影响而发生化学变化的性质。与海上运输有关的货物化学性质主要有锈蚀性、自热性、化学爆炸性、腐蚀性等。

1. 锈蚀性

锈蚀性是指金属及其制品在潮湿环境下与空气中的氧气发生氧化反应生成氧化物的性质。为防止锈蚀,一般在金属及其制品表面涂以油漆或防锈油等保护层,船舶货舱需保持干燥、水密。金属及其制品不能与挥发水分的货物装于同一货舱。

2. 自热性与自燃性

某些货物在运输过程中发生缓慢的氧化反应会释放出热量导致货物内部温度升高的性质称为自热性。

某些货物的自热会导致温度升高,当温升达到其着火点时,便会不用引火而自行燃烧,这种特性称为自燃性。

较为典型的具有这一性质的货物有煤粉、鱼粉、受油污的棉麻等。例如煤在空气中会因不断氧化而放出热量,若不及时排出就会使煤温不断升高而自热,同时,煤的自热引起温度升高又会加速煤的氧化而使煤温继续升高,当温度升高达到着火点时就会引发其自燃。

装运具有这类特性的货物应针对其特性采取相应有效的措施,防止危及船、货与人员的安全。

3. 化学爆炸性

化学爆炸是指货物在外界的高温、高压或机械冲击等的诱发下所发生的剧烈的氧化反应。在瞬时产生大量的高温高压气体,放出大量的热量和产生强大的冲击波,会造成极大的破坏。

4.腐蚀性

系指一些化学性质比较活泼的物质,能与很多种金属、有机物及动、植物机体发生化学反应,使金属表面受到破坏,使有机物炭化甚至燃烧,引起生物体化学灼伤等的性质。

二、货物的物理性质

是指货物受外界因素作用或由其本身性质决定而发生物理变化的性质。与海上运输有关 的货物物理性质有吸湿性、挥发性、冻结性、熔化性、胀缩性、扬尘性、散发及吸收(沾染)气味性、毒性、物理爆炸性及放射性等。

对于具有毒性、爆炸性和放射性等性质属于危险性货物的,在装运、操作时需按《国际危规》及我国《水路危规》执行(详见项目三部分)。

对于具有吸湿性的货物如谷物、食糖、茶叶等在货物积载时须与潮湿货和散发水分的货物隔离装载。

散装货物如煤炭、矿砂等因含有较多水分,在低温时易冻结而妨碍装卸,需注意控制其含水量。

有些货物如松香、石蜡、巧克力糖之类货物,遇高温会熔化,从而失去形状,或污染其他货物或影响食用,所以装载时应远离机舱、锅炉舱等热源的位置。

有些货物会散发异味,有些货物会吸收异味,串味后会影响货物的重量,所以需分舱装载。有些货物具有扬尘性,如水泥、矿砂等装运时需防止其对其他货物造成污染,宜先装后卸,作打底货。

有些货物具有胀缩性,如石油及其产品受热膨胀后若溢出舱外会污染水域环境,所以装舱前需事先计算留出空挡舱容。

三、货物的生物性质

系指货物的有机成分受微生物的作用发生腐败或霉变的性质。

鱼、肉、蛋、奶及其制品内部含有大量的水分、脂肪、蛋白质等营养成分。水果、蔬菜类货物含有大量水分、糖分和纤维素。这些货物若在常温下运输,会引起内部微生物大量繁殖,营养成分分解而腐败变质。使货物发生腐败的主要因素有:温度、酸碱度、氧气浓度及外界的紫外线、射线、溶液的渗透压等。运输这类货物需要满足一定的条件,采取一定的措施才能防止其腐败,如采取冷冻、冷藏、保持环境的臭氧或二氧化碳浓度,或将货物盐渍、糖渍等,以控制微生物的活动,防止货物腐败,如果船上没有冷藏设备或不采取相应措施,则不符合货物的承运条件。

谷物、纸张、丝棉织品、地瓜干、烟叶、橡胶等货物因内部淀粉、糖分、纤维素及少量的蛋白质等,受霉菌的作用会发生霉变。使货物产生霉变的主要因素为水分和温度。高温潮湿的环境会促使货物发生霉变。谷物类货物的霉变还与谷物的呼吸作用有关,谷物的缺氧呼吸会放出水分和产生热量,导致霉变。

防止霉变的措施有:控制货物的含水量,保持货舱低温干燥,正确进行货舱通风。

四、货物的机械性质

是指货物及其包装所具有的抵抗外界的压力和机械冲击避免使其发生变形或结构破坏

的能力。

　　货物的机械性质可用耐压强度(单位为 kPa)和允许冲击加速度(单位为 g,即重力加速度的倍数)来表示。

　　影响货物机械性质的主要因素为货物本身的材质、结构及包装的材料和类型。

　　在装卸运输过程中防止货物受压变形、压碎破损可采取的措施有:避免货物受冲击,装卸时防止货物跌落,限制货物的堆码高度,防止货物移动,易碎物品不能受重压,货物堆码必须平整紧密,在包装内采用缓冲材料作衬垫等。

　　各种不同的货物各具特性,有些货物多种特性兼而有之,因此在货物积载、装卸、堆码、隔离要求及在运输过程中需按不同情况正确处置。为防止货损,保证货运重量,做到船、货、人员安全,应熟悉掌握了解所运货物的特性。

知识点 6：货物的亏舱率、积载因数和自然损耗

一、货物的亏舱及亏舱率

1. 亏舱(Broken space)

　　货物在货舱中所占的货舱容积总是比货物的体积要大。货物所占的货舱容积与货物体积之差称为亏舱。

2. 造成亏舱的原因

　　(1)货物的包装形式与货舱的形状不相适应而造成亏舱;

　　(2)货舱在某一方向上的尺度不等于货件在相应堆码方向上尺度的整倍数而造成亏舱;

　　(3)某些货物装于舱内需系固,因系固造成亏舱;

　　(4)有些装于舱内的货物需留出通风道,因而造成亏舱;

　　(5)舱内货物堆装不紧密而造成亏舱。

3. 亏舱率(Ratio of broken space)C_{bs}

　　各类货物亏舱的大小通常以亏舱率(又称亏舱系数)来表示,即亏舱舱容与货物所占舱容的百分比。可用下式表示。

$$C_{bs} = \frac{\delta V}{V_{ch}} \times 100\% = \frac{V_{ch} - V_c}{V_{ch}} \times 100\% \qquad (1-17)$$

式中　δV——亏舱舱容,m^3;

　　　V_{ch}——货物所占舱容,m^3;

　　　V_c——货物的量尺体积,m^3。

　　显然,亏舱率的大小随货物的种类、包装形式、包装的尺寸、堆码重量、堆码位置、货舱的结构形状及装载的其他要求而变化。同种货物因不同的包装形式、亏舱率则不同。相同包装的货物装于不同的货舱内亏舱率也不同,所以亏舱率的大小一般凭经验估算,在实际工作中需注意积累资料。

二、货物的积载因数(Stowage factor)

　　每吨货物所占的舱容或量尺体积称为货物的积载因数。积载因数分为包括亏舱的积载

因数和不包括亏舱的积载因数两种。

1. 包括亏舱的积载因数 SF

包括亏舱的积载因数是指每吨货物所占的舱容。

$$SF = \frac{V_{ch}}{Q} \quad (\text{m}^3/\text{t}) \tag{1-18}$$

式中　V_{ch}——货物所占的货舱容积,m^3;

　　　Q——货物的重量,t。

2. 不包括亏舱的积载因数 SF'

不包括亏舱的积载因数是指每吨货物所占的货物量尺体积。

$$SF' = \frac{V_{ch}}{Q} \quad (\text{m}^3/\text{t}) \tag{1-19}$$

式中　V_c——货物的量尺体积(m^3)。

不包括亏舱的积载因数通常可根据托运人提供的货物重量与货物体积求得。而包括亏舱的积载因数则需根据该货物的种类、包装形式、包装大小、装载舱室等情况凭经验估算出亏舱率,然后将不包括亏舱的积载因数换算成包括亏舱的积载因数,才能计算货物所占的舱容。

3. 包括亏舱的积载因数与不包括亏舱的积载因数的换算

根据亏舱率的定义,可得下式

$$SF = \frac{SF'}{1 - C_{bs}} \tag{1-20}$$

4. 积载因数的作用

(1)用于判断货物的轻重

货物积载时有一个原则,即重货不能压轻货,包装牢固的货不能压包装不牢固的货,而其轻重则是根据货物的积载因数大小的比较而确定的。显然,积载因数大的货比积载因数小的货为轻,反之为重。

(2)计算某票货物装舱所需的舱容。

三、货物计量与自然损耗

1. 货物计量

按照航运业务的惯例,除贵重或高价货物以外的普通货物,均按货物的毛重或货物的体积计算运费。在计算运费时将货物分为计重货物(重货)和容积货物(轻货)两种。

(1)计重货物(Weight cargo)

是指按货物的毛重计算运费的货物。计重单位为重量吨。凡 1 t 的货物其体积小于 40 ft³(国际上较常用,或 1.132 8 m^3)或 1 m^3(我国规定)时,即为计重货物(运价表中以"W"标注),在货物装运、交接和计算运费时均按重量吨作为货物的计量单位。

(2)容积货物(Measurement cargo)

是指按货物的体积计算运费的货物。其计量单位为容积吨或称尺码吨。凡 1 t 的货物其体积大于 40 ft³(国际上较常用,或 1.132 8 m^3)或 1 m^3(我国规定)时即为容积货物(运价表中以"M"标注),以 40 ft³ 或 1 m^3 为 1 容积吨。值得注意的是,货物的容积吨只是在计算运费时用以作为容积货物的计量单位,而在货物的装运、交接时仍以货物的重量吨为依据。在计算货物的运费时,货物的计费重量吨及计费容积吨统称为运费吨。

若重量为 1 t 的货物其体积约为 40 ft³者,在运价表中标注有"W/M",表示重量吨和容积吨中按较高者计收运费。

2. 自然损耗(Natural loss of quantity)

按重量交接的货物,在运输装卸过程中因其本身的性质、自然条件和运输装卸条件等因素的影响而造成的货物重量的不可避免的减少量称为自然损耗,也称自然减量。造成自然损耗的原因如下。

(1)干耗和挥发

含有水分多的货物(如水果、蔬菜等)或液体货物(如石油),因其中的水分或液体自然蒸发而使货物重量减少。

(2)渗漏和沾染

液体货物因包装(如木桶)不严密而发生非人为的渗漏,或沾染在装运容器(油舱或杂货船的深舱)内的残液而造成货物重量的减少。

(3)飞扬与散失

粉状、颗粒状的货物(如矿粉、面粉)在装卸运输途中的飞扬或通过包装空隙和装卸运输工具的空隙散漏而造成货物重量的减少。

以上列举的非人为造成的货物重量的减小量占运输货物原来总重量的百分比称为货物的自然损耗率。

自然损耗率的大小与货物的装卸方式、装卸次数、气候条件和运输时间长短等因素有关,一般在买卖双方的贸易合同中规定损耗限度。在运输过程中货物的自然损耗若在规定的损耗限度以内,或在某些货物公认的自然损耗率范围内(一般散装固体货物的自然损耗率不超过 3‰),承运人不负任何赔偿责任。

3. 货物数量的交接

船方应对不能免除赔偿责任的货物数量短缺负责赔偿。船方对货物数量的责任一般限为重量、体积或件数之一,根据不同货种确定。对包装件杂货,船方只对件数负责;对于固体散装货,船方只对重量负责;对木材等货物,船方只对体积负责。

知识点 7:船舶载货能力概述

一、船舶载货能力及其表示

船舶的载货能力是指船舶在具体航次中所能承运货物的重量和体积的最大限额以及承运特殊货物或忌装货物的可能条件和数量限额。它包括载货重量能力、载货容量能力和其他载货能力三个方面。

载货重量能力是指船舶在具体航次中所能承运货物重量的最大限额,用净载重量表示。

载货容积能力是指船舶所能容纳货物体积的最大限额。载货容积能力可用货舱总容积表示。

其他载货能力是指船舶载运有特殊要求货物的舱室、容量、结构、设备的条件和性能。对于杂货船而言,指对于性质互抵货物的隔离能力及对重大件、危险货物、冷藏货、散装液体货等的承运能力。

二、核算船舶载货能力的目的

船公司在为所属的具体船舶下达货运任务时,需核算该船舶的载货能力,然后以装货清单的形式送交船上大副。船舶大副根据船公司下达的货运任务,在编制货物积载计划时,也需核算船舶的载货能力。如果装货清单中所列货物的总重量超过了本船的航次净载重量(航次最大载货重量),或货物总体积大于货舱总容积(不考虑上甲板载货),或特殊货物和忌装货物过多,则船舶不能承运装货清单中的所有货物。此时应及早退掉部分货物,如果发现亏载过多,应联系追加货物,以便充分利用船舶的载货能力,达到满载满舱,提高船舶营运效益。

知识点8:航次净载重量计算

对于某一艘具体船舶而言,其载货容量能力及其他载货能力是固定不变的,船舶驾驶人员可以查阅有关的船舶资料及根据平时对船舶熟悉了解的情况便可以确定。船舶的载货重量能力,随航行区域、所处季节期、航程长短、航线(港口)水深是否受限制等而变化,每个航次都需根据以上条件的不同通过计算才能确定。

船舶航次最大载货重量,即净载重量 NDW 可按下式计算

$$NDW = DW - \sum G - C \quad (t) \tag{1-21}$$

式中　DW——船舶总载重量,t;

$\sum G$——航次储备量,t;

C——船舶常数,t。

在式(1-21)中,总载重量 DW、航次储备量 $\sum G$ 及船舶常数 C 均为变量。要求取航次净载重量,则需要逐一确定总载重量、航次储备量及船舶常数的重量。

下面分别介绍总载重量、航次储备量及船舶常数的确定方法。

一、船舶总载重量的确定

当船舶的吃水不受水深限制时,总载重量根据该航次所允许使用的载重线来确定;当船舶的吃水受水深限制时,总载重量则根据允许的最大装载平均吃水来确定。

1. 船舶的吃水不受水深限制时总载重量的确定

船舶的吃水不受水深限制时,可利用《载重线海图》根据本航次船舶航行经过的海区及所处的季节期,确定船舶所允许使用的载重线,据此确定船舶的总载重量。具体又分以下几种情况。

(1)当船舶整个航次在使用同一条载重线的海区航行时,船舶的总载重量可根据该载重线求得。

例如,船舶整个航次在使用热带载重线的海区航行时,船舶的总载重量可根据热带载重线确定,按下式求取:

$$DW_T = \Delta_T - \Delta_L \quad (t) \tag{1-22}$$

式中　DW_T——使用热带载重线时的总载重量,也可在船舶资料中直接查取;

Δ_T——使用热带载重线时的排水量即热带满载排水量,可查船舶资料求得;

Δ_L——空船排水量,查船舶资料求得。

（2）当船舶由使用较低载重线的海区航行至使用较高载重线的海区时，应根据较低载重线确定总载重量。

例如，当船舶由使用夏季载重线的海区航行至使用热带载重线的海区时，总载重量按夏季载重线确定，即

$$DW_S = \Delta_S - \Delta_L \quad (t) \tag{1-23}$$

（3）当船舶由使用较高载重线的海区航行至使用较低载重线的海区时，总载重量需通过计算、比较才能确定。

①计算求出使用高、低两条载重线时排水量的差值，符号记作 $\delta\Delta_{H-LO}$。

②计算求出船舶在高载重线航段内的燃料、淡水的消耗量，符号记作 δG_H。

船舶在高载重线航段内的燃油、淡水的消耗量可根据船舶在高载重线航段内的航行天数乘以每天燃油、淡水的消耗定额求得，见表 1-2。

表 1-2 "Q"轮航次其他储备量及油水消耗定额表

项目	船用备品、粮食、供应品、船员和行李			燃料消耗量 /(t/d)				淡水消耗量 /(t/d)		燃料和淡水消耗量 /(t/d)		
				航行		停泊				航行	停泊	
	粮食和供应品	船员及其行李	船用备品	主机	辅机	使用装卸设备	不用装卸设备	航行	停泊		使用装卸设备	不用装卸设备
数量	8	10	10	25	2	2	1	20	15	47	17	16

当计算求得的船舶在高载重线航段内的燃料、淡水的消耗量大于或等于计算求得的船舶使用高、低两载重线时排水量的差值时，则总载重量可按高载重线确定，即

$$当 \delta G_H \geqslant \delta\Delta_{H-LO} 时，DW = \Delta_H - \Delta_L \quad (t) \tag{1-24}$$

当计算求得的船舶在高载重线航段内的燃油、淡水的消耗量小于计算求得的船舶使用高、低两载重线所对应的排水量的差值时，则总载重量可按低载重线确定，再加上船舶在高载重线航段内燃油、淡水的消耗量，即

$$当 \delta G_H < \delta\Delta_{H-LO} 时，DW = \Delta_{LO} - \Delta_L + \delta G_H \quad (t) \tag{1-25}$$

式中 Δ_{LO}——根据低载重线确定的船舶排水量。

此外，根据《国际载重线公约》的规定，当船舶从内河港口驶出时，允许船舶超载，允许的超载量等于从出发港到入海口航行所需消耗的燃料、淡水的重量。如果入海航程较长，则应充分利用这一允许超载的船舶载重量。

2. 船舶吃水受水深限制时总载重量的确定

当船舶的吃水受航线（港口、航道）水深限制时，可根据航线上最浅处的水深及其他一些影响水深的因素来确定船舶在装货港允许装载的最大平均吃水，然后根据该平均吃水及港水密度在载重表尺上求取船舶的总载重量。

船舶在装货港允许的最大装载平均吃水可由下式求得：

$$d_{max} = D_d + H_w + \delta d_g \pm \delta d_\rho - D_a - \delta d_t \quad (m) \tag{1-26}$$

式中 D_d——港口或航道最浅处的基准水深(m)，即最浅处的海图水深；

H_w——航道最浅处可利用的潮高(m),可从潮汐表查取;

δd_g——由始发港到航线上最浅处船舶燃料、淡水的消耗量对平均吃水的影响值,m;

δd_ρ——始发港与航线上最浅处舷外水密度不同引起的平均吃水变化量,m;

D_a——船舶通过浅水区时应留出的富裕水深(m),该值应根据船舶大小、浅水区的底质及船上所载货种等因素来确定。显然,当船舶较大,装载危险货物,浅水区为石底质时,富裕水深应取得大些,否则可小些。富裕水深一般可取 0.5 ~ 0.7 m;

δd_t——船舶过浅时,最大吃水与平均吃水的差值,m。

二、船舶航次储备量的确定

航次的储备量可以分成两类。

1. 油、水储备量 G_1

这类储备量包括燃油、润滑油及淡水。航次所需的燃油及淡水的储备量随航次时间的不同其数量变化较大。它的数量取决于燃油及淡水的补给方案。燃油及淡水的补给方案可以选择在始发港一次性装足,也可考虑在中途港进行补给。航次燃油、淡水的装载及补给方案应根据具体情况及考虑充分发挥船舶的运输能力、达到良好的营运效益等因素来确定。

航次所需的燃油、淡水的储备量可按下式计算

$$G_1 = \left(\frac{S}{24V} + t_{rs}\right) \cdot g_s + t_b \cdot g_b \quad (t) \qquad (1-27)$$

式中　S——从始发港到油水补给港的距离,n mile;

V——船舶航速,kn;

t_{rs}——船舶航行储备时间(也称荒天储备时间),船舶航行途中可能受恶劣天气影响而延长的航行时间,该值取决于船舶的航行区域、季节期以及航程,一般近洋航线取 3 d,远洋航线取 5~7 d;

t_s——船舶航行每天油、水消耗定额(t/d),在确定淡水消耗定额时,对具有制淡设备的船舶,只需考虑船员生活用水的消耗量;

t_b——到下次补给油水前在各港口的总停泊时间(d);

g_b——船舶停泊每天的油水消耗量(t/d),通常又分为使用和不使用装卸设备两个值。

2. 其他储备量 G_2

其他储备量包括粮食、供应品、船员和行李、船用备品等。因其数量变化较小,总重量也相对较小,所以,对特定船舶不论航次时间长短,一般均取为定值。例如,"Q"轮每个航次可按 28 t 计算。

船舶航次储备量 $\sum G$ 可按下式求取

$$\sum G = G_1 + G_2 \quad (t) \qquad (1-28)$$

三、船舶常数的测定

船舶常数是船舶营运一段时间后,船舶总重量中产生的一些难以确切计量的重量的总和。因此,船舶常数值只能用实际测定的方法求得。测定船舶常数的步骤如下:

（1）观测船舶的六面水尺标志的吃水值，并用密度计测定舷外水密度；

（2）计算测定时的船舶平均吃水；

（3）根据船舶的平均吃水及舷外水密度求取测定时的船舶排水量 Δ；

（4）根据实际装载状况计算船上油水存量 $\sum g$（不包括船舶常数重量在内）；

（5）从测定时的船舶排水量中扣除船上油水存量 $\sum P$，得到测定时的空船排水量（包含船舶常数），即

$$\Delta_{L+C} = \Delta - \sum g \quad (\text{t})$$

（6）按下式计算船舶常数 C，即

$$C = \Delta_{L+C} - \Delta_L \quad (\text{t}) \tag{1-29}$$

测定船舶常数须在船舶卸空后，选择在较为平静的水面进行。

知识点9：充分利用船舶载货能力的主要途径

如前所述，船舶的载货能力包括载货重量能力、载货容积能力和其他载货能力三项。要充分利用船舶的载货能力就需从这三个方面分别加以考虑。

一、提高船舶的载重能力

1. 正确确定和使用船舶的载重线或装载吃水；

2. 合理确定船舶航次所需的燃料及淡水重量；

3. 及时清除船上垃圾、废物等重量，以减少船舶常数。

二、充分利用船舶的容量能力

在确定了船舶航次的载重能力，即确定了船舶航次净载重量后，还有一个如何同时充分利用船舶容量能力的问题。在配积载时，应尽量做到载货重量等于航次净载重量，载货体积接近于货舱容积，即通常称之为"满载满舱"，否则就会造成船舶运力的浪费。显然，若船舶装运大量轻泡货，则货物体积很大，重量却很轻，船的货舱装满了，但船舶的载重能力没有充分利用；若船舶装运大量重货，使船舶的载重能力得以充分利用，但因货物体积较小，货舱没有装满，同样造成船舶运力的浪费，所以既要充分利用船舶的载重能力，又要充分利用船舶的容量能力，使之达到满载满舱，具体办法如下。

1. 轻重货物合理搭配

对于杂货船，在货源充足且航次货载有较大的选择余地时，船公司货运部门在为船舶分配货载任务时，应注意轻重货物合理搭配，尽量使船舶能够满载满舱。船上驾驶人员在编制货物积载计划时，同样需要做到轻重货物合理搭配，在满足各舱装货重量的同时，使各个货舱都达到满舱。

设船舶货舱总容积为 $\sum V_{ch}(\text{m}^3)$，航次净载重量为 $NDW(\text{t})$，现拟装轻重两种货，轻货的积载因数为 $SF_L(\text{m}^3/\text{t})$，重货的积载因数为 $SF_H(\text{m}^3/\text{t})$。为使船舶达到满载满舱，可通过解下列二元一次联立方程组，分别求取轻货 P_L 及重货 P_H 的重量。

$$\begin{cases} P_L + P_H = NDW \\ SF_L \cdot P_L + SF_H \cdot P_H = \sum V_{ch} \end{cases} \tag{1-30}$$

　　通常航次货载不止两票,但同样可以用此方法解决。因配载时往往是多种货物的品种及数量已经确定,而待选的货物品种及数量是其中的若干种,此时,在待选的货物中选择一票重货和一票轻货,就能通过求解上述类似的方程组,以求取所选重货和轻货的重量。

　　2. 合理确定货位、紧密堆装、减少亏舱

　　除了货种的轻重搭配外,在编制货物积载图时需根据货种特点合理选择舱位,如将笨重大件货、大的箱子货、大的桶装货等考虑配装在船舶中部的大舱并配装一些小件货填补空位;体积小的货物、软包装货应配装在狭窄的舱位。同样,二层舱因高度较小,一般不宜配装包装尺寸很大的货件,以避免二层舱上部出现无法被利用的舱容。另外,装货的重量也直接影响到舱容的利用程度,因此,还要和港方搞好协作关系,驾驶人员及看舱人员需经常下舱察看货物的堆装情况,要求装卸工人紧密堆装,尽量减少亏舱。

三、充分利用船舶的其他载货能力

　　当船舶承运有特殊要求的货物,或遇舱容不足时,应当创造条件,挖掘船舶潜力,尽可能充分利用船上的特殊舱室或舱面装载货物。例如可考虑把一些重量轻、易于搬运的小、软包装的货物装于未被利用的深舱或冷藏舱内,把一些在航海习惯上或有关货运单证上确认可以装于舱面的货物装于舱面等等,以充分利用船舶运力,增加船舶营运效益。

三、评价标准

- 掌握船舶浮态基本知识、船型尺度和船舶吃水及水密度修正
- 掌握船舶干舷及载重线标志,学会使用载重线海图
- 掌握船舶重量性能、船舶容积性能
- 掌握货物分类、包装和标志、常见件杂货性质
- 掌握核算船舶装载能力
- 掌握如何充分利用船舶装载能力

四、拓展与提高

- 淡水(半淡水)水尺超额量的概念与计算
- 载重线使用注意事项
- 常见普通货物的包装缩写
- 积载因数在货运工作中的运用

五、测试练习

一、选择题

1. 船舶资料中列出的满载排水量通常是指_____。
    A. 冬季排水量　　　　B. 夏季排水量　　　　C. 热带排水量　　　　D. 淡水排水量

2. 船舶的总载重量 DW 一定时,NDW 与_____有关。Ⅰ航线长短;Ⅱ油水消耗定额;Ⅲ船舶常数。
    A. Ⅰ　　　　　　　　B. Ⅱ　　　　　　　　C. Ⅲ　　　　　　　　D. Ⅰ,Ⅱ,Ⅲ都是

3. 通常以_____为指标统计船舶建造能力。
    A. 净吨　　　　　　　B. 总吨　　　　　　　C. 运河净吨　　　　　D. 运河总吨

4. 船舶的空船重量包括_____。
    A. 船体、机器设备及船员行李的重量
    B. 锅炉中的燃料、冷凝器中水的重要及备件
    C. 船体、机器设备及船舶舾装的重量
    D. 船上库存的破旧机件、器材和各种废旧物料

5. 对一般干散货船而言,表征其重量性能的指标有_____。
    A. 净吨　　　　　　　B. 总吨　　　　　　　C. 舱容系数　　　　　D. 载重量

6. 船舶静水力曲线图是表示船舶在静止、正浮状态下其_____。
    A. 船体受力情况的曲线
    B. 吃水与各特性参数的关系曲线
    C. 吃水与载荷弯矩的关系曲线
    D. 静稳性力臂与船舶横倾角的关系曲线

7. 在实际工作中,为了计算不同吃水时的装货重量,船舶可供查取的资料是_____。Ⅰ船舶载重表尺;Ⅱ船舶静水力曲线图;Ⅲ船舶静水力特性参数表。
    A. Ⅰ　　　　　　　　B. Ⅱ　　　　　　　　C. Ⅲ　　　　　　　　D. Ⅰ,Ⅱ,Ⅲ

8. 静水力曲线图中,关于漂心的曲线一般包括_____曲线。
    A. 漂心距船中　　　　B. 漂心距基线　　　　C. 漂心距船首　　　　D. 漂心距船尾

9. 下列_____一定位于船舶水线以下。
    A. 船舶稳心　　　　　B. 船舶漂心　　　　　C. 船舶浮心　　　　　D. 船舶重心

10. 根据我国的规定,在使用静水力曲线图查取漂心距船中距离 X_f 时,以下说法正确的是_____。
    A. 不论漂心 F 在船中的前或后,X_f 均为负(−)
    B. 不论漂心 F 在船中的前或后,X_f 均为正(+)
    C. 漂心 F 在船中后,X_f 为负(−);在船中前为正(+)
    D. 漂心 F 在船中后,X_f 为正(+);在船中前为负(−)

11. 船舶少量装载时,可用_____来计算吃水改变量。
    A. 厘米纵倾力矩　　　B. 厘米吃水吨数　　　C. 初稳性高度　　　　D. 静稳性力臂

12. 船舶的厘米吃水吨数与船舶_____有关。
    A. 初稳性　　　　B. 纵稳性　　　　C. 水线面面积　　　　D. 水线下船体形状

13. 以下哪项措施有利于提高观测吃水的精度？Ⅰ利用吊板、绳梯或小艇使观测者与水尺的观测位置尽可能接近;Ⅱ观测者视线与水面的角度应尽可能减小,观测者视线应尽可能与曲面表面垂直;Ⅲ携小尺至水尺的水线处,量取水线的确切位置。

    A. Ⅰ   B. Ⅱ   C. Ⅲ   D. Ⅰ,Ⅱ,Ⅲ

14. 右图为某船一处水尺标志及水线,试判断该处的吃水读数是_____。

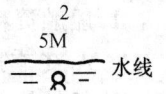

    A. 5.82   B. 4.93

    C. 4.83   D. 8.03

15. 当船舶有纵倾和横倾时,平均吃水为_____。

    A. 首中尾的平均吃水加漂心修正   B. 首尾的平均吃水加漂心修正

    C. 左右舷的六面平均吃水加漂心修正   D. 中部两舷的平均吃水加漂心修正

16. 船舶干舷越大,表示船舶的_____越大。

    A. 纵强度   B. 设计吃水   C. 吃水差   D. 储备浮力

17. 我国沿海航行干散货船的载重线标志不同于远洋船舶的载重线标志的地方是_____。

①载重线圈的横线以上部分涂没;②不勘绘冬季载重线、北大西洋冬季载重线及热带淡水载重线

    A. ①   B. ②   C. ①②都是   D. ①②都不是

18. 根据经验,海船的储备浮力约为其满载排水量的_____。

    A. 10% ~15%   B. 20% ~50%   C. 25% ~40%   D. 40% ~60%

19. 航行于热带季节区域的货船,允许使用_____带载重线。Ⅰ冬季;Ⅱ夏季;Ⅲ热带

    A. Ⅰ   B. Ⅱ   C. Ⅲ   D. Ⅱ或Ⅲ

20. 根据国际载重线公约的规定,我国香港以北的沿海属于_____。

    A. 冬季季节区域   B. 热带季节区域

    C. 夏季区带   D. 热带区带

21. 在季节区域内航行的船舶根据季节期的不同,可以使用_____。

Ⅰ热带载重线;Ⅱ夏季载重线;Ⅲ冬季载重线。

    A. Ⅰ   B. Ⅱ   C. Ⅲ   D. Ⅰ,Ⅱ,Ⅲ均有可能

22. 货船的舱容系数是指_____。

    A. 全船货舱总容积与船舶净载重量之比

    B. 每一净载重吨所占有的货舱容积

    C. 船舶对每一吨装在船上的货物所提供的货舱容积

    D. A,B,C 均是

23. 货物的耐压强度属于货物的_____。

    A. 物理特性   B. 化学特性   C. 机械特性   D. 生物特性

24. 船舶装运亏舱率大的货物则_____。

    A. 舱位利用率高   B. 该航次装货数量多

    C. 航次净载重量大   D. 航次亏舱大

25. 某票货物重量为 1 500 t,包括亏舱的积载因数 $S.F = 0.795$ m^3/t,亏舱率 $C_{bs} = 12\%$,则该货物不包括亏舱的积载因数为_____ m^3/t。

A. 0. 8　　　　　　　B. 0. 56　　　　　　C. 0. 7　　　　　　D. 0. 65

26. 装于某一船上的同一种包装货物,其亏舱率_____。

A. 一样　　　　　　　　　　　　B. 装于首尾部舱室的大

C. 装于中部舱室的大　　　　　　　D. 装于首尾部舱室的小

27. 海运货物在运输途中因其本身的理化性质等原因,产生的货物重量的不可避免的减少量占原来运输货物总重量的百分比,称为_____。

A. 自然耗损　　　　B. 自然耗损率　　　　C. 亏舱率　　　　D. 亏舱

28. 远洋运输中,货物的交接、装运应以_____作为货物的计量单位。

A. 容积吨　　　　　　　　　　　B. 重量吨

C. 容积吨或重量吨　　　　　　　　D. 既非容积吨又非重量吨

29. 远洋运价表中用"W/M"标记的货物表示_____。

A. 按重量吨计算运费　　　　　　　B. 按容积吨计算运费

C. 重量吨和容积吨中按高者计算运费　D. 以上都不对

30. 某件杂货不包括亏舱的积载因数 $S.F = 1.12$ 立方米/吨,按国际海运惯例,该货应为_____。

A. 容积货物　　　　　　　　　　　B. 计重货物

C. 容积货物或计重货物　　　　　　　D. 既非容积货物又非计重货物

二、简答题

1. 请简述船舶常数有哪几部分组成。

2. 请简述国际航行船舶的载重线标志有几部分组成,各条载重线是如何确定的?

3. 造成亏舱的原因有哪些?

4. 积载因素与舱容系数有何区别与联系?

项目二　基本方法

一、学习目标

- 具有确保船舶适度稳性的能力
- 具有理解与应用吃水差基本知识的能力
- 具有理解与应用船舶强度基本知识的能力

二、背景知识

第一部分　保证船舶具有适度的稳性

船舶稳性(Stability)系指船舶在外力(如风、浪等)作用下向一侧倾斜,当外力消失后,船舶能够自行回复到原来平衡位置的能力。

按船舶的倾斜方向,分为横稳性和纵稳性。按所受外力性质,分为静稳性和动稳性。按倾斜角的大小,分为小倾角稳性(即初稳性)和大倾角稳性。按船舱破损与否,分为完整稳性和破舱稳性。本章仅限于讨论船舶完整稳性中的横稳性(以下简称稳性)。稳性不足,会导致船舶倾覆;稳性稳过大,又会引起船舶在风浪中剧烈横摇同样产生不利影响,故应当保证船舶在航行的整个过程中都具有适度的稳性。

知识点 1:初稳性

初稳性是船舶稳性在小角度(微倾扩大至 10° ~ 15°)横倾的前提下的一个特例。初稳性之所以有其特殊性,是因为船舶在小倾角横倾时,具有将稳性问题简化的条件。

一、初稳性的特征

如图 2 - 1 所示,在假定正浮时水线附近的舷侧垂直于水面的前提下,可以认为船舶的小倾角横倾具有以下特点。

1. 等体积倾斜,即入水体积 V_1 等于出水体积 V_2;
2. 横倾前后两水线面的交线(即倾斜轴)通过正浮时的漂心 F;
3. 横倾前后浮力作用线的交点,即横稳心点 M 固定不变。浮心 B 随横倾角变化而移动的轨迹是以横稳心 M 为圆心的圆弧的一段。圆弧的半径即为浮心 B 至横稳心 M 之间的距

离 BM，称为横稳心半径。

二、初稳性的表示

基于船舶小倾角横倾的假设，我们可以用几何方法建立初稳性条件下复原力矩与横倾角之间的关系。如图 2-1 所示，船体倾斜后由重力和浮力构成的复原力矩 M_R 可表示为

$$M_R = 9.81\Delta \cdot GZ \quad (\text{kN} \cdot \text{m}) \quad (2-1)$$

式中　Δ——船舶排水量(t)；

图 2-1　船舶初稳性的表示

GZ——船舶复原力臂，即重力作用线与浮力作用线之间的垂直距离(m)。

因将横稳心 M 视为定点，重心 G、横稳心 M 和过 G 点向倾斜后的浮力作用线所作的垂线的垂足点 Z 构成一个直角三角形，因此，复原力矩又可表示为

$$M_R = 9.81\Delta \cdot GM \cdot \sin\theta \quad (\text{kN} \cdot \text{m}) \quad (2-2)$$

式中　GM——初稳性高度，即重心 G 至稳心 M 之间距离，m。

由此可见，在排水量和横倾角一定的前提下，初稳性高度 GM 与复原力矩成正比。初稳性高度的大小决定着船舶在小倾角横倾后所受的复原力矩的大小。因此，船舶的初稳性可用初稳性高度 GM 表示。

三、初稳性高度的基本计算方法

从几何角度理解，初稳性高度 GM 可按以下公式计算：

$$GM = KB + BM - KG \quad (\text{m}) \quad (2-3)$$

式中　KB——正浮时浮心距基线的高度，m；

BM——横稳心半径，m；

KG——船舶重心距基线高度，m。

1. KB 及 BM 的确定

如前所述，浮心距基线高度 KB 可根据平均吃水或排水量在有关船舶资料中查取。

稳心半径 BM 是浮心随横倾角增加而向一侧移动轨迹的曲率半径。计算分析表明，船舶稳心半径 BM 可根据下式计算：

$$BM = \frac{I_x}{V_M} \quad (\text{m}) \quad (2-4)$$

式中　V_M——船舶型排水体积，m^3；

I_x——水线面对通过漂心的横倾轴的面积惯性矩，m^4。

由式(2-4)可知，无论是排水体积 V_M，还是水线面面积惯性矩 I_x，都随平均吃水 d_m 而变化。为了便于计算初稳性高度，船舶设计部门已将稳心半径随平均吃水变化的关系计算整理成船舶资料，以备查用。

由图 2-1 可知，稳心距基线高度 KM，应等于浮心距基线高度 KB 与稳心半径 BM 之和，即

$$KM = KB + BM \quad (\text{m}) \quad (2-5)$$

显然，对于特定船舶，稳心距基线高度也随平均吃水而变化，所以，有些船舶资料直接提供随平均吃水或排水量变化的 KM 数据。在静水力曲线资料和载重表尺中，都可以根据平

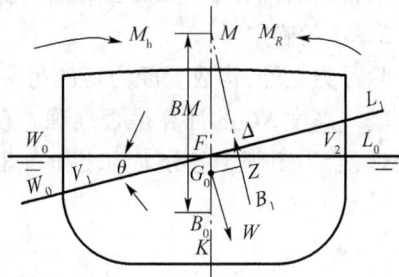

均吃水查取横稳心半径 *BM* 或横稳心距基线高度 *KM* 的数值。

　　2. *KG* 的确定

　　除浮力之外,构成复原力矩的另一要素就是重力。重力作用线通过船舶的重心 *G*。重心距基线高度 *KG* 的计算是否准确,直接影响到初稳性高度 *GM* 的计算精度。根据力矩合成原理(合力矩等于各分力矩之和),船舶的重心高度 *KG* 可按下式计算:

$$KG = \frac{\sum P_i \cdot Z_i}{\Delta} \quad (\text{m}) \tag{2-6}$$

式中　P_i——组成船舶总重的第 i 分项的重量,t;

　　　　Z_i——重量 P_i 的重心距基线的高度,m。

　　在船舶总重量的所有组成部分中,空船重量及其重心高度由船舶资料提供。船用备品、船舶常数及船员、行李等重量及其重心高度可经测定获得或根据经验确定;各货舱和液体舱柜的载荷重量 P_i 可根据具体航次的装载计划确定,而相应的重心高度 Z_i(除集装箱外)的确定通常由以下几种方法。

　　(1)估算法

　　估算法适用于确定货舱内杂货的合重心垂向位置。估算过程是:先将同一货舱内货位相邻、数量较少或积载因数相近的货物归并成若干堆,并将每堆货物视为均质货物。随后分别确定舱内第 j 堆货物的重量 P_j 并估算其重心距基线高度 Z_j。最后按下式计算该舱货物的合重心距基线高度 Z_j

$$Z_j = \frac{\sum p_j \cdot z_j}{\sum p_j} \quad (\text{m}) \tag{2-7}$$

　　或者根据货物在该舱堆高来确定货堆重心距舱底高度:中部货舱可取堆高的 0.5 倍,首尾部货舱可取堆高的 0.54 ~ 0.58 倍。

　　(2)利用舱容曲线图或舱容数据表

　　在船舶任何一个特定的货舱或液舱内,因货舱形状是固定不变的,若舱内载荷表面平整,则载荷所占的舱容、载荷表面距基线的高度和载荷所占舱容的中心距基线高度三者之间的关系就可以确定。这一关系有时在船舶资料中以舱容曲线图或舱容数据表的形式提供。图 2-2 为"Q"轮 No.2 货舱的舱容曲线图。其纵坐标为货堆表面距基线的高度,下部横坐标为货物所占舱容,上部横坐标为相应的舱容中

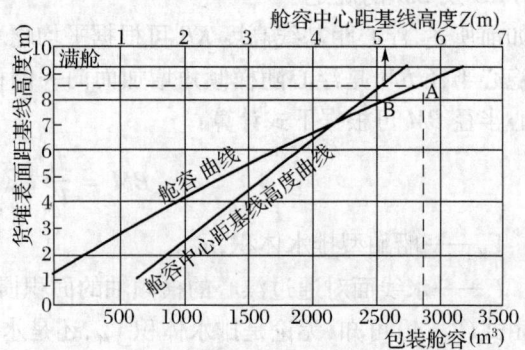

图 2-2 "Q"轮 No.2 货舱舱容曲线图

心距基线的高度。图中舱容曲线反映货堆表面高度与货物所占舱容之间的关系,舱容中心高度曲线反映货物所占舱容中心距基线的高度与货堆表面距基线高度之间的关系。

　　当货舱或液舱内装载表面平整的均质杂货、经平舱后的均质干散货或液体载荷时,利用舱容曲线图或舱容数据表可方便地根据货物所占舱容或液体表面高度查取载荷重心距基线的高度。

利用舱容曲线图表确定舱内货物合重心高度,在各层货物表面平整的前提下,计算精度较高。但在舱内货物种类较多时,其手算工作量很大。

3)取舱容中心高度为舱内载荷的合重心高度

各货舱及液体舱柜的舱容中心距基线的高度是最基本的船舶资料之一。取舱容中心高度作为舱内载荷重心高度是最方便的。显然,在舱内载荷未满舱或舱内载荷密度不均时,这种方法产生的误差是较大的。但舱柜的容积中心,一般都高于舱内载荷的实际合重心高度。用舱容中心高度取代舱内载荷实际合重心高度所计算得到的船舶初稳性高度,要比船舶实际的初稳性高度小。或者说,初稳性高度的实际值比计算值大,偏于安全。因此,使用这一方法是安全的,产生的误差也是可以接受的。

四、自由液面对初稳性高度的影响

除了固体载荷之外,船上还存在着大量的燃油、淡水、压载水等液体载荷。由于液体具有流动性,舱内未装满的液体,或称具有自由液面的液体,在船舶横倾的过程中会自动向倾斜的一侧流动,使其重心向船舶倾斜的方向移动。液体重心移动所产生的力矩称自由液面倾侧力矩。它将部分抵消复原力矩,从而降低船舶的初稳性高度。

设经自由液面修正后的船舶初稳性高度为 GM_0,自由液面对初稳性高度的修正值为 δGM,则

$$GM_0 = GM - \delta GM_f \quad (\text{m}) \tag{2-8}$$

其中

$$\delta GM_f = \sum \frac{\rho_i \cdot i_{xi}}{\Delta} \quad (\text{m}) \tag{2-9}$$

式中 ρ_i——第 i 液舱内液体的密度,g/cm^3;

   i_{xi}——第 i 液舱内液面的面积惯性矩,m^4。

上述公式表明,自由液面对 GM 的修正值与存在自由液面的液舱个数有关。对于单个液舱,该修正值与舱内液体的密度 ρ 和液面的面积惯性矩 i_x 成正比,与排水量 Δ 成反比。液舱自由液面惯性矩的具体数值,一般可从船舶资料中查取。附录二中表 F2 – 5 为"Q"轮各液舱自由液面惯性矩的数据表。

在船舶营运过程中,应尽量减少存在自由液面的舱室并注意左右均衡使用燃油、淡水,以既减小自由液面对稳性的影响,又使船舶不会因此出现初始横倾角。

对于单个液舱,影响自由液面对初稳性高度的修正值的主要因素是液面惯性矩,它是一个与液舱水平截面形状有关的参数。对沿船舶纵向的长度为 a,沿船舶横向的宽度为 b 的矩形液舱,其液面面积惯性矩为

$$i_x = \frac{1}{12}a \cdot b^3 \quad (\text{m}^4) \tag{2-10}$$

对沿船舶纵向的长度为 a,沿船舶横向的一边的宽度为 b 的等腰三角形液舱,其液面面积惯性矩为

$$i_x = \frac{1}{48}a \cdot b^3 \quad (\text{m}^4) \tag{2-11}$$

对沿船舶纵向的长度为 a,沿船舶横向一边的宽度为 b_1 和横向另一边的宽度 b_2 的等腰梯形液舱,其液面面积惯性矩为

$$i_x = \frac{1}{48} a(b_1 + b_2)(b_1^2 + b_2^2) \quad (\text{m}^4) \qquad (2-12)$$

由上述公式可知,自由液面惯性矩与液舱宽度的三次方成正比。不难证明,若将矩形液舱横向 n 等分,自由液面惯性矩将减少到原来的 $1/n^2$。因此,油轮等液体货船,由于货舱横向尺度较大,通常在液舱内设置 $2 \sim 3$ 道纵向隔壁,以降低液货舱的宽度,减少自由液面对船舶稳性的影响。

五、悬挂载荷对初稳性高度的影响

处于悬挂状态的固体载荷,例如处于使用船吊装卸过程中的重大件货物,其重心位置也会随着船舶的横倾而向倾斜的一侧移动。由此产生的倾侧力矩也会部分抵消复原力矩的作用,从而对船舶稳性产生不利影响。当悬挂载荷的重量较大时,其对稳性的影响不应被忽视。

设悬挂载荷被悬挂前的船舶初稳性高度为 GM_1,载荷被悬挂后的船舶初稳性高度为 GM_2,则

$$GM_2 = GM_1 - \frac{p \cdot l}{\Delta} \quad (\text{m}) \qquad (2-13)$$

式中　P——悬挂载荷的重量,t;

　　　l——悬挂高度,即悬挂载荷被悬挂前的重心距悬挂点的垂直距离,m。

六、少量载荷变动对初稳性高度的影响

少量载荷变动是指船舶因装卸部分货物,消耗或补充燃油、淡水或打入、排放压载水等导致的总重量 $\sum P$ 不超过排水量 10% 的船舶装载重量变化。少量载荷变动将导致船舶所受的重力和浮力的大小及作用点位置同时发生变化,因而必然导致初稳性高度的变化。在实际工作中,计算少量载荷变动对初稳性高度影响的方法有以下两种。

1. 近似计算法

初稳性高度 GM 除了与船舶重心高度 KG 有关外,还与横稳心距基线高度 KM 有关。但如果载荷变动的重量较小,变动前后船舶平均吃水的变化不大,则可假设载荷变动前后 KM 不变。在此情况下,载荷变动所引起的初稳性高度变化可认为完全是由于船舶重心高度变化所引起的。即 $\delta GM = -\delta KG$。假如先使变动的载荷重心与变动前船舶重心 G 位置重合,然后再使其向载荷变动的实际位置移动,则可把装卸载荷所引起的重心高度变化看成是因载荷移动所引起的。由此,载荷变动后的初稳性高度 GM_2 可按下式计算:

$$GM_2 = GM_1 + \frac{\sum p_i \cdot (KG - Z_i)}{\Delta + \sum p_i} \quad (\text{m}) \qquad (2-14)$$

式中　GM_l——载荷变动前的初稳性高度,m;

　　　P_i——所变动的第 i 项载荷的重量(t),加载时取正值,减载时取负值;

　　　KG——载荷变动前船舶重心距基线高度,m;

　　　Δ——载荷变动前船舶的排水量,t;

　　　Z_i——载荷 P_i 的重心距基线高度,m。

应该指出,近似计算法是以载荷变动前后横稳心距基线高度 KM 不变为前提,由此会产

生一定的误差。为减少误差,可采用下述第二种方法。

2. 精确的计算方法

加载后处于横倾状态的船舶所受的复原力矩与加载前所受的复原力矩的差值 δM_R,是由增加部分的浮力 $\delta\Delta$ 和增加部分的重力 P 所构成的。设加载重量为 P,相应的重心距基线高度为 Z_p,加载引起平均吃水变化;加载前的平均吃水为 d_m,加载前船舶的排水量为 Δ,初稳性高度为 GM_1,则加载后船舶的初稳性高度 GM_2 为

$$GM_2 = GM_1 + \frac{P}{\Delta + P}\left(d_m + \frac{\delta d}{2} - Z_p - GM_1\right) \quad (\text{m}) \qquad (2-15)$$

式中　GM_1——载荷变动前的初稳性高度,m;

　　　P——所变动的载荷的重量(t),加载时取正值,减载时取负值;

$$\delta d = \frac{P}{100TPC} \quad (\text{m})$$

这一方法得出的计算结果虽较近似计算法准确,但在确定增加部分的浮力作用中心时,仍存在误差,因此,也只适合少量载荷变动的情况,即要求满足 $P \leqslant 10\%\Delta$。

知识点 2:大倾角静稳性

海上航行的船舶受风浪作用,往往会发生大幅度的横摇,最大摆幅可能超过 $10° \sim 15°$,或者使干舷甲板边缘浸入水中。因此,作为航海船舶,不仅要有足够的初稳性,而且还必须具有足够的大倾角静稳性。

一、大倾角静稳性的表示

由于不同国家或地区设计船舶所提供的船舶资料的形式不同,船舶复原力臂的求法有下列三种方法。

(1)基点法

如图 2-3 所示,船舶发生大倾角横倾或干舷甲板入水后,由于船体的出水体积 V_1 和入水体积 V_2 形状差异较大,导致船舶初稳性的另外两项假设明显不能成立,稳心点 M 和稳心半径 BM 不能再假设为固定值,因此,船舶的大倾角

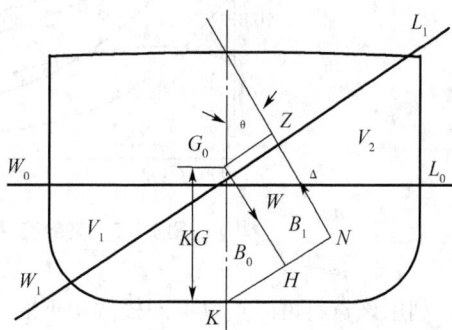

图 2-3　大倾角下 M_R 表示

稳性不能用初稳性高度 GM 表示。然而,船舶横倾后所受的重力和浮力构成复原力矩这一事实没有改变。所以,仍可根据图 2-3 所示的几何关系表示大倾角条件下的复原力矩:

$$M_R = 9.81\Delta \cdot GZ = 9.81\Delta(KN - KH)$$
$$= 9.81\Delta(KN - KG_0 \cdot \sin\theta) \quad (\text{kN} \cdot \text{m}) \qquad (2-16)$$

式中　GZ——复原力臂,即从船舶重心点 G 量到倾斜后的浮力作用线的垂直距离,m;

　　　KN——形状稳性力臂,即从基点 K 量到倾斜后的浮力作用线的垂直距离,m;

　　　KH——重量稳性力臂,即从基点 K 量到倾斜后的重力作用线的垂直距离,由图 2-3 可知,$KH = KG_0 \cdot \sin\theta(\text{m})$,其中 $KG_0 = KG + \delta GM_f$,即通常将自由液面对大倾角稳性的影响被简化为将其重心距基线高度 KG 提高 δGM_f 一段作为修正;

θ——船舶横倾角，°。

船舶倾斜后所受的浮力对基点 K 所取的力臂的大小取决于倾斜后船体的浮心 g_1 的位置。而 B_1 所处的位置由倾斜后水线面下的排水体积的形状决定，形状稳性力臂的名称由此而来。在横倾角不变的前提下，形状稳性力臂随船舶排水量变化而变化。形状稳性力臂随排水量变化的关系曲线如图 2-4 所示，称为稳性横交曲线(也称稳性交叉曲线)。该曲线由船舶设计单位制作并提供。

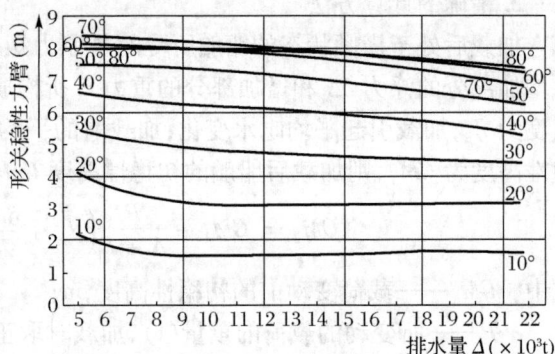

图 2-4　"Q"轮稳性横交曲线

(2)假定重心点法

不少国家常使用假定重心法，即先假设船舶在任何排水量下都拥有一个固定的合重心点，即假设重心点 G_A，据此提供假定重心稳性力臂曲线，如图 2-5 所示。

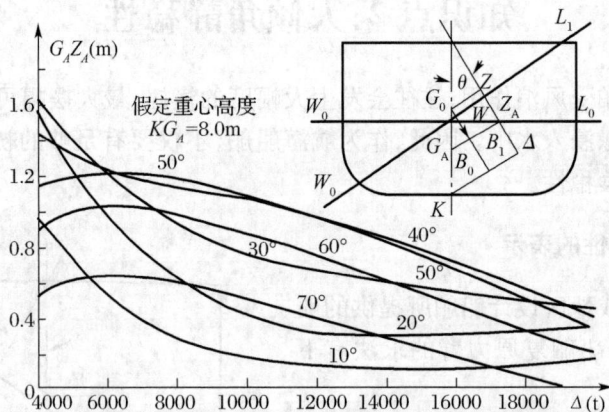

图 2-5　某轮稳性横交曲线(假定重心点法)

利用该资料可以查取不同横倾角下的假定重心静稳性力臂 $G_A Z_A$，假定重心高度 KG_A 一般直接标于图上。显然船舶实际重心点 G 不同于假定重心点 G_A，因此，可用以下公式对假定重心静稳性力臂 $G_A Z_A$ 进行修正，求得不同横倾角下未经自由液面修正的静稳性力臂值 GZ_0。

$$GZ_0 = G_A Z_A - (KG_0 - KG_A) \cdot \sin\theta \quad (m) \tag{2-17}$$

式中　$G_A Z_A$——假定重心高度的静稳性力臂(m)，可由船舶排水量从图 2-5 稳性横交曲线上查取不同横倾角所对应的值；

KG_0——未经自由液面修正的船舶重心高度，m；

KG_A——假定重心高度，m。

(3)稳心点法

由图 2-6 可知，若将表示浮力作用线和重力作用线位置的参考点设在横稳心点 M 处，则 M 点至倾斜后的浮力作用线的垂直距离即为 MS，被称为剩余稳性力臂。根据不同平均吃水下剩余稳性力臂随横倾角变化关系曲线，船舶未经自由液面修正的静稳性力臂 GZ_0 可按下式计算：

$$GZ_0 = MS + GM_0 \cdot \sin\theta \quad (\text{m}) \qquad (2-18)$$

式中　MS——剩余静稳性力臂,m;

$\qquad GM_0$——经自由液面修正的初稳性高度(m)。

二、静稳性曲线

由式(2-16)及稳性横交曲线可知,船舶装载状态一定时,复原力矩 M_R 和复原力臂 GZ 都是横倾角 θ 的函数。这一函数关系的曲线形式,称为静稳性曲线,如图 2-7 所示。若纵坐标为复原力矩 M_R,称静稳性力矩曲线;若纵坐标为复原力臂 GZ,称静稳性力臂曲线。

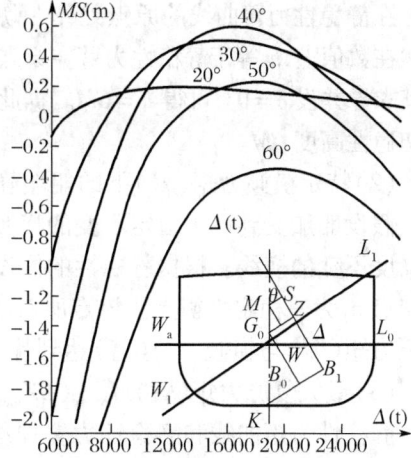

图 2-6　某轮稳性横交曲线(稳心点法)

1. 静稳性曲线的绘制

根据船舶特定的装载状态绘制静稳性力矩曲线或静稳性力臂曲线的步骤如下。

(1)将稳性横交曲线所给出的各横倾角填写于表 2-1 的第一行;

(2)计算船舶排水量,并根据各横倾角在稳性横交曲线中查取相应的形状稳性力臂,填写于表 2-1 的第二行;

表 2-1　复原力臂和复原力矩数值计算表

$\theta°$	10°	20°	30°	40°	50°	60°	70°
KN (m)	1.60	3.25	4.62	5.78	6.50	7.09	7.45
KH	1.40	2.76	4.04	5.19	6.18	6.99	7.58
GZ (m)	0.20	0.49	0.58	0.59	0.32	0.10	-0.13
M_R	3 372	9 143	10 823	11 009	5 971	1 866	-2 426

(3)计算船舶重心高度 KG,并按公式 $KH = (KG + \delta GM_f) \cdot \sin\theta$ 计算各横倾角下的重量稳性力臂,填写于表 2-1 的第三行,δGM_f 为自由液面修正值;

(4)按公式 $GZ = KN - KH$ 计算各横倾角下的静稳性力臂,填写于表 2-1 的第四行;

(5)按公式 $M_R = \Delta \cdot GZ$ 计算各横倾角下的静稳性力矩,填写于表 2-1 的第五行;

(6)以船舶横倾角为横坐标,以复原力臂为纵坐标,由表 2-1 数据便可绘制静稳性力臂曲线;若以复原力矩为纵坐标,则可绘制静稳性力矩曲线。

2. 静稳性曲线的特征参数

利用图 2-7 所示的静稳性力矩(臂)曲线,不仅可以掌握复原力矩(臂)随船舶横倾角变化的全貌,而且可以求得曲线上的某些特征参数。这些特征参数可以帮助我们掌握静稳性力矩(臂)曲线在某一方面的特征。

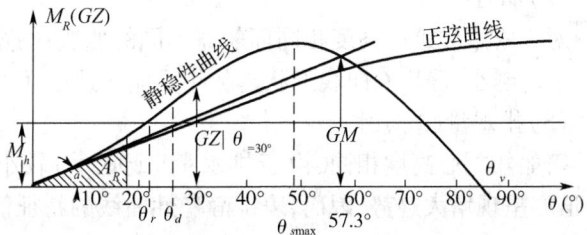

图 2-7　船舶静稳性曲线

（1）曲线在原点处的斜率

在静稳性力臂曲线的原点处作一切线。在 57.3°（即 1 弧度）处量取切线的纵坐标值 h。显然在数值上，h 等于静稳性力臂在原点处的导数。在小倾角范围内，可假定 $GZ = GM \cdot \sin\theta$。对其求导并设 $\theta = 0°$，可得 $h = GM$。据此，可以在静稳性力臂曲线上根据原点处切线的斜率求得初稳性高度 GM。

（2）特定横倾力矩（臂）下的船舶静倾角 θ_S

假设船舶受到一个恒定不变的横倾力矩（臂）的作用，则该力矩（臂）可在图上表示成一条高度不变的横线。根据静稳性的假设条件，可以证明横线与静稳性力矩（臂）曲线的第一个交点 n_1 为一稳定平衡点。该点所对应的横倾角 θ_S 称为静倾角。横倾角达到静倾角 θ_S 时，复原力矩（臂）与横倾力矩（臂）达到静态平衡。

（3）最大复原力矩（臂）$M_{R\max}$（$GZ_{\max}$）

静稳性力矩曲线和静稳性力臂曲线的最高点所对应的纵坐标分别称为最大复原力矩 $M_{R\max}$ 和最大复原力臂 $GZ_{\max}$。

（4）极限静倾角 $\theta_{S\max}$

最大复原力矩 $M_{R\max}$ 或最大复原力臂 $GZ_{\max}$ 所对应的横倾角称为极限静倾角。它表示船舶在静稳性的假设条件成立的前提下船舶可能出现的最大静态稳定平衡角。

（5）稳性消失角 θ_V

静稳性力矩（臂）曲线与横坐标轴右侧交点所对应的横倾角称为稳性消失角。当船舶横倾角超出 θ_V 时船舶复原力矩（臂）将从正值变为负值。稳性消失角表示复原力矩（臂）取正值的横倾角范围，称为稳性范围。

（6）甲板浸水角 θ_{im}

当船舶横倾达到一定程度，干舷甲板边缘将开始入水。此时船舶的横倾角称为甲板浸水角。从甲板浸水角开始，水线面以下船体的形状将发生一个突变，复原力矩（臂）增大的趋势将减缓。反应在静稳性力矩（臂）曲线上，甲板浸水角处的曲线将出现一个反曲点。由此，可以用在曲线上寻找反曲点的方法确定甲板浸水角 θ_{im}。

3. 影响静稳性曲线的因素

在影响船舶静稳性曲线的若干因素中，包括船舶尺度和装载状态参数两部分。前者是就不同船舶而言，后者则对同一船舶而论。

（1）干舷

对于船宽、吃水、和重心高度相同条件下的干舷高度相异的不同船舶：干舷越大，最大静稳性力臂 $GZ_{\max}$、极限静倾角 $\theta_{S\max}$、稳性消失角 θ_V 也增大；另外，干舷大小对船舶初稳性不产生影响。船宽较大而干舷较小的船舶适宜在风浪较小的水域如河道或湖区中航行。

（2）船宽

对于吃水和重心高度相同而船宽不同的船舶：船宽越大，最大静稳性力臂越大 $GZ_{\max}$，而 $\theta_{S\max}$ 和 θ_V 越小，静稳性曲线形状越陡峭。船宽适中而干舷较大的船适宜中海洋中航行。

（3）排水量（或吃水）

若船舶重心高度相同，由于排水量（或吃水）较小时，甲板浸水角较大，形状稳性力臂 KN 值亦呈现增大趋势，因而，表征静稳性曲线的特征值 $GZ_{\max}$、$\theta_{S\max}$ 和 θ_V 等也比排水量（或吃水）较大时大些。

应该注意的是，由于排水量不同，因此相应装载状态时的静稳性力矩 M_R 也不同。

（4）船舶重心高度

对于同一艘船舶，在排水量相同时，当重心高度增大，GZ_{max}、θ_{Smax}和θ_V均减小。

（5）自由液面

液舱内存在自由液面时对船舶稳性的影响相当于增大船舶重心高度，因而自由液面的存在使静稳性曲线下降，GZ_{max}、θ_{Smax}和θ_V均减小。

（6）初始横倾

当船舶重心偏离中纵剖面时，船舶会出现初始横倾角，设船舶重心横坐标为GG_1，船舶在倾侧一方的静稳性力臂G_1Z_1与船舶重心位于中纵剖面时的静稳性力臂GZ的关系为

$$G_1Z_1 = GZ - GG_1\cos\theta \tag{2-19}$$

即静稳性曲线下降，GZ_{max}和稳性范围减小。

知识点3：动稳性

海上航行的船舶经常受到阵风的突然吹袭和海浪的猛烈冲击。此时，船舶横倾角的增加相对缓慢，复原力矩不能及时平衡于横倾力矩，导致船舶横倾的角速度和角加速度明显增大，已不能被忽略。在此情况下，必须将横倾力矩视为动态横倾力矩，并从动稳性的角度来讨论船舶的稳性问题。

一、动态力矩作用下的船舶运动

如图2-8(a)所示，动态横倾力矩M_h突然作用于船体，导致船舶开始横倾。在横倾的初始阶段，因M_h大于复原力矩M_R，合力矩$M_h - M_R$与倾斜方向相同。在外力矩作用下，船舶将加速倾斜。当横倾角达到静倾角θ_S时，合外力矩等于零，但由于前一阶段合力矩均为正值，合力矩所做的功达到最大，因而船舶在θ_S处将具有最大的转动动能，在惯性的作用下，船体将继续倾斜。当横倾角超过θ_S后，M_h小于复原力矩M_R，合力矩$M_h - M_R$与倾斜方向反向，在合力矩作用下，船舶将减速倾斜。当船舶横倾至横倾角θ_d，船舶在θ_S处所具有的转动动能将被反向合力矩所做的功抵消，横倾角达到最大。此后，船舶在反向合力矩的作用下开始回复，并越过θ_S角继续回复到合外力矩与倾斜方向相同的区间，开始了下一轮的运动。若假定外力矩M_h作用于船舶的大小和方向保持不变，则因受水和空气阻尼的作用，船舶通过θ_S时所具有的转动动能将逐渐减小。经过多次摆动后，船舶最终将静止于θ_S处，如图2-8(b)所示。

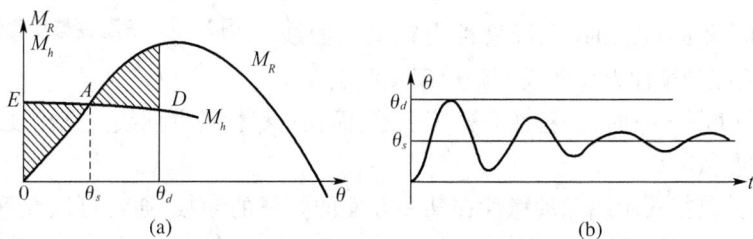

图2-8　外力矩作用下，船舶横倾过程分析

二、动稳性的表示

以上分析可知,在动态横倾力矩的作用下,船舶可能达到的最大横倾角为 θ_d,称为动倾角。在忽略水和空气阻尼的前提下,船舶横倾角达到 θ_d 的条件是:从 0 至 θ_d 范围内,合力矩所做的功等于零,即复原力矩所做的功与横倾力矩所做的功相等。由此,在特定的横倾力矩作用下,船舶的动倾角能否保持在某一特定值之内,使船舶不致因非水密开口进水而沉没,取决于正浮位置到该特定横倾角之间,复原力矩所做的功的大小。因此,船舶的动稳性可以用复原力矩所做的功 A_R 表示,即:

$$A_R = \int_0^\theta M_R \cdot \mathrm{d}\theta = 9.81\Delta \int_0^\theta GZ \cdot \mathrm{d}\theta \quad (\text{m} \cdot \text{rad}) \qquad (2-20)$$

随横倾角 θ 变化而变化的复原力矩所做的功称为动稳性力矩。动稳性力矩与船舶排水量的比值称为动稳性力臂,用 l_d 表示,即:

$$l_d = \frac{A_R}{\Delta} \int_0^\theta GZ \cdot d\theta \qquad (\text{m}) \qquad (2-21)$$

三、动稳性曲线及其制作

动稳性力矩(臂)是静稳性力矩(臂)的积分函数。因此,横倾角 θ 所对应的动稳性力矩(臂)值,可在静稳性力矩(臂)曲线图上用 $0 \sim \theta$ 之间曲线下的面积来表示。由于曲线下的面积无法直接度量,因此,需要绘制以动稳性力矩(臂)为纵坐标的动稳性力矩(臂)曲线,即图 2-9 下部所示的动稳性力臂曲线。

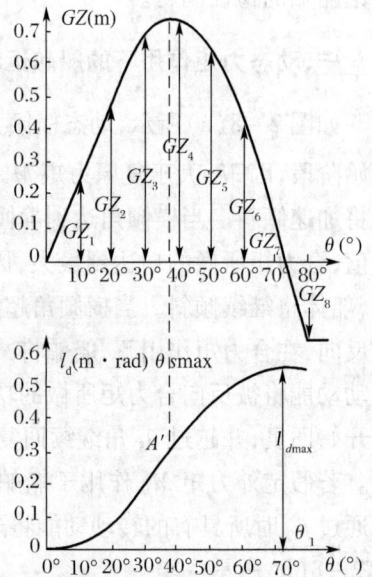

四、动稳性曲线的特点及动稳性参数

1. 动稳性曲线与静稳性曲线的关系

由动稳性力矩(臂)曲线的定义可知,动稳性曲线是静稳性曲线的积分曲线,或者说,静稳性曲线是动稳性曲线的导数曲线。因此,从图 2-9 中,可以发现动稳性曲线与静稳性曲线之间存在如下关系。

(1)当横倾角 $\theta = 0$ 时,静稳性力臂 GZ 和动稳性力臂 l_d 均为 0。

(2)当横倾角 $\theta = \theta_{\max}$ 时,在静稳性力臂出现曲线上的最高点,而在动稳性力臂曲线上则出现反曲点。

图 2-9　静稳性与动稳性曲线关系

(3)当横倾角 $\theta = \theta_v$ 时,静稳性力臂等于零,而在动稳性力臂曲线上则出现最高点。

2. 动稳性参数

动稳性参数是指表示船舶动稳性在某一方面的特征的参数,通常可以在静稳性曲线上求取,也可以在动稳性曲线上求取。

(1)根据横倾力矩求动倾角 θ_d

在静稳性力矩曲线上,一个大小不变的横倾力矩 M_h 可表示成一条纵坐标为 M_h 的水平线。横倾力矩所做的功可用横倾角范围内水平线下的面积来表示。复原力矩所做的功可用 0°至特定横倾角之间静稳性力矩曲线下的面积表示;当上述两个面积相等时,也就是图 2-8(a)所示的两部分阴影面积相等时,复原力矩所做的功与横倾力矩所做的功相等,阴影 区域的右边边界线的横坐标值即动倾角 θ_d。

在动稳性力矩曲线上,恒定不变的横倾力矩 Mh 所做的功可用一条斜率为 Mh 的直线表 示。这条直线可通过连接原点与坐标点 $(57.3°, M_h)$ 绘出。该直线与动稳性力矩曲线交点 处,表明此时横倾力矩与复原力矩所做的功相等,交点处所对应的横坐标即为动倾角 θ_d。

(2)求最小倾覆力矩 M_{hmin} 和极限动倾角 θ_{dmax}

在静稳性力矩曲线上增大横倾力矩 M_h,使图 2-10(a)所示的两部分阴影面积相等。 此时,水平线的高度即为最小倾覆力矩 M_{hmin},即船舶可以承受的最大动态横倾力矩。任何 大于 M_{hmin} 的动态横倾力矩都将导致船舶倾覆。

在静稳性力矩曲线图上,不计及初始横摇角和船舶进水角修正时,使复原力矩与横倾力 矩做功相等时,阴影区域的最右端所对应的横坐标值即为极限动倾角 θ_{dmax}。

最小倾覆力矩与排水量的比值称为最小倾覆力臂,用 l_{dmin} 表示,即:

$$I_{dmin} = \frac{M_{hmin}}{\Delta} \quad (m \cdot rad) \tag{2-22}$$

最小倾覆力臂可以用同样的方法在静稳性力臂曲线或动稳性力臂曲线上求得。

对船舶动稳性可以这样理解:动稳性就是船舶横倾到某一角度时其静稳性曲线下所围 成的面积;或理解为船舶横倾到某一角度时,复原力臂所做的功。

知识点 4:对船舶稳性的要求

为保证船舶的营运安全,各航海国家的主管机关都以法规形式对与船舶稳性有关的各 项指标作出强制性的规定,以便对船舶的设计、建造和使用中的有关问题进行约束。同时, 国际海事组织 IMO 对船舶稳性也提出了相应的衡准要求。

一、我国《法定规则》对国内航行海船的完整稳性的基本要求

2004 年版《法定规则》规定:经自由液面修正后,船舶稳性在所核算装载状况下必须同 时满足以下四项基本衡准要求。

(1)初稳性高度 GM 应不小于 0.15 m。

(2)横倾角为 30°处的复原力臂值 $GZ|_{\theta=30°}$ 应不小于 0.20 m,如船体进水角 θ_f 小于 30°,则进水角 θ_f 处的复原力臂应不小于 0.20 m。

(3)最大复原力臂对应的横倾角 θ_{Smax} 应不小于 25°(1999 年版《法定规则》规定该值应 不小于 30°),且进水角应不小于 θ_{Smax}。

(4)稳性衡准数 K 应不小于 1。

当船舶的宽深比 B/D 大于 2.0 时,以上对 θ_{Smax} 的要求可降低 $\delta\theta$,其计算公式为

$$\delta\theta = 20\left(\frac{B}{D} - 2.0\right)(K - 1) \quad (°) \tag{2-23}$$

式中　D——船舶型深,m;

B——船舶型宽(m),当 $B > 2.5D$ 时,取 $B = 2.5D$;

K——稳性衡准数,当 $K > 1.5$ 时,取 $K = 1.5$。

2004 年版《法定规则》规定,在本规则生效(2004 年 3 月 1 日)之前建造的船舶应继续按原先规则要求执行。原先《法定规则》对船舶最大复原力臂对应的横倾角 θ_{smax} 要求应不小于 30°,对稳性消失角 θ_v 应不小于 55°。

《法定规则》对非国际航行的船舶还规定,江海的自航船舶当装载甲板货时,其所核算的各种装载状态下,横摇加速度衡准数 K_a 应符合下式要求:

$$K_a = \frac{C}{\alpha_c} \geqslant 1 \tag{2-24}$$

式中　C——系数,海上航行至近海或远海航区的船舶取 0.25,对海上航行至沿海、遮蔽航区的船舶取 0.30;

　　　α_c——横摇加速度因数,按下式计算:

$$\alpha_c = \frac{0.035B\theta_1}{T_\theta^2} \tag{2-25}$$

式中　B——型宽,m;

　　　θ_1——船舶横摇角;

　　　T_θ——船舶横摇周期。

《法定规则》所指的稳性衡准数,是指最小倾覆力矩(臂) $M_{hmin}(l_h min)$ 与风压力矩(臂) $M_w(l_w)$ 的比值,即

$$K = \frac{M_{hmin}}{M_w} = \frac{l_{nmin}}{l_w} \tag{2-26}$$

在确定规则所述的最小倾覆力矩或最小倾覆力臂时,要求进行以下两项修正。

①船舶横摇角 θ_1 的修正

如图 2-10 所示,船舶在周期性横浪的冲击下发生摆幅为 θ_1 的谐振横摇,当船体摇至迎风一舷的最大摆幅时,突然受到采自正横方向的风压力矩的作用。此时,船舶的动稳性较之未经横摇角修正的状况存在两种差别:一是从横摇角 $-\theta_1$ 至 0 之间,风压力矩作了功。作功产生的能量可用图 2-10(a)中第二象限中的阴影部分的面积,或者用图 2-10(b)中 A 点的纵坐标表示;二是船舶的横摇具有能量,横摇机械能可用图 2-10(a)中第三象限中的阴影部分的面积,或用图 2-10(b)中直线 AC 与纵坐标轴的交点与 A 点的纵坐标的差值来表示。这两部分能量都需要复原力矩作功加以平衡。在这种情况下,必须减小倾侧力矩,才能使复原力矩所做的功抵消风压力矩所做的功和船舶横摇机械能之和。

根据《法定规则》规定,初始横摇角 θ_1 由下式确定:

$$\theta_1 = 11.75C_1C_4\sqrt{\frac{C_2}{C_3}} \tag{2-27}$$

式中　C_1——与稳性航区横自摇周期有关的系数(具体确定见规则,下同);

　　　C_2——与核算装载状态下的型吃水及重心高度有关的系数;

　　　C_3——由型宽与核算装载状态下的型吃水值所确定的系数;

　　　C_4——由船舶类型和舭龙骨尺寸所确定的系数。

②船舶进水角 θ_f 修正

当船舶的横倾到其甲板上最低处的非水密开口开始入水时的横倾角称为船舶进水角。特定船舶的进水角随排水量变化而变化,可在图 2 – 11 所示的曲线上根据排水量查取。当船舶横倾角超过进水角后,船舶可能因船体大量进水而处于危险状态。因此,船舶进水角对静稳性曲线或动稳性曲线的修正方法是将曲线在 θ_f 处截断。由于这一修正,减小了复原力矩的作功范围,降低了船舶抵御横倾力矩的能力,最小倾覆力矩将进一步减小。

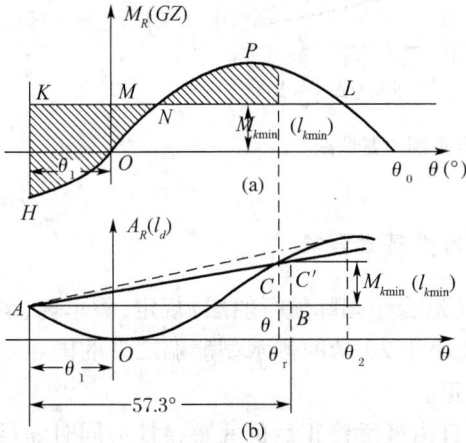

图 2 – 10　静、动稳性曲线上的二项修正　　　　图 2 – 11　"Q"轮船舶进水角曲线

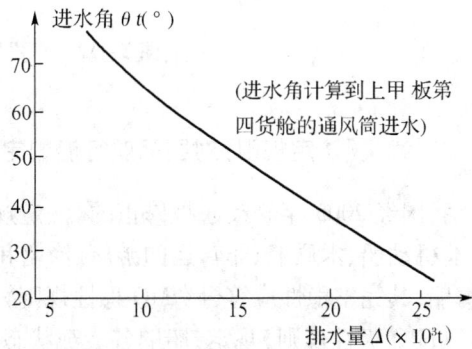

经上述两项修正后,利用静稳性力矩(臂)曲线和动稳性力矩(臂)曲线求取规则要求的最小倾覆力矩(臂)的方法如下。

在图 2 – 10(a)所示的静稳性曲线上,将原点附近的曲线向第三象限延长。延长部分的曲线与原曲线保持对于原点的中心对称,并与横坐标为 $-\theta_1$ 的垂直线相交于 H。根据排水量查取船舶进水角 θ_f,并据此作垂直线与静稳性曲线相交。自适当位置开始向下移动一条水平横线。当图 2 – 10(a)所示的两部分阴影面积 a 和 b 相等时,水平横线的纵坐标即为规则要求的最小倾覆力矩(臂)。

在图 2 – 10(b)所示的动稳性曲线上,则应将原点附近的曲线向第二象限延长。延长部分的曲线与原曲线保持对于纵坐标轴的轴对称。随后自曲线上 A 点起作一通过曲线与过横坐标 θ_2 垂线的交点的直线,其中 θ_c 取进水角 θ_f 和曲线自 A 点作曲线的切线上切点所对应的横倾角 θ_2 两者中较小者,该直线的斜率,即自横坐标 $\theta = -\theta_1$ 向右 57.3° 处直线的纵坐标与直线始点 A 的纵坐标的差值,就是规则要求的最小倾覆力矩(臂)。

《法定规则》规定,风压倾侧力矩 M_w 可按下式计算:

$$M_w = P_w \cdot A_w \cdot Z_w = 9.81 \cdot \Delta \cdot l_w \quad (kN \cdot m) \qquad (2-28)$$

式中　A_w——船舶正浮时水线以上船体及甲板货的侧投影面积,m^2;

　　　Z_w——A_w 的面积中心至水线面的垂直距离,m;

　　　P_w——单位计算风压,根据船舶的限定航区和 Z_w 从《法定规则》提供的曲线中查取,kPa;

　　　l_w——风压倾侧力臂,即风压倾侧力矩与船舶排水量的比值(m),可以从船舶资料中查取(见图 2 – 12)。

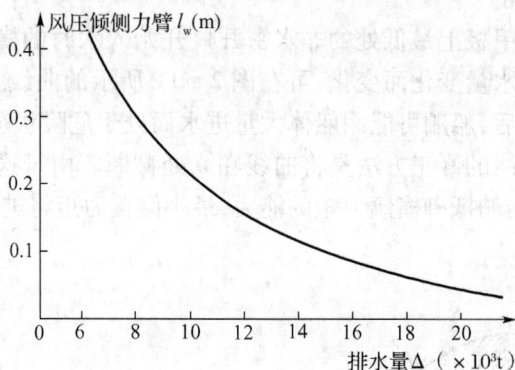

图 2 - 12　"Q"轮风压倾侧力臂曲线

二、我国《法定规则》对国际航行船舶完整稳性的基本要求

我国经 2005 年修改通报修正的《法定规则》(适合于国际航行船舶)规定,除军舰、运兵船、非机动船、木质船、非营运的游艇、渔船和长度小于 20 米的排水型船舶之外的国际航行的海船,其完整稳性应符合《IMO 稳性规则》的规定。

《IMO 稳性规则》规定,船舶各装载状态下经自由液面修正后的完整稳性应同时满足以下要求。

1. 初稳性高度不小于 0.15 m;

2. 复原力臂曲线下的面积从 0°~30°之间,应不小于 0.055 m·rad;

3. 复原力臂曲线下的面积从 0°~40°或进水角两者中较小者,应不小于 0.090 m·rad;

4. 复原力臂曲线下的面积从 30°~40°或进水角两者中较小者,应不小于 0.030 m·rad;

5. 横倾角 30°处的复原力臂应不小于 0.20 m;

6. 最大复原力臂对应角(极限静倾角)应不小于 30°,至少不小于 25°;

7. 满足天气衡准要求(仅适合于船长等于或大于 24 m 的船舶)。

设定的船舶抵抗横风横浪联合作用的倾侧模型如下:

(1)如图 2 - 13 所示,船舶受到来自正横方向的一个稳定风压,其风压力臂为 l_{w1},所产生的船舶静倾角为 θ_0,l_{w1} 按下式计算:

$$l_{w1} = \frac{P_w \cdot A_w \cdot Z_w}{1\,000 \cdot g \cdot \Delta} \qquad (2-29)$$

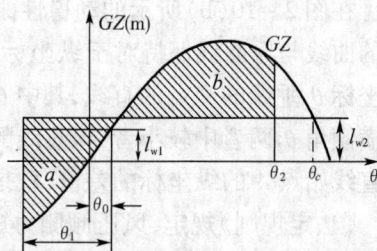

图 2 - 13　IMO 天气衡准要求示意图

式中　P_w——单位计算风压,取 504 Pa,限定航区的船舶若经主管机关批准后,P_w 可以减小;

　　　A_w——水线以上的船体、上层建筑和甲板货的侧投影面积,m^2;

　　　Z_w——A_w 面积中心至水下船体侧投影面积中心或吃水一半处的垂直距离,m;

　　　g——重力加速度,取 9.81 m/s^2。

(2)假定由于波浪的作用,船舶自 θ_0 向上风向横倾,其横倾角位移为 θ_1。

(3)然后,船舶受到阵风作用,其阵风风压力臂为 l_{w2},并规定:

$$l_{w2} = 1.5\ l_{w1} \qquad (m) \tag{2-30}$$

（4）取 θ_2 等于船舶进水角 θ_f、50°和 l_{w2} 与静稳性力臂曲线第二个交点的对应角 θ_c 三者中的最小值，即：$\theta_2 = \min\{\theta_f, 50°, \theta_c\}$。

（5）在此情况下，规则要求图 2-13 中的面积 b 应不小于面积 a，即 $b \geqslant a$。

应当指出，按照《IMO 稳性规则》的规定，在计算以上各项稳性衡准指标时，须按规定对初稳性高度和静稳性力臂曲线进行自由液面修正，具体方法见《IMO 稳性规则》。

波浪作用下的初始横摇角 θ_1 按如下方法确定：

$$\theta_1 = 109.3 k x_1 x_2 \sqrt{rs} \tag{2-31}$$

式中　k——与船舶舭部形状、龙骨面积有关的系数（具体确定方法见规则，下同）；

　　　　x_1——与船宽与装载吃水有关的系数；

　　　　x_2——与方形系数有关的系数；

　　　　r——与 d 和重心位置有关的数；

　　　　s——与船舶横摇周期有关的数。

三、许用重心高度和最小许用初稳性高度

按照《法定规则》的要求，船舶在每一航次的整个过程中，都必须保证五项衡准要求全部得到满足。如果用手工计算的方法逐项计算并校核《法定规则》要求的所有指标，将是一项非常烦琐的工作。因此，《法定规则》要求船舶设计单位提供最小许用初稳性高度或许用重心高度资料，以简化稳性的衡准计算。

1. 许用重心高度

《法定规则》所要求的所有稳性衡准指标的取值，都是由排水量 Δ 和经自由液面修正的船舶重心高度 KG 两者决定的。而当排水量一定时，所有稳性指标均由 KG 唯一确定。进一步分析可知，特定船舶在排水量不变的情况下，规则所指的所有稳性衡准指标都是随 KG 的增加而减小的单调下降函数。所以，若能求得特定排水量下《法定规则》规定的某一稳性衡准指标的临界值所对应重心高度，并保证船舶实际合重心高度不超过该数值，则该稳性衡准指标不会小于规则所规定的临界值。进而言之，若能求得《法定规则》所规定的所有稳性衡准指标所对应的重心高度中的最小值，并保证实际船舶重心高度不超过该最小值，则《法定规则》所规定的所有完整的稳性衡准要求都能得到满足。上述最小值，就是特定排水量下船舶的许用重心高度 KG_c，也就是同时满足《法定规则》对船舶稳性的所有要求的情况下，经自由液面修正后船舶重心高度的最大值。

2. 最小许用初稳性高度

当排水量一定时，船舶的横稳心距基线高度 KM 是确定的。按公式 $GM_c = KM - KG_c$ 计算得到的初稳性高度称为最小许用初稳性高度，也就是指恰能同时满足《法定规则》完整稳性的全部要求时，对船舶经自由液面修正后的初稳性高度的最小值。

同样，特定船舶的最小许用初稳性高度 GM_c 随排水量变化而变化。图 2-14 所示的曲线图称最小许用初稳性高度曲线图。图中各条曲线分别为船舶稳性恰好满足《法定规则》所要求的某一衡准指标时，初稳性高度随排水量变化的关系曲线。连接这些曲线最高线段所组成的包络线，即构成最小许用初稳性高度曲线。

在某些船舶资料中提供有按照《IMO 稳性规则》计算求出的许用重心高度或最小许用初稳性高度的曲线图或数据表。

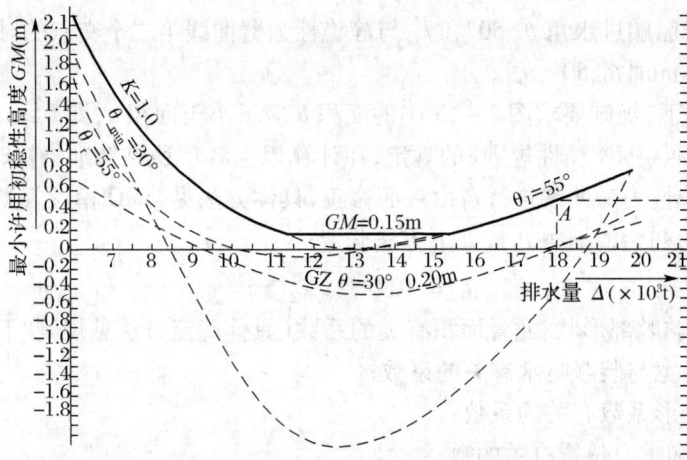

图 2 - 14　"Q"轮最小许用初稳性高度曲线图

四、船舶适度的稳性范围

1. 对船舶稳性下限的要求

为保证船舶在风浪中不致倾覆,船舶稳性必须满足《法定规则》或《IMO 稳性规则》所规定的最低要求。若船舶执行《法定规则》,则只需保证经自由液面修正后的初稳性高度 GM 不小于当时排水量下的最小许用初稳性高度 GM_c。但是,《法定规则》提出的对船舶稳性的最低要求,是以一定的假设条件为前提的,如假设船舶无航速,在遭受横浪冲击、发生谐振横摇的同时遭受横风作用,风力达到限定航区的最大值;船舶无横倾,船上所有的非液体载荷的重心在横倾中固定不变。但实际上,船舶所处的海况以及船舶的运动状态往往与《法定规则》的假定不同,如船舶遭遇热带风暴、在高速行驶时用大舵角转向、船舶处于随浪中航行、舱内货物移动等。一旦出现这种情况,船舶稳性仅仅满足最低要求就会显得不够。所以,为了保证船舶的安全,船舶稳性必须在满足《法定规则》的最低要求的基础上保留一定的安全余量。由此,在任何装载状态下,船舶经自由液面修正后的初稳性高度应满足如下要求:

$$GM \geqslant GM_c + C_h \qquad (\text{m}) \qquad (2-32)$$

或者,经自由液面修正后的船舶重心高度应满足:

$$KG \leqslant KG_c - C_h \qquad (\text{m}) \qquad (2-33)$$

式中　C_h——最小许用初稳性高度或许用重心高度的安全余量(常取 0.15 ~ 0.20 m),可根据船舶种类及排水量的大小、所处的海况及所载货物的移动可能性等因素确定。

2. 对船舶初稳性高度上限的要求

船舶的横摇周期(自摇周期)T_θ。与未经自由液面修正的初稳性高度 GM_0 之间存在着一定的关系。《法定规则》规定,这一关系可以用以下公式表示:

$$T_\theta = 0.58f \sqrt{\frac{B^2 + 4KG^2}{GM}} \qquad (\text{s}) \qquad (2-34)$$

式中　f——根据船宽吃水比 B/d 查表 2-2 确定的系数;

B——船舶型宽,m;

d——核算装载状态下的型吃水,m;

KG——核算装载状态下未经自由液面修正的船舶重心高度,m;

GM——核算装载状态下未经自由液面修正的初稳性高度,m。

表 2 - 2　横摇周期计算公式中 f 系数查算表

B/d	2.5 及以下	3.0	3.5	4.0	4.5	5.0	5.5	6.0	6.5	7.0 及以上
f	1.00	1.03	1.07	1.10	1.14	1.17	1.21	1.24	1.27	1.30

IMO《稳性规则》给出的 T_θ 与 GM 关系式为:

$$T_\theta = \frac{2.01 C \cdot B}{\sqrt{GM}} \quad (\text{s}) \tag{2-35}$$

式中　C——横摇周期系数,按下式计算

$$C = 0.372\ 5 + 0.022\ 7(B/d) - 0.004\ 3(L/10)$$

如船中部舷侧为倾斜式或外漂式,则

$$C = 0.308\ 5 + 0.022\ 7(B/d) - 0.004\ 3(L/10)$$

对于船长不足 70 m 的船舶,IMO 建议使用如下简便公式

$$T_\theta = \frac{C \cdot B}{\sqrt{GM}} \quad (\text{s})$$

式中　C——横摇周期系数,其值与船舶的大小、形状装载情况、液体数量等因素有关。对空船或压载时,C 取 0.88;对满载船舶,液体占总载重量的 20%、10% 和 5% 时,其 C 分别取 0.78,0.75 和 0.73。

　　显然,船舶的横摇周期 T_θ 随初稳性高度的增大而减小。T_θ 过小,意味着船舶横摇剧烈。这不仅会使船上人员感到不适,而且会使船舶操纵性恶化,使主机和航海仪器处于不良的工作条件中。更为严重的是,船体剧烈横摇,有可能导致集装箱或重大件的系固松动,或者使舱内货物发生横向位移,使船舶出现初始倾角。因此,必须控制初稳性高度,使船舶的横摇周期不小于 9 s,即:

$$GM \leqslant GM\big|_{T_\theta = 9\ \text{s}} \quad (\text{m}) \tag{2-36}$$

五、判断与保证船舶稳性的经验方法

1. 船舶稳性的判断

　　船舶稳性的衡准计算依赖于对船舶装载状态全面和准确的掌握。然而在实际工作中,船员对装载状态掌握的及时性和准确性往往受到限制。例如:装货清单或航次订舱单所声明的货物的重量、体积或集装箱的重量与实际不符;船舶在航行中发生海事,造成破舱进水,而进水重量无法准确判断。在此情况下,船舶驾驶员应该运用自己的经验,根据船舶的某些运动特征,及时地判断和掌握船舶的稳性状况。其方法如下。

(1)测定横摇周期推算初稳性高度

　　船舶在风浪中航行时,不断受到海浪的冲击。在多数情况下,海浪可以看成许多不同波

长、不同波幅、不同方向规则波的随机叠加。在小摆幅横摇的前提下,船体运动对波浪的响应,也可以看成是不同摆幅、不同周期横摇的随机叠加。由于舷外水和空气的阻尼力矩的作用,凡是周期与船舶横摇周期不同的横摇将很快衰减;而周期与船舶横摇周期相同的横摇,则因发生谐振而得到维持。因此,在复杂的海况中,船舶所表现的横摇周期与在静水中无阻尼的自由横摇周期(即自摇周期 T_θ)非常接近。所以,《法定规则》规定,船舶在风浪中的横摇周期与未经自由液面修正的初稳性高度之间的关系可按式(2-34)确定。

按照式(2-34),不难根据测量得到的船舶横摇周期 T_θ 推算未经自由液面修正的初稳性高度 GM。

此外,许多船舶的《稳性报告书》中也提供了 T_θ 与 GM 的关系曲线图或数据表。这类资料使用方便,计算精度较高。

应当注意的是,船舶在波长与周期比较规则的涌浪的横向冲击下所表现出的横摇,其周期与涌浪的周期相等,而与初稳性高度无关。因此,应避免根据在周期性的横浪冲击下测得的横摇周期计算初稳性高度。

(2)测定船舶静倾角推算初稳性高度

船舶在停泊时,可以采用沿横向移动船上载荷的方法人为地使船舶产生横倾角 θ,然后根据测量得到的横倾角来推算船舶的初稳性高度。如图2-15所示,船舶的排水量为 Δ,处于无纵倾状态时,将船上重量为 P 的载荷沿横向移动距离 Y,由此产生静倾角 θ。根据所产生的横倾力矩与复原力矩平衡的原理,应有以下关系式:

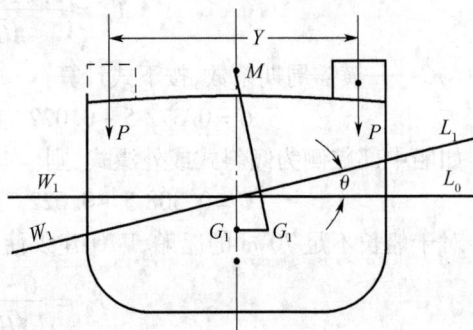

图 2-15　横向移动载荷

$$P \cdot Y = \Delta \cdot GM \cdot \tan\theta \qquad (2-37)$$

由此,船舶经自由液面修正后的初稳性高度可按下式计算:

$$GM = \frac{P \cdot Y}{\Delta \cdot \tan\theta} \quad (\text{m}) \qquad (2-38)$$

(3)船舶稳性不足的征兆

船舶初稳性不足的特征是:船舶受到较小外力矩的作用就发生明显的横倾,且横摇过程很缓慢。由此,当船舶在航行中出现以下情况时,即可断定其初稳性不足;受较小横风时就发生明显的倾侧,而且横摇缓慢,待风停止后才缓缓回复;操舵转向时船体发生明显倾侧;从一舷的舱柜中使用油水时,船体很快倾向另一侧;拖轮在一侧顶推、拖带时,船体明显倾侧等等。此外,船舶在出港时若因重心偏离中线面而出现横倾角,则有可能因船舶的稳性范围降低而造成稳性不足。

2. 保证船舶稳性的经验积载方法

不同船舶在不同的排水量下如何确定货物重量的垂向分布以控制合理的初稳性高度,需要借助长期积累的实践经验。这些经验一旦形成,就会对排水量相同或相近的情况下确定货物重量的垂向分布具有指导作用。例如,对于具有两层舱的万吨级杂货船,在接近满载时,二层舱的装货重量应占全船装货总重量的35%左右,底舱的装货重量则应占65%左右。若需装载甲板货,则甲板货的重量不应超过10%,此时非底舱装货重量为25%,底舱仍占

65%。甲板货的堆装高度一般不得超过船宽的 1/5～1/6。

知识点 5：稳性的调整

《法定规则》和《IMO 稳性规则》从保证船舶安全出发,对船舶稳性的最低要求作出了强制规定。对于特定船舶,当船舶资料中有按规则要求计算的最小许用初稳性高度图表时,规则的要求最终表现为对船舶经自由液面修正后的初稳性高度的要求。为此,必须对具体航次的每个装载状态经自由液面修正后的初稳性高度进行计算,并参照 GM 值上、下限范围进行比较判断。若比较结果符合要求,则校核通过。否则,就必须对积载计划或实际装载状态进行调整,最终既使船舶稳性符合规则的要求,又同时满足对船舶横摇周期的要求。

一、初稳性高度的调整

在决定稳性调整计划之前,必须通过计算切实掌握调整前经自由液面修正后的初稳性高度 GM_1。同时,在所要求的初稳性高度的上、下限之间选取一个适当的数值作为调整后初稳性高度的要求值 CM_2。这样,初稳性高度的调整值为:

$$\delta GM = GM_2 - GM_1 \quad (\text{m}) \quad (2-39)$$

调整初稳性高度的方法通常有两种,以适应船舶不同的装载情况。

1. 垂向移动载荷

当调整前船舶已处于满载状态,不能再加载任何重量时,只能采取垂向移动载荷的方法调整初稳性高度。另外,如果被调整的积载计划还未实施装货,也可用此方法对积载计划进行调整。因船舶排水量保持不变,初稳性高度的变化完全由船舶重心高度的变化所引起,根据重量移动原理由图 2－16可得:

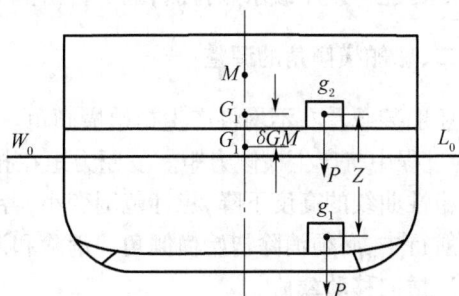

图 2－16　垂向移动载荷调整 GM

$$\delta GM = \frac{P \cdot Z}{\Delta} \quad (\text{m}) \quad (2-40)$$

式中　P——垂向移动载荷重量,t;

　　　Z——载荷户重心移动的垂向距离(m),上移为负,下移为正;

　　　Δ——船舶排水量,t。

通常,可根据需要调整的积载计划的实际情况,预先确定移动载荷的初始位置和目标位置。例如,当稳性不足时,可将装于二层舱的货物向底舱移动,并根据二层舱和底舱的舱容中心的高度差确定载荷重心移动的垂向距离 Z,按式(2－40)即可计算出需要移动的载荷重量 P。如果当时的装载舱容紧张,拟定货物移动的目标位置无足够的舱容容纳更多的货物时,可采用在高度不同的舱位间等体积互换货物的方法达到同样的目的。在此情况下,需要移动的重货重量 P_H 和轻货重量 P_L,可根据以下方程组求得:

$$\begin{cases} \delta GM = \dfrac{(P_H - P_L) \cdot Z}{\Delta} \\ P_H \cdot SF_H = P_L \cdot SF_L \end{cases} \quad (2-41)$$

式中　SF_L, SF_H——分别表示轻、重货包括亏舱的积载因数, m^3/t。

2. 选择合适的舱位加、减少量载荷

当发现船舶稳性不符合要求且积载计划已被付诸实施,同时船舶未满载,允许加载少量载荷;或者船上有压载水可以利用时,可用加、减少量载荷的方法调整初稳性高度。以调整压载水为例,若船舶稳性不足,应向船舶底部的压载水舱内打入压载水;若稳性过大,则可从船舶底部的压载水舱向外排放压载水。如果加、减载荷的重量较小,则可忽略因加、减载荷所引起的横稳心高度的变化。在此情况下,加、减载荷的重量 P(其重心距基线高度设为 Z_p)可根据少量载荷变动对初稳性高度影响的公式计算,即:

$$\delta GM = \dfrac{P \cdot (KG - Z_P)}{\Delta + P} \quad (m) \quad (2-42)$$

式中　KG——表示船舶打(排)压载水之前船舶重心高度, m。

若所计算的载荷重量 P 为正值,则说明需要向该位置加载载荷;若重量 P 为负值,则说明应在该位置减载载荷。应该指出,如果是通过打压载水来解决船舶稳性不足的问题时,注意应尽可能将该压载水舱打满,减少自由液面对船舶稳性的不利影响。

二、船舶横倾角的调整

船舶装载左右不均将产生初始横倾角。此时,因船舶重心发生了横向移动,在横倾角变化的过程中将产生横倾力矩。复原力矩在扣除了这一横倾力矩后,其数值将减小。这将导致静稳性曲线的高度下降,稳性范围变小,各项稳性指标全面下降。因此,船舶在离、到港状态和航行中,必须消除初始横倾角。消除和调整船舶横倾角的方法有以下两种。

1. 横向移动载荷

沿船舶横向移动载荷所产生的横向重量力矩可以抵消导致船舶横倾的力矩,从而达到调整船舶横倾角的目的。设船舶初始横倾角为 θ,需将横倾角调至 θ_1,则移动载荷的重量可按下式计算:

$$P \cdot Y = \Delta \cdot GM \cdot (\tan\theta - \tan\theta_1)$$

$$P = \dfrac{\Delta \cdot GM(\tan\theta - \tan\theta_1)}{Y} \quad (2-43)$$

式中　Y——载荷 P 重心横移的距离, m。

2. 在船舶一舷加、减少量载荷

若船舶未满载,或者一舷有多余的压载水时,则可通过向一舷加、减少量载荷的方法调整船舶横倾角。设船舶初始横倾角为 θ,需将横倾角调至 θ_1,根据调整后船舶的横倾力矩与复原力矩平衡的原理,加、减载荷的重量可根据以下方程求得:

$$P \cdot Y + (\Delta + P) \cdot GM_1 \cdot \tan\theta_1 = (\Delta + P) \cdot GM \cdot \tan\theta$$

$$P \cdot [Y + (KM + KP)\tan\theta_1] = \Delta \cdot GM(\tan\theta - \tan\theta_1)$$

整理得

$$P = \dfrac{\Delta \cdot GM(\tan\theta - \tan\theta_1)}{Y + (KM + KP)\tan\theta_1} \quad (2-44)$$

式中　P——加、减载荷的重量(m),加载时取正,减载时取负;

　　　Δ——加、减载荷前船舶排水量,t;

　　　Y——加、减载荷 P 重心距中线面的距离,m。

三、船舶稳性资料的内容

根据《法定规则》的规定,船舶稳性资料应由船舶设计或建造部门负责提供并经船舶检验机构(船级社)审核批准,至少应包括下列内容。

1. 船舶主要参数;

2. 基本装载情况稳性总结表(参见附表二);

3. 主要使用说明;

4. 各种基本装载情况稳性计算;

5. 液舱自由液面惯性矩表及初稳性高度修正说明;

6. 进水点位置及进水角曲线;

7. 许用重心高度曲线图或最小许用初稳性高度曲线图。

应该指出,不同国家的船舶稳性资料,对于不同船舶其所包括的内容不尽相同,在使用时应首先了解其基本内容及所适应的稳性规则。

第二部分　保证船舶具有适当的吃水差

船舶当其重力作用线与正浮时的浮力作用线不在同一条垂直线上时,产生纵倾力矩使船舶纵倾,就会产生吃水差。吃水差与船舶的快速性、操纵性等航海性能密切相关。为使船舶具有良好的航海性能,船舶驾驶员必须对船上载荷重量沿纵向的分布进行控制,以保证船舶具有适当的吃水差。

知识点 1:对船舶吃水差的要求

一、吃水差的概念

吃水差是指船舶首吃水 d_F 与尾吃水 d_A 的差值,用符号 t 表示,即

$$t = d_F - d_A \quad (\text{m}) \tag{2-45}$$

船舶首吃水大于尾吃水,即吃水差为正,称为首倾(Trim by head),俗称拱头;尾吃水大于首吃水,即吃水差为负,称为尾倾(Trim by stern),俗称尾沉;首吃水等于尾吃水,即吃水差为零,称为平吃水(Even keel)。

二、吃水差对船舶航海性能的影响

吃水差主要影响船舶的操纵性、快速性和耐波性。对于船舶稳性、船体纵向受力状况、通过浅水区时允许的船舶最大排水量以及部分港口费用的支出等也有影响。

一般货船在首倾时,若处于空载特别是尾吃水较小,则因船舶推进器和舵的入水深度减小,在船舶剧烈纵摇时易于露出水面,影响船舶的推进效率和舵效,还会出现打空车现象,对船体和机器会造成一定程度的损伤。船舶在首倾时若处于满载特别是首吃水较大,则船体首部甲板易于上浪使船舶耐波性下降。一般货船在过大尾倾时,若处于空载特别是首吃水较小,则船首　望盲区增大,波浪中船首底板易遭海浪猛烈拍击(拍底)使船舶耐波性下降,船体结构易于受损。船舶在过大尾倾时若处于满载特别是尾吃水较大,则船舶水下转船作用点后移过多引起转船力臂减小,影响舵效。计算和船模试验表明,船舶首倾时实船的稳性指标要差于设定为平吃水时的计算指标值。此外,保持船舶平吃水状态,减小船舶最大吃水,可以有效地增加船舶通过浅水区时的装载量,同时进出某些港口时,能节约与此有关的部分港口费用支出等。

三、适当的吃水差范围

船舶适当的吃水差范围,是随船长和平均吃水变化而变化的。一般认为,船舶保持适度的尾倾,对于提高航速、减少首部甲板上浪和改善操纵性都是有利的。经验认为万吨级船舶满载时以 $t = -0.3\text{ m} \sim -0.5\text{ m}$ 为好,半载时以 $t = -0.6\text{ m} \sim -0.8\text{ m}$ 为好,轻载时 $t = -0.9\text{ m} \sim -1.9\text{ m}$ 较为适当,空载时则要求 $|t| < 2.5\% L_{bp}$(即纵倾角小于 $1.5°$,L_{bp} 为船舶的垂线间长)。对于有些小型高速船舶,在开航前可保持一定的首倾。当开航后处于高

速航行状态时,船舶仍能因船首抬起而保持一定尾倾。此外,大吨位船舶因满载通过浅水区而吃水受限时,应尽量保持平吃水状态,以增加船舶的载重能力。

四、空载航行时对吃水及吃水差的要求

许多船舶,如油轮、散粮船、矿石船等,因货流的原因,往往只是单程运输,回程时空载航行。船舶在空载航行时,有可能因吃水太小,螺旋桨部分露出水面而使推进效率下降;同时,空船重心一般较高,横向受风面积较大,对船舶稳性带来不利影响。因此,船舶在空载航行时,必须使用压载手段来达到增加吃水、保持适当的吃水差及改善稳性等多种目的。

船舶空载航行时的吃水,至少应达到夏季满载吃水的 50% 以上;冬季航行时则应达到夏季满载吃水的 55% 以上。同时,还应保证船舶具有适当的尾倾,使螺旋桨达到一定的沉深比(即螺旋桨桨轴的浸水深度 h 与其盘面直径 D 的比值 h/D),当其比值小于 0.5 时,将明显影响螺旋桨的推力和转矩;当其比值大于 0.625 ~ 0.750 时,其快速性可达到满意的效果。

此外,IMO 提出了压载航行最小吃水的要求。我国船研所分析了 IMO 浮态后,建议远洋船舶的纵向浮态应满足以下要求:

对 $L_{BP} \leqslant 150$ m 的船舶:

$$\begin{cases} d_{F\min} \geqslant 0.025 L_{BP} & (\text{m}) \\ d_{M\min} \geqslant 0.02 L_{BP} + 2 & (\text{m}) \end{cases} \tag{2-46}$$

对 $L_{BP} > 150$ m 的船舶:

$$\begin{cases} d_{F\min} \geqslant 0.012 L_{BP} + 2 & (\text{m}) \\ d_{M\min} \geqslant 0.02 L_{BP} + 2 & (\text{m}) \end{cases} \tag{2-47}$$

知识点 2:吃水差的计算和调整

船舶吃水差是由于船舶的重力作用线和正浮时的浮力作用线在中线面上的投影不重合而产生的。对于特定的船舶,重力作用线的位置最终是由航次积载所确定的。因此,根据积载计划计算船舶的吃水差并按照要求进行调整,是船舶实际营运中的一项经常性的工作。

一、吃水差的计算原理

吃水差是船舶纵倾的一种表示方法。船舶出现吃水差,说明船舶在相应的纵倾状态下,纵倾力矩与纵向复原力矩达到静态平衡。在一般情况下,吃水差所对应的纵倾角都在小角度范围内,纵向初稳性的假设条件可以得到满足。由此,船舶纵向复原力矩 M_{RL} 可按下式计算:

$$M_{RL} = 9.81 \Delta \cdot GM_L \cdot \sin\varphi \quad (\text{kN} \cdot \text{m}) \tag{2-48}$$

式中 GM_L——纵向初稳性高度,m;

φ——船舶纵倾角,°。

在小倾角条件下,由于 $\sin\varphi \approx \tan\varphi$,且根据图 2-17 可知,$\tan\varphi \dfrac{t}{l_{bp}}$。同时注意到纵倾力矩 M_t 与纵向复原力矩达到静态平衡时,纵倾力矩 M_t 与纵向复原力矩 M_{RL} 相等,由此可得

$$M_t \approx 9.81\Delta \cdot GM_L \cdot \frac{t}{L_{bp}} \qquad (2-49)$$

纵向初稳性高度 GM_L 是纵稳心高度 KM_L 与船舶重心高度 KG 的差值。但对于一般船舶,KM_L 与船长处于同一数量级,数值较大,因此可以用浮心距基线高度 KB 代替船舶重心高度 KG,所产生的误差忽略不计,即可以认为 $BM_L \approx GM_L$。由此,使正浮状态下的船舶产生吃水差 t 所需要的纵倾力矩 M_t 为

$$M_t = 9.81\Delta \cdot BM_L \cdot \frac{t}{L_{bp}} \quad (\text{kN} \cdot \text{m})$$

$$(2-50)$$

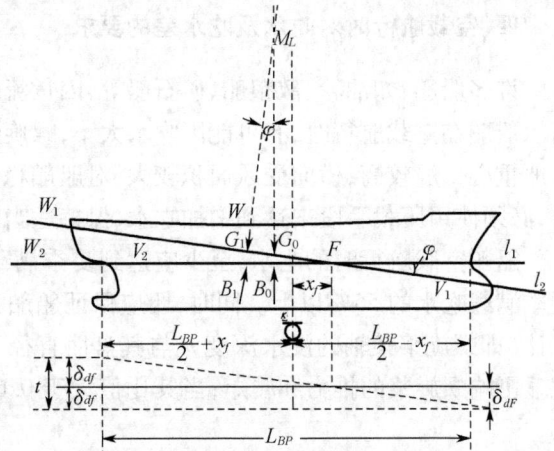

图 2-17　吃水差计算原理

在上式中,令吃水差 $t = 1/100(\text{m})$,则计算所得的纵倾力矩称为厘米纵倾力矩,用 MTC 表示,即

$$MTC = \frac{9.81\Delta \cdot BM_L}{100L_{bp}} \quad (\text{kN} \cdot \text{m/cm}) \qquad (2-51)$$

显然,对于特定船舶,厘米纵倾力矩 MTC 随排水量或平均吃水的变化而变化。因此,具体装载状态下的厘米纵倾力矩可根据排水量或平均吃水在船舶静水力资料中查取。

由式(2-51)可知,排水量一定时,纵倾力矩与吃水差成正比。由此,如果厘米纵倾力矩 MTC 和纵倾力矩 M_t 已知,则实际装载状态下的吃水差 t 可按下式计算:

$$t = \frac{M_t}{100MTC} \qquad (\text{m}) \qquad (2-52)$$

二、吃水差和首尾吃水的基本计算方法

1. 吃水差的基本计算方法

如图 2-17 所示,使船舶产生吃水差的纵倾力矩由重力和正浮时船体所受的浮力构成,前者的作用线通过重心 G_1,后者的作用线通过正浮时的浮心 B_0,由此,船舶的吃水差为:

$$t = \frac{9.81\Delta(x_g - x_b)}{100MTC} \qquad (\text{m}) \qquad (2-53)$$

式中　Δ——船舶排水量,t;

　　　　x_b——浮时浮心距船中的距离,船中前取正值,船中后取负值,m;

　　　　x_g——重心距船中的距离,船中前取正值,船中后取负值,m。

根据力矩合成原理,重心距船中的距离 x_g 可按下式计算:

$$x_g = \frac{\sum P_i \cdot X_i}{\Delta} \qquad (\text{m}) \qquad (2-54)$$

式中　$\sum P_i X_i$——纵向重力力矩,即包括空船在内的全船所有载荷对船中所取力矩的代数和(9.81 kN·m)。

2. 首尾吃水的基本计算

由图 2 - 17 可见,由于吃水差的存在,船舶首、尾吃水与船舶平均吃水,即漂心处的吃水出现了差值,在图中分别以 δd_F 与 δd_A 表示。根据图 2 - 17 下部所示的几何关系,纵倾状态下船舶的首、尾吃水可按以下公式计算:

$$d_F = d_M + \delta d_F = d_M + \frac{\frac{L_{bp}}{2} - \chi_f}{L_{bp}} \cdot t = d_M + \frac{t}{2} - \frac{\chi_f}{L_{bp}} \cdot t \quad (\text{m}) \quad (2-55)$$

$$d_A = d_M - \delta d_A = d_M - \frac{\frac{L_{bp}}{2} + \chi_f}{L_{bp}} \cdot t = d_M - \frac{t}{2} - \frac{\chi_f}{L_{bp}} \cdot t \quad (\text{m}) \quad (2-56)$$

当漂心在船中处时,即 $\chi_f = 0$ 时,简化为

$$\begin{cases} d_F = d_M + \dfrac{t}{2} & (\text{m}) \\[2mm] d_A = d_M - \dfrac{t}{2} & (\text{m}) \end{cases} \quad (2-57)$$

式中　d_M——船舶平均吃水,m;

L_{bp}——船舶垂线间长,m;

χ_f——漂心距船中的距离(m),中前为正,中后为负。

三、少量载荷变动对于吃水差和首尾吃水的影响

在船舶生产实践中,经常会发生装卸货物、消耗或补充燃料、淡水及打入或排放压载水等载荷变动。如果载荷变动的总重量小于排水量的 10%,则认为是少量载荷变动。少量载荷变动所引起的船舶平均吃水变化很小,因此可以认为载荷变动前后船舶的静水力性能参数不变。以图 2 - 18 所示的少量加载为例,设加载的重量为 P,加载前船舶的厘米吃水吨数为 TPC,则加载所引起的平均吃水增量为 $\Delta d = \dfrac{P}{100TPC}$;同时,设加载重量的重心纵坐标为 x_p,因加载所引起的增加部分浮力的作用中心的纵坐标可认为是原水线面漂心的纵坐标 x_f,则因加载所引起的吃水差改变量为:

$$\delta t = \frac{P(\chi_p - \chi_f)}{100MTC} \quad (\text{m}) \quad (2-58)$$

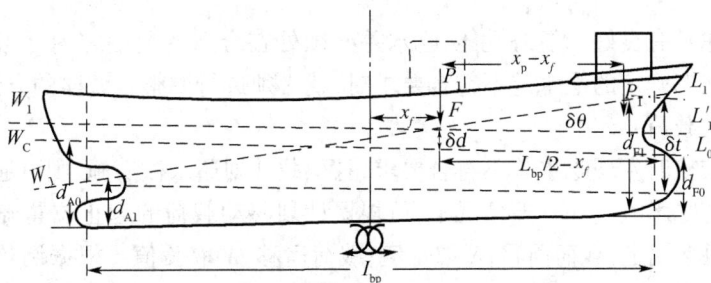

图 2 - 18　少量载荷变动首尾吃水计算原理

根据图 2 - 18 所示的几何关系,显然,加载后船舶的首、尾吃水分别为:

$$\begin{cases} d'_F = d_F + \Delta d + \left(\dfrac{L_{bp}}{2} - \chi_f\right)\cdot\tan\varphi = d_F + \dfrac{P}{100TPC} + \dfrac{\left(\dfrac{L_{bp}}{2} - \chi_f\right)}{L_{bp}}\cdot\dfrac{P(\chi_p - \chi_f)}{100MTC} \\[4mm] d'_A = d_A + \Delta d - \left(\dfrac{L_{bp}}{2} + \chi_f\right)\cdot\tan\varphi = d_F + \dfrac{P}{100TPC} - \dfrac{\left(\dfrac{L_{bp}}{2} + \chi_f\right)}{L_{bp}}\cdot\dfrac{P(\chi_p - \chi_f)}{100MTC} \end{cases}$$

$$(2-59)$$

在少量减载的情况下,只要把重量 P 看作负值,以上公式仍可适用。

四、舷外水密度改变对吃水差的影响

大型船舶装载吃水通常受港口水深限制,为了尽量多装货物,要求船舶平吃水进出港;同时,船舶往往进出于不同水密度的水域。在积载时需解决船舶进出不同水密度时的吃水改变量和吃水差改变量。

船舶由水密度 ρ_1 水域进入水密度 ρ_2 水域前,其初始水线为 WL,此时重力通过重心 G 与浮力通过浮心 B 构成平衡力系。

设船舶排水量为 Δ,每厘米吃水吨数为 TPC,则船舶进入水密度为 ρ_2 时平行下沉后吃水改变量 δd_ρ 为

$$\delta d_\rho = \frac{\Delta}{100TPC}\left(\frac{\rho_s}{\rho_2} - \frac{\rho_s}{\rho_1}\right)$$

相应水线为 W_1L_1,则 WL 和 W_1L_1 之间的排水量改变量 $\delta\Delta$ 为

$$\delta\Delta = 100\delta d_\rho\cdot TPC$$

而 $\delta\Delta$ 的作用中心近似位于漂心 x_f 处,这就相当于原排水量 Δ 内的 $\delta\Delta$ 由原浮心 B 点移至漂心 x_f 处,纵移距离为 $x_b - x_f$,使船舶产生吃水差改变量为

$$\delta t = \frac{\delta\Delta\cdot(x_b - x_f)}{100MTC}$$

将 δd 和 δt 表达式代入,可求得船舶进入水密度水域 ρ_2 时吃水差改变量 δt 表达式,即

$$\delta t = \frac{TPC\cdot(x_b - x_f)}{MTC}\cdot\delta d_\rho \qquad (2-60)$$

五、吃水差的调整

为保证船舶具有良好的航海性能,吃水差必须处在合适的范围之内。当发现按积载计划或实际装载状态确定的吃水差不符合要求时,就必须进行调整。调整的方法有以下两种。

1. 纵向移动载荷

当在计算校核时发现吃水差不符合要求,且积载计划还未被实施,则可通过纵向移动载荷的方法来调整吃水差。在一般情况下,可根据计划移动载荷的起止位置确定载荷纵向移动的距离 X。通常规定,载荷前移,X 取正值;载荷后移,X 取负值。根据调整前的吃水差 t_0 和调整后要求的吃水差 t_1,按公式 $N_t = t_1 - t_0$ 计算吃水差的调整值。在此情况下,需要移动的载荷重量 P 可按下式计算:

$$N_t = \frac{P\cdot X}{100MTC} \qquad (\text{m}) \qquad (2-61)$$

即
$$P = \frac{100N_t \cdot MTC}{X} \quad (t) \quad\quad (2-62)$$

用纵向移动货物的方法来调整吃水差时,若因计划移货的目标舱位没有足够的舱容而无法实现单向移货时,可用轻、重货物前后等体积互换舱位的方法可达到同样的目的。此时,需要移动的重货重量 P_H 和轻货重量 P_L 可从以下方程组中求得。

$$\begin{cases} P_H - P_L = P \\ P_H \cdot SF_H = P_L \cdot SF_L \end{cases} \quad\quad (2-63)$$

上述方程组中的 SF_H 和 SF_L 分别为重货和轻货包括亏舱的积载因数,X 为重货重心和轻货重心纵坐标的差值。

2. 打入或排放压载水

如果积载计划所列的所有货物及其他载荷均已装船,同时船舶未满载,则可通过向合适的压载水舱打入压载水的方法调整吃水差。营运中的船舶因消耗或补充燃油、淡水而引起吃水差超出合适范围,同时船上合适的位置有压载水可供排放,也可通过排放压载水的方法调整吃水差。一般情况下,压载水的打入和排放均属少量载荷变动,需要打入或排放的压载水(压载水舱中心距船中距离为 X_p)重量可按下式计算:

$$P = \frac{100N_t \cdot MTC}{X_p - x_f} \quad (t) \quad\quad (2-64)$$

知识点 3:吃水与吃水差计算图表

在船舶营运过程中,吃水差和首、尾吃水的计算是一项经常性的工作。为减少计算工作量,船舶设计单位预先计算并制作了几种吃水和吃水差的计算图表,随船舶资料提供。常用的吃水和吃水差计算图表有以下两种。

一、吃水差曲线图

1. 吃水差曲线图的组成

吃水差曲线图的形式如图 2-19 所示,其纵坐标为载荷对艏力矩 M_x,即船舶总载重量的所有组成部分所受的重力对艏的力矩之代数和;横坐标为船舶排水量。图中共有三组等值曲线族。第一组是吃水差曲线族,表示吃水差为某一特定值时,载荷对艏力矩随排水量变化而变化的关系,特定的吃水差值标于曲线的上方。第二组是首吃水曲线族,表示首吃水为某一特定值时,载荷对艏力矩随排水量变化而变化的关系,曲线上方标有相应的首吃水。第三组是尾吃水曲线族,表示尾吃水为某一特定值时,载荷对艏力矩随排水量变化而变化的关系,曲线上方标有相应的尾吃水。

2. 吃水差曲线图的使用方法

(1)吃水差和首、尾吃水的查取

根据船舶的装载状态计算出排水量 Δ,并据此在横坐标轴上找到相应的数值点,通过该点作垂直线。计算载荷对艏力矩 M_x,即除空船外的所有载荷重力对艏力矩的代数和,据此在纵坐标轴上找到数值点,通过该点作水平线。根据水平线与垂直线的交点所处的位置,即可从吃水差曲线、首吃水曲线和尾吃水曲线上读得吃水差 t、首吃水 d_F 和尾吃水 d_A。若交点落于图上的两条曲线之间,可用插值法求得相应数值。

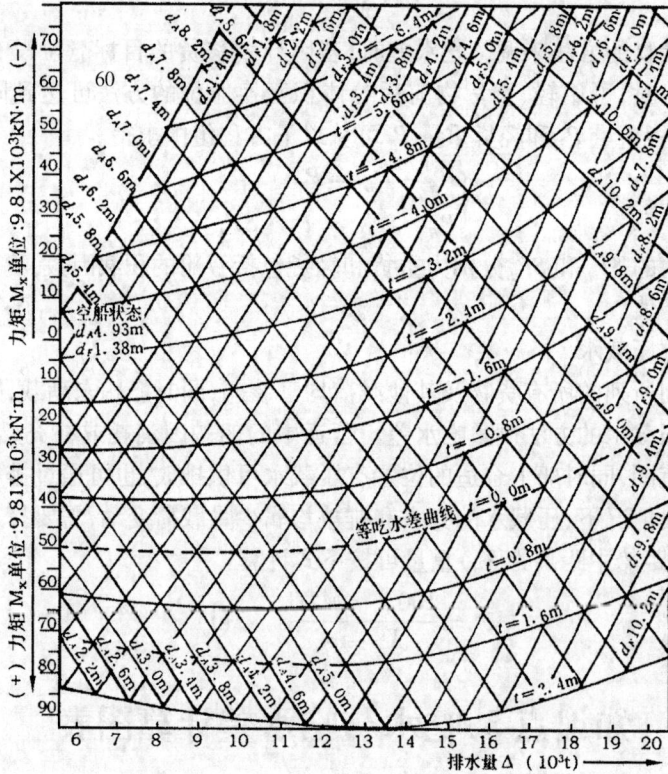

图 2 – 19 "Q"轮吃水差曲线图

(2)纵向移动载荷调整吃水差

设某装载状态下船舶的排水量为 Δ,吃水差为 t_0,希望通过纵向移动载荷的方法将吃水差调整为 t_1,计划移动载荷的纵向距离为 X(载荷前移为正,后移为负)。则借助吃水差曲线图计算需要移动的载荷重量 P 的方法为:根据排水量 Δ 和调整前的船舶吃水差 t_0 在图上查得调整前的载荷对中力矩 M_{x0};根据排水量 Δ 和调整后的船舶吃水差 t_1 在图上查得调整后的载荷对中力矩 M_{x1}。由此,需要移动的载荷重量为:

$$P = \frac{M_{X1} - M_{X0}}{X} \qquad (t) \qquad\qquad (2-65)$$

二、吃水差比尺

吃水差比尺是表示在船上任意纵向位置装载 100 t(小型船舶为 30 t)载荷时,船舶首、尾吃水改变量的曲线图,又称加载 100 t 首尾吃水改变量曲线图。它适合于少量载荷变动时,对吃水差和首、尾吃水进行修正。

1. 吃水差比尺的组成

图 2 – 20 为"Q"轮加载 100 t 首尾吃水改变量曲线图,其下部横坐标为船舶各纵向位置距船中的距离,上部横坐标为船体肋位号,曲线上部绘有船舶舱室分布正视图与之对应;曲线的纵坐标为平均吃水。根据式(2 – 59),当加载重量 P 为 100 t,且首、尾吃水的改变量为某一特定值时,因公式中的厘米吃水吨数 TPC 和厘米纵倾力矩 MTC 均随平均吃水 d_m 而变,

故加载位置的纵坐标 X_p 与平均吃水 d_m 之间存在着确定的函数关系。如果令首吃水改变量为一系列确定的数值,便可得到一系列 X_p 随 d_m 变化的函数关系。将这些函数用曲线(实线)形式在曲线图上表示出来,曲线上标注相应的首吃水改变量,即得到首吃水改变量曲线族。按同样方法也可得到用虚线表示的尾吃水改变量曲线族,曲线上标注有相应的尾吃水改变量。首、尾吃水改变量曲线族的组合,即构成吃水差比尺。

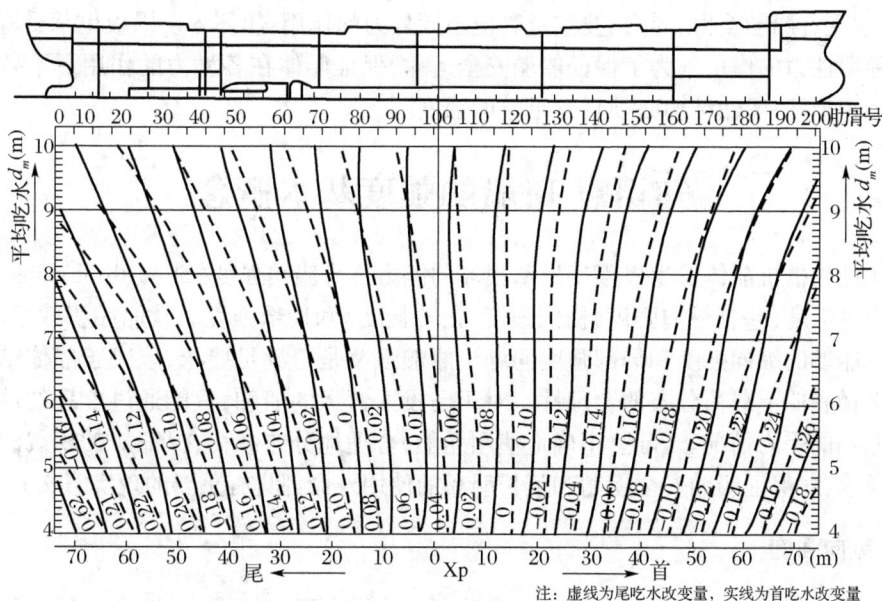

注:虚线为尾吃水改变量,实线为首吃水改变量

图 2 - 20 "Q"轮百吨吃水差比尺

2. 吃水差比尺的使用

使用吃水差比尺的前提是,载荷重量改变的累计值 $\sum P_i$ 不超过排水量的 10%。若单项载荷变动的纵坐标为 X_p,载荷变动前船舶的平均吃水为 d_m,则可根据 X_p 和 d_m 在图 2 - 20 所示的坐标平面上确定一个数值点。根据与该数值点两条首吃水改变量曲线上表示的首吃水改变量,即可用插值法求得在该位置加载 100 t 所引起的首吃水改变量 $\delta d'_F$。同样,根据与该数值点两条尾吃水改变量曲线上表示的尾吃水改变量,即可用差值法求得在该位置加载 100 t 所引起的尾吃水改变量 $\delta d'_A$。因首、尾吃水改变量与加载重量成正比,所以单项载荷变动所引起的首、尾吃水改变量可按以下公式计算:

$$\delta d_F = \frac{P}{100} \cdot \delta d'_F \qquad (m) \qquad\qquad (2-66)$$

$$\delta d_A = \frac{P}{100} \cdot \delta d'_A \qquad (m) \qquad\qquad (2-67)$$

式中 P——载荷变动的重量(t),加载时取正,减载时取负。

第三部分 保证船体强度不受损伤

船舶主要由船体、动力设备和航行设备组成,船体由板材和骨架构成。在船舶营运过程中,船体承受着船舶重力、浮力、波浪及其他不同外力的作用,船体各层甲板也承受着货物重力和各种惯性力的作用。为了保证船舶安全运输,保证船体在各种力的作用下不致产生较大的变形和损坏,船舶结构必须具有足够的强度。

知识点 1:船舶强度基本概念

船舶结构抵抗船体发生极限变形和损坏的能力称为船舶强度(Strength of ships)。船舶强度分为总强度(包括纵向强度,横向强度,扭转强度)和局部强度。从船舶积载角度来说,主要考虑船舶的纵向强度和局部强度问题。船舶强度是否满足要求,取决于船体结构尺度的正确选择和船上载荷分布的合理性。对于已投入营运的船舶,只能通过合理的载荷分布来改善船舶的受力情况。因此,正确地使用船舶,合理地分布载荷,保证船舶积载满足船舶的强度要求,对保证船舶安全运输和延长船舶的使用寿命都具有重要的现实意义。

一、纵向强度

船体结构抵抗总纵弯曲或破坏的能力称为船体纵向强度(Longitudinal strength),纵向强度主要研究船体在外力作用下抵抗纵向弯曲、剪切和扭转的能力。当船舶正浮时,船舶总的重力与总浮力大小相等,方向相反,作用在同一条垂直线上,即重力与浮力相平衡。如图2-21所示。但实际上船体纵向各段上的重力与浮力是不一定相平衡的,这是由于船舶的重力沿船长分布的情况与浮力沿船长分布的情况不一致所造成。若船体的各段之间可以自由上下移动,取得新的平衡,就会产生如图2-21(a)的状态,但事实上船体是一个整体,各段之间有结构上的联系,结果便造成如图2-21(b)所示的变形。

船体上每一段的重量与浮力的差值就是实际作用在船体上的负荷,船体正是由于负荷

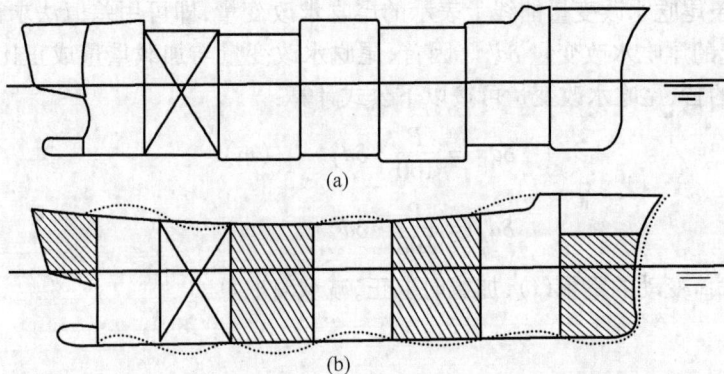

(a)

(b)

图 2 - 21

(a)沿船长分布的重力与浮力;(b)沿船长分布的重力与浮力

的作用而产生了剪力(Shearing force)和弯矩(Bending moment),如图2-22所示,剪力最大值在距船首和船尾约1/4船长附近;而最大的弯矩值则约在船中处。

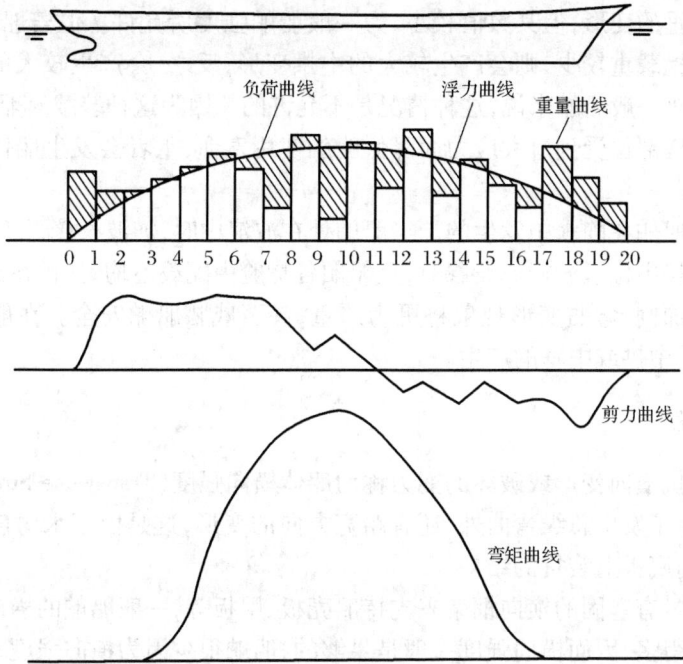

图2-22　船舶的最大剪力与最大弯矩

由于弯矩作用使船舶产生以下两种变形:

1.中拱(Hogging):船体受正弯矩作用,中部上拱,这时船中部浮力大于重力,首、尾部浮力小于重力,船舶上甲板受拉伸,船底受挤压,如图2-23(a)所示。

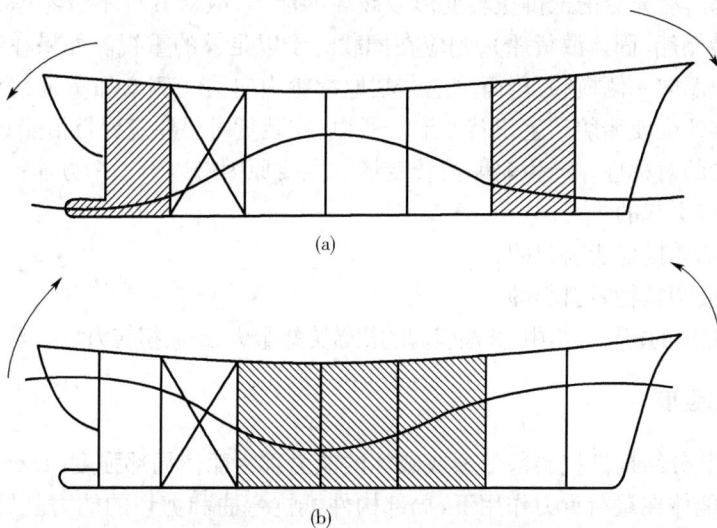

(a)

(b)

图2-23　船舶中拱变形与中垂变形

2. 中垂(Sagging):船体受负弯矩作用,中部下垂,这时船中部重力大于浮力,首、尾部重力小于浮力,船舶上甲板受挤压,船底受拉伸,如图2-23(b)所示。

船舶由于配积载引起的弯矩,可称为静水弯矩。船舶在静水中,尽管装载比较均衡也可能产生中拱或中垂的变形,但其数值较小,为一般船舶强度所允许。但若船舶首、尾舱柜载重较多而中部舱柜载重较少,则会产生较大的中拱变形;反之,会产生较大的中垂变形。如图2-23所示。对一般船舶来说,这种情况是不允许的。因为这种装载对船体结构有影响,轻者会使某些结构部位受到过大应力而降低船舶使用寿命,重者会发生船体变形以致断裂的严重后果。

上述情况是船舶在静水中发生的。当船舶处在波浪中时,如波长接近于船长,对船体最为不利。特别是船中位于波峰或波谷时,且船舶各货舱中配载不均匀时,在波浪中航行的船舶中拱或中垂将加剧,弯曲变形现象将更为严重,甚至威胁船舶安全。在船舶配积载工作中,应防止较大的中拱或中垂的产生。

二、横向强度

船体结构抵抗横向变形或破坏的能力称为船体横向强度(Transverse Strength)。船体在外力的作用下,除了发生总纵弯曲外,还有船宽方向的变形,这是由于水对船壳的压力以及在甲板、船底的内底板上装货的结果。

一般船舶都具有坚固的横向框架来支持船壳板、甲板等,一般船舶的横向构件尺寸与纵向构件相比要大得多,因而横向强度一般是足够的,船舶很少因为横向强度不足而发生横向结构断裂的情况。但是,如集装箱船由于舱口宽大,无中间甲板,上甲板边板又很狭窄,给横向强度、扭转强度也带来了问题,为此集装箱船均设置强固的横向框架结构甚至采用双层船壳等来保证船舶的横向强度。

三、扭转强度

船体结构抵抗扭转变形或破坏的能力称为船体扭转强度(Torsion Strength)。对于普通船舶,一般都具有充分的抵御扭转变形或破坏的能力,故对其可不予考虑,但对甲板大开口的船(如集装箱船、固体散货船),则应在配载时予以足够的重视。如果在装货时,由于某舱配载不好,使船向一侧横倾,若简单地在其他货舱内向另一侧增加重量,企图以此来校正船舶横倾,这样便会使船舶产生扭转变形。所以,在装货时要注意保持沿船长方向在中纵剖面左、右的重量的对称性。产生船舶扭转变形的主要原因有以下三个方面:

1. 由波浪引起的;
2. 由于船舶横摇所引起的;
3. 船舶装卸货物时引起的。

作用于船体的扭转力矩中,波浪引起的扭转力矩最大,最大扭转力矩一般发生在船中附近。

四、局部强度

船体各部分结构抵抗局部变形或破坏的能力称为船体局部强度(Local Strength)。局部强度是研究船体在载荷重力作用下,局部构件抵抗弯曲和剪切的能力。局部强度虽然是局部性的,但是有时局部的破坏也会导致全船的破坏,如因大舱口角隅处的裂缝而导致整个船体断裂的事故时有发生。因此,船舶驾驶员在配积载时应认真校核船舶的局部强度,计算上甲板、中间甲板、底舱的局部强度是否符合要求,防止甲板或内底板变形或坍塌等。

知识点2:船舶纵向强度校核及保证措施

一、船舶积载时纵向强度保证措施

为了保证船体纵向强度,我们应特别注意货物重量沿船首尾方向的正确配置。因为当货物的纵向配置变化时,虽然排水量保持不变,弯矩仍可能有很大的变化。为了减少弯矩,在船舶配积载和装卸货物时应注意以下几点。

1.满足纵向强度条件的经验方法

原则:保证船体每一段的重量与浮力的分布均衡。为实现该原则,各货舱应按舱容比例分配货物重量,以保证船体每段的重量与浮力的分布均衡。具体计算公式如下:

$$P_i = \frac{V_{chi}}{\sum V_{ch}} \times Q \pm 调整值 \qquad (t) \qquad (2-68)$$

式中　P_i——第 i 舱应分配的货物重量,t;

　　V_{chi}——为某舱的舱容,m^3;

　　$\sum V_{ch}$——为全船货舱总容积,m^3;

　　Q——为航次货物总重量,t。

船舶各舱装货数量除应满足纵强度的要求外,还应满足吃水差和舱内某些货物因性质互抵不能同舱装载的要求等。因此,按上述求得的各舱分配货物的吨数允许作少量的调整,调整值可取夏季满载时该舱装货重量的 ±10%,也可取本航次全船载货重量按舱容比例在该舱的应摊份额的 ±10%。前者调整范围较宽,便于操作;后者调整范围较小,较为安全。在考虑调整值后,各舱容允许装货重量就有一个上限值和一个下限值。若各舱实际的装货数量在各舱允许上、下限值的范围内,一般来说能够满足船舶纵向强度的要求。

例如:某轮全船货舱总容积 $\sum V_{ch} = 20\,264\ m^3$,夏季满载时全船载货量 $Q = 12\,308\ t$,根据按舱容比分配货物的原则,各舱分配货物,见表2-3。

表2-3　各舱货物分配表

舱　名	No.1	No.2	No.3	No.4	No.5	合计
各舱容积/m^3	1 938	5 144	5 871	4 368	2 943	20 264
各舱百分比/%	9.8	25.9	27.5	22.0	14.8	100%
各舱装货重量/t	1 206	3 188	3 385	2 708	1 821	12 308
调整值/t	121	319	339	271	182	
各舱允许装货重量的上、下限值/t	1 327 1 085	3 507 2 869	3 724 3 046	2 979 2 437	2 003 1 639	

2.应防止装卸货过程中货物重量沿船舶纵向分布不合理。对杂货船而言,应均衡各舱的装卸速度,防止在装卸中出现某货舱中货物重量与其他货舱中的货物重量相差过分悬殊。

3. 应防止在中途港装卸货物以后,货物重量沿船舶纵向分布不合理。中途港货物批量较大时,应按舱容比例分配;批量较小时,可间舱配置。

4. 应综合考虑油、水载荷的分布及船舶总体布置对船体总纵受力及变形的影响(万吨级远洋船航次油水储备量约占满载时 10% DW),据此最终确定货物重量沿纵向的分布(如表2-4)。

表 2-4

船 型	装载状态	纵向变形	配置	使用
中机船	满载时	中拱	先中间	先首尾
	空载时	中垂	先首尾	先中间
尾机船	满载时	中垂或中拱	按具体情况定	
	空载时	中拱	先中间	先首尾

二、纵向强度校核和校验

按舱容比向各舱分配货物,一般只能保证在纵强度方面不致产生超过原设计的应力,严格地说这种方法缺乏定性和定量的分析。常见的船舶总纵强度校核方法如下。

1. 用船中静水弯矩校核

一艘营运中的船舶,其船体甲板中剖面模数及装载情况是已知的。当船舶配载时,可以先根据一定的船体中剖面模数,确定船体允许承受的最大静水弯矩,作为校核船体纵向强度的衡准。然后,根据船舶具体装载状态,求出船舶在该航次实际装载时作用于船体的静水弯矩。将两者进行比较,以确定纵向强度是否满足要求。

(1)船舶允许承受的最大静水弯矩 M_S

根据我国 1989 年《钢质海船入级与建造规范》对船舶甲板中剖面模数的要求,可以导出船长等于或大于 90 m 的船舶允许承受的最大静水弯矩的计算公式:

$$M_S = W_d [\sigma_c] \times 10^{-3} - M_W \qquad (\text{kN} \cdot \text{m}) \qquad (2-69)$$

式中　　W_d——按静水弯矩和波浪弯矩计算的甲板中剖面模数,cm^3;

$[\sigma_c]$——合成许用应力,取 $[\sigma_c] = 155$ MPa;

M_W——波浪弯矩,规范规定可用下式计算:

$$M_W = 9.81 F L_{bp}^2 \times B(C_b + 0.7) \times 10^{-2} \qquad (\text{kN} \cdot \text{m}) \qquad (2-70)$$

式中　　F——系数,$F = 9.4 - 0.95 [(300 - L_{bp})/100]^{3/2}$;

L_{bp}——船舶垂线间长,m;

B——船宽,m;

C_b——船舶在夏季载重线下的方形系数,但不得小于 0.6。在静水力曲线图上,根据夏季满载时的平均吃水,可查得船舶的方形系数。

在船厂提供的"船舶纵向强度计算书"中都提供了本船甲板的中剖面模数 W_d 的数据资料。对营运的旧船,甲板因腐蚀变薄,强度有所降低,在使用上述的剖面模数时,需要扣除其一定的腐蚀量。

显然,通过测定及计算可以准确地决定船体纵向构件在扣除腐蚀量后的中剖面模数,但这种方法非常繁杂,对驾驶员不适用。根据有关的实测资料,可以近似认为甲板剖面模数每年平均扣除腐蚀量约为 0.4% ~ 0.6%。一般认为:使用年限小于 5 年的船舶可取下限值;使用年限在 10 年以上的船舶可取上限值。

(2)船舶在实际装载状态下静水弯矩 M'_S

船舶在实际装载状态下静水弯矩 M'_S,根据下列近似公式计算:

$$M'_S = 9.81 \times \frac{1}{2} \left[(\Delta_L \cdot m + \sum P_i \cdot X_i) - \Delta \cdot C \cdot L_{bp} \right] \quad (kN \cdot m) \quad (2-71)$$

式中 Δ_L——空船重量,t;

m——空船重量的相当力臂(m);中机船 $m = 0.227\,7L_{bp}$;中后机船 $m = 0.235\,3L_{bp}$;尾机船 $m = 0.247\,8L_{bp}$;

P_i——载荷(包括货物、压载、燃油、淡水、粮食等)的重量,t;

X_i——载荷重心距船中距离的绝对值,m;

Δ——船舶在计算状态时的排水量,t;

C——船体浮力的相当力臂系数,可根据船舶在计算状态的方形系数 C_b 从规范中查得。如表 2-5;L_{bp} 为船舶垂线间长,m。

公式(2-71)中,$9.81(\Delta_L \cdot m + \sum P_i X_i)$ 为船舶的重力力矩;$9.81\Delta \cdot C \cdot L_{bp}$ 为船体的浮力矩,该数值可在船舶资料中查取,如表 2-5。

表 2-5 C 值表

C_b	C	C_b	C	C_b	C
0.59	0.169 6	0.68	0.185 4	0.77	0.201 1
0.60	0.171 4	0.69	0.187 2	0.78	0.202 9
0.61	0.173 1	0.70	0.188 9	0.79	0.204 7
0.62	0.174 8	0.71	0.190 6	0.80	0.206 5
0.63	0.176 6	0.72	0.192 3	0.81	0.208 3
0.64	0.178 3	0.73	0.194 1	0.82	0.210 0
0.65	0.180 0	0.74	0.195 9	0.83	0.211 7
0.66	0.181 8	0.75	0.197 6	0.84	0.213 5
0.67	0.183 6	0.76	0.199 4	0.85	0.215 2

船舶在进行纵向强度校核时,如船舶实际装载时的静水弯矩 M'_S 为正值,说明船舶处于中拱状态;如 M'_S 为负值,说明船舶处于中垂状态。若该船允许承受的最大静水弯矩 M_S 大于该船在实际装载状态时静水弯矩的绝对值 $|M'_S|$,即 $M_S > |M'_S|$,说明船舶在该装载状态下满足纵向强度不受损伤的要求;相反,若 $M_S < |M'_S|$,说明船舶在该装载状态下不满足纵向强度的要求,需要重新调整船舶各货舱货重及油、水和压载水舱的重量配置。

表 2-6 浮力矩表

型吃水 d_M/m	浮力矩 $9.81\Delta \cdot C \cdot L_{bp}$/kN·m	型吃水 d_M/m	浮力矩 $9.81\Delta \cdot C \cdot L_{bp}$/kN·m
2.62	1 364 659	6.50	3 893 893
3.00	1 623 869	7.00	4 250 526
3.50	1 934 414	7.50	4 604 824
4.00	2 252 288	8.00	4 962 957
4.50	2 570 848	8.50	5 334 511
5.00	2 902 799	9.00	5 698 315
5.50	3 239 017	9.19	5 851 479
6.00	3 570 359		

2. 用强度曲线图校核

强度曲线图又叫"力图",它是由船中静水弯矩校核法而演变的,其方法较简单,可供驾驶员在配载及装卸货物时对船体纵向强度进行校核(条件:$L < 90$ m 或装载均匀时)。

(1)强度曲线图的组成(如图 2-24 所示)

强度曲线图的纵坐标为除空船重量以外船上各种载荷对船中力矩的绝对值之和($\sum P_i X_i = |M_F| + |M_A|$。$|M_F|$ 表示船中前力矩的绝对值;$|M_A|$ 表示船中后力矩的绝对值),横坐标表示船舶的平均型吃水 d_M。

图中有五条线段,分别表示船体不同受力情况:

①中间的一条曲线(点划线)表示船体所受的静水弯矩为零,是船体受力的最理想状态,即船体无拱、垂变形。

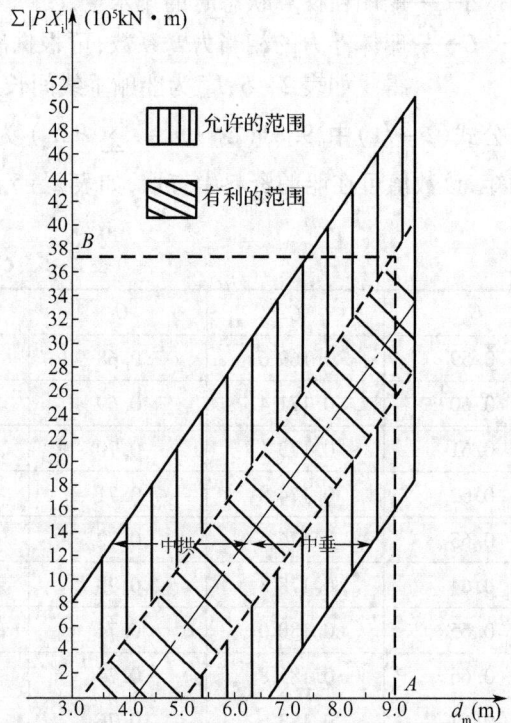

图 2-24 强度曲线图

②在中间左右两边的两根曲线(虚线)是船体所受的静水弯矩等于空船状态时的静水弯矩的中拱及中垂边界线。

③点划线与虚线之间部位表示船舶在该装载状态时强度满足要求,应力处于有利的中拱及中垂范围。

④最外面的两根曲线(实线)表示船舶根据规范规定所能承受最大的静水弯矩的中拱及中垂的边界线。

⑤虚线与实线之间部位表示船舶在该装载状态时,强度尚能满足要求,应力处于允许的范围。

⑥超出实线以外的部位表示船体所受应力超过规范的规定,应力处于危险的状况,应调

整船舶的装载。

图中位于点划线上边的部位是船体处于中拱状态的范围,位于点划线下边的部位是船体处于中垂状态的范围。

(2)强度曲线图的使用

①根据船舶在某装载状态时的平均型吃水,在图中横坐标轴上通过标明相应的平均吃水的位置点,作横坐标的垂直线。

②根据船舶的货物、油水、供应品、船舶常数等(不包括空船重量)求出载荷对船中力矩的绝对值(可以在计算吃水差列表计算时同时进行计算)。在纵坐标轴上通过标明相应的载荷对船中力矩的绝对值的位置点,作一条平行于横坐标轴的水平线。

③平行于横坐标轴的水平线与垂直线相交于一点,此点所处的位置就表示船体所受应力的状况。

与此原理对应的,还可用载荷对船中弯矩允许范围数据表进行校核。

校核船舶纵向受力情况,也可以使用简便的数据表,见附表 F2 - 7。此表是编制上述的强度曲线图的数据表,表中的数值即是在不同吃水时该曲线图横坐标的垂直线与图中 5 条曲线的交点所对应的纵坐标值即载荷对船中弯矩的绝对值。使用该数据表非常方便。

3. 站面强度校核表法

由于船体纵向结构非对称性和纵向载荷的非均匀性,仅以上述方法校核船中剖面弯矩显然是不够标准和全面的,尤其是对于大型船舶更是如此。为了较精确地核实船舶总纵强度,应对不同船舶剖面处的剪力和弯矩进行计算,并与相应处的剪力和弯矩加以比较,判明是否符合强度要求。

(1)许用剪力和许用弯矩

大型船舶一般将海上航行状态(At sea)和在港停泊状态(In harbour)分开校核。考虑到纵向荷载在横舱壁处的突变性,因而有必要对各横舱壁处的剪力和弯矩予以核算。船舶资料中一般提供了横舱壁处的海上航行状态、在港停泊状态的静水许用剪力值和许用弯矩值。小型船常仅给出最大剪力值和最大弯矩许用值。排水量在 10 000 t 以下要求的船舶有时不给出剪力的许用值,这是因为此种船舶的建造结构能完全满足营运中的剪力要求。船舶许用剪力和许用弯矩可由船舶装载手册或强度计算书中查取。

(2)舱壁站面处的实际剪力和弯矩

①计算各站面处的重力和重力距

欲计算某站面处的重力和重力距,应自船尾起向首计至该站面的重量和重量力矩总和,即为作用于该站面上的重力和重力距,包括空船、货物、油水等项目。

②计算各剖面处的浮力和浮力距

浮力和浮力距是船尾到相应计算站面的浮力或浮力距的累加,其值与船舶吃水及吃水差有关,可从船舶资料的浮力或浮力距数值中以平均吃水和吃水差引数查取。

③计算各站面处的剪力

相应站面处的剪力 SF 为自船尾始到该站面处的重力 W 和浮力 B 之差,即:

$$SF_i = W_i - B_i \tag{2-72}$$

④计算各站面处的弯矩

当采用船尾坐标系计算重力距时,相应站面处的弯矩 BM 为船尾到该站面处的重力矩 M 减去自船尾到该站面处的浮力矩 M_b 所得值;当采用船中坐标系计算重力距时,则还应减去重力与计算点到船中距离的乘积 $W \cdot l$。

$$BM_i = M_i - W_i \cdot l_i - M_{bi} \tag{2-73}$$

4. 用经验数值校验船舶纵向变形

船舶驾驶员可以利用首、尾平均吃水与船中两面平均吃水相比较的方法来估算船舶中拱或中垂的程度。中部平均吃水大于首尾平均吃水时说明船舶处于中垂状态;而中部平均吃水小于首尾平均吃水时则处于中拱状态。船舶在装满货物或压载后,一般都有中拱或中垂存在。其大小可参照下列的经验数值进行比较:

(1) 船舶拱、垂变形值的有利范围为不超过 $L_{bp}/1\,200(\mathrm{m})$;

(2) 船舶拱、垂变形值的正常范围为 $L_{bp}/1200 \sim L_{bp}/800(\mathrm{m})$;

(3) 船舶拱、垂变形值的极限范围为 $L_{bp}/800 \sim L_{bp}/600(\mathrm{m})$;

(4) 船舶拱、垂变形值大于 $L_{bp}/600$ 为危险范围。

船舶在(1)及(2)的情况下可以开航;在(3)的情况下只允许在好天气时开航;在(4)的情况下不许开航。

5. 利用主机气缸曲拐开挡差值检验拱垂变形

船舶产生拱垂变形后,会直接影响主机气缸开挡差的大小。因此,可利用实际装载时测量的开挡值(mm)与气缸活塞冲程(mm)进行对比校验。曲拐的开挡差值不大于气缸活塞冲程的万分之一为有利范围;若曲拐的开挡差值大于气缸活塞冲程的万分之一,而不大于万分之二,为允许范围;若曲拐的开挡差值大于气缸活塞冲程的万分之二,为危险范围。

此外,还有"百分制校核法"等。

三、船体布置对纵向强度的影响及改善方法

船舶因机舱、油水舱、深舱位置不同,船体各段负荷的分布也各不相同,直接影响着船舶是否会出现中拱或中垂现象及其程度如何。对于各种不同机舱位置的船舶,除了满足按舱容比分配货物重量外,还必须根据船舶布置的特点,正确使用船舶。

1. 中机船

机舱位于中部的中机船。空载时,可能出现轻微的中垂或中拱,满载时中拱变形较大。所以使用中机船时,应特别注意尽量减缓满载状态的中拱变形。

2. 中后机船

机舱位于船中偏后,常见的为前四后一型。空载时,中拱变形较满载时大一点,满载时可能处于较小中拱或中垂状态。所以使用中后机船时,应注意减少中拱弯矩,尤其应注意减缓空载航行状态下的中拱变形。

3. 尾机船

尾机船的机舱位于船尾部。大型尾机型船满载时常呈中垂变形,一般船舶则可能出现中垂或中拱变形。空载时,会出现较大的中拱变形。所以使用尾机船时,应特别注意减缓其空载压载航行状态的中拱变形。

一般杂货船空载时,中机船、中后机船、尾机船均为中拱变形状态,其变形的大小为尾机船 > 中后机船 > 中机船;满载时,三者同样为中拱变形,大小顺序为中机船 > 中后机船 > 尾机船;中机船的最大中拱变形出现在满载状态,中后机船和尾机船的最大中拱变形出现在空船压载状态。

知识点3：船舶局部强度校核及保证措施

一、船舶局部强度校核

船舶装货时,为了保证船舶的局部强度,驾驶人员首先要确定各层甲板的允许负荷量。

1. 用船舶资料确定甲板的允许负荷量

船舶在设计时,已进行局部强度校核,记载在"局部强度计算书"中。在使用时,上甲板、中间甲板、内底板等结构上承受的负荷不能超过设计时的计算负荷,也称允许负荷量。有的船舶的允许负荷量可以从舱容图上查找。表2-7为某船甲板、舱盖及底舱承载负荷参考表。在装货时应注意不得超过该负荷,以防止甲板或内底板变形或坍塌。

表2-7　某船货舱甲板、舱盖及底舱承载负荷参考表

货舱\甲板	第一货舱	第二、三、四货舱	第五货舱
上甲板	均布载荷 Ⅰ. $P_h = 0$ 时 $P_d = 9.81 \cdot 3.28$ kPa(舱口外) $P_d = 9.81 \cdot 3.32$ kPa(舱口间) Ⅱ. $P_h = 9.81 \cdot 1.53$ kPa 时 $P_d = 9.81 \cdot 3.28$ kPa 集中载荷 $P = 9.81 \cdot 11.0$ kN (舱口外) $P = 9.81 \cdot 4.65$ kN (舱口间)	均布载荷 Ⅰ. $P_h = 0$ 时 $P_d = 9.81 \cdot 2.34$ kPa(舱口外) $P_d = 9.81 \cdot 1.78$ kPa(舱口间) Ⅱ. $P_h = 9.81 \cdot 1.44$ kPa 时 $P_d = 9.81 \cdot 2.13$ kPa(舱口外) $P_d = 9.81 \cdot 1.78$ kPa(舱口间) 集中载荷 $P = 9.81 \cdot 10.7$ kN (舱口外) $P = 9.81 \cdot 3.55$ kN (舱口间)	均布载荷 Ⅰ. $P_h = 0$ 时 $P_d = 9.81 \cdot 2.2$ kPa(舱口外) $P_d = 9.81 \cdot 1.7$ kPa(舱口间) Ⅱ. $P_h = 9.81 \cdot 1.4$ kPa 时 $P_d = 9.81 \cdot 2.0$ kPa(舱口外) $P_d = 9.81 \cdot 1.7$ kPa(舱口间) 集中载荷 $P = 9.81 \cdot 10.7$ kN (舱口外) $P = 9.81 \cdot 3.55$ kN (舱口间)
中间甲板	均布载荷 $P_h = P_d = 9.81 \cdot 2.20$ kPa 集中载荷 $P = 9.81 \cdot 10.6$ kN(舱盖) $P = 9.81 \cdot 6.6$ kN(舱口外) $P = 9.81 \cdot 8.55$ kN(舱口间)	均布载荷 $P_h = P_d = 9.81 \cdot 2.34$ kPa 集中载荷 $P = 9.81 \cdot 7.0$ kN(舱盖) $P = 9.81 \cdot 6.0$ kN(舱口外) $P = 9.81 \cdot 8.0$ kN(舱口间)	均布载荷 $P_h = P_d = 9.81 \cdot 2.34$ kPa 集中载荷 $P = 9.81 \cdot 7.9$ kN(舱盖) $P = 9.81 \cdot 7.71$ kN(舱口外) $P = 9.81 \cdot 8.3$ kN(舱口间)
底舱或平台	压载平台载荷 #173 肋骨前 $P = 9.81 \cdot 7.64$ kPa #173 肋骨后 $P = 9.81 \cdot 12.0$ kPa	压载平台载荷 均布载荷 $P = 9.81 \cdot 15.7$ kPa 集中载荷 $P = 9.81 \cdot 8.75$ kPa	压载平台载荷 在#19 肋骨前 $P = 9.81 \cdot 10.4$ kPa 在#19 肋骨后 $P = 9.81 \cdot 3.85$ kPa

说明:(1)货舱甲板、舱盖及底舱的承载负荷根据计算求得,供装载货物时参考;

(2)载荷分集中载荷和均布载荷。所指的集中载荷其支承长度应大于一个骨材的间距;

(3) P_h 为舱盖载荷, P_d 为甲板载荷。

2. 允许负荷量的表示方法

(1)均布载荷

均布载荷是作用在载荷部位上货物重力均匀分布在某一较大面积上,如固体散货或液体散货均匀装于舱室内,使舱底或甲板所受压力相同。

(2)集中负荷

集中负荷是指货物重力集中作用在一个较小的特定面积上,如重大件货的底脚、支架等。特定面积是指向该区域下的承重构件(如甲板纵桁)施加集中压力的骨材(如甲板纵骨和横梁)之间的面积。

(3)车辆载荷

车辆载荷是指载车部位上的车辆及其所载货物的重量集中作用在特定数目的车轮上,如铲车及其所铲起的货物、拖车及其上面的集装箱等。

(4)集装箱载荷

集装箱载荷是指作用在箱底四座脚处的集装箱重量。对于集装箱船,通常将 20 $ft.$ 或 40 $ft.$ 集装箱底座上允许承受的最大箱重称为集装箱船舶许用负荷量。如某集装箱船舶许用负荷如表 2 - 8 所示。

表 2 - 8　集装箱船舶许用负荷表

箱类 位置	20 ft 箱	40 ft 箱
上甲板	80.0 t	100.0 t
舱　内	192.0 t	240.0 t

3. 用经验公式确定甲板允许负荷量

(1)上甲板

对于设计要求不在露天甲板装货的船舶,不允许在上甲板装货。对于可以装载货物的上甲板,甲板横梁间的允许均布负荷 P_d 按下式求得:

$$P_d = 9.81\gamma_c \cdot H_c = \frac{9.81H_c}{SF} \quad (\text{kPa}) \qquad (2-74)$$

式中　P_d——甲板横梁间的允许均布负荷,kPa;

　　　γ_c——设计时所选用的货物装载率,即 1 m^3 舱容所装货物的吨数(t/m^3)。相当于货物设计积载因数 SF 的倒数,可查船舶强度计算书。若无 γ_c 或 SF 资料,对一般船舶,上甲板允许均布负荷不得超过 14.72 kPa(1.5 t/m^2);

　　　H_c——货堆高度(m)。对重结构船舶 $H_c = 1.5$ m,对轻结构船舶 $H_c = 1.2$ m;

　　　SF——装运货物的积载因数(m^3/t)。即等于该船设计时采用的舱容系数,m^3/t。

(2)中间甲板和底舱

中间甲板和底舱允许均布负荷 P_d 是分别以甲板间舱平均高度和底舱高度与设计时假定的货物装载率确定的:

$$P_d = 9.81\gamma_c \cdot H_d \quad (\text{kPa}) \qquad (2-75)$$

式中　P_d——中间甲板和底舱允许均布负荷,kPa;

γ_c——设计时所假定的货物装载率,t/m^3;

H_d——甲板间舱平均高度或底舱高度,m。

根据我国船舶建造规范规定,若无 γ_c 具体资料时,可取 $\gamma_c = 0.72$ t/m^3(或1.39 m^3/t)。实践表明,取 $\gamma_c = 0.72$ t/m^3(或1.39 m^3/t)时,对于中间甲板计算的允许负荷值与设计数据比较接近,但对底舱显得保守,所以对底舱一般可取 $\gamma_c = 1.0$ t/m^3 较为适宜,最多可取 $\gamma_c = 1.2$ t/m^3(或0.83 m^3/t)。

对于船龄较长的船舶,因甲板厚度变薄,可酌情降低允许负荷量。

4. 实际负荷量 P_a 的计算

具体装载状况下装货甲板或底舱的实际负荷量按下式计算:

$$P_a = 9.81 \sum_{i=1}^{n} \frac{H_{ci}}{SF_i} \quad (kPa) \qquad (2-76)$$

或用单位面积负荷量:

$$P_a = \frac{9.81P}{A_{min}} \quad (kPa) \qquad (2-77)$$

式中　P_a——甲板或底舱的实际负荷量,kPa;

H_{ci}——第 i 层货堆高度,m;

SF_i——第 i 层货物的积载因数,m^3/t。

二、保证船舶局部强度的措施

1. 降低所装货物的单位负荷。装重大件货时,应在下面衬垫,使接触面积增大,降低其单位面积所承受的负荷。重货应选在跨横梁及甲板下有支柱的位置,必要时需临时补加支撑。

2. 配载时,尽量使货物重量均布,重货尽可能不扎位装载,特别是二层舱。

3. 为了防止船上的自动舱盖变形漏水,舱盖上不装载重货,严格按其能承受的负荷装载。

4. 有些船龄较大的船舶,甲板因锈蚀等原因而变薄,强度降低,使用时应适当减少装载量。

5. 干散货装舱时应注意平舱,避免负荷不均衡。重货装载时应限制其落底速度,以减小对舱底或甲板的冲击力等。

三、评价标准

- 理解船舶稳性若干概念
- 掌握货物移动、载荷改变、货物悬挂对稳性的影响和计算
- 掌握稳性曲线图基本知识,弄懂稳性曲线绘制方法和用途
- 理解吃水差对船舶航海性能的影响
- 熟练计算不同装载情况下的吃水差及调整
- 弄清船舶强度基本概念
- 能对船舶强度进行校核和了解改善措施

四、拓展与提高

- 稳心的概念及稳心高度确定法
- 少量载荷变动(包括舱内移动、悬挂及装卸)对初稳性高度的影响
- 求取复原力臂的三种方法
- 静稳性图的绘制方法
- 船舶稳性手册的用途及主要内容
- 少量载荷变动时船舶吃水差及首、尾吃水改变量的计算
- 利用站面许用切力和弯矩进行强度校核的方法

五、测试练习

一、单项选择题

1. 一般地，货舱装满时，按货物实际重心求得的 GM 比按舱容中心求得的 GM _____。

    A. 大   B. 小   C. 相等   D. 以上均有可能

2. 某轮空船排水量为 5 000 吨，装货 10 000 吨，燃油 1 500 吨，淡水 300 吨，备品 10 吨，船舶常数 180 吨，装载后全船垂向总力矩 136 600.0 吨 * 米，$KM = 8.80$ 米，装货后船舶的初稳性高度值 GM 为_____米。

    A. 1.20   B. 1.00   C. 0.85   D. 0.76

3. 某轮消耗燃油后稳性发生变化，船舶排水量为 29 079 吨，耗油量 P 为 525 吨，所耗油的重心距基线高度为 1.5 米，船舶重心高度为 6.18 米，则该轮稳性的增加量为_____米。

    A. -0.08 B. $+0.10$ C. -0.10 D. $+0.08$

4. 矩形液舱内加两道水密纵舱壁，自由液面的修正值比原来的修正值降低_____。

    A. 1/4   B. 3/4   C. 1/9   D. 8/9

5. 两液舱的自由液面惯性矩相同，则它们对船舶稳性的影响_____。

    A. 不同   B. 相同

    C. 自由液面对稳性的影响与惯性矩无关   D. A，B 均可能

6. 少量装载时，若船舶的 KM 值不变，则货物装于_____将使 GM 增大。

    A. 船舶重心之上   B. 船舶重心之下

    C. 船舶稳心之上   D. 船舶漂心之下

7. 某一梯形压载舱(舱内为标准海水)存在自由液面，舱长 12.3 m，舱前宽 10.6 m，舱后宽 8.5 m，若当时船舶排水量 $\Delta = 6\ 638$ t，则该液舱自由液面对船舶 GM 的修正值为_____m。

    A. 0.12   B. 0.14   C. 0.16   D. 0.18

8. 船舶形状稳性力臂随_____不同而变化。

    A. 船舶重心的垂向高度   B. 船舶横倾角

    C. 自由液面对船舶稳性的影响值   D. 船舶航区

9. 右图为某船装载状态下静稳性力臂曲线图,设图中 l_h 为倾覆力臂,则_____处最有可能是"甲板浸水角"。

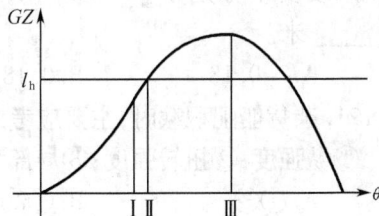

  A. Ⅰ   B. Ⅱ

  C. Ⅲ   D. 以上均错

10. 在动稳性曲线图上,曲线最高点所对应的横倾角为船舶的_____。

  A. 静倾角   B. 动倾角   C. 稳性消失角   D. 极限动倾角

11. 某轮排水量 $\Delta = 18\,000$ 吨,装载结束后存在 $\theta = 5$ 度的横倾角,现要横向移货来调整,横移距离 $y = 15$ 米, $GM = 0.62$ 米,则应移货_____吨。

  A. 78.3   B. 65.1   C. 50.5   D. 45

12. 某轮排水量 $\Delta = 8\,000$ 吨,初稳性高度 $GM = 0.85$ 米,在开航前加油($\rho = 0.880$ 克/立方厘米)200 吨,其重心在船舶重心之下 3.70 米,该油柜是边长为 10 米的正方形,且两道纵向隔壁,存在自由液面的影响,则加油后船舶的初稳性高度值为_____米。

  A. 1.03   B. 0.93   C. 0.85   D. 0.67

13. 某船排水量 7 734 t, $KM = 6.87$ m, $KG = 5.96$ m,左倾 3°,拟在右舷距船中 5.5 m、距基线 3.43 m 处装货以调平船舶,应装_____t 货才能使船舶正浮。

  A. 84   B. 79   C. 67   D. 55

14. 根据经验,万吨级货轮在满载时适宜的吃水差为尾倾_____米。

  A. 2.0 ~ 2.5   B. 0.9 ~ 1.9   C. 0.6 ~ 0.8   D. 0.3 ~ 0.5

15. 某轮船长 $L_{bp} \leq 150$ 米,根据 IMO 及我国的要求,船舶空载时其最小首吃水应满足以下_____要求。

  A. $d_F \geq 0.02 L_{bp}$ B. $d_F \geq 0.025 L_{bp}$ C. $d_F \geq 0.012 L_{bp}$ D. $d_F \geq 0.02 L_{bp} + 2$

16. 某轮船长 180 米,根据 IMO 及我国的要求,其空船压载航行时的最小平均吃水 d_m 为_____米。

  A. 5.60   B. 3.60   C. 4.16   D. 2.16

17. 某轮平均吃水为 7.00 米,漂心在船中,当时吃水差为 $t = -0.80$ 米,问该轮能否安全通过限制吃水 7.50 米? 其首尾吃水各为多少米?

  A. 能通过;此时 $d_F = 7.4$ 米, $d_A = 6.60$ 米

  B. 能通过;此时 $d_F = 6.60$ 米, $d_A = 7.40$ 米

  C. 不能通过;此时 $d_F = 7.8$ 米, $d_A = 7.00$ 米

  D. 不能通过;此时 $d_F = 7.0$ 米, $d_A = 7.80$ 米

18. 某轮满载到达某锚地, $d_F = 8.30$ 米, $d_A = 9.10$ 米,此时 $MTC = 9.81 \times 223.5$ 千米 * 米/厘米, $TPC = 25.5$ 吨/厘米, $x_f = -5.40$ 米。欲调平吃水进港,则应在船中后 55 米处驳卸_____吨货物。

  A. 450   B. 410   C. 360   D. 250

19. 某船 $d_F = 5.52$ m, $d_A = 6.40$ m,查得在第 3 舱装载 100 吨船首吃水变化 -0.06 m,尾吃水变化 0.28 m,则在第 3 舱驳卸 142 吨货物后船舶吃水差为_____m。

  A. -0.33 B. -0.40 C. -0.47 D. -0.63

20. 某轮加载 200 吨于 NO.2 货舱,现查百吨吃水差比尺得到在该舱加载 100 吨时的首

尾吃水改变量分别是：+0.20 米，-0.11 米，则加载 200 吨后船舶的吃水差改变量为_____米。

　　　A. -0.18　　　　　B. 0.18　　　　　C. -0.62　　　　　D. 0.62

21.杂货船配积载时，主要应考虑的船舶强度为_____。
①纵强度；②扭转强度；③局部强度；④总强度；⑤横强度。

　　　A.①③　　　　　B.①②③　　　　　C.①②③④　　　　D.①②⑧④⑤

22.中机型货船满载航行遇到波浪时，可能会发生最大的_____。

　　　A.中拱弯曲变形　　　　　　　　　　　B.中垂弯曲变形

　　　C.扭曲变形　　　　　　　　　　　　　D.严重振动

23.船舶发生中拱变形时，船体受_____弯矩作用，上甲板受_____，船底受_____。

　　　A.负；压；拉　　　B.正；压；拉　　　C.负；拉；压　　　D.正；拉；压

24.根据经验，船舶的极限拱垂值是_____。

　　　A.$L_{bp}/600$　　　B.$L_{bp}/800$　　　C.$L_{bp}/1\,000$　　　D.$L_{bp}/1\,200$

25.某轮某剖面上的重力 6 950 t，重力矩(船中坐标)222 119 t·m，查得该剖面处的浮力 6 911 t，剖面距中距离 2.70 m，浮力矩 168 860 t·m，则该剖面处的剪力为_____t。

　　　A. -39　　　　　B. 39　　　　　C. -78　　　　　D. 78

26.某轮某剖面上的重力 6 950 t，重力矩(船中坐标)222 119 t·m，查得该站面处的浮力 6 911 t，剖面距中距离 2.70 m，浮力矩 168 860 t·m，则该剖面处的弯矩为_____t·m。

　　　A. 68 988　　　　B. -34 494　　　　C. -68 988　　　　D. 34 494

27.船舶装载后呈中拱状态，若航行中波长近似等于船长，且_____在船中时，会减小中拱弯矩。

　　　A.波峰　　　　　　　　　　　　　　B.波谷

　　　C.波长的 1/3 处　　　　　　　　　　D.波谷与波峰之间

28.某轮装载后呈中拱状态，尾倾过大且稳性过大，则应采取以下_____措施来调整。

　　　A.将首区二层舱货物移至中区底舱

　　　B.将首尖舱加满压载水

　　　C.将尾区底舱货物移至中区二层舱

　　　D.将尾尖舱加满压载水

29.某轮 NO.2 舱二层舱高为 3.65 米，底舱高 7.31 米，现拟在二层舱装载钢板($S.F=0.4$ 立方米/吨)2.2 米高；底舱下层装钢管($S.F=1.6$ 立方米/吨)4.0 米，上层装水泥($S.F=0.9$ 立方米/吨)2.3 米，试校核二层甲板和底舱底板的局部强度是否满足要求？

　　　A.二者强度均满足要求

　　　B.二者强度均不满足要求

　　　C.二层甲板强度满足要求；底舱底板强度不满足要求

　　　D.二层甲板强度不满足要求；底舱底板强度满足要求

30.中途港货物数量较多时，为保证船舶的纵向强度应_____。

　　　A.尽可能集中装载

　　　B.尽可能分散装载

　　　C.在垂向上尽可能适当地分装于几个舱

D. 在纵向上尽可能适当地分装于几个货舱

二、计算题

1. 已知某箱形船,船宽 16 米,装载后平均吃水 6 米,船舶重心高度 6 米,试求此时:

①船舶的漂心距基线高度?

②船舶的浮心距基线高度?

③船舶的稳心半径是多少?

④船舶的稳心高度是多少?

⑤船舶的 GM 是多少?

2. 某轮自大连港($\rho = 1.025$)开往非洲某港($\rho = 1.010$),开航时平均吃水 $d_M = 9.0$ m。排水量为 19 120 t,途中油、水消耗共 1 000 t,求到达非洲某港时($TPC = 25$ t/cm)平均吃水是多少?

3. 某轮某航次积载图拟就后,计算得 $\Delta = 20\ 000$ t,垂向力矩 $9.81 \times 123\ 000$ kN·m,纵向力矩:中前 $9.81 \times 184\ 600$ kN·m,中后 $9.81 \times 234\ 600$ kN·m;查得 $KM = 7.00$ m,平均吃水 $d_M = 9.20$ m,$MTC = 9.81 \times 200$ kN·m/cm,$x_b = -2.00$ m,$x_f = -6.00$ m。

(1)试计算初稳性 GM 和吃水差 t;

(2)为了将初稳性高度调至 $G_1M = 0.65$ m,拟将五金($SF_1 = 0.75$ m³/t,$Z_P = 6.20$ m)与麻袋($SF_2 = 2.88$ m³/t,$Z_P = 11.20$ m)位置互换。试计算这两种货物各调换多少吨才能满足要求?

项目三　杂货船积载

```
┌─────────────┐
│ 一、学习目标 │
└─────────────┘
```

- 具有编制配载图和保证船舶安全的能力
- 具有保证安全运输危险货物的能力
- 具有合理积载与系固货物单元的能力
- 具有安全运输冷藏货的能力

```
┌─────────────┐
│ 二、背景知识 │
└─────────────┘
```

第一部分　保证货运质量

杂货(General cargo)是指品种繁杂、性质各异、包装形式不一、批量较小的货物的统称,多数由杂货船承运。杂货运输的特点是:在港作业时间长、编制船舶积载计划的难度较大。

知识点 1:杂货的包装和标志

一、货物的包装

货物的包装(Package)通常分为内包装和外包装两种。内包装又称为商品包装,它是指直接盛装或包裹货物的一种包装,它能弥补外包装在防潮、防震以及防止气味的侵入和散失方面的不足;外包装又称运输包装,它是指能保护货物以适应运输过程中正常的装卸、积载和堆码,承受外界环境的变化及一般的碰撞、挤压、摔跌等外力的作用的一种包装。货物的包装常见的有箱装、袋装、捆装、桶装、坛装、瓶装、篓装等,详见附录七中的表 F7-1。

在货物积载中,为各种包装货物选定合理的舱位是保证货运重量的重要措施之一。但是,对确因货物包装不良所引起的货损,承运人不负赔偿责任。

二、货物的标志

货物标志(Mark)的作用是建立货物本身与其运输单证的联系,便于工作人员在货物运输的每个环节中识别和区分货物,启示货物的正确装运、交接和保管。货件缺少标志或标志不全,除会造成运输作业困难或货主拒收货物外,有时还存在着造成事故的潜在危险。

目前,在国际贸易中已形成了较为统一和完整的货物标志。根据货物标志中各部分的作用不同,货物标志可分为以下 7 种。

1. 主标志(Main mark)

主标志又称发货标志(Shipping mark),俗称"唛头"。主标志是货主的代号,是货物运输中识别同批货物的基本标志。其内容一般为收货人名称的缩写或代号、贸易合同号、定单号或信用证号等。在有关的贸易或运输单证(如提单等)中,都记载着主标志的内容。

2. 副标志(Counter mark)

副标志是附加在主标志范围内的补充记号。副标志主要用于在同批货物中区别不同供货人、不同收货人或区分不同规格、品质和等级的货物,以方便货物的交接。

3. 件号标志(Package number mark)

件号标志又称箱(包)号。它是将同一主标志的货物分成若干批,再将每批按顺序逐件在货物或外包装上编印的箱(包)件顺序号。件号标志主要作用是辅助主标志区分货组,便于计算每一货组和整批货组的件数。当一批货物同时投入运输时,应按顺序号码对货件逐一制作件号标志。

4. 目的地标志(Destination mark)

目的地标志又称港埠标志,标示货物运往的目的地名称。目的地标志必须书写目的地的完整全名,而且必须书写正确,以防止造成货物错卸或在中途港发生翻舱。当过境货物的目的地尚未确定时,可用"过境"(Through)字样,以示货物还需继续转运。

5. 原产国标志(Original mark)

它是国际贸易中特殊需要的一种标志,表明货物在某个国家生产制造。不少国家禁止无原产国标志的货物进口,大多数国家对不符合原产国标志规定的进口商品要处以罚款。

6. 包件尺寸重量标志

包件尺寸是指货物外包装及裸装货件的外形尺寸,需要注明单位。包件重量包括毛重、净重和皮重,应标明单位。该标志所记载的内容是运输部门确定货物计费标准以及安排货物合理舱位的重要依据。

7. 注意标志(Cautionary mark or care mark)

注意标志用于标注货物在装卸、运输、保管过程中应予注意的具体事项,一般以图形或文字表示。注意标志包括用于表示危险货物特性的警戒标志和用于其他货物的指示标志两种。

警戒标志又称危险品标志(详见本项目第二部分),用于指示危险货物的性质。

指示标志又称保护标志。它是根据货物特性指示有关人员按一定要求操作和保管货物,以保护货物的安全和重量。目前常用的指示标志见图 3 - 1。

除以上标志外,根据有些国家海关的规定或收货人的要求,在货件上还可以标注货名、商标、型号、规格、出厂编号等。这些内容根据需要可多可少,但危险货物必须标示其完整的学名。

在有些资料中将上述除主标志以外的其他标志均归人副标志。

货物托运人应负责保证货物标志的正确和完整以及在目的地交货时仍能保持其完整和清晰。船方在收受货物时,如遇标志不清或不符合要求时,应要求货主及时按规定加以更正,否则船方可以拒绝货物装船。船方在货物积载、装卸和保管中,应严格按货物标志分隔货物,合理安排舱位,并按标志所指示的要求处理货物。

图 3 - 1　重物指示标志

知识点 2：各类杂货的装载要求

一、各类杂货的主要特点和装载要求

按货物的性质和装载要求，杂货可以分为普通货物(Common cargo)和特殊货物两大类。其中，普通货物是指储运保管无特殊要求的货物，而特殊货物由于其各有特性，对其储运保管各有其特殊要求。在杂货中常见的特殊货物主要有：危险货物、重大件货物、冷藏货物、散装货物、液体货物、气味货物、食品类货物、扬尘污染货、清洁货、易碎货物、贵重货物等。除危险货物、重大件外，这些特殊货物的主要特点和装载要求分述如下。

1. 散装货物(Bulk cargo)

散装货物是指非整船装运的不加包装的块状、颗粒状、粉末状的货物。如矿石、谷物等。这类货物的主要特点是无包装且多数具有潮湿性，它们易污染其他货物。装载前应根据货物的要求做好货舱的准备工作，用麻袋布或其他等效材料铺盖舱内污水井，以防污水井盖的漏水孔被货物堵塞或货物落入污水井内。一般应选择大舱底舱作打底货，以利装卸，如因港序限制需装二层舱时，其底舱货物的上面应予铺盖，以防开启底层舱盖时舱内的残留散货污染底舱的货物；货物装舱后应按要求平舱；多票散货不宜同配一舱。这类货物不能使用小块、易破碎的材料作衬隔。

2. 液体货物(Liquid cargo)

液体货物是指在杂货船的深舱内装运的散装液体货(如植物油、矿物油等)和各种桶装的液体货，如葡萄糖、蜂蜜、盐渍肠衣、化工产品、酱油、酱菜等。它们均为流质或含有流质。与其他货物同装时，如有破损则会污染其他货物。

散装液体货物应配置于深舱单独装载，对其他货物无影响。

包装液体货物应视其包装不同确定舱位。大桶包装的液体货物应在大舱打底，不宜配于小舱；装载时，货件与舱底之间、每层货物之间应铺一层木板，货堆高度不能超过限高(见表 3 - 1)；若配于二层舱，在舱的四周一般只能堆一层，其上配以其他小件货或轻货，以利装卸和充分利用舱容。不耐压的小包装的液体货物应配置在二层舱或上甲板(必须在提单上注明装于上甲板(On deck))单独堆装，上面不能压其他货物，并在二层舱内的舱盖上加以铺盖,以防液体渗漏时流入底舱;当液体货不能铺满一层时应堆装在舱的后部,以利减少破损后的污染面。

表3-1　常见几类包装的限高

包装	限高(层)	包装	限高(层)
大桶(单重:kg)		亮格箱	5~7
200~300	5	纸袋装水泥	13
300~400	4	坛装	3~4
400~600	3	捆装蚕茧	4
600以上	2	捆装烟叶	5~6
		袋装烟叶	8
		纸板箱装烟叶	15

3. 气味货物(Smelly cargo)

气味货物是指能散发各种异味的货物,如生皮、猪鬃、骨粉、樟脑、大蒜、八角等。它们的气味将对忌异味的货物造成污染。

气味货物一般可以分为香性气味货、臭性气味货、刺激性气味货和特殊气味货。装载时,气味不互抵的气味货应尽量集中配置,气味互抵的气味货应分舱室配置,所有的气味货应与所有的食品货及其他怕气味的货物分舱室配置,装于上甲板的气味货应尽量远离船员处所。

4. 食品类货物(Foodstuffs)

食品类货物是指可供人们食用的制成品、原料等,如糖果、奶制品、食糖、粮食、果仁、种子、茶叶、药物等。

食品类货物要求清洁、符合卫生要求、怕气味。气味货物都不能与食品类货物同舱室配置,食品类货物与危险货物的隔离要求见本项目第二部分。袋装食品货与扬尘污染货不能同舱室配置,有封闭包装的食品货与扬尘污染货至少不能相邻配置。有的食品货还有怕热、有毒等特性,应根据其特殊装载要求合理选配舱位。

5. 扬尘污染货(Dusty and dirty cargo)

扬尘污染货是极易扬尘或能污染其他货物的货物,如水泥、炭黑、颜料、立德粉、沥青、滑失粉等。

装载时主要应防止其对其他货物的污染。因此,它不能与怕粉尘、怕污染的货物同装一室或相邻配装。扬尘污染货应尽量先装后卸,最好配置于底舱的最底层,并尽量减少其堆装面积,以减少污染,装妥后应进行清扫铺盖,然后再装其他货物。

6. 清洁货(Clean or fine cargo)

清洁货是指除食品类货物以外的不能混入杂质或被沾污的货物,如滑石粉、焦宝石、稀有金属、纸浆等。

它们不能与有杂质的货物和扬尘污染货同装一室或相邻堆装。装货前应按要求做好货舱的清洁工作,装载时应做好衬垫,以防止其受污染。

7. 易碎货物（Fragile cargo）

易碎货物是指不能受挤压、易于损坏的货物。如玻璃制品、陶瓷制品、各种瓶装酒类等。装载时应配置于舱室的顶层或舱口位，后装先卸，以减少受损机会；易碎货的堆码层数不能超过限高，其上不应再堆装其他货物。

8. 贵重货（Valuable cargo）

贵重货是指价格昂贵或具有特殊使用价值的货物，如精密仪器、高价商品、历史文物、展品等。

装载时应尽可能配置于贵重货舱；对于没有贵重货舱的船舶，后卸港的贵重货物应配置于二层舱深处的角落里，其货位应尽量集中，并用其他货物作保护性隔离。先卸港的贵重货应后装先卸，配置于顶层舱的最上层，装毕应尽快关舱并在该舱进出通道口加锁。

9. 冷藏货物（Reefer cargo）

冷藏货物是指易于腐败，要求在一定的低温条件下运输的货物。如鱼、肉、禽、蛋、水果、蔬菜等。

承运冷藏货物的船舶应具备所托运的冷藏货物的承运条件，并具有船舶检验部门颁发的冷藏设备入级证书。

二、不同包装类型货物的装载要求

不同包装类型货物的正确装载对于保证货物运输重量及合理利用舱位，减少亏舱均有重要意义。

各种包装的杂货在垂向的堆装应该遵循较强包装的货物在下，较弱包装的货物在上的原则。需要上下分层堆装时，自下而上一般的次序应该是：裸装或桶装、捆（机捆、人捆）装、袋装、箱（木箱、纸箱）装、易碎品。各种包装的装载要求如下。

1. 木箱（Wooden case）：较坚实耐压。大箱宜配装于中部大舱，如须装于二层舱时要考虑其高度，既要使之能装得进又不能造成过多的亏舱；小箱（Box）可配装于各个货舱，亦可作为充分利用舱容的填充货。木箱的堆高一般不受限制，若需要在其上面堆装重货时，应在其货堆表面铺木板衬垫，以分散压力；大小相同的箱子应"砌墙式"（Brick fashion）堆码，并注意紧密稳固；在货舱底部的不规则部位应衬垫平整后再堆码木箱货。

2. 木格箱（Skeleton case or crate）：不耐压。根据内装货物不同，可配装于上甲板、冷藏舱或普通货舱内；在短航线上，装于木格箱内的新鲜蔬菜类货物可配置于有良好通风设备的二层舱上部的舱口位。较小的木格箱的限制堆高为5～7个箱高。

3. 纸板箱（Carton）：一般不耐压。可配装于各舱室的上层，多数堆装在其他货物的上面，其堆高一般不受限制，也应以"砌墙式"堆码并应紧密稳固。

4. 袋装（Bag）：随所装货物的种类不同，货袋的种类和大小也不同。麻袋（Gunny bag）一般用于装载粮食、化肥、砂糖等，其单件体积和重量均较大；布袋（Cloth bag）用于装载面粉、淀粉等，其单件体积和重量较麻袋货小；纸袋（Paper bag）主要用于装载水泥，其单件体积和重量与布袋相近。还有各种编织袋，一般用于装载各种化工产品。袋装货比较松软，在各个舱室均可堆装，但更宜配装于首尾部舱室，以便让出中部大舱装载其他包装货物。袋装货的堆码形式有重叠式（或称垂直式）（Bag on bag）、压缝式（Half bag）和纵横压缝式。其中，重叠式堆码操作简便，利于通风，但垛形不够稳固，故采用这种堆法时一般每码6～7层后将袋口转90°角堆码1～2层，再继续堆码；压缝式堆码垛形较稳固，能充分利用舱容，适用于不需要良好通风的货物；纵横压缝式堆码其垛形稳固，但操作费力，一般在垛顶与垛端采用这种形式，以防货垛倒塌。在袋装货的上面一般不宜堆装木箱货，除非必要时则应用木板衬垫后方能在袋装货上堆装木箱货。

5. 捆装

（1）捆包（Bale），有人工捆包（Bale）和机械捆包（Pressed bale），其体积和重量各异，它们不怕挤压，可配装于各个舱室，更适宜配装于首尾舱。

（2）捆扎（Bundle），其中，金属类捆扎货耐压，可作打底货；非金属类捆扎货多数不耐压，一般不能作打底货；长件金属类捆扎货宜配装于舱口尺度大、舱形规则的中部舱室，而且要顺着船舶首尾方向堆放，以防止船舶横摇时损伤船体。为防止各种金属管材受损变形，要求其堆码平整、紧密。

（3）捆卷（Roll）、捆筒（Coil）：金属类捆卷、捆筒货耐压（矽钢除外），可作打底货，非金属类捆卷、捆筒货不耐压，不能作打底货。这类货物宜配装于舱形规则的中部大舱。

6. 桶装（Drum）：从材料而言有金属桶、木桶、三夹板桶、塑料桶等，从形状而言有圆形桶和鼓形桶。大的金属桶和大木桶多数内装流质货，其圆桶应直立堆放，桶口向上，空桶可以卧放；鼓形桶的强度为中间弱，两头强，桶口在腰部，因此桶口要朝上，其底层和靠近舱壁处的空隙部位用木楔子塞紧，以防滚动和坍塌。根据大桶的单重不同有一定的堆高限度（见表 3 - 1），而且每层货桶之间应衬一层木板。大桶货应配装于中部大舱。在大桶货上衬一层木板后可以堆装其他货物。各种小桶货不能作底舱打底货，一般应配装于二层舱或上甲板。内装流质货的货桶不应堆放于舱盖部位。

7. 裸装（Unpacked）：如钢轨、槽钢等，应作打底货，要求堆码平整、紧密，以利在其上堆放其他货物。长大的裸装金属管应顺着船舶首尾方向堆放，并在货垛的左右两侧塞紧固定，防止滚动，管头较管体大的大口径金属管，其管头应交替排列且每层用木条衬垫。

知识点 3：《货物积载与系固安全操作规则》简介与应用

为了货物和船舶运输的安全，IMO 已经将于 1991 年 11 月 6 日通过并经 1994 年修改的《货物积载与系固安全操作规则》（Code of safe practice for cargo stowage and securing，以下简称《系固规则》）列入经修改的《SOLAS l974》，作为强制性的要求。

一、《系固规则》的适用范围和主要内容

该规则适用于国际航行船舶装载的除固体和液体散装货及木材甲板货外的货物，特别是实践已证明在积载和系固上会造成困难的那些货物。

规则的内容除前言和一般原则外，包括 7 章和 13 个附则。在正文中的 7 章的内容主要有：

1. 总则。包括规则的适用范围；所用名词的定义；系固装置应克服的货物移动力；货物特性对货物系固的影响；估计货物移动风险的标准；对配备《货物系固手册》（Cargo securing manual）的要求；对货物系固设备的要求及货物资料的要求等。

2. 货物安全积载和系固原则。

3. 标准化货物的积载和系固系统。所谓标准化货物（Standardized cargo）是指用船上设有的被批准的专用系固系统进行系固的货物，如集装箱船上的集装箱等。

4. 半标准化货物的积载和系固。所谓半标准化货物（Semi - standardized cargo）是指用船上设有的适用于限定货物组件的系固系统进行系固的货物,如车辆等。

5.非标准化货物的积载和系固。所谓非标准化货物(Non – standardized cargo)是指必须根据各自的情况进行积载和系固的货物。

6.恶劣气候时可以采取的行动。

7.货物移动时可以采取的行动。

该规则的13个附则中针对在积载和系固中容易产生困难的12种包装和形状的货物提出了积载和系固的建议和方法,并给出了系固方案的评估方法,其内容包括:

1.在非专用集装箱船上的集装箱的安全积载和系固。

2.移动式罐柜(Portable tanks)的安全积载和系固。

3.移动式容器(Portable receptacles)的安全积载和系固。

4.滚动货物(Wheel – based cargoes,Rolling cargoes)的安全积载和系固。

5.笨重件货物(Heavy cargo items)的安全积载和系固。

6.卷钢(Coiled sheet steel)的安全积载和系固。

7.重的金属制品(Heavy metal products)的安全积载和系固。

8.锚链(Anchor chains)的安全积载和系固。

9.散装金属废料(Metal scrap in bulk)的安全积载和系固。

10.挠性中型散装容器(Flexible intermediate bulk containers)的安全积载和系固。

11.甲板下积载原木(Under – deck stowage of logs)的一般指南。

12.成组货物(Unit loads)的安全积载和系固。

13.对非标准货物系固装置有效性的评估方法。

本书附录六中选择介绍了以上附件中的部分内容。

IMO制定《系固规则》的目的是:提请船舶所有人和经营人注意确保船舶应适合其预定的用途;对确保船舶装备合适的货物系固装置提出建议;提供关于适当的货物积载和系固的一般建议以减少船舶和人员的风险;对在积载和系固上会有困难和造成危险的那些货物提出具体建议;对在恶劣海况下可采取的行动及对货物移动可采取的补救行动提出建议。

二、《系固规则》的应用

为了具体执行《系固规则》,该规则要求除装载液体散货和固体散货以外的所有运输指定的货物组件的国际航行船舶,自1998年1月1日起必须配备《货物系固手册》。包括集装箱在内的货物组件应按主管机关批准的《货物系固手册》进行装载和系固。

《货物系固手册》应根据船舶的具体情况编制,要求包括的主要内容如下。

1.总论。包括编制手册的依据、监督审批的主管机关、适用范围、定义及其他等。

2.货物安全积载和系固原则。

3.系固设备及其配置和维修。

4.标准货物、半标准货物、非标准货物的安全积载和系固的操作指南。

5.货物系固方案的核查评估等。

所谓货物组件是指车辆、火车车厢、集装箱、平台、货盘、可移动罐柜、挠性中型散装容器、包装组件、其他货物组件和货运箱、货物实体以及重大件货物等,没有永久固定在船上的装卸设备及其任何部分也属此列。

所有配备《货物系固手册》的船舶在装载单件较重或较大的货件和《系固规则》中所列

货品时,都应按手册的要求执行。

知识点4:重大件货物运输

重大件货物(Awkward and lengthy cargo)是指货物的单件重量或单件尺度超过规定限额的货物,如大型设备、机车车辆等。国际标准规定,凡单件重量超过40 t或单件长度超过12 m或单件宽度或高度超过3 m的货物为重大件货物。我国规定,国际航运中凡单件重量超过5 t或单件长度超过9 m的货物和沿海运输中凡单件重量超过3 t或单件长度超过12 m的货物,均属于重大件货物。由于重大件货物单件重或尺度大的特点,装运时有其特殊的要求。

一、做好装运前的准备工作

首先,应仔细了解和掌握本船承运重大件货物的能力,如船体结构、强度、船舶的系固设备、重型装卸设备等资料;其次,要仔细检查拟装部位船体的装载条件,拟用系固设备和船舶重型装卸设备(当船上配备时)及其属具,使其处于良好的技术状态,同时应详细了解所运重大件货物的有关资料,如单件重量、尺度、货件形状、包装情况等。

二、制定装载计划时应注意的问题

1. 正确选择舱位和货位

重大件货物的装载位置,应从保证货物和船舶的安全及便于作业和使用船舶重型装卸设备等方面考虑,根据货件的具体情况,重大件货物可以配置于舱内或上甲板。当配置于舱内时,应选择舱口尺度较大且有重型起货设备的中部货舱;当配置于二层舱时,要注意货件高度不能大于二层甲板至舱口纵桁材下缘的高度。当配置于上甲板时,应选择重型装卸设备够得着的部位(不用船上设备者除外),其堆装位置应不妨碍甲板部的正常工作,不影响驾驶台的　望视线,且不能堆装在舱盖上;怕水的重大件货物应配置在不易上浪的部位;重大件货物装载时都应注意左右均衡。

确定重大件货物的装载位置时,还应考虑有利于货件的系固。很高大的重大件货物不宜配置于紧贴船壳和舱壁的部位,以利于货件的系固(避免系固角过大)。

2. 校核拟装部位的局部受力,使之满足局部强度条件

在普通杂货船上装载重大件货物,装载部位一般不能承受直接堆装重大件货物的负荷,为满足局部强度条件,必须预先进行校核,以防其局部构件受损。

拟装部位的局部受力及防止局部构件受损的方法在项目二第三部分已经论述。

由于重大件货物,特别是超重货物单件重量大,装载时一般均须衬垫才能满足局部强度条件的要求。在实际工作中,常根据拟装部位的单位面积允许负荷量,计算出必需的最小衬垫面积A_{min},从而确定衬垫方案,即在确定实际的衬垫面积时,还应考虑如下情况:首先,利用公式(2-77)求得的A_{min}并未计及衬垫物和系固属具本身的重量;其次,在海上航行时,货件将受到多种力的作用,从而使其对甲板的最大正压力大于其自重;再次,当货件装于上甲板时,由于甲板有梁拱和舷弧,将使衬垫物与甲板的实际接触面积变小,因此,实际的衬垫面积必须大于公式(2-77)算得的A_{min}。当装运单件重量大而体积较小的重大件时,应该使货物装于至少跨2个加强肋骨的部位,必要时,还应在装载部位甲板的下方加设临时支撑

(柱),以确保安全。此外,在装卸重大件货物时,应尽量使船舶保持平吃水,使货件能同时着落或起离甲板,避免甲板某部位瞬时超负荷。

3. 校核用船上设备装卸重大件货物时对船舶初稳性高度的影响及核算船舶可能产生的最大横倾角,并保证其不超出允许范围。

当用船上重型起货设备装卸重大件货物时,货物重心在垂向的移动将使船舶的 GM 发生变化。货物重心在横向的移动将使船舶产生横倾(见图3－2)。过小 GM 和过大的横倾角均将危及船舶和货物的安全。

(1)吊卸重大件货物时

①初稳性高度 GM_1 的计算。

当船上重型起货设备将货物提起使其成为悬挂状态时,船舶的初稳性高度为最小。其值 GM_1 可由下式求得:

图3－2　重大件货物装卸

$$GM_1 = GM - \frac{P \cdot Z}{\Delta} \qquad (3-1)$$

式中　GM——吊卸重大件货物前船舶的初稳性高度,m;

　　　Z——起吊前重大件货物的重心至吊杆顶点的垂直距离,即悬挂高度,m。

②船舶横倾角 θ_h 的计算。

$$\tan\theta_h = \frac{P \cdot Y + P_b \cdot Y_b}{\Delta \cdot GM_1} \qquad (3-2)$$

式中　P——重大件货物的重量,t;

　　　Y——吊卸时重大件货物的重心横移的距离,m;

　　　P_b——重吊的自重,t;

　　　Y_b——重吊的重心横移的距离,若设重吊的重心在吊杆的中点,并已知船宽为 B,吊杆的舷外跨度为 l,则

$$Y_b = (B/2 + l)/2 \qquad (3-3)$$

式中　GM_1——起卸重大件货物时船舶的初稳性高度,m;

　　　Δ——吊卸时船舶的排水量,t。

显然,用重吊吊卸重大件货物时可能产生的横倾角与吊卸时货件重心横移的距离 Y 有关。

(2)吊装重大件货物时

与吊卸时不同,吊装重大件货物时,货件的重量由船外加到了船上,因此,吊装前后船舶的排水量是不同的。吊装时船舶最不利的初稳性高度值仍然是货件处于悬挂状态时,而可能产生的最大横倾角发生在货件被提起时的位置。

①初稳性高度 GM_1 的计算。

$$GM_1 = GM + \frac{P \cdot (KG - Kb)}{\Delta + P} \qquad (3-4)$$

式中　GM——起吊前船舶的初稳性高度,m;

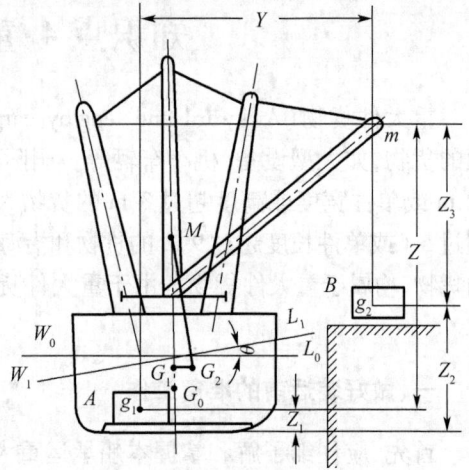

KG——起吊前船舶的重心高度，m；

Kb——重吊的顶点距基线高度，m。

②船舶横倾角 θ_h 的计算。

$$\tan\theta_h = \frac{P \cdot Y + P_b \cdot Y_b}{(\Delta + P) \cdot GM_1} \tag{3-5}$$

式中　Y——起吊时货件重心距船舶中线面的横向距离（m），即 $Y = B/2 + l$；

　　　GM_1——起吊时船舶的初稳性高度，m。

为确保船舶的安全，装卸重大件货物时船舶的横倾角不能过大。根据经验：当船舶重吊的起重能力为 60 t 左右时，船舶产生的横倾角不得超过 6°～8°；当船舶重吊的起重能力不大于 100 t 时，船舶产生的横倾角不得超过 10°；当船舶重吊的起重能力为 100 t 以上时，船舶产生的横倾角一般不允许超过 12°。

4. 应制定重大件货物的系固方案

重大件货物装载后的系固是确保运输安全的重要措施，必须按《货物系固手册》的要求认真制定货物系固方案并严格执行。

（1）根据货件的不同要求，选取系固索具

杂货船用于重大件货物的系固索具有钢丝绳、链条等并配合花篮螺丝、卸克等一起使用，链条系固比较方便，系固速度快，但不易收紧；而钢丝绳则较易收紧，但系固没有链条方便且强度也较低。应视货件具体情况选取。

（2）确定系固道数

重大件货物系固的目的是防止货件在航行中发生水平位移和倾覆，而且主要是指其横向的水平位移。经验方法是：货件横向系索总的系固负荷取为货件的重量（t），即

$$\sum_{i=1}^{N_y} MSL_i = P \quad (9.81 \text{ kN}) \tag{3-6}$$

式中　N_y——横向系索的根数；

　　　P——货件的重量，t；

　　　MSL_i——第 i 道系索的最大系固负荷，kN。

（3）系索最大系固负荷 MSL 的确定

常用系固设备的 MSL 由其破断强度确定，见表 3-2。

表 3-2　常用系固设备 MSL 一览表

材　料	MSL	材　料	MSL
卸扣、环、甲板孔、低碳钢花蓝螺丝	50% 破断强度	钢丝绳（重复使用）	30% 破断强度
纤维绳	33% 破断强度	钢带（第一次使用）	70% 破断强度
钢丝绳（第一次使用）	80% 破断强度	链	50% 破断强度

垂直于木纹方向的木材的 $MSL = 0.3$ kN；对于专用系固构件（如集装箱专用系固件），可用其许用工作负荷作为 MSL；当多个不同 MSL 的系固属具串接使用时，则计算时的 MSL 应取其中的最小值。

(4)经验方法的设定条件

上述经验方法设定的横向加速度为 1.0 g(9.81 m/s²),几乎适用于任何类型的船舶,而忽略货件装载的位置、船舶的稳性、装载状况以及航行的季节和区域。该方法既未考虑系固角和系固装置中非同类力的分布的不利影响,也没考虑摩擦的有利影响。

横向系索与甲板之间的夹角(即系固角)不应大于 60°,而且应利用适当的材料提供足够的摩擦系数。系固角大于 60°的系索有利于防止货件的倾覆,但其不应计入横向系固的数量或系固装置的,总的 MSL 之中。

三、系固要求及注意事项

重大件货物的系固应注意以下的要求:

1. 系索松紧要适宜

对货物的系固既要求做到紧固,不使其松动或折断,同时又要易于解开,以防万一发生危险时能立即松绑。一般在 6 级风左右时应对货件的系固进行一次检查和调整(因此时易发现系索松紧是否适宜)。

2. 垂向系固角应适宜,提高系固效果

防移动的最佳垂向系固角为 25°,而防货件倾覆的最佳垂向系固角一般认为在 45°～60°之间。为提高系固效果,垂向系固角应适当并应使各道系索受力均衡。

3. 系固工艺要正确

对货件的系固应左右、前后对称,每道系索应先绕货件一周后再在两侧固定(当货件上无系索固定点时应在同一侧固定),不能一索系多道。每个生根的地令上不能超过三根系索,且方向不能相同。对于车辆等带轮的货物,如为充气轮胎,则应将胎内气体放出一些,以利系固和防止货件滚动;如为铁轮(如火车车厢),一般应先用枕木铺垫,上铺铁轨,轮子与铁轨之间要用三角铁固定,并应将三角铁焊在铁轨上,如有条件最好先将铁轮用铁板封住,再用角钢将其焊于船上。装在舱内的重大件货物,除用系索固定外,一般还在垂向和水平方向用方木支撑,货件之间用木料钉住,以防航行途中移位。

4. 保证货件不受损伤

为避免系索直接接触货物表面、压损或磨损货件,应在规定的部位进行系固,必要时应在系固部位先加铺垫。对于怕水湿的货物,除合理选择货位外,在绑扎前应先铺盖油布,易腐蚀部位应涂以防护油脂。

知识点 5:木材甲板货运输

木材甲板货是指在船舶的干舷甲板或上层建筑甲板的露天部分装载的木材货物,包括原木或锯材、斜木、圆木、杆材、纸浆原料和所有其他散装的或捆装的木材,但不包括木质纸浆或类似货物。

虽然,运输木材甲板货的船舶规模趋大,设备更趋先进,但货物易位和灭失事故仍时有发生。为对其运输提出更全面的安全建议,IMO 于 1991 年对于原有的"SOLAS l974"中的《装运木材甲板货船舶安全操作规则》(Code of Safe Practice for Ships Carrying Timber Deck Cargoes,以下简称《木材甲板货规则》)进行了修订。该规则适用于所有船长不小于 24m 的从事木材甲板货运输的船舶。《木材甲板货规则》对安全运输木材甲板货应采取的积载、系固和其他营运安全措施提出了建议。装运木材甲板货的船舶应遵守这一规则。

一、对船舶的要求

装运木材甲板货的船舶当其构造符合载重线规范的各项要求时,可以勘绘木材载重线,只要完全遵守 1966 年国际载重线公约的规定,正确装载木材甲板货,则不论舱内装载的货物的数量和种类,船舶可以使用木材载重线,但必须做到以下几点。

1. 装载木材甲板货时,船舶必须具备装载木材甲板货的综合稳性资料,包括使用资料的相应指导。

2. 装载木材甲板货的船舶在计算稳性时,应计及木材甲板货因吸水或结冰引起的重量增加、木材甲板货间的孔隙中积水的重量、途中油水消耗的影响以及自由液面的影响。

3. 当船舶使用木材载重线时,船舶稳性可使用装载木材甲板货时的静稳性曲线图计算。当木材甲板货的装载不符合规定时,船舶稳性应使用不装载木材甲板货的静稳性曲线图计算。

二、木材甲板货的装载要求

木材甲板货应紧密地堆装,按要求紧固。在任何情况下,木材甲板货的堆装不得妨碍船舶航行及船上的正常工作,并应注意以下几点。

1. 装货前应封舱并关闭甲板上的所有开口,有效地保护空气管、通风筒,检查所有的阀门,确认其能有效地防止船舶进水,并除去装载部位的积水和积雪。

2. 装载前应在相应的位置上设置立柱并备妥系索。立柱应采用钢或其他有足够强度的材料,设置在船舶的两舷装载木材的整个区域内,并用角钢、金属插座等将其牢固地固定在甲板上,各立柱间的间隔应适合所运木材的长度和特点,但不应超过 3 m。

3. 装载时,应留出船员、引水员工作所必需的通道,木材甲板货应与甲板上的安全设施、阀、测深管及船舶航行中必需工作场所保持必要的距离,与甲板上的冰雪堆积物间应留出距离。

4. 木材甲板货的装载重量应不超过舱盖和甲板的允许负荷量。

5. 木材甲板货的堆装高度至少达到上层建筑(首尾楼)的标准高度,最外边的木材不能超过立柱的高度,以防松解系索时货物掉出舷外。在使用冬季载重线时,木材甲板货的堆高不能超过最大船宽的 1/3。目的是为了使船舶保持足够的稳性,具有良好的瞭望视线和减少首部甲板上浪。

6. 使用木材载重线的船舶装载木材甲板货时,要求在上层建筑和首尾楼之间的全部可用长度内尽可能装满。无尾楼时,至少应装至尾舱口的后部,横向除了留出必要的通道外,应尽可能装载至接近两舷,货物至两舷的孔隙平均不超出船宽的 4%。

7. 当木材甲板货的装载符合上述要求时,IMO 对船舶的稳性衡准应同时满足以下要求。

(1)经自由液面及甲板货吸水和/或结冰影响的修正后的初稳性高度 GM 应不小于 0.10 m;

(2)复原力臂曲线在横倾角 0°~40°和进水角中较小者之间所围面积应不小于 0.080 m·rad;

(3)复原力臂的最大值应不小于 0.25 m;

(4)满足天气衡准要求(仅适合于船长等于或大于 24 m 的船舶)。

船舶到港及航行中均应假定木材甲板货的重量由于吸水增加 10%。结冰计算时,木材甲板货外表面的结冰重量应按实际情况增加,如无实际结冰重量资料,可按稳性报告书中的资料取值。

8. 装载木材甲板货的船舶稳性不能小于要求的最低值,要求尽可能有一定富裕的稳性和 *GM* 值,但也要避免过大的稳性,以免船舶在海上剧烈摇摆使货件产生过大的加速度,从而增大系固设备的受力。经验认为装载木材甲板货的船舶,其 *GM* 值应不超过船宽的3%,当然此值不一定适用于所有船舶,船长应根据本船的具体资料得出自己的结论。

9. 装货时应保持船舶处于横向正浮状态,以免两舷立柱受力过大。当船舶出现横倾而又找不到原因时,应停止装货作业。

10. 安全运输木材甲板货的基本原则是使货垛尽可能紧密,以防止货垛松动、系索松弛,使货垛内产生约束力并可最大限度地降低货垛的渗透性。

11. 按要求做好系固工作。应根据本船的《货物系固手册》的要求对木材甲板货进行系固,系固时船方应派人参加,以检查系固重量。在木材甲板货装船前,应对船上所有的系固点(包括立柱上的系固点)进行目视检查,发现任何损坏都应及时进行修理。

12. 装载木材甲板货的船舶应注意做好人员的安全保护工作,包括对从事装货、系固或卸货的船员和工人提供合适的保护服装和设备;船上应设置供船员在航行中行走的安全通道或其他替代设施(如货堆上的救生索等)。

三、航行中应注意的事项

1. 开航前应使船舶处于横向正浮状态,并满足稳性衡准的各项要求。

2. 航行中应定期检查系索,如发现松弛应及时收紧,并应将对系索的所有检查和调整记入航海日志。

3. 航行中应尽量避开潜在的恶劣天气和海况,当无法避开时,应采取减速、改变航向等措施,以最大限度地减少货物和系索的受力。

4. 当航行中船舶产生横倾时,应查明其原因。如果是由于货物移位、船舶进水或船舶稳性不足所引起,则应根据具体情况采取正确的补救措施。

5. 如果由于某种原因使木材甲板货落海或被抛弃入海,船长应尽一切办法将对航行有直接危险的信息通知附近的船舶及有关主管当局。

知识点6:冷藏货物运输

冷藏货物(Reefer cargo)是指要求在一定的低温条件下运输的货物。包括动物性、植物性食品组成的易腐货物以及少量有温度控制要求的危险货物。易腐货物在常温下较长时间的运输,由于微生物作用、呼吸作用和化学作用会使其成分发生分解、变化和腐败。易腐货物在一定冷藏条件下运输,可以使微生物的活动能力和呼吸作用减弱甚至停止,从而使其在运输期间不致变质、过熟或腐烂。

一、易腐货物的贮藏条件

易腐货物的贮藏条件包括温度、湿度、通风和环境卫生,其中最主要的是温度。

1. 温度

就限制微生物角度考虑,冷藏温度越低越好。但过低温度会破坏蔬菜、水果类货物的组织结构,使其色、香、味起变化,解冻后会迅速腐烂。过低温度也会使鲜蛋蛋壳破裂而造成货损。因此,对不同食品应分别采用"冷却"、"冷冻"和"速冻"等不同冷处理方法。

冷却是指将食品温度降到 0 ~ 5 ℃之间。鲜蛋、乳品、水果、蔬菜等常采用冷却运输。由于冷却条件下微生物仍有一定的繁殖能力,所以冷却的食品贮藏时间较短。

冷冻是指将食品温度降到 0 ℃以下的程度。冻肉、冻鸡、冻鱼、冰蛋等均常采用冷冻运输。若对食品的冷冻速度较慢,食品细胞膜内层会形成较大的冰晶,使细胞膜破裂、细胞汁遭受损失,使食品失去原有的鲜味和营养价值。为消除这一缺陷,可采用"速冻"。

速冻是指在很短的时间内使食品冻结。速冻过程中所形成的冰晶比较均匀和细小,不致造成细胞膜的破裂,因而能保持食品原有的鲜味和营养价值。速冻的温度一般不低于 – 20 ℃。

除要求一定的贮藏温度外,还要求保持温度的稳定。因为温度忽高忽低,不但使微生物有机可乘,还会引起冻结食品内部重新结晶,导致食品失去原有的滋味。

2. 湿度

舱内湿度对食品的重量影响很大。湿度过小的危害是:增加食品干耗,破坏食品的维生素和其他营养物质,破坏水果、蔬菜的正常呼吸,削弱其抗病能力。湿度过大,对于冷却运输的食品而言,有利于微生物的迅速繁殖。

3. 通风

对于冰点以上如蔬菜、水果类的冷却食品,贮运中因呼吸作用会在舱内不断挥发出水分、产生 CO_2 气体。为保持舱内适宜的相对湿度和 CO_2 浓度,需要采用通风设备对货舱进行通风。高温季节蔬菜、水果类食品宜选择气温较低的夜间通风较理想。此外,应控制每天的通风时间长短,一般冷却货物每天 2 ~ 4 次为宜。

4. 环境卫生

卫生条件差的运输环境会影响食品外观,使其表面附着大量的微生物,易于腐败。

二、对易腐货物的承运要求

承运易腐货物时,要对货物重量、包装、热状态进行检查。若货物重量不符合标准、包装不适宜或有破损、货物温度过低或过高时,船方应拒绝承运。还应检查易腐货物的容许运送期限是否小于运到期限,小于时货物重量在运输途中就难以得到保证,所以也应拒绝承运。承运肉类和生油脂类货物时,应要求托运人提交出入境检验检疫机构出具的货物检疫证明。

承运冻肉时,要检查其肉体应坚硬,色泽鲜艳,割开部分应呈玫瑰色,油脂部位呈白色或淡黄色,牛肉应呈暗红色。长距离运输的冻肉承运温度为 – 18 ~ – 20 ℃,短距离的承运温度为 – 12 ℃左右,但出库时温度应尽可能低于上述承运温度。

承运冻鱼时,要检查其鱼体应完全坚硬,鱼鳞应明亮或稍微暗淡,眼睛应凸出或稍微凹陷,鱼鳃应鲜红。冻鱼肌肉深处的温度应不高于 – 18 ℃。

承运水果时,要检查其色泽,应鲜艳,无过熟现象。因水果有呼吸作用,其包装应留有缝隙或洞眼,以利通风和换气。

承运蔬菜时,应检查其重量,凡干缩、腐烂、压损、泥污、出芽以及有霉斑的均不得承运。

承运鲜蛋时,要检查其外表,应新鲜、清洁,无蛋壳破损、无腐臭味和无沾污现象。

三、易腐货物运输注意事项

冷藏货物运输船在承运冷藏货物前应具备"冷藏设备入级证书",并应核实在船舶承运期间该证书是否处于其有效期内。冷藏货物托运人应向船方出具有关货物冷藏温度、湿度、装载及其他方面的书面要求。

1.装船前准备

装货前应确保舱内设备完好。对货舱及舱内衬隔材料按要求进行预冷,预冷温度随冷藏货物的品种而异,可按货主要求执行,一般宜采用大体上与所运货物要求的冷藏温度相同或稍低的温度(2～3 ℃)进行预冷(通常在装货前48 h开始)。

保持舱内清洁、干燥、无残留货物、无异味。当舱内存在异味时,需要进行脱臭消毒。常用的脱臭方法是用臭氧发生器在舱内产生臭氧,用粗茶熏蒸,或用醋酸水喷洒等。

当确认冷藏舱状态满足所运货物各项要求时,可以向商检局申请验舱,以获取验舱证书。

2.冷藏货物装载

装货过程中为避免结霜应停止制冷装置运行。货物装卸应选在气温较低的早晚进行,并做到快速装卸,应避免雨天作业。装货时应仔细检查来货重量,如发现货物有渗血、疲软、变色、发霉或包装滴水等应拒装或予以批注。货物在舱内应排列整齐,货物与舱壁、货物与舱顶等之间均需留出适当的空隙供冷风流通,货物之间也应留出通风道。应处理好冷藏货物的忌装,伊斯兰国家的港口不允许将牛羊肉与猪肉混装。装毕封舱后应立即启动制冷设备直至达到要求的冷藏温度。

3.冷藏货物途中保管

对冷藏货物的途中保管工作主要是控制舱内温度、CO_2含量和湿度,按要求记好冷藏舱日志。航行途中应保持冷藏舱内规定的冷藏温度,尽量使温度的波动不超出允许范围。对冷却运输的货物应按要求进行货舱的通风换气。CO_2浓度过大会使水果、蔬菜等处于缺氧呼吸(即发酵作用)而导致其易于腐烂变质。所以,这类货物运输途中应根据CO_2测试仪或由实践经验来控制每天的舱内换气次数。

保持舱内适宜的相对湿度对冷却条件下运输的水果、蔬菜等货物特别重要。湿度过高货物容易滋生细菌,过低又会使货物中的水分损失过多而影响货物品质。

知识点7:杂货的积载要求

在货物积载的各项要求中,杂货的积载在保证货运重量和满足货物装卸要求方面有特殊的要求。

一、保证货运重量的积载要求

为保证货运重量,杂货积载时主要应做到以下4个方面。

1.正确选择货物的舱位和货位

(1)根据货物的装载要求正确选定各类货物的舱位。如贵重货应置于贵重舱,危险货应远离机舱、驾驶台及船员住室,重大件应置于重吊所能及的上甲板和大舱内等;

(2)怕热货不能置于热源附近或温度较高的舱室;

(3)怕潮货不能置于易产生汗水的部位;

(4)重货不压在轻货的上面;

(5)怕冻的货物在冬季不置于上甲板;

(6)后卸港货物不堵先卸港货物的卸货通道。

2. 货物在舱内要正确堆码和系固

(1)货物在舱内堆码时垛形应符合要求,即货垛应稳固、有利于通风、操作方便、有利于充分利用舱容;

(2)底舱大票货物应尽量平铺。必须扎位(Block stowage)时,不得直立扎位、左右扎位和深扎位;

(3)各类包装的堆码高度不能超过限高;

(4)应做好货物的系固。一般货件之间应靠紧,空隙处应用木材、绳索等予以固定,使其在航行中不发生移位。对于重大件货物的系固要求则更高。

3. 正确处理货物的忌装

性质互抵、至少不能相邻堆装的货物称为忌装货。忌装货混装后,轻则会影响货物的重量,重则会使货物丧失其使用价值甚至造成严重事故。因此,必须对忌装货进行隔离。

杂货在船上装载的隔离要求有以下三种。

(1)至少不能同舱装载,即忌装货物不能装载在同一货舱。即使分装于同一货舱的二层舱和底舱也不满足此项要求。如潮湿货和怕潮货应满足此项隔离要求。

(2)至少不能同室装载,即忌装货物不能装载在同一舱室。如食品类货物与气味货应满足此项隔离要求。

(3)至少不能相邻装载,即在互抵货物之间用其他不互抵的货物隔开就不属于互抵。如小五金与丝绸、棉布、纸张等薄包装货物应满足此项隔离要求。

正确处理货物的忌装,必须明确各种常见货物的忌装要求和混装后果,并在货物装载的实际工作中严格地贯彻执行。附录七中表 F7 – 2 列出了部分杂货的混装后果和忌装要求,供参考。

4. 正确处理货物的衬垫和隔票

(1)货物的衬垫(Dunnage)

货物与货物、货物与船体间的衬垫是保护货物完好、保证船货安全的重要措施之一,它的作用是防止货物水湿、撒漏、污染、震动、撞击、压损、移动及防止甲板局部构件受损等。

(2)货物的隔票(Separation)

为提高理货工作效率,减少和防止货差,加快卸货速度,在货物装舱时,对不同卸货港、不同货主、不同提单号的货物应做好隔票工作。隔票的方法有自然隔票和材料隔票两种。自然隔票是指用不同包装的货物进行隔票;材料隔票是指用专门的隔票物进行隔票。常用的隔票材料有绳网、绳索、草席、帆布、油漆或黏胶布等。

在货物装载中,应根据货物品种的不同,正确选用隔票方法和材料。各类包装货物应尽可能采用自然隔票。对于线材类货物,如钢材、钢管、原木等则多用不同颜色的油漆、黏胶布和钢丝绳等进行隔票。

二、货物装卸对积载的要求

这一要求主要包括保证各中途港货物的合理积载和有利于货物的快速装卸。

1. 中途港货物的合理积载

由于杂货船每个航次要停靠多个中途港进行部分货物的装卸,积载时必须做到以下几点。

(1)保证各中途港货物的顺利卸载

货物在船上配置位置一般应能做到使后卸货先装,先卸货后装。为此,安排货位时,应按货物到港的反次序,在底舱由下而上配置,在二层舱由舱口位四周向舱口位配置。当先卸的重货和后卸的轻货配置于同一舱室时,可以采用扎位堆装。终点港的货物应配置在底舱的最下层或扎位堆装或在二层舱的最里面,最先到港的货物应安排在底舱和二层舱的舱口位或最上层。

在二层舱舱口位四周1米以外可供配置后卸货的最大货舱容积称为货舱的防堵舱容。在该二层舱内实际配置的后卸货物体积称为防堵货物体积,为保证二层舱内舱盖能在卸底舱先卸货时顺利开启,该二层舱内的防堵货物体积不能超过其防堵舱容。

当需要在甲板上装载货物时,在舱盖部位只能配置先卸货。

有些船舶的贵重舱设在其他货舱内,无单独舱口,在这种贵重舱内配置先卸货时,应保证其通向舱口的通道不被后卸货堵住,以使其能顺利卸载。

(2)保证不同到发港货物的合理积载

当一个航次有多个装货港时,应统筹考虑货物的性质和到港顺序,保证各到、发港货物的顺利装卸和轻重货物的合理积载。

例如某轮某航次计划在青岛港装载去鹿特丹的罐头、去汉堡的棉纺织品、五金,然后在上海港加装去鹿特丹的罐头、杂货及去汉堡的茶叶,其较合理的方案之一如图3-3所示。

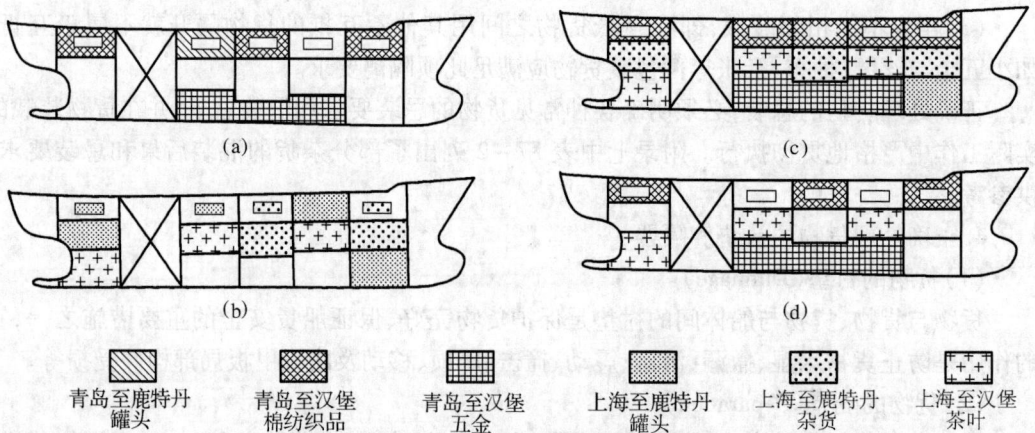

图3-3　不同到发港货物积载
(a)青岛港装载情况示意图;(b)上海港加载情况示意图;
(c)离上海港时装载情况示意图;(d)离鹿特丹港时装载情况示意图

(3)保证选港货(Optional cargo)和转船货(Transshipment cargo)的合理积载

远洋杂货船常装运一些选港货和转船货。选港货是指货物装船时未确定运抵的目的港,只选定几个可能的卸货港的货物,按提单条款规定,在船舶到达其第一个选卸港前的24~48h才电告其确定的卸货港。所以,选港货的配置舱位必须在其各选卸港均能顺利卸载且不影响其他货物卸载的部位。转船货的批量一般都不大,应尽量集中配置,以便于在转船港集中卸载、保管或过驳。

(4)保证船舶在各中途港卸载或加载后的稳性、强度及吃水差都满足要求

当船舶在中途港只卸不装时应将航次终点港的货载适当地分布于各货舱并且应将其部分货载配置于二层舱;当中途港货载数量较大时,不能将其过分集中于少数货舱,以利于满足中途港卸载后船舶强度的要求和缩短船舶在中途港卸货作业时间。

2. 保证货物的快速装卸(Rapid loading and discharging)

为加快船舶的周转,应尽量缩短船舶在港停泊时间,为此应做到以下几点。

(1)安排货位时应考虑便于装卸和安全操作

重大件货物一般应配置于货舱的舱口位或重吊可达到的部位,以利装卸和减轻装卸工人的劳动强度;在舱高较小的二层舱等舱室配置多种货物时,宜用扎位堆装,不宜多层平铺,以便于工人直立操作;杂货船上配置部分散货而且采用抓斗卸载时,不宜配置于狭窄的小舱,以利减少卸载时的清舱工作量等等。

(2)缩短船舶的在港停泊时间

船舶在港停泊时间分为生产性停泊时间和非生产性停泊时间,而生产性停泊时间又由装卸作业时间和不能与装卸同时进行的辅助作业时间所组成。从积载的角度,缩短船舶在港停泊时间主要是缩短船舶的生产性停泊时间。为此,在选配各舱货载时,应考虑有利于平衡舱时,即尽量缩短船舶的重点舱(船舶各货舱中所需装卸时间最长的货舱)(Long hatch)和非重点舱之间的时间差距,所以,应尽可能将装卸效率较高的货物多配置于重点舱,以利缩短整船作业时间;在舱高较高的货舱(如底舱)安排大票货物的货位时,应尽量采用平铺堆装,以利于扩大操作场地,加快装卸速度,在采用扎位堆装时,也应考虑尽量扩大操作场地,有利于快速装卸;对于需要在专业码头装卸的货物应集中配置;需要过驳的货物应集中一舱或间舱配置,以利减少浮吊移动次数和驳船的进出挡;可以使用相同的装卸属具的货物应尽量一次装舱,以减少调换属具的时间等。

此外,在港期间船方应积极主动加强与港方的联系,争取港方的密切配合,尽可能使辅助作业与装卸作业同时进行,减少辅助作业时间及等泊位、等工人等非生产停泊时间,这些也是缩短船舶在港停泊时间,加速船舶周转不可忽视的工作。

知识点 8:杂货船积载计划的编制

编制船舶积载计划是一项细致、复杂而又直接影响船舶安全、货物运输重量及船舶营运经济效果的重要工作。它必须根据前述关于杂货船积载的要求,结合船舶、货物、航线和港口的实际情况,并满足对船舶积载的各项基本要求。在实际工作中,由于船舶类型不同,货物种类各异,到港数量不等等原因,船舶积载计划编制的程序也有繁有简,下面仅介绍编制杂货船积载计划的一般步骤。

一、准备工作

在编制积载计划之前,负责此项工作的大副必须熟悉和整理船舶、货物、港口、航线等情况和有关资料,做好充分的准备工作。

1. 熟悉船舶情况和资料

需熟悉与积载有关的船舶情况和资料包括:

(1)船舶各货舱结构、装卸货条件及装卸设备等情况。如各货舱和货舱口的位置、尺度、容积;各层甲板安全负荷量;各二层舱舱口位容积及防堵舱容;各货舱的吊杆数及其安全负荷量和舷外跨度;油水舱和压载舱的位置、容积、容积中心位置及自由液面惯性矩;船舶航行和停泊每天燃料和淡水消耗定额以及货舱内各种设备,如支柱、地令、轴隧、污水井的位置,测水管、电缆、通风设备的布置情况等。为便于查阅使用及公休交接,一般都将上述情况整理成文字资料或以图表示的船舶卡片,图3-4和图3-5是"Q"轮的两张船舶卡片。

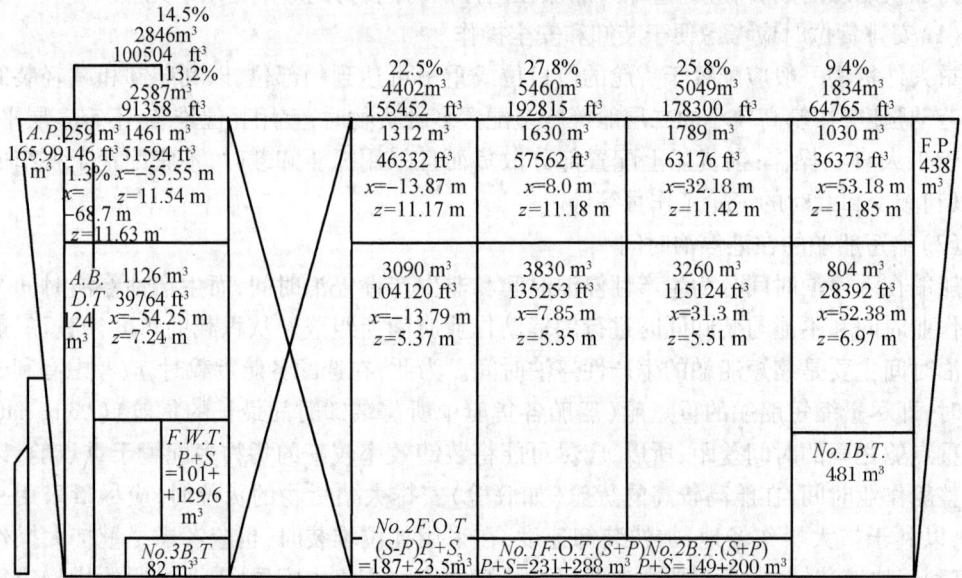

图3-4　船舶卡片(一)

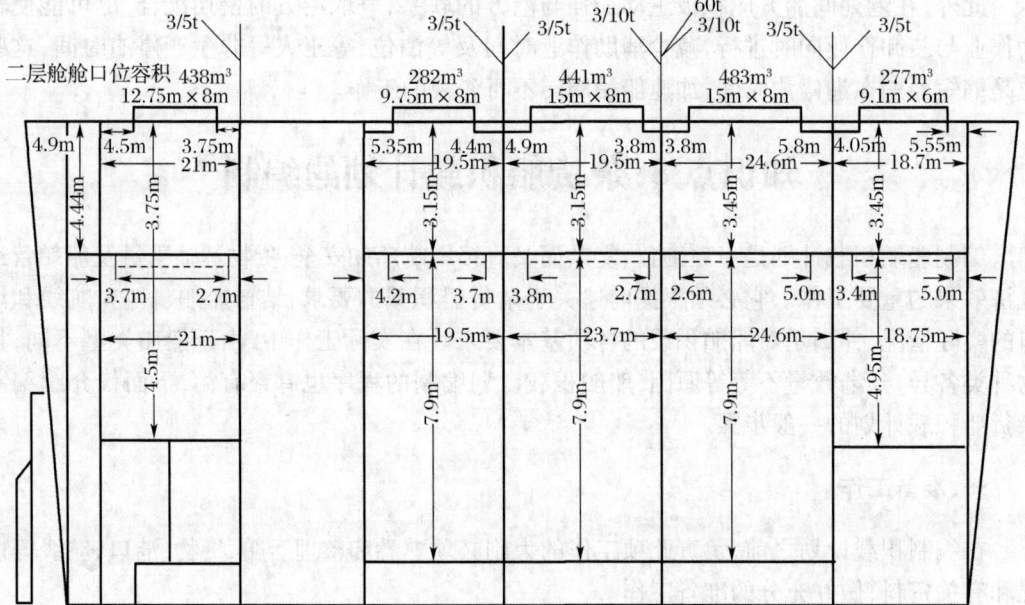

图3-5　船舶卡片(二)

(2)船舶性能数据资料。即以数字表示的船舶静水力参数图表。

(3)强度曲线图或对船中载荷切力和弯矩允许范围数值表或其他表示船舶强度要求的资料。

(4)装载少量载荷(如100 t)船舶首尾吃水变化曲线图或数值表。

(5)最小许用初稳性高度或许用重心高度或适度初稳性高度和吃水差值资料。

(6)满足船舶强度条件、稳性、吃水差要求的各货舱、各层舱的货物重量分配比例。该数据随船舶的排水量不同而变化。经过多次实践可以总结出船舶在不同载货量时各货舱、各层舱应分配货重的合理比例数，也可以从"船舶稳性报告书"中找到这些数据。如果没有这些资料，还可以通过计算求得这些数据。

2.熟悉航次货载情况

船舶每航次装运的货物均以装货清单(Loading list)的形式通知船方。驾驶员在编制积载计划前，首先应从装货清单中了解本航次货载情况，不清楚之处应通过代理人员或港方了解清楚。有时，还应到现场观察和核对货物的尺寸、形状和包装情况(材料、尺码、牢固程度等)，了解的重点应放在不熟悉的、首次装运的货种和对运输保管有特殊要求的货种上。

3.熟悉航线、港口情况

这方面应了解和熟悉以下情况：

(1)本航次所经的海区和季节期，以确定船舶允许使用的载重线。

(2)航次所经海区的风浪、气温变化情况。如船舶航经台风区，则应慎重安排甲板货的数量、货种和货位并做好相应的防范措施(如加强系固等)。如航经海区气温变化较大，则应在货物通风、衬垫和防汗水等方面预先采取措施。

(3)本航次所经海区及港口泊位的水深、有无浅水区及其限制吃水，以确定船舶的允许最大吃水。

(4)本航次所到港口的有关装卸运输条件及规定。如港口装卸工具、起重设备能力，同时作业头数，每天作业班次及节假日规定等，以便积载时作出妥善安排。

上述有关船、货、港、航等方面的情况中，有关船舶的情况和资料在一定时间内是不变的，应将它们整理成清晰的文字、图表和数据资料，以便于使用。关于货、港、航的情况，则随航次的不同而异。但是，驾驶人员仍应注意积累有关资料，如各种货物的特性及运输保管要求、积载因数、亏舱率等；各航区的特点；各港口与装卸有关的情况等。

二、编制积载计划的步骤

在做好上述准备工作以后，可按下列步骤编制积载计划。

1.核定航次货运任务与船舶载货能力是否相适应

这一步工作的目的在于校核船舶能否承运本航次装货清单中所列的全部货物。

(1)计算本航次船舶的航次净载重量并查取船舶货舱总容积。

(2)审核装货清单上所列货物的重量、件数、体积、尺码及它们的总和是否正确。

(3)比较装货清单上的货物总重量和总体积(包括亏舱)与船舶的净载重量和货舱容积。

如果净载重量和货舱容积分别大于或等于货物的总重量和总体积，一般，装货清单上所列货物能够全部装运。但是如果航次货载中性质互抵的货物过多、危险货物品种过多或有特殊装载要求的货物过多，而船舶条件无法满足时，也需要调换或退掉部分货物。不过这种情况一般要在进行货物具体配舱和安排货位时才能发现并作出决定。如果航次货载中货量过少，轻重货物比例过分失调，使船舶亏载或亏舱过多，则应争取追加或调换部分货载。

对于有经验的驾驶员，这一部工作通常不必进行计算就可以作出结论。

2.确定航次货重在各货舱、各层舱的分配控制数

为了减少货物初步配舱时的盲目性，在航次货重确定以后，应先根据船舶稳性、船舶强

度条件及吃水差的要求确定航次货重在船上各货舱、各层舱的分配控制数。

3. 确定货物的舱位和货位

即确定货物的初配方案。正确安排各票货物的舱位和货位是保证货物运输重量及提高船舶营运经济效益的重要环节,也是编制杂货船积载计划的很关键的和最费时的一项工作。

在进行货物初步配舱时,应着重考虑除了稳性、船舶强度条件、吃水差以外的其他各项要求,即应根据货物的性质、轻重、包装、运输保管要求、货舱设备条件和船舶到港次序、装卸作业的条件和要求等因素来进行安排。

远洋货船每个航次不仅货票多、货类杂,而且中途靠港多。为使初配工作少走弯路,掌握货物配舱的方法十分重要。货物配舱的方法和原则可以归纳如下。

(1)根据货物的到港、性质、轻重、包装,对货物进行归类。这是货物配舱时首先要做的工作。

(2)特殊货物首先定位,忌装货物谨慎搭配。在上述归类的基础上,首先安排特殊货物的舱位和货位,如危险货、贵重货、重大件货物、怕热货等均应根据其要求安排合理的舱位和货位,同时要合理安排忌装货物,恰当搭配,防止混装。

对于有特殊装载要求和忌装货物的舱位安排,应根据前面有关项目所述的要求,做到全船统筹兼顾、综合考虑。

(3)按自下而上,从里到外,先远后近,先大后小的原则,对普通货物逐舱进行分配。

一般,船舶每个航次的货载中,特殊货物所占比例不会很大,在进行了第二步以后,各货舱内均尚有多余的舱容和重量,而余下的货物都是普通货物,它们对舱室无特殊要求,也无忌装要求,此时应根据各舱剩余的舱容及装载重量,将各票普通货物安排到各个货舱。安排时应注意将后到港的货物安排在舱的下面和里面,先到港的货物安排在舱的上面和舱口位置附近,以便于到港卸货;同时,为便于货物配置,应先安排远程货批量大的货物,后安排近程货批量小的货物;对于普通货物,配舱时应逐舱进行,以减少差错。

(4)大硬配中,小软首尾,轻重大小合理搭配,首尾货舱留出机动舱容与货载。

普通货物安排时,还应注意将大包装、硬包装的货物尽量安排在中部货舱,小包装、软包装的货物尽量安排在首尾货舱,以减少亏舱,同时,每个货舱内安排货物时应做到轻重搭配,才能使全船货载顺利配舱。此外,应在首尾货舱留出一定的机动货载,以便于后面进行吃水差等的调整。所留调整货量视船舶大小而异,对于万吨级的杂货船,一般应留 100~200 t 为宜。

4. 对初配方案进行全面核查

为保证配货方案的正确无误,初配工作完成以后应进行全面的核查,其内容包括:

(1)检查装货清单上的所有货物是否都已装舱,有无漏配或重配。

(2)核查各货舱、各层舱所配货重是否在预计的范围内。

(3)核查各舱室所配货物能否装得下。

(4)各底舱的先卸货是否被堵。

(5)各货舱内所配货物性质是否互抵。

(6)如有单件较重货,则应检查所载部位的局部受力是否允许。

如发现有不符合要求者,应及时调整。

5. 核查和调整船舶的稳性、纵向受力和吃水差

初配方案完成并进行全面核查调整,没有差错以后,应按初配的结果,对船舶的稳性、纵向受力和吃水差进行核算,以判明其是否符合要求。这种核查一般必须包括以下状态:船舶

离始发港,到、离各中途港及到终点港。

如果驾驶员按各舱经验比例配货,对船舶的稳性、纵向受力和吃水差有充分的把握,对如下状态也可以不进行核算:船舶离始发港、各中途港只卸不装或有装有卸并补足了油水的离港状态。但是,要特别重视各到港状态的核算。对各状态的核算结果应记录在案,以备查用。

6. 绘制正式积载图

对初配方案进行了核查、核算、调整,认为符合各项要求以后,就可以据此绘制正式积载图。

货物积载图是船上各货舱内货物配置及其堆装工艺的示图,它是货物装船工作的指导性文件,应按一定的格式绘制,且要求清晰、简单、明了、易懂。积载图上应写明船名、航次、始发港、各中途港、终点港、离始发港时的首尾实际吃水和平均吃水。在积载图上方两侧的表格内应按要求填写航次货载在各舱、各层舱内配置的吨数和件数及各到港货载在各舱的配置重量和总重量等。在积载图上,各票货物应标明:货名、装货单号码、到港、重量、件数及包装形式等。每票货物在图上所占的面积应大致与其体积相当,各货票之间应以虚线分隔。

为了能清楚地表示出各票货物的装载位置,一般在舱高不大的二层舱部位以俯视图标示;底舱部位以侧视图标示,其标示方法及含义见图 3-6。

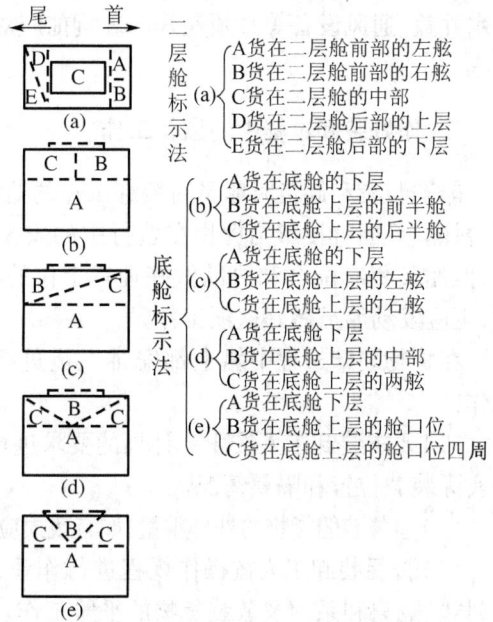

图 3-6 积载图表示法

当中途港较多时,不同到港货物的货位可以用不同的颜色标示,有些需要专门衬垫的货物,应画出明显的标记。当船舶装运重大件货物时,应以附图标明重大件货物的装舱位置,必要时,还应在具体货位上画上明显的货位标记,以利正确装载。

此外,为了保证积载的重量和要求,在积载图下方的备注栏内应扼要注明装载时应注意的问题,如吊杆安全负荷量、衬垫、隔票、通风、防堵、系固及其他应特殊处理的事项等。

知识点 9:杂货运输全过程中的注意事项

承运人在运输货物中负有管理船舶和管理货物两大义务。在管理货物方面要求承运人在运输全过程中负有不可免除的责任。因此,必须做好货物运输过程中每个环节的工作。

一、做好货舱准备工作

货舱适货是承运人管理船舶义务的一部分。所谓货舱适货是指货舱必须适合于收受、装运、保管所承运的货物。不同的货物对货舱的要求不尽相同。各类杂货的货舱应根据货物情况做到清洁、干燥、无味、无虫、无漏,舱内设备完好,有时需经检验合格取得验舱证书。

(1)清洁。舱内无残留的货物、无油漆皮及有害杂质和污秽物质。

(2)干燥。舱内应无积水、汗水和潮湿现象。如不合格,应通过通风、擦拭或烘烤使其达到要求。

(3)无味。舱内应无油漆味、腥味、臭味等足以影响货物重量的异味。如有异味,可以用茶叶、咖啡豆等加热熏蒸或用化学方法除味。

(4)无虫。舱内应无虫害和鼠害。如有,可以采用杀虫剂或化学杀虫的方法除虫,或按要求进行熏舱。

(5)无漏水及舱内设备完好。货舱必须水密,舱内的各种管道无漏水,舱内的人孔盖、污水井盖、通风设备等必须完好。装货前应对货舱进行检查,发现问题及时处理,使之符合要求。

二、作好装卸过程中的监管工作

船舶装货和卸货时船员对装卸工作的监管对保证货运重量十分重要。货物在舱内的堆码、衬隔、系固直接影响货物在航行中的安全和重量。虽然多数船舶委托理货公司进行理货,但船员仍有配合和协助做好理货工作的责任,特别是装卸贵重物品和价格较高的货物时,更应发动船员做好这项工作。

在货物装卸过程中船上都安排人员进行看舱,看舱人员在船舶装卸货时应做好以下工作:

(1)要求装卸工人按积载计划的要求进行装货作业,如有变化应请示大副,并记录货物的实际装载位置和隔票情况。

(2)监督装船货物的外部重量,如有残损应报告大副视情况或拒装或批注等并作好记录。

(3)督促装卸工人按操作规程进行作业,制止各种违章作业。并按要求做好组件货物的衬垫、隔票和系固及散装货物的平舱工作。

(4)督促理货人员正确理货、检残,分清原残、工残,做好现场记录及签认,必要时船员参加理货,并与理货人员核对装船货物的数字,如双方数字不符或与装货单数字不符,则应报告大副进行处理。

(5)保证装卸货的工作场所适工,根据天气情况及时开关舱并确保装卸货的安全。

(6)卸货时应特别注意防止工人"挖井"、拖关及货物的混票和混卸。

(7)当卸货时发现货物残损,应分清是原残或工残,此时的原残属于船方管货而产生工残则因装卸不当所造成,应与装卸公司共同作好记录并签认。

大副除处理上述有关事项外,还应做好以下工作:

(1)装载危险货物、重大件货物及贵重货物时,应到场监装或指导,以保证装载重量和防止货物被窃。

(2)应随时掌握全船的装货进度和货损情况,检查货物的堆码、衬垫、隔票、系固、平舱等情况,必要时调整货载,及时签发收货单和做好批注工作。

(3)装货结束,应会同有关人员检查货舱,当确认一切正常后及时封舱。

(4)卸货结束,应会同有关人员检查有无漏卸货物,并安排人员清理货舱和衬垫物料,为下一个航次做好准备。

三、做好航行途中对货物的保管

航行途中对货物的保管是承运人管理货物的内容之一。

航行中对货物保管的内容主要包括以下4个方面,即经常检查货物在舱内的状况、测量舱内温湿度及污水、察看烟雾报警器及怕热、怕潮等货物的情况;做好特殊货物的管理工作,如危险货物的防燃、防爆及防其他重大事故、贵重货物的防窃、尽量保持冷藏货物的温度恒定等;注意气象变化,做好恶劣天气的防范工作,如货物的加固、通风设备的紧固、舱盖的密固以及做好货舱的通风。下面重点论述货舱通风。

1.货舱通风的目的

(1)降低舱内空气的露点温度,防止舱壁和货物表面产生汗水。

(2)降低舱内的温度,防止货物变质受损及自燃。

(3)提供新鲜空气,防止货物腐败变质。

(4)排除有害气体,防止发生燃烧、爆炸和人员伤害事故。

2.货舱通风的方式

货舱通风方式有自然通风、机械通风和干燥通风,其相应的设备是自然通风装置、机械通风装置和干燥通风装置。

(1)自然通风是利用货舱通风筒和自然风力进行的通风。自然通风又分自然排气通风和对流循环通风两种。

①自然排气通风。将货舱的通风筒口全部朝向下风向,依靠空气的自然流动,使舱内暖湿空气徐徐上升排出舱外。这种通风方式安全可靠,但速度缓慢。当天气晴好、甲板不上浪时,还可以把货舱盖全部或部分打开,使通风速度加快。

②对流循环通风。将上风一舷的通风筒口朝向下风向,将下风一舷的通风筒口朝向上风向,依靠风压形成对流循环通道使舱内的空气排出舱外。这种通风方式速度较快,适于大量旺盛通风时采用,但当外界气温较低而舱内的温湿度均较高时,不宜采用这种通风方式,否则会使舱内产生雾气。

自然通风由于受风力、风向、自然条件及通风筒截面等限制,往往不能满足通风的要求。

(2)机械通风是利用安装在货舱的进气和排气通风管道口的鼓风机进行的强力通风。

远洋船上一般均设有这种通风装置。采用机械通风,可以通过调节阀控制通风量,舱内设有通风管道延伸至货舱两侧,管道上间隔一定距离开设通风口,可使货舱各处都能得到充分的通风。但当外界空气的湿度很高而舱内又需要干燥空气时,用这种方法也不能满足通风的要求。

(3)干燥通风是利用货舱干燥通风装置进行的通风。

干燥通风装置由空气干燥机、货舱通风系统及露点指示记录器三部分组成。当外界条件适宜于通风时,可将调节器置于"通风"的位置上;当外界条件不适于通风时,可将调节器置于"再循环"位置上,并开启干燥空气接口,使干燥空气进入舱内,其输入量可以自由调节。但此时由于向舱内输入了干燥空气,货舱气压必然升高,故应将排气管口的调节器适当打开一些,以使货舱增压的气流适当排出。可以根据露点记录器的记录,正确选定上述的通风措施。

3.货舱通风的基本原则

(1)降低舱内露点,防止产生汗水的通风原则

在一定温度下,空气中的水汽达到最大值时,称这种空气处于饱和状态。未达到饱和状态的空气,随着温度的下降也会达到饱和状态。饱和状态的空气温度称为露点。

露点温度可以根据测定的干、湿球温度之差值及湿球温度在露点温度查算表(表3-3)中查得。

表 3 – 3　露点查算表

湿球温度/℃	干、湿球温度差值/℃																						
	0.0	0.5	1.0	1.5	2.0	2.5	3.0	3.5	4.0	4.5	5.0	5.5	6.0	6.5	7.0	7.5	8.0	8.5	9.0	9.5	10.0	10.5	11.0
-5	-6	-7	-8	-9	-11	-13	-14	-17	-19	-22	-27	-38											
-4	-5	-6	-7	-8	-9	-11	-12	-14	-16	-19	-22	-26	-33										
-3	-3	-4	-5	-7	-8	-9	-11	-12	-14	-16	-19	-22	-26	-32	-37								
-2	-2	-3	-4	-5	-6	-7	-9	-10	-12	-14	-16	-18	-21	-25	-30	-31							
-1	-1	-2	-3	-4	-5	-6	-7	-8	10	-11	-13	-15	-17	-20	-23	-28	-36						
0	0	-1	-2	-2	-3	-4	-5	-7	-8	-9	-10	-12	-14	-16	-19	-22	-26	-32					
1	1	0	-1	-1	-2	-3	-5	-6	-7	-9		-10	-12	-13	-15	-18	-20	-24	-29	-39			
2	2	1	1	0	-1	-2	-4	-5	-6	-7		-8	-9	-11	-12	-14	-17	-19	-22	-27	-34		
3	3	2	2	1	0	-1	-2	-3	-4	-5		-6	-7	-9	-10	-12	-13	-15	-18	-21	-24	-30	-40
4	4	3	3	3	2	2	0	-1	-2	-2	-3	-4	-5	-7	-8	-9	-11	-12	-14	-16	-19	-22	-26
5	5	4	4	3	3	1	1		-1	-2	-3	-4	-5	-6	-7	-8	-9	-11	-13	-15	-17	-19	
6	6	6	5	4	4	3	3	2	1	1	0	-1	-2	-3	-4	-5	-6	-7	-8	-10	-11	-13	-15
7	7	7	6	6	5	4	4	3	3	2	1	1	0	-1	-2	-3	-4	-5	-6	-7	-8	-10	-11
8	8	8	7	7	6	6	5	4	4	3	3	2	1	1	0	-1	-2	-3	-4	-5	-6	-7	-8
9	9	9	8	8	7	7	6	6	5	4	4	3	3	2	1	1	0	-1	-2	-3	-4	-5	-6
10	10	10	9	9	8	8	7	7	6	6	5	5	4	4	3	2	2	1	0	-1	-1	-2	-3
11	11	11	11	10	10	9	9	9	8	7	7	6	6	5	4	4	3	3	2	1	0	0	-1
12	12	12	12	11	11	11	10	10	9	8	8	7	7	6	6	5	5	4	3	3	2	2	1
13	13	13	13	12	12	12	11	11	11	10	10	9	9	8	8	7	6	6	5	5	4	4	3
14	14	14	14	13	13	13	12	12	11	11	10	10	9	9	8	8	7	6	6	5	5	5	
15	15	15	15	14	14	14	13	13	12	12	11	11	10	10	9	9	8	8	7	7	6		
16	16	16	16	15	15	15	14	14	14	13	13	12	12	11	11	10	10	9	9	8	8		
17	17	17	17	16	16	16	15	15	15	14	14	13	13	12	12	11	11	10	10	10			
18	18	18	18	17	17	17	16	16	16	15	15	14	14	14	13	13	12	12	11	11			
19	19	19	19	18	18	18	17	17	17	16	16	15	15	15	14	14	13	13	13				
20	20	20	20	20	19	19	18	18	18	17	17	16	16	16	15	15	15	14					
21	21	21	21	20	20	20	20	19	19	19	18	18	18	17	17	17	16	16	16	15			
22	22	22	22	21	21	21	21	20	20	20	19	19	19	18	18	18	17	17	17				
23	23	23	23	22	22	22	22	21	21	21	20	20	20	19	19	19	19	18	18				
24	24	24	24	23	23	23	23	22	22	22	21	21	20	20	20	20	19	19					
25	25	25	25	24	24	24	24	23	23	23	22	22	22	21	21	21	21						
26	26	26	26	26	25	25	25	25	24	24	23	23	23	23	22	22	22	22					
27	27	27	27	27	26	26	26	26	25	25	25	24	24	24	24	23	23	23					
28	28	28	28	28	27	27	27	26	26	26	26	25	25	25	25	24							
29	29	29	29	29	29	28	28	28	27	27	27	27	26	26	26	25							
30	30	30	30	30	30	29	29	29	29	28	28	28	28	27	27	27	27						
31	31	31	31	31	31	30	30	30	30	30	29	29	29	29	29	28	28	28	28				
32	32	32	32	32	32	31	31	31	31	31	31	30	30	30	30	30	29	29	29				
33	33	33	33	33	33	32	32	32	32	32	31	31	31	31	31	30	30	30					
34	34	34	34	34	34	33	33	33	33	33	32	32	32	32	32	31	31						
35	35	35	35	35	35	34	34	34	34	33	33	33	33	32	32	32	32						

　　当舱壁、甲板的温度下降至舱内空气的露点温度以下,或舱内空气的露点温度上升到超过了舱壁、甲板或货物表面的温度时,就会在舱壁、货舱顶部或货物表面等处产生汗水。例如,当船舶在温暖地区装货后驶往低温地区时;或虽然外界温度变化不大,但舱内货物的水分蒸发很旺盛,使舱内空气的露点温度随之升高时,都会出现上述情况,特别是当船舶由温暖地区装载易散发水分的货物驶向低温地区时,上述部位出汗更为严重。而当船舶由低温

地区装货后驶往温暖地区时,如果封舱不好,外界暖湿空气流入舱内,则很容易在货物表面产生汗水。

为防止舱内产生汗水,除装货前保证货舱干燥外,在航行中必须对货舱进行正确的通风,使舱内空气的露点温度保持低于货舱壁和货物表面的温度。其基本原则如下。

①当舱内空气的露点温度高于外界空气的露点温度时,应进行旺盛的通风,用舱外的低露点的空气置换舱内的空气,以降低舱内空气的露点温度。因此,此时可以进行对流循环的自然通风或将机械通风的调节阀开至最大,或使用干燥通风时将调节器放在"通风"的位置上。

②当舱内空气的露点温度高于外界空气的温度及露点温度时,应进行缓慢的通风,以免大量冷空气进入货舱产生雾气。因此,此时应进行自然排气的自然通风或将机械通风的调节阀关小,靠自然排气进行缓慢的通风,采用干燥通风时将调节器置于"通风"位置并追加干燥空气。

③当舱内空气的露点温度低于外界空气的露点温度时,应断绝通风,以防暖湿空气进入舱内。如果此时必须进行通风时,只能进行干燥通风,将调节器置于"再循环"位置并追加干燥空气。

(2)降低舱内温度,防止货物变质或自燃的通风原则

船舶航行中由于各种原因会引起舱内温度的升高,而货舱内温度的升高又会加剧某些货物的氧化、呼吸作用及微生物的繁殖,引起货物的变质,或由于舱内热量积聚不散而引起有些货物的自燃。因此,也必须进行正确的通风以降低货舱内空气的温度。

一般,为防止货物变质的通风原则与防止舱内产生汗水的通风原则基本上是一致的。但对于防止货物自燃的通风则应特别谨慎,因为对装载易自燃货物的货舱进行通风虽然可以驱散热量,但也会提供大量氧气而加剧氧化,或促使已达自燃点的货物燃烧。所以,为防止货物自燃的通风原则应该是:既能排除舱内的热量以防止其积聚,又避免给货物提供过多的氧气促使其氧化自燃。当确认舱内无自燃迹象且外界条件适于通风时应连续通风,但如发现舱内有自燃迹象或天气恶劣时应断绝通风,而且要关闭通风筒。当然,货种不同,连续通风的时间也不同,如经验认为,煤炭装船后应先进行 4 ~ 5 d 的表面通风,然后,每隔一天进行表面通风 6 h,即可达到排除可燃气体的目的,并可根据不同季节、地区特点、外界气温,采取甲板喷水的降温措施;当舱内货温接近 45 ℃时,应立即停止通风,封闭货舱及通风筒,防止空气进入货舱。又如装运棉花,当确认舱内无自燃迹象时,可以连续通风;当货舱有异状或天气恶劣时,则应立即断绝通风。再如装运鱼粉则应根据《国际危规》的要求,按货物情况分别采取良好通风、不需通风和不需特别通风等不同的通风方法;运输鱼粉最忌讳的是长时间的微弱通风,因为它能有效地提供氧气使鱼粉氧化而又不能有效地排除热量。当鱼粉的温度超过 55 ℃并继续上升时,应限制货舱通风。

(3)提供新鲜空气,防止货物腐败的通风原则

装运有生命的货物如水果、蔬菜等时,由于它们不断进行呼吸,使舱内空气中的氧气减少,二氧化碳增加,造成其呼吸不足且舱内空气的温、湿度升高,为微生物的繁殖提供了有利条件,促使货物腐败变质。因此,运输这类货物时应根据货物的不同要求,进行适当的通风换气。

(4)排除有害气体的通风原则

有些货物在储运过程中会散发出易燃、易爆、有毒等有害气体,因此运输这些货物时,应进行连续的旺盛通风,不断排除有害气体,不使其沉积于舱内。特别在卸货前应进行旺盛通风。

知识点 10:产生货运事故的主要原因

杂货的货运重量事故是指在海上运输过程中所产生的货物包装损坏、变形或松脱,货物外形残损、霉烂变质、重量减少或数量短缺和迟延交货等方面的事故。

杂货运输中,产生货运事故的主要原因有以下几个方面。

一、积载不当

由于积载不当而产生货运事故,具体有以下四方面原因。

1. 货物的舱位或货位不当;

2. 货物在舱内堆码不当;

3. 货物搭配不当;

4. 衬垫、隔票不当。

二、货舱及其设备不符合所运货物的要求

1. 货舱的状况不符合所装货物的要求;

2. 货舱水密性能差,货舱外板、甲板、舱口盖漏水或货舱开口或道门闭锁装置不善,造成货舱进水,引起货损;

3. 货舱设备不完善。

三、装卸过程中值班船员和装卸工人工作疏忽或失职

如船员和装卸工人在以下方面的失职:

1. 值班船员看舱松懈,疏于监装、监卸、监督理货计数,造成原损货物进舱、货物堆积不符合积载图要求、货物数量短缺或贵重货物失窃等;

2. 装卸工人工作马虎、操作不当或违章作业、野蛮装卸、使用工属具不当、货物堆装重量不符合要求等引起货损;

3. 装卸设备和工具不符合所装货物要求或其技术状态不良造成货损;

4. 装卸不适时或遇有雨雪天气未及时处理、夜间作业照明不符合要求造成货损等。

四、运输途中货物保管不当

如货舱通风不当;对污水沟(井)内污水不及时测量和排除,造成货物湿损;大风浪来临前防范措施不充分或不当;或对特殊货物如冷藏货、危险货的检查、管理不符合要求等。

五、不可抗力等原因造成货损

由于遇到恶劣天气使船体结构受损,货舱进水造成货损或使货物移位受损,或由于遇到恶劣天气使货舱长时间无法通风使货物受损等属于不可抗力所造成。根据有关规定和规则,承运人只要能提出充分的证据,并采取了力所能及的措施,可以免除赔偿责任。

六、货物本身的原因

指由于货物自身的特性或潜在缺陷在运输途中发生变质、损坏等,当承运人能举证确属此类原因时,承运人对此不负赔偿责任。

第二部分　危险货物运输

危险货物(Dangerous goods or Dangerous cargo)系指具有爆炸、易燃、毒害、腐蚀、放射性等特性,在运输、装卸和储存过程中,如处理不当,容易造成人身伤亡、财产毁损和/或环境污染而需要特别防护的货物。

海上危险货物运输具有运量大、品种多、涉及部门广、风险大和运价高等特点。为方便并促进危险货物的国际运输,国际海事组织(IMO)制定出版了国际统一的《国际海上危险货物运输规则》(International Maritime Dangerous Goods Code,缩写为IMDG Code,以下简称《国际危规》)。作为《1974年国际海上人命安全公约》(SOLAS1974)第七章修正案的内容,自2004年1月1日起,规则的绝大部分在国际危险物海运中已具有强制性。我国政府已于1982年宣布承认该规则,它已成为我国及世界多数国家在危险货物国际海运中必须遵守的一项基本法规。我国交通运输部以《国际危规》为蓝本制定并颁布了《水路危险货物运输规则》第一部分“水路包装危险货物运输规则”(以下简称《水路危规》)。该规则已从1996年12月1日起在我国境内的危险货物水路运输中实施。

包装危险货物系指,除通常所指的带包装的各类危险货外,还包括载于集装箱、可移动罐柜、公路或铁路车辆等运输单元内的无包装固体或液体的危险货物。下面主要介绍通常所指的带包装的各类危险货物的海上安全运输问题。

知识点1:《国际危规》和《水路危规》简介

一、《国际危规》简介

《国际危规》是依据并为实施《1974年国际海上人命安全公约》(即《SOLAS 1974》)和《1973/1978国际防止船舶造成污染公约》(即《MARPOL 73/78》)制定的。它适用任何总吨船舶的包装危险货物国际航线运输,但不适用于散装固态和液态危险货物和船用物料及其设备的运输。

2006年版《国际危规》由3册组成。目前的有效版本是,包括至Amdt. 33-06修正案的英文版和中文版。危规的主要内容是:第1册总则、定义和培训;分类;包装和罐柜规定;托运程序;各类包装的构造和试验;以及运输作业的有关规定等内容。第2册危险货物的中英文名称索引;危险货物一览表和限量内免除(简称“危险货物一览表”)等内容。第3册为补充本,主要包括《船舶载运危险货物应急措施》(EmS)、《危险货物事故医疗急救指南》(MFAG)、报告程序、货物运输组件的装载等内容。

危规将危险货物按其主要特性和运输要求分为9个大类,每一大类又细分为若干小类。危规采用概括描述和品种罗列并举的方法来鉴别危险货物与非危险货物;并在危险货物一览表中对单一(类)物质或物品进行详细说明。一览表在规则中占了很大篇幅,表中所列危险货物是按联合国编号(“UN No.”是指由联合国危险货物运输问题专家委员会制定的《危险货物运输建议书》(简称联合国“橙皮书”)中对每一种常运危险物质和物品所用的以4位

阿拉伯数字表示的代码,并在各种运输方式中被公认)顺序编排的,共列出了四种条目:

物质或物品的单一条目,如丙酮(UN No.1090);

物质和物品的通用条目,如香水(UN No.1133);

未列明的特定条目,如醇类,未列明(UN No.1987);

未列明的通用条目,如易燃液体,有机的,未列明(UN No.1325)。

"未列名条目(Not Otherwise Specified 缩写为 N.O.S.)"用于不另外具体列出名称的同一特定种类的货物。这样,危规实际上将所有的危险货物(包括尚未出现的一些化工产品)都已包括在内。船方在承运具有危险特性但"未列名"的货物时,必须要求托运人提供《危险货物技术说明书》,以确定该货物分属哪一类"未列名"条目,以便于采取相应的防护措施。

危规的基本使用方法是:首先熟悉规则第 1 册中的总则、分类、托运程序、包装规定,以及运输作业的有关规定;然后由规则第 2 册的索引查取特定危险货物的 UN No.,并由此按 UN No.顺序进一步查阅"危险货物一览表和限量内免除"中的特定行,在该行内列有许多代码或编号,由代码或编号再查阅有关章节或附录,以获得其详细的说明。

危规具体查阅方法通常可以分为以下两步:

1.按货物正确运输名称(Proper shipping name,PSN)查危险货物的 UN No.

以货物的英文(按英文字母顺序)或中文(按汉语拼音字母顺序)正确运输名称查《国际危规》第 2 册"危险货物英文名称索引"或"危险货物中文名称索引",以获取其分类、UN No.等。例如:Calcium Carbide(碳化钙),按字母 c,a,1,c……顺序查取(见表 3 - 4 和表 3 - 5)。但货名若以阿拉伯数字、N_、希腊字母等作词头,查索时,这类词头被忽略。

表 3 - 4　危险货物英文名称索引

Substance,material or article	MP	Class	UN No.
Calcium Bisulphite,Solution,see	—	8	2 693
CALCIUM CARBIDE	—	4.3	1 402
...			

表 3 - 4 中,MP 列若标有"P"表示海洋污染物,标有"PP"表示严重海洋污染物,标有"·"表示可能是 P 或 PP,Class 列是货物的分类号。物质、材料或物品名称后有"see"(同表 3 - 5 中"见"),指该名称为同义词。

2.按货物的联合国编号(UN No.)查"危险货物一览表和限量内免除"

表 3 - 5　危险货物中文名称索引

物质、材料或物品	联合国编号
tan	
炭黑,见	1361
碳化钙	1402
碳化铝	1394
……	

在《国际危规》第 3 部分(位于第 2 册)中列有危险货物一览表。该表按危险货物联合国编号 UN No.顺序列出了 4 000 多个危险货物条目。例如碳化钙,按联合国编号 1402 可查得如表 3 - 6 所示内容。

表 3 - 6 中分类、副危险、包装类说明见本部分后面有关章节。"特殊规定"栏是列于危规第 3.3 章对该货物特殊规定的编号,如编号 951 的特殊规定是"使用散货包装气密封口并

具有氮气覆盖层"。规则第 3.3 章编号 900 的特殊规定列有一份禁止海运的物质清单。"限量"栏是规定该货物每一内包装认可的最大量。规则中对危险性较小,托运量小于其规定限量的包装危险货物,可按限量条款,相应地免除有关运输要求。"包装"、"中型散装容器"和"可移动罐柜与散装容器导则"栏列出的是危规在第 4 章内对该货物所使用的各类包装提供详细规定的编号。"EmS"栏是危规补充本《船舶载运危险货物应急措施》(EmS)中火灾(共有 10 个)和溢漏(共有 26 个)的应急编号,以 F 为首代码的是火灾应急表的表号,以 S 为首代码的是溢漏应急表号。"积载与隔离"栏提供了对该货物的积载和隔离的规定。爆炸品分为 01 – 15 共 15 种,非爆炸品的积载分为 A – E 共 5 种(表 3 – 7)。

表 3 – 6 危险货物一览表和限量免除

UN No.	正确运输名称(PSN)	类别或小类	副危险	包装类	特殊规定	限量	包装		中型散装容器	
							导则	规定	导则	规定
1402	碳化钙	4.3	—	Ⅰ	—	无	P403	PP31	IBC04	B1
1402	碳化钙	4.3	—	Ⅱ	951	500 g	P410	PP40	IBC07	B2

可移动罐柜与散装容器导则			EMS	积载与隔离	特性与注意事项
IMO	UN	规定			
—	BK2	—	F_G S_N	积载类 B 与酸类隔离	固体,与水接触迅速放出高度易燃气体乙炔。乙炔可与一些重金属盐组成高度爆炸性化合物。与酸类接触发生剧烈反应
—	T3,BK2	TP33			

表 3 – 7

积载类	A	B	C	D	E
货船	舱面或舱内	舱面或舱内	只限舱面	只限舱面	舱面或舱内
客货船①	舱面或舱内	只限舱面	只限舱面	禁止装运	禁止装运

注①:指载客限额超过 25 人或按船舶总长度每 3 米超过 1 人(以数字较大者为准)的货船。

应当注意的是,《国际危规》通常每两年出版一个补篇,用以对规则内容进行修改和增删。当危规使用者收到此类文件后,应当按要求对危规进行换页、插页、粘贴和修改,使之处于最新和有效状态。

《国际危规》Amdt.32 – 04 修正案中增加了新的第 1.4 章"保安规定",提出了"后果严重的危险货物"的规定(属建议性)。所谓后果严重的危险货物是指具有在恐怖事件中被滥用的潜在可能、会产生诸如大量人员伤亡或巨大破坏的严重后果的危险货物,如大部分爆炸品、有毒物质、6.2 类中的感染性物质等。第 1.4 章要求对发货人和从事后果严重危险货物运输的其他人应采用、实施和遵守有针对性的保安计划。要求在保安计划中增加有关人员的保安职责,做好对所运危险货物的记录,正确评估保安风险,配备必要的能降低保安风险的设备和资源,制定出应对保安威胁、保安违章或相关事件的报告和处理的有效程序,确保尽一切可能限制运输信息的传播等内容。

二、《水路危规》简介

《水路危规》是以我国现行的危险货物运输法规、条例、国家标准和《国际危规》为依据,参考了联合国危险货物运输问题专家委员会制定的《危险货物运输建议书》,并结合我国水运特点而制定的。

该危规内容包括:(1)总则;(2)包装和标志;(3)托运;(4)承运;(5)装卸;(6)储存与交付;(7)消防与泄漏处理;(8)附则,共 8 章 73 条和 7 个附件以及《船舶装运危险货物应急措施》和《危险货物事故医疗急救指南》两个附录。目前出版了两大本,第一本内容由规则条文、附件二至附件六、运输单证和附录组成,第二本内容由危规附件一,即各类危险货物引言和明细表组成。

该危规的查阅方法是:按危险货物学名的第一个汉字笔画数(品名前若有外文 n,o,m,p,N,α,β,γ 等字母或阿拉伯数字 1,2,3 等除外)从危规附件——《各类危险货物引言和明细表》一书中"危险货物品名笔画索引表"查取危险货物品名编号,随后由该品名编号从"危险货物明细表"中即能查取特定危险品的详细资料。

该危规的明细表以简单明了的表格形式(如表 3-8)列出了近 4 000 种危险货物,在危险货物的标志、标记、船舶积载和隔离、可移动罐柜、中型散装容器等方面的规定基本上与《国际危规》相一致。危规明细表中所列的品名除正式学名外,还增加了常用名、英文名和分子式。危规根据各类危险货物的危险程度划分为一级和二级。该危规适用于在中华人民共和国境内从事危险货物的船舶运输、港口装卸、储存等业务,但不适用于国际航线运输(包括港口装卸)、军运和散装危险货物(另有规定)。

表 3-8 《水路危规》危险货物明细表

编号	品　名		特 性 及 注 意 事 项
	中　文	英　文	
43025	碳化钙 (电石) 分子式 CaC_2	Calcum Carbide	黄褐色或黑色固体。与水接触迅速放出高度易然气体乙炔,可被反应热点燃。乙炔与某些重金属盐形成极易爆炸的混合物;与酸反应剧烈。密度(水 = 1):2.22

	包装				积载	《国际危规》				
积载	包装类	包装代码	每一容器容量	每一包装毛重或容重		灭火剂	UN No.	EmS No.	MFAG No.	备　注
主 4.3	II	气密封口			B	干粉、苏打粉、石灰、干砂、禁用水、泡沫	1402	4.3-03	705	禁用袋装: 任何散装、充氮集装箱和可移动罐柜运输应符合有关规定。

表 3-8 中"积载"一栏系指危险货物的积载类(与《国际危规》的含义相同)。危险货物,除第 1 类爆炸品外,依据其在船上的积载位置分为 A,B,C,D 和 E 等五个积载类。各种积载类对不同船舶的积载要求如表 3-9 所示。为方便外贸货物水路运输的需要,在该危规明细表中同时列出了《国际海运危规》(即 IMDG Code)的联合国编号 UN No,应急表号 EmS No 和医疗急救表号 MFAG No,以供参考。

表 3 - 9

积载类	A	B	C	D	E
货船	舱面或舱内	舱面或舱内	只限舱面	只限舱面	舱面或舱内
客货船①	舱面或舱内	只限舱面	只限舱面	禁止装运	禁止装运

注①:指载客限额超过 25 人或按船舶总长度每 3 m 超过 1 人(以数字较大者为准)的货船。危规对这类船舶载客时承运危险货物还需要满足规则总论第二十七条的严格规定。

除查阅危险货物明细表外,对于特定危险货物通常还需要根据其类别从《水路危规》附件一中"各类危险货物引言"获取该类危险货物的一些共性说明,如货物特性、包装、积载、隔离、装卸、堆存保管等。

知识点 2:危险货物的分类及特性

危险货物具有品种繁多,性质各异,新品不断涌现,危险程度大小不一,多数兼有多种危险性质的特点。对具有多种危险性质的货物,应以其占主导的危险性确定其归类,但在运输中必须兼顾此类货物的其他危险性质。为方便安全运输和管理,《国际危规》根据货物的理化性质及对人身的伤害情况将危险货物分成 9 个大类。

一、第 1 类——爆炸品(Explosives)

爆炸品指在外界作用下(如受热、撞击等),能发生剧烈的化学反应,瞬时产生大量的气体和热量,使周围压力急剧上升,引发爆炸的物质和物品,也包括仅产生热、光、音响或烟雾等一种或几种作用的烟火物品。

按危险程度爆炸品可细分为 6 个小类。

第 1.1 类——具有整体爆炸(一经引发,瞬间几乎影响到全部货载的爆炸)危险的物质或物品,如启爆药、爆破雷管、黑火药、导弹等。

第 1.2 类——具有抛射危险,但无整体爆炸危险的物质或物品。如炮弹、枪弹、火箭发动机等。

第 1.3 类——具有燃烧危险,和较小爆炸或较小抛射危险两者之一或兼有两者,但无整体爆炸危险的物质或物品。如导火索、燃烧弹药等。

第 1.4 类——无重大危险的物质或物品。此类货物万一被点燃或引爆,其危险仅限于包装件内部,而对包装件外部无重大危险。如演习手榴弹、安全导火索、礼花弹、烟火、爆竹等。

第 1.5 类——具有整体爆炸危险但极不敏感的物质或物品。此类货物性质比较稳定,在着火试验中不会爆炸。但当船上大量运载时,则其由燃烧转变为爆炸的可能性大为增加,如 E 型或 B 型引爆器、铵油、铵沥蜡炸药等。

第 1.6 类——不具有整体爆炸危险的极不敏感的物品,指仅含有极不敏感的爆炸物质,被意外点燃或传播的可能性极小的单项物品。

这类物质或物品的共同的特性是具有化学爆炸性。它们的化学性质活泼,对机械力、电、热、磁场很敏感。受到摩擦、撞击、震动或遇明火、高热、静电感应或与氧化剂、还原剂如硫、磷、金属粉末等接触都有发生燃烧、爆炸的危险。此外,这类物品中多数不但本身具有毒性,而且在爆炸形成的气浪中含有毒性(如一氧化碳)和窒息性(如二氧化碳、氮气)气体。对这类物品中敏感度及爆炸能力过强的物品,若未经处理,则禁止运输。

衡量爆炸品危险性的指标:爆发点(在 5 s 延滞期下,爆发点低于 350 ℃)、爆轰速度(大于 3 000 m/s)和冲(撞)击感度(在规定的试验条件下,爆炸的百分比大于 2%)。

爆炸品当混入坚硬物质(如金属屑、碎玻璃、沙石等)时,其冲击感度增加;混入惰性物质(如石蜡、硬脂酸、机油等)时,其冲击感度降低。

二、第 2 类——气体:压缩、液化和加压溶解气体(Gas: Compressed, liquefied and dissolved under pressure)

这是指在 50 ℃时蒸汽压力大于 300 kPa,或在 20 ℃和 101. 3 kPa 的标准压力下完全呈气态,经压缩或降温加压后,贮存于耐压容器或特制的高绝热耐压容器或装有特殊溶剂的耐压容器中的物质。

这类气体按化学性质可细分为 3 个小类。

第 2.1 类——易燃气体。此类气体泄漏时,遇明火、高温或光照,会发生燃烧或爆炸,如氢气、甲烷、乙炔、含易燃气体的打火机等。

第 2.2 类——非易燃、无毒气体。此类气体泄漏时,遇明火不会燃烧,没有腐蚀性,吸入人体内无毒、无刺激,但多数在高浓度时有窒息作用。这类还包括比固态和液态的氧化剂具有更强氧化作用的助燃气体。这类气体运输中还必须遵守第 5 类——氧化剂的各项要求和规定,如氧气、压缩空气、氮气、二氧化碳等。

第 2.3 类——有毒气体。此类气体泄漏时,对人畜有强烈的毒害、窒息、灼伤和刺激作用。其中有些还有易燃和助燃作用,如氯气、氨、硫化氢、光气等。

这类物质的主要危险表现在两方面。

1. 容器发生破裂或爆炸。诱发原因可能包括受热、撞击、耐压容器本身遭腐蚀或材料疲劳使容器的耐压强度下降等;

2. 因某种原因发生气体泄漏,如容器的阀门因猛烈撞击而受损。此情况下,泄漏的气体若轻于空气(如氢气),则会积留于封闭货舱的顶部。若重于空气(如二氧化碳),则会积存在货舱的底部。如任其蓄积,可能会引起火灾、爆炸、中毒、窒息等事故。

三、第 3 类——易燃液体(Inflammable liquids)

易燃液体指闭杯试验闪点低于 60 ℃(包括 60 ℃)时放出易燃蒸汽的液体、混合液体、含有溶解固体或悬浮溶液(如油漆、清漆等);还包括在液态时需加温运输,且在温度等于或低于最高运输温度时会放出易燃蒸汽的物质,但不包括不能维持燃烧、闪点在 35 ℃以上且不能维持燃烧(燃点大于 100 ℃,或含水量大于 90%)的液体,也不包括由于其危险性已列入其他类的液体。

闪点(Flash point 缩写:Fp) 系指在给定的条件下,可燃气体或易燃液体的蒸汽与空气的混合物接触火焰时产生瞬间闪火的最低温度。液体的闪点越低,其易燃性及危险性越大。可燃液体当其温度高于闪点时,接触火源有被点燃的危险。闪点依据其测试仪器是在密闭容器还是在开敞容器中加热液体而分为闭杯试验闪点(Closed cup,以 c. c. 表示)和开杯试验闪点(Open cup,以 o. c. 表示)。一般同一物质的闭杯试验闪点要低于开杯试验闪点约

3~6 ℃。可燃液体的闪点,因其物理重现性较差,所以其测试的结果应当指明测试仪器的名称及试验条件。

易燃液体按其易燃性确定的包装类:

包装类Ⅰ:初沸点≤35 ℃。如乙醛、二硫化碳、乙醚等。

包装类Ⅱ:初沸点 >35 ℃,且闭杯闪点 Fp < 23 ℃ c.c.。如汽油、乙醇、苯、丙酮、硝化甘油酒精溶液(含硝化甘油不超过 1%,属液体退敏爆炸品)等。

包装类Ⅲ:初沸点 >35 ℃,且 23 ℃ c.c. ≤ Fp ≤ 60 ℃ c.c.。包括高温运输液体和加温液体。如松节油、酒精饮料(满足按体积酒精含量超过 24% 但不超过 70%,且容器大于 250 L 容积的条件)等。

除易燃外,这类液体都具有爆炸性,许多物品还具有麻醉性、毒害性等。

液体的易爆程度可用爆炸极限(Explosion limit)来衡量。它是指可燃气体、粉尘或易燃液体的蒸汽与空气的混合物,能被点燃而引起燃烧爆炸的浓度范围。通常以可燃气体、粉尘或易燃液体的蒸汽在混合物中所占体积的百分比来表示。浓度范围的最低值称作爆炸下限,最高值称作爆炸上限。爆炸下限越小,爆炸极限浓度范围越大的液体,其易爆性也越强。如汽油的爆炸极限为 1.2% ~7.2%,乙醇为 3.3% ~18%。

易燃液体的密度和水溶性,对发生火灾时能否用水扑救至关重要。若液体溶于水,则不论其密度大小,都可用水扑救。若液体不溶于水但密度大于 1,则也能用水扑救。若液体不溶于水且密度小于 1,则禁止用水扑救,因浮于水面的燃烧液体会随水的流动而使火灾蔓延。

四、第 4 类——易燃固体、易自燃物质和遇水放出易燃气体的物质(Inflammable solids, spontaneously combustible substance and substances emitting inflammable gases when wet)

除上述第 1 类、第 2.1 类和第 3 类外,其余多数易燃物质都归入这一类。这类物品可细分为 3 个小类。

第 4.1 类——易燃固体和受摩擦可以引起燃烧的固体,自反应的及相关物质,如赤磷、硫磺、萘、赛璐珞(如乒乓球)、铝粉、棉花(干的)、黄麻、浸湿的爆炸品(如苦味酸铵,湿的,含水量不少于 10%;三硝基苯,湿的,含水量不少于 30%)等,但不包括已列入爆炸品的物质。所谓自反应的及相关物质是指由于超过运输温度或被污染,在常温或高温下,易引起的强烈热分解的物质。此类物质燃点低,对热、撞击、摩擦较为敏感,易被外部火源点燃,燃烧迅速,并可能散发有毒烟雾或有毒气体的固体,其中有些物质,在其明细表中,有控制温度(能安全运输的最高温度)和危急温度(必须采取如抛弃等应急措施的温度)的要求。运输时必须确保这类货物在其控制温度以下。

燃点(Inflammable point)是指在给定的条件下,可燃气体或易燃液体的蒸汽与空气的混合物接触火焰时能产生持续燃烧时的最低温度。对可燃液体,在相同条件下,其燃点常比闪点高出 5 ℃左右。

第 4.2 类——易自燃物质。此类物质自燃点低,在运输时的正常条件下,易自行发热或与空气接触升温而易起火燃烧的液体或固体。其主要危险是:能自行发热,若积热不散,则当热量积聚到其自燃点时不需外界引火即能自行燃烧。有些物质甚至在无氧条件下也能自燃。如黄磷(即白磷)、鱼粉(未经抗氧剂处理)、铁屑、油浸棉麻纸制品等。

自燃点(Spontaneous combustion point)是指在常温常压下,某一物质不需外界点燃,即能使自行释放出的气体或蒸汽燃烧所需的最低能量时的温度。

第4.3类——遇水放出易燃气体的物质。此类物质通过与水反应,易自行燃烧或放出大量的易燃气体的液体或固体物质。如碳化钙(电石)、磷化氢、钠、钾等。

属于第4类的绝大多数是固体,只有4.2类和4.3类中有少量的液体货物。

除具有易燃的共性外,这类中许多物品还具有腐蚀性、毒害性和爆炸性等。

五、第 5 类——氧化剂和有机过氧化物(Oxidizing substances and organic peroxides)

这类物品可细分为 2 个小类。

第5.1类——氧化物质(剂)。系指虽然其本身未必可燃,但可释放出氧或由于相类似情况,与其他材料接触时会增加其他物质着火的危险性的物质。如溴酸钾、硝酸钠、高锰酸钾、过氧化氢、次氯酸钙(漂白粉)等。

第5.2类——有机过氧化物。系指其分子组成中含有过氧基的有机物,本身易燃易爆,极易分解,对热、震动或摩擦极为敏感的物质。这类物质比5.1类具有更大的危险性。其中许多物质在《国际危规》2.5.3.2.4"已确定的有机过氧化物一览表"中列有控制温度和危急温度的要求。如过氧化二丙酰基(控制温度 15 ℃,危急温度 20 ℃)等。

这类中的多数物质还具有毒性和腐蚀性。

六、第 6 类——有毒物质和感染性物质(Toxic and infectious substances)

这类物品可细分为 2 个小类。

第6.1类——有毒物质。系指凡吞咽、吸入或与皮肤接触易于伤害或严重伤害人体健康甚至造成死亡的物质。归入这一小类的均为常温、常压下呈液态或固态的物质。如氰化钠、苯胺、四乙基铅(四乙铅)、砷及其化合物等。

这类物质的毒性主要用半数致死量 LD_{50}(Half_lethal dose,分口服和皮试)或半数致死浓度 LC_{50}(Half_lethal density)来度量。前者是指能使一群试验动物口服毒物(或与裸露的皮肤接触毒物 24 h)后,在 14 d 内死亡几乎一半时,平均每千克动物体重所用毒物的剂量(mg/kg)。后者是指能使一群试验动物连续吸入毒物尘雾 1 h 后,在 14 d 内死亡几乎一半时,所吸入的毒物尘雾在空气中的浓度(mg/L)。显然,毒物的 LD_{50} 或 LC_{50} 越小,其毒性越大。《国际危规》中列入本类有毒物质的标准是:固体口服 $LD_{50} \leqslant 200$(mg/kg),液体口服。$LD_{50} \leqslant 500$(mg/kg);无论固体或液体:皮试。$LD_{50} \leqslant 1\ 000$(mg/kg),吸入 $LC_{50} \leqslant 10$(mg/L)。《水路危规》的标准是:固体口服。$LD_{50} \leqslant 500$(mg/kg),液体口服。$LD_{50} \leqslant 2\ 000$(mg/kg)。对于固体或液体的皮试。LD_{50} 和吸入 LC_{50} 标准,《水路危规》与《国际危规》相同。

本类物质不少还具有易燃、腐蚀等特性。

第6.2类——感染性物质。即指已知或有理由认为含有病原体的物质。病原体是会使动物或人感染疾病的生物体(包括细菌、病毒、寄生虫等)。主要包括含有感染性物质的生物制剂、医学标本,如排泄物、分泌物、血液、细胞组织和体液等,但《水路危规》在这类中不包括疫苗。

感染性物质可划分为 A 和 B 类两类。A 类指当接触到该物质时,可造成人或动物的永久性致残、生命危险或致命疾病。A 类又可细分为能引起人或人和动物疾病(UN 2814)和如埃博拉病毒、狂犬病毒等,和仅能引起动物疾病(UN 2900)的如口蹄疫病毒、牛瘟病毒等两种。B 类指不符合 A 类标准的其他感染性物质。

运输这类物质,人畜中毒的主要途径是,毒物经呼吸道或皮肤侵入体内,而经消化道侵入的较少。因此,应当采取正确的防护措施,杜绝这些可能的中毒途径,以确保运输安全。

七、第 7 类——放射性物质(Radioactive substances)

放射性物质指能自原子核内部自行放出入感觉器官不能察觉的射线的物质。

1. 射线的种类、性质及其危害性

射线分为 α 射线、β 射线、γ 射线和中子流等。在各种放射性物质中,有些只能放出一种射线,有些能同时放出几种射线。如镭的同位素,在其核衰变中,就能同时放出 α、β 和 γ 三种射线。

这类物质的危险在于辐射污染。对人体的危害有外照(辐)射和内照(辐)射两种。外照射是指由于放射性物质的射线,造成对人体组织细胞杀伤或破坏的一种辐射危害。内照射是指由于放射性物质进入人体,造成体内射线源及其周围的人体器官直接损伤或破坏的一种辐射危害。不同放射射线的辐射危害存在着明显的差别。

(1)α 射线(甲种射线,α Rays)

是带正电的粒子流,具有很强的电离作用。但穿透能力很弱,射程(粒子在物质中的穿行距离)很短,在空气中约为 0.027 m。仅用一层衣服、纸张等即能被完全屏蔽。一旦进入人体,α 射线源及周围的人体器官因电离作用会受到严重损伤。因此,α 射线的内照射危害大,但不存在外照射危害。

(2)β 射线(乙种射线,β Rays)

是带负电的粒子流,电离作用比 射线弱(约为其千分之一),但其穿透能力比 射线强,在空气中射程约为几米。因此,这类射线对人体外照射危害较 射线大。但其射线很容易被有机玻璃、塑料、薄铝片等屏蔽。

(3)γ 射线(丙种射线,γ Rays)

是一种波长很短的电磁波,即光子流,不带电。以光速运动,能量大,穿透能力很强,约为 α 射线的 1 万倍,为 β 射线的 50~100 倍,不易被其他物质吸收。要完全阻挡或吸收 γ 射线是非常困难的。因此,这类射线对人体的主要危害是外照射。

(4)中子流(Neutron current)

不带电,穿透能力很强。一般认为,中子流引起对人体损伤的有效性是 γ 射线的 2.5~10 倍。因此,这类射线对人体的危害比 γ 射线要大。屏蔽需要使用比重轻的物质(如水、石蜡、水泥等)。

对放射性物质外辐射的防护是采用屏蔽、控制接近的时间和距离。运输中要确保其包装完整无损,近距离作业人员必须穿戴防护用品,如铅手套、铅围裙、防护目镜等,有关人员应尽量减少受强照射伤害的时间并增大与辐射源的距离(如选配货位远离生活居住处所)。这是因为放射线的强度与距放射源距离的平方呈反比。内辐射的防护是防止放射源由消化道、呼吸和皮肤三个途径进入体内。

2. 放射性比活度和辐射水平

放射性活度(Radioactivity strength):又称作放射性强度,指每秒内某放射性物质发生核衰变的数目或射出的相应粒子的数目。它是度量放射性物质放射性强弱程度的一个物理量,单位是 Bq(贝可)。

放射性比活度(Specific activity):又称作放射性比度,指单位重量(或体积)的放射性物质的放射性活度,单位是 Bq/g(贝可/克)。

剂量当量(Dose equivalent):表示生物体受射线照射,每千克体重所吸收的相当能量,单位是 SV(希)。用以衡量生物体受射线危害的程度。国际公认的人体每年最大允许剂量当量为 0.005 Sv/y。

辐射水平(Radiation level):是指单位时间所受的剂量当量,单位是 Sv/h(希/小时)。

《国际危规》规定,放射性物质系指放射性比活度大于 70 Bq/g(《水路危规》规定为 74 Bq/g)的物质或物品(详见危规 2.7.7.2),如镭 226、铀 238、钴 60、镭—铍中子源等。但不包括人体内的辐射性同位素心脏起搏器和辐射药物。

3. 运输指数(Transport index 缩写为 TI)

运输指数指距放射性货物包件和其他运输单元外表面,或表面放射性污染物和无包装的低比活度放射性货物表面 1m 处测得的辐射水平的最大值(Sv/h 即希/小时)。对大尺度货物如罐柜、货物集装箱等,其 TI 值还应乘以在危规中提供的与货物横截面尺寸有关的放大系数。

危规规定:对于各类普通海船在常规运输条件下,全船所载这类货物的 TI 总和不得超过 200,单个包装件、其他运输单元或海船一个货舱内的 TI 总和通常不得超过 50。

八、第 8 类——腐蚀品(Corrosive substances)

腐蚀品指化学性质非常活泼,与人畜或其他物品接触,在短时间内能造成明显破坏现象的固体或液体物质和物品。大多由酸性、碱性和对皮肤、眼睛、黏膜等会造成严重灼伤的物质或物品组成。如硝酸、硫酸、冰醋酸、氢氧化钠。

包装类Ⅰ:在 3 min 或少于 3 min 的暴露期开始直到 60 min 的观察期内,能使完好的皮肤出现坏死现象的物质。该类腐蚀品具有严重的危险性。

包装类Ⅱ:在 3 min 或 3 min 以上 60 min 以内的暴露期开始直到 14 d 的观察期内,能使完好的皮肤出现坏死现象的物质。该类腐蚀品具有中等危险性。

包装类Ⅲ:在 60 min 以上,4 h 以内的暴露期开始直到 14 d 的观察期内,能使完好的皮肤出现坏死现象的物质;或者不会引起完好动物皮肤出现可见坏死现象,但在试验温度为 55 ℃时对规定型号的钢或铝的表面年腐蚀率超过 6.25 mm。该类腐蚀品具有一般的危险性。

不同的腐蚀品,腐蚀物的含量不同,被腐蚀材料不同,其腐蚀作用会有明显的差别。如双氧水水溶液,当浓度为 3% 时,则可用作伤口的消毒剂;而当浓度超过 20% 时,则对人体有强烈的腐蚀作用。又如:浓硝酸对铝,浓硫酸对铁都无腐蚀作用;若两者交换,则铝和铁都会被严重腐蚀。因此,针对不同腐蚀品的特性,采取截然不同的防护措施非常重要。

这类物质和物品中不少还具有易燃、氧化、毒害等一种或多种危险性质。

九、第 9 类——杂类危险货物和物品(Miscellaneous dangerous substances)

这类物品指在运输中呈现的危险性质不包括在上述八类危险品中的物质和物品。如干冰(固体二氧化碳)、蓖麻籽、白石棉等。

《国际危规》中列入此类危险货物的还包括温度等于或超过 100 ℃、时交付运输的液态物质和温度等于或超过 240 ℃时交付运输的固态物质,以及物质本身是(或)含有一定量已列入《MARPOL 73/78》附则Ⅲ的海洋污染物(Marine pollutants)的物质。

海洋污染物系指存在对水生物积累的潜在威胁或严重毒性的物质。分为海洋污染物(包括含有一种或多种海洋污染物10%或以上,或含有严重海洋污染物1%或以上的溶液或混合物)和严重海洋污染物两类。

《国际危规》对于未列明且含有多种危险性的物质、混合物和溶液,规定了确定其危险性顺序(即危险性优先顺序)的方法。规定下列物质、材料和物品具有最高的优先级:

- 第1类物质和物品;
- 第2类气体;
- 第3类液体退敏爆炸品;
- 第4.1类自反应物质和固体退敏爆炸品;
- 第4.2类引火物质;
- 第5.2类物质;
- 第6.1类中具有包装Ⅰ的蒸汽吸入有毒物质;
- 第6.2类物质;
- 第7类物质。

除此以外,《国际危规》在第2部分中还给出了危险性优先顺序表。

我国《水路危规》对危险货物的分类与《国际危规》大体相同,由9个大类和24个小项(Division)组成。但《水路危规》中的爆炸品无1.6类。《水路危规》第2类名称改为压缩气体和液化气体,其中第2.2项称为不燃气体;第9类名称改为杂类。考虑到腐蚀品的性质差异很大,《水路危规》第8类细分为8.1项酸性腐蚀品,8.2项碱性腐蚀品和8.3项其他腐蚀品三个小项,而《国际危规》该类未作细分。《水路危规》中第9类细分为9.1项杂类和9.2项另行规定的物质两项,但仅列有难以归入前八类中任何一类的"干冰"(属9.2类)一个物质,而《国际危规》该类也未作细分,但列有包括"干冰"在内的19种物质。对于这些物质中其余18种物质,我国有7种未被列入(如救生装置,对环境有害的固体或液体物质,锂电池等),另11种物质已并入前八类中的某一类中(如烟雾剂类归入2.1项,鱼粉<稳定了的>归入4.2项,石棉类和蓖麻籽类归入6.1项等),其目的是从严要求,确保安全。

为区分危险货物主要危险性的危险程度,我国《水路危规》在对危险货物分类的基础上再分为一级和二级。判断危险货物的危险级别是由各类危险货物明细表中第一列危险货物国标(GB 12268《危险货物品名表》)编号确定。国标编号由5位阿拉伯数字组成,第一位是危险货物类别号,第二位是项别号,最后三位是危险货物品名顺序号。若顺序号小于或等于500号的为一级危险品,大于500号的则为二级危险品。如品名"碳化钙(电石)"的国标编号是"43025",表明该货物属第4类第3项,因为顺序号025 <500,故该货物为一级危险品。

知识点3:危险货物的标志及包装

正确耐久的危险货物标志,无论是在正常的运输中还是在发生事故后,都应便于有关人员迅速识别,采取必要的防护或应急措施。合格的危险货物包装是危险货物运输安全的根本保证,它除了能起到普通货物包装的作用外,还要求能够经受住比普通货物更大的装卸和海运风险,能够有效地降低或消除引发危险的许多外界影响。

一、危险货物的标志

由危险货物的标记、图案标志和标牌组成。

1. 标记(Marking)

这是指按危规要求标注在包装危险货物外面的简短文字或符号。包括危险货物的完整学名、联合国编号(如有)、海洋污染物标记、可免除危险货物图案标志的 1.4 类,配装类 S(详见下一知识点)货物的标记"1.4S"以及在物质明细表中确定为低度危险而只需标注其类别的标记,如"Class 4.1",以及救助包件的标记"救助(SALVAGE)"等。

2. 图案标志(Label)

这是指以危规中规定的色彩、图案和符号绘制成的尺寸通常不小于 100 mm × 100 mm 的菱形标志。用以醒目明了地标示包装危险货物的性质。对于列入 1.4S 类的货物,或在物质明细表中确定为低度危险性的货物等可免除此类标志。

凡有次危险性的货物,除须带有表明其主要特性及类别的主图案标志外,还须同时带有表明其次危险性的副图案标志。主、副图案标志的差别在于,前者应标注而后者不标注其类(项)别号。

《国际危规》Amdt. 33 - 06 修正案中,对 5.2 类采用了新的黄红两色标志,目前的黄色标志将在 2011 年 1 月后不再使用。

3. 标牌

这是指放大的图案标志(不小于 250 mm × 250 mm)。适用于如集装箱、货车、可移动罐柜等较大的运输单元。

《国际危规》规定,危险货物所有标志均须满足,经至少 3 个月的海水浸泡后,既不脱落又清晰可辨。《水路危规》规定,危险货物标志应粘贴、刷印牢固,在运输中清晰,不脱离。危险货物标志和标牌见图 3 - 7。

《水路危规》第十七条规定,按本规则属于危险货物,但国际运输时不属于危险货物,外贸出口时,在国内运输区段包装件上可不标贴危险货物标志,由托运人和作业委托人分别在水路货物运单和作业委托单特约事项栏内注明"外贸出口,免贴标志";外贸进口时,在国内运输区段,按危险货物办理。

国际运输属于危险货物,但按本规则规定不属于危险货物,外贸出口时,国内运输区段,托运人和作业委托人应按外贸要求标贴危险货物标志,并应在水路货物运单和作业委托单特约事项栏内注明"外贸出口属于危险货物";外贸进口时,在国内运输区段,托运人和作业委托人应按进口原包装办理国内运输,并应在水路货物运单和作业委托单特约事项栏内注明"外贸进口属于危险货物"。

如本规则对货物的分类与国际运输分类不一致,外贸出口时,在国内运输区段,其包装件可粘贴外贸要求的危险货物标志;外贸进口时,国内运输区段按本规则的规定粘贴相应的危险货物标志(见图 3 - 8)。

标志、标记和符号

类别标志 **1**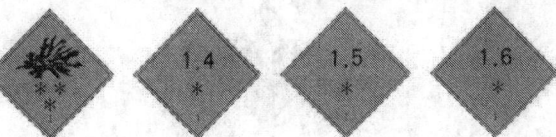

** 属于危险类别的位置 —— 如果属于副危险则留窗空
** 属于配装类的位置 —— 如果属于副危险则留窗空

类别标志 **2**

类别标志 **3**

类别标志 **4**

类别标志 **5**

类别标志 **6**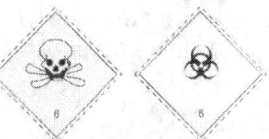

类别标志 **7**

Ⅰ级放射性物质　　Ⅱ级放射性物质　　Ⅲ级放射性物质　　裂变性物

类别标志 **8** 　　类别标志 **9**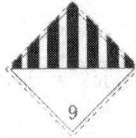

标志、标记和符号的详细资料见本规则第5部分

海洋污染物
标记

加湿标记

熏蒸警告
符号

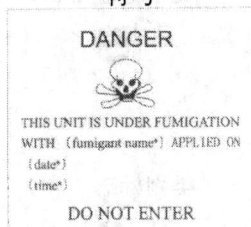

*填入适当的详细内容
处于熏蒸关态下的运输组件

方向标志

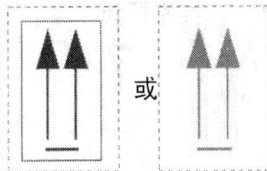 或

图 3-7《国际危规》危险货物标志和标牌

标志、标记和符号

类别标志 **1**

主1
适用于1.1,1.1和1.3项货物

主1.4
适用于1.4项货物

主1.5
适用于1.5项货物

类别标志 **2**

主2.1
适用于2.1项货物

主2.2
适用于2.2项货物

主2.3
适用于2.3项货物

类别标志 **3**

主3
适用于3项货物

类别标志 **4**

主4.1
适用于4.1项货物

主4.2
适用于4.2项货物

主4.3
适用于4.3项货物

类别标志 **5**

主5.1
适用于5.1项货物

主5.2
适用于5.2项货物

类别标志 **6**

主6.1
适用于6.1项货物

主6.2
适用于6.2项货物

类别标志 **7**

主7
适用于Ⅰ级放射性物品

主7
适用于Ⅱ级放射性物品

主7
适用于Ⅲ级放射性物品

类别标志 **8**

主8
适用于8类项货物

主9
适用于9类项货物

图 3-8《水路危规》危险货物主标志

二、危险货物的包装

危险货物包装按其包装形式,可分以下几种。

(1)单一包装

指直接将货物盛装在包装容器中,其最大净重不超过 400 kg,最大容积不超过 450 L 的包装。如钢桶、塑料桶等。

(2)复合包装

指由一个外包装和一个内包装组成的在结构上形成一个整体,其最大净重不超过 400 kg,最大容积不超过 450 L 的包装,如钢塑复合桶。

(3)组合包装

指将一个或多个内包装装于一个外包装,其最大净重不超过 400 kg 的包装。

(4)大(宗)包装

指适合于机械装卸,最大净重超过 400 kg 或最大容积超过 450 L,但容积不大于 3.0 m^3 的包装。

(5)中型散装容器(Intermediate Bulk Container,IBC)

指刚性和柔性的可移动包装。其容积对于装载第 7 类物质和包装类 Ⅱ 和Ⅲ的固体和液体等不应大于 3 000 L(3.0 m^3),使用柔性、刚性塑料等装运包装 Ⅰ 固体的不应大于 1 500 L(1.5 m^3)。

(6)罐柜

指载货容量不小于 450 L 的可移动罐柜(包括罐式集装箱)、公路或铁路罐车等。

按其适用范围,可分为通用包装和专用包装两类。通用包装适用于第 3,4,5,6.1 类中的大部分货物和第 1、8 类中的部分货物。其余货物由于其各自特殊危险性质,只能采用专用包装。

1. 危险货物的通用包装

危规将危险货物的通用包装分为 3 个等级。在危规的总索引表和物质明细表中,依据其危险程度指明了所列货物应采用的包装等级要求。很明显,根据所列的包装等级反过来即能判断出该危险货物的危险程度。3 类包装等级的含义是:

Ⅰ类包装——能盛装高度危险性的货物;

Ⅱ类包装——能盛装中度危险性的货物;

Ⅲ类包装——能盛装低度危险性的货物。

根据正常运输条件下可能遇到的撞击、挤压、摩擦等情况,对危险货物包装进行各种模拟试验,是检验其包装强度的有效方法。显然,对危险性越大的货物,其包装模拟试验的标准也应当越高。包装等级的划分由其包装模拟试验的标准确定。模拟试验的项目包括跌落试验、渗漏试验、液压试验、堆码试验等。每一类型的包装试验品只需按规定作其中的一项或几项试验。例如,对满载固体拟装货物的铁桶包装进行的跌落试验,规定的试验标准是:Ⅰ类包装的跌落高度是 1.8 m,Ⅱ类包装的是 1.2 m 和Ⅲ类包装的是 0.8 m。试验品若被在规定的高度跌落于试验平台后,无影响运输安全的损坏,则视为合格。

经过试验合格的包装,都应在包装的明显部位标注清晰持久的包装试验合格标志。联合国规定的统一包装试验合格标志及其右侧说明格式见图 3 -9(a)。

图 3 -9(a)各栏的简要说明(详见《国际危规》第一册中"包装建议")如下:

4C——用阿拉伯数字和字母表示的包装代码。第一位表示包装的类型(如4表示箱装),第二位(如属复合包装则和第三位)的大写拉丁字母表示包装的材料(如C表示天然木材)。若是复合包装,则第二和第三两位字母,依次表示复合包装的内包装和外包装的材料。若第三位(如复合包装则是第四位)有数字,则表示包装类型的特殊结构。

Y100——Y是包装等级的代码。Ⅰ、Ⅱ和Ⅲ类包装分别用代码X、Y和Z来表示。包装等级不允许升级,但允许降级使用。如X级包装,可降级适用于Ⅱ或Ⅲ类包装等级的货物。100是指本包装允许最大毛重为100kg。

S——表示只适用于内装固体货物。

96——表示1996年制造。

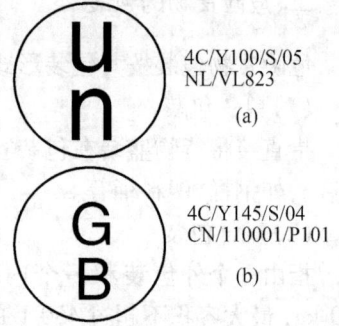

4C/Y100/S/05
NL/VL823
(a)

4C/Y145/S/04
CN/110001/P101
(b)

图 3 - 9

(a)联合国包装标记示例;
(b)我国包装标记示例

NL——是按规定试验的批准国代号。NL是荷兰的代号。CHN是中国的代号。

VL823——是制造厂或主管机关规定的识别记号。

图3-9(b)是我国国标"GB12463-90危险货物运输包装通用技术条件"规定的包装标志。其中GB表示包装符合我国国家标准,CN是制造国代号(中国),110001中前两位11是商检局代号,后四位0001是生产厂代号,P101是生产批号或生产月份。

对拟定装载无内包装液体货物的包装,在上述最大毛重位置改为标注相对密度(若其不超过1.2,则可免除此项);在上述标注S位置,改为标注已通过液压试验的压力值(kPa)。此外,对经修复的包装,还需标注修复代号R、修复年份等内容。

2. 危险货物的专用包装

第1类的部分爆炸品,因对防火、防震、防磁等有特殊要求,需要选用物质明细表中规定的或主管部门批准的包装材料、类型和规格的专用包装。除非明细表中有特别规定,第1类爆炸品中其余的物质和物品的包装均应满足上述通用包装的Ⅱ类包装要求。

第2类危险货物均需采用耐压容器的专用包装。根据15℃时,容器所能承受的压力不同,可进一步分为低压容器(≤2 MPa)、中压容器(>2 MPa,且≤7 MPa)和高压容器(>7 MPa)三种。本类货物的包装及其试验标准,主要由各国有关的主管机关制定和监管。

第7类危险货物的包装,不但要能防护内装货物,而且要能起到将辐射减弱到允许强度并促进散热等作用。这类货物的包装设计及试验必须符合国际原子能机构(IAEA)有关文件的专门规定。按货物的运输指数(TI)和最大辐射水平(MaxRL)确定包装的三个等级:

包装类Ⅰ:TI≈0,且MaxRL≤0.005 mSv/h;

包装类Ⅱ:0<TI<1,且0.005 mSv/h<MaxRL≤0.5 mSv/h;

包装类Ⅲ:TI≥1,且0.5 mSv/h<MaxRL≤10 mSv/h;其中TI>10且MaxRL>2 mSv/h的货物应以全船载单一货物的方式运输。

第7类危险货物的Ⅰ类包装的图案标志呈白色并须注明内装货物的放射性活度,Ⅱ、Ⅲ类包装的图案标志上部呈黄色下部呈白色,不但并须注明内装货物的放射性活度还须注明其TI数值。这种包装分类方法恰好与危险货物通用包装等级分类方法相反,即危险程度越大,包装等级号也越大。

此外,第3,4,5,8等类中某些特殊危险货物也必须采用专用包装。如双氧水、黄磷、碳化钙等等。

应当注意的是,曾盛装过危险货物的空容器,除经清洗或处理外,均应保留其原危险货物标志,并按原装的危险货物对待。

知识点 4:危险货物的积载和隔离

合理选择危险货物的装载舱位,正确处理不相容危险货物之间的隔离问题,对保证危险货物的运输安全,特别在其发生包装破损后采取有效的防护和应急措施非常重要。

一、危险货物积载的一般原则

易燃易爆危险货物应尽可能保持阴凉,远离一切热源(包括火源、蒸汽管道、加热盘管、舱壁的热辐射、烈日直射等)、电源及生活居住处所。

能产生危险气体的货物应选配于通风良好的处所或舱面。

遇水放出危险气体的货物应选配于水密和通风良好的干燥货舱,且应与易散发水分货物分舱配装。

有毒或放射性货物应远离生活居住处所。

有强烈化学反应性质的货物(如爆炸品、氧化剂、腐蚀品),应清除舱内不相容的残留货物。严格满足与不相容货物之间的隔离要求。

第 1 类爆炸品中的不同货物,在物质明细表中,要求根据其特性分别按普通积载、弹药舱积载(又分为 A 型、B 型和 C 型)、特殊积载和舱面积载 4 种类型装载。《国际危规》要求,第 1 类爆炸品应切实可行地积载在靠近船舶中心线的舱位。不应积载在离任何明火、机械排气口、通风烟道口、可燃性物料库或其他可能的着火源的水平距离 6 m 以内处。通常应积载在能确保通道畅通并"远离"所有船舶安全操作所必需的其他设备,避开消防栓、蒸汽管道和进出口,同时离驾驶台、居住处所和救生设备的水平距离不少于 8 m。详见《国际危规》第二册的第 1 类引言。

海洋污染性货物应优先选择舱内积载。若选择舱面装载时,货位应选择具有良好保护和遮蔽的处所。若对所选货位的安全有任何怀疑时,应对货物进行妥善的系固。

在危险物质明细表中,除第 1 类外,对每一种货物都规定了其积载类(如规定:所有 5.2 类货物其积载类为 D,即对于货船只限于舱面积载)。危险货物通常在满足下列条件之一者,可在舱面积载:

1. 需要经常或特别接近地查看;

2. 能形成爆炸性混合气体、能产生剧毒蒸汽或对船舶有严重腐蚀作用。

舱面危险货物的堆装应避开消防栓、测量管及其相关通道。

二、危险货物的隔离要求

对互不相容的危险货物进行正确隔离,能有效地防止因泄漏等引发危险反应,发生火灾等事故后易于采取应急措施,最大限度地缩小危害范围,减少损失。

1. 一般隔离要求

除第 1 类爆炸品之间的隔离要求外,《国际危规》将危险货物的隔离分为 4 个等级(见图 3 - 10),具体含义分述如下。

（1）隔离 1：远离（Away from），如图 3 - 10（a）。可在同一舱室、同一货舱内或舱面上积载。无论在同一舱室内还是舱面上积载，要求保持不少于 3 m 的水平距离。

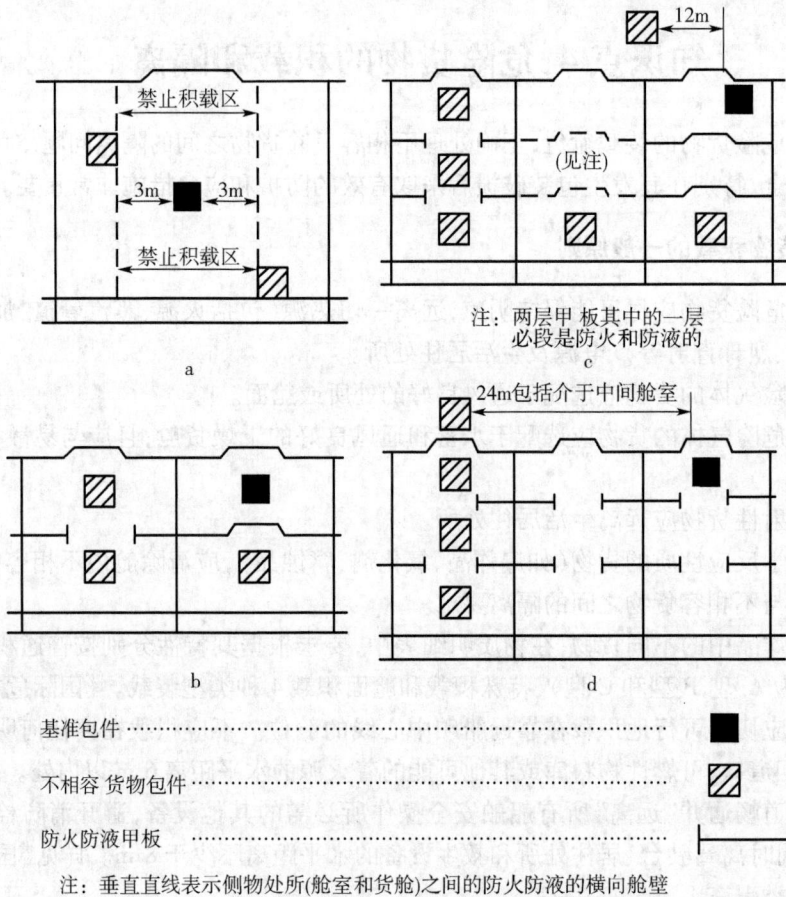

注：两层甲板其中的一层必段是防火和防液的

注：垂直直线表示侧物处所(舱室和货舱)之间的防火防液的横向舱壁

基准包件 ⋯⋯⋯⋯⋯⋯⋯⋯⋯⋯⋯⋯⋯⋯⋯⋯⋯⋯⋯⋯ ■

不相容 货物包件 ⋯⋯⋯⋯⋯⋯⋯⋯⋯⋯⋯⋯⋯⋯⋯⋯⋯⋯ ▨

防火防液甲板 ⋯⋯⋯⋯⋯⋯⋯⋯⋯⋯⋯⋯⋯⋯⋯⋯⋯⋯⋯

图 3 - 10　四种隔离等级图示

（2）隔离 2：隔离（Separated from），如图 3 - 10（b）。舱内积载时，如中间甲板是防火防液的，垂向可在不同舱室内积载，否则要求在不同货舱内积载。就舱面积载而言，这种隔离应不小于 6 m 的水平距离。

（3）隔离 3：用一整个舱室或货舱隔离（Separated by a complete compartment or hold from），这种隔离意为垂向的或水平的分隔，如图 3 - 10（c）。如果中间甲板不是防火防液的，只能用一介于中间的整个舱室或货舱作纵向隔离。就"舱面"积载而言，这种隔离即不少于12 m 的水平距离。如果一包件在"舱面"积载，而另一包件在最上层舱室积载，也要保持不少于 12 m 的水平距离。

（4）隔离 4：用一介于中间的整个舱室或货舱作纵向隔离（Separated by an intervening complete compartment or hold from），如图 3 - 10（d）。单独的垂向隔离不符合这一要求。在舱内积载的包件与在"舱面"积载的另一包件之间的距离包括纵向的一整个舱室在内必须保持不少于 24 m。就"舱面"积载而言，这种隔离就不小于 24 m 的纵向距离。

不同类别包装危险货物间的一般隔离要求见表 3 - 10。

表 3 – 10 《国际危规》隔离表

类　别	1.1 1.2 1.5	1.3 1.6	1.4	2.1	2.2	2.3	3	4.1	4.2	4.3	5.1	5.2	6.1	6.2	7	8	9
爆炸品 1.1,1.2,1.5	*	*	*	4	2	2	4	4	4	4	4	4	2	4	2	4	×
爆炸品　1.3,1.6	*	*	*	4	2	2	4	3	3	4	4	4	2	4	2	2	×
爆炸品　1.4	*	*	*	2	1	1	2	2	2	2	2	2	×	4	2	2	×
易燃气体　2.1	4	4②	2	×	×	×	2	1	2	×	2	2	×	4	2	1	×
无毒不燃气体　2.2	2	2	1	×	×	×	1	×	1	×	×	1	×	2	1	×	×
有毒气体　2.3	2	2	1	×	×	×	2	×	2	×	×	2	×	2	1	×	×
易燃液体　3	4	4	2	2	1	2	×	×	2	1	2	2	×	3	2	×	×
易燃固体　4.1	4	3	2	1	×	×	×	×	1	×	1	2	×	3	2	1	×
易自燃物质　4.2	4	3	2	2	1	2	2	1	×	1	2	2	1	3	2	1	×
遇湿危险物质　4.3	4	4②	2	×	×	×	1	×	1	×	2	2	×	2	2	1	×②
氧化剂　5.1	4	4	2	2	×	×	2	1	2	2	×	2	1	3	1	2	×
有机过氧化剂　5.2	4	4	2	2	1	2	2	2	2	2	2	×	1	3	2	2	×
毒害品　6.1	2	2	×	×	×	×	×	×	1	×	1	1	×	1	×	×	×
感染性物质　6.2	4	4	4	4	2	2	3	3	3	2	3	3	1	×	3	3	×
放射性物质7	2	2	2	2	1	1	2	2	2	2	1	2	×	3	×	2	×
腐蚀品8	4	2	2	1	×	×	×	1	1	1	2	2	×	3	2	×	×
杂类危险物质和物品9	×	×	×	×	×	×	×	×	×	×②	×	×	×	×	×	×	

表中：1——"远离"；

2——"隔离"；

3——"用一整个舱室或货舱隔离"；

4——"用一介于中间的整个舱室或货舱作纵向隔离"；

×——隔离要求（如存在）应查阅物质明细表；

②——《水路危规》定义"2——隔离"；

*——见下述第1类爆炸品之间的隔离要求。

由于每种危险货物的性质差别很大,因此查阅物质明细表中对隔离的具体要求比查阅一般要求更为重要。同时,在确定隔离要求时还应当以危险货物主、副(如果存在时)标志的隔离要求中较高者为准。表3 – 10仅是包装危险货物之间的隔离表,对包装危险货物与散装危险货物,散装危险货物之间和危险品集装箱之间的隔离要求,参见项目五和项目四中的第二部分。

2. 第1类爆炸品之间的隔离要求

本类货物除被细分为6个小类(5个小项)外,依据其相互间混合配装是否安全,又被分为13个配装类,分别用字母 A ~ L(不包括I),N 和 S 表示,通常标于其分类及小类(项)号后(如1.4S)。当不同配装类货物在舱内装运时,危规对其相互之间的隔离有明确的规定:配装类相同的货物可以同一舱室(包括可移动弹药箱等,以下同);配装类 L 的货物不允许与除该配装类以外的货物同室装载;配装类 S 的货物可以与除配装类 A 和 L 外的货物同一舱室配装;配装类 C、D、E 和 G 的货物相互间可以同一舱室配装,配装类 N 的货物可以同 C、D 和 E 的货物相互间同一舱室配装。以上内容可以概括以下几点。

(1)配装类相同的货物可以同一舱室配装；

(2)配装类 L 只能与配装类 L;

(3)配装类 S 不能与配装类 A 和 L;

(4)配装类 C、D、E 和 G 相互间可以同一舱室配装;

(5)配装类 N 可与 C、D 和 E 配装。

除上述外,不同配装类的货物均不得同室装载。当不同配装类货物在舱面装运时,除非按上述舱内隔离要求允许混合积载外,否则至少应隔开 6 m 积载。

凡不同分类货物在同一舱室、可移动弹药舱、集装箱或车辆内混合积载时,如果属于第 1 类危险品,则整个货载应按顺序 1.1(危险最大)、1.5、1.2、1.3、1.6 和 1.4(危险最小),以确定其最严格的积载要求。

3.危险货物与食品之间的隔离要求

《国际危规》规定:

(1)第 6.1 类中包装类 Ⅰ、Ⅱ 或第 2.3 类的有毒物质积载应与食品"隔离",除非这些物质与食品是分别装在不同的封闭运输组件内,如果这样,这些组件间不必隔离。

(2)第 6.2 类物质的积载应与食品"用一整个舱室或货舱隔离"。

(3)第 7 类放射性物质的积载应与食品"隔离"。

(4—第 8 类腐蚀性物质和第 6.1 类中包装类 Ⅲ 的有毒物质的积载应与食品"远离"。

知识点 5:危险货物运输全过程的注意事项

危险货物的海上运输,需要经历多个环节。只有谨慎地处理好运输全过程中每一个环节,严格遵守有关的法规、规章、条例的各项规定,才能确保危险货物运输的安全。反之,运输中只要有一个环节稍有不慎,就可能酿成灾难性的事故,危及生命和财产安全,有时还会造成水域污染。我国对危险货物运输已具备了一整套较完善的法规和严格的管理体系。我国有关的法规、规章、条例等,对水路危险货物运输全过程中的各个环节,都提出了具体的要求。

一、受载前准备

1.配备并熟悉有关危险货物运输的文件。这类文件应当按规定及时更改,使之与最新版本保持一致。

各类与所运危险货物有关文件,主要包括:

(1)适合于国际海上运输的《国际危规》。

(2)适用于国内水路运输的《水路危规》。

(3)挂靠港国家或当地危险货物运输法规。

(4)国家、主管机关、船公司等颁发的条例、标准、规章和法规。

我国 1982 年起陆续颁布的《海上交通安全法》、《海洋环境保护法》、《防止船舶污染海域管理条例》等法规,以立法形式对危险货物运输的安全和防污染提出了原则性的规定。国家标准局自 1985 年起就危险货物的分类、品名、包装、命名原则等内容陆续发布了多个国家标准。

我国交通运输部于 1996 年 11 月颁布了《水路危规》。我国交通运输部的海事局,作为我国法定的水路交通安全的主管机关,颁布有《船舶装载危险货物监督管理规则》等。

船公司在 SMS 文件体系中有危险货物运输安全管理和应急处置方面的文件。

2.认真审查装货清单,获取完备的危险货物单证,掌握所运危险货物的特性。

海运危险货物所涉及的单证包括:

(1)《危险货物技术说明书》。

承运危规中"未列名"的危险货物时,船方必须向托运人索取经主管部门审核、批准的此类说明书。其内容包括品名、类别、理化性质、主要成分、包装方法、急救措施、撒漏处理、消防方法及其他运输注意事项等。

(2)《包装检验证明书》和《包装适用证明书》。

前者用于表明,指定类型的包装已经取样进行了所列的包装试验,并获得相应的试验结果。后者用于证明,指定的包装适合于所列特定的危险货物装载。这两种证书都须经主管机关或其委托的权威机构的确认才能有效。

(3)《放射性货物剂量检查证明书》。

托运放射性货物时必须附有经主管机关或其委托的权威机构确认的此类证书。其内容包括货名、物理状态、射线类型、运输指数、货包表面污染情况、包装等级、外包装破损时的最小安全距离等。

(4)《限量危险货物证明书》。

盛装《国际危规》(总论 18 节)中列明的小容器中的危险货物(如每一包装的最大容量不超过 5 L 的第 3 类中包装类 III 的货物),因其运输中危险性很小,可作普通货物运输。限量危险货物需经主管机关批准获得此类证书,并且其货物包件外要求贴有正确的学名或《第……类限量内危险货物》的字样,但无贴图案标志的要求。

《水路危规》第二十三条规定,符合规定条件的危险货物,无需《限量危险货物证明书》,即可按普通货物运输。如在《水路危规》危险货物品名索引中注有符号的货物,其包装和标志符合规定,且每个包装不超过 10 kg,其中每一小包件内货物净重不超过 0.5 kg,每批托运货物总净重不超过 100 kg,只需在运单和作业委托单中注明"小包装化学品"字样,并按危规规定办理申报或提交有关单证,这类货物即可按普通货物投入运输。

3.熟悉所运危险货物的 EmS 和 MFAG,以务正确应对装运中可能发生的各种事故。

在火灾和溢漏事故发生前,应阅读并熟悉《国际危规》补充本《EmS 指南"中的应急措施简介,以获取 9 大类危险货物发生火灾和溢漏事故时的共性处置要点和其中每一类危险货物的共性处置要点。当发生火灾和溢漏事故时,应首先要求参阅"EmS 指南"的总体建议部分。

EmS 指南中提出的消防总体建议是:启动消防程序。除非穿戴适宜的防护服和自给式呼吸器,否则应避免接触危险货物且远离烟雾和有毒气体。可能时使驾驶台和居住区保持在上风处,确认火灾部位和火灾货物及其附近货物,与船公司和岸上救助协调中心保持联系,以获取相关的专家意见。

EmS 指南中提出溢漏总体建议除与上述消防总体建议相同的部分外,还包括启动溢漏程序。除非佩戴全套防化服和自给式呼吸器外,不得进入溢漏液体或尘埃(固体)区域。

要获取具体危险货物发生火灾和溢漏事故时的个性详细资料,可依据航次所承运货物的 UN NO.直接查《国际危规》补充本中"EmS 指南 — 索引",以获取与所运货物 UN NO.对应的火灾应急措施表和溢漏应急措施的表号。

《国际危规》补充本中的"MFAG 指南"是对化学品中毒的初步治疗和利用海上有限的

有效设备进行诊断提供必要的建议。MFAG 指南提供的紧急抢救分三步法:第一步中提供了紧急抢救和诊断的流程图,先根据伤员的危急症状由第二步中提及的 20 个表对伤员实施紧急抢救,随后针对所涉及的特定危险货物对伤员进行诊断,以确定治疗方案;第二步给出了第一步抢救和诊断的流程图中特殊情况简要指导的 20 个表;第三步提供了第一步诊断流程图中涉及的 15 个附录,以提供详细资料、药品清单和表中提到的化学品清单。其中附录14 中提供了船上医务室中要求配备的药品和设备清单。

4. 危险货物的承运人或其代理应在装货前(我国规定为提前 3 天)向港口法定监督部门(我国为海事局)提出装运申请,以获取危险货物准运单。

5. 检查承运船舶的技术条件。

承运不同类别危险货物对船舶的技术条件有不同的要求。通常规定,除承运船舶持有有效的危险货物适装证书外,在承运危险货物,特别是承运《国际危规》第 1,2.1,3,4.1,4.3 和 5.2 类危险货物前,必须事先向船检部门申请对船舶结构、装置及设备进行临时检验,取得相应的适装证书后,方可承运。

承运危险货物船舶的验船内容包括:装运舱室的结构、舱室的防火防水条件、通风设备及其状况、船舶消防与救生设备、船舶电气与通讯设备、船舶装卸设备等等。

6. 按危规要求进行积载与隔离。

按本章第四节所述要求对危险货物进行正确的积载与隔离。所选货位还应考虑能后装先卸,有利于货物衬垫和系固。避免载有烈性危险货物的舱室中途加载其他货物。

7. 装船前 3 天,向监装部门(我国为海事局)申请监装,并附送经承运船船长审核的积载图和有效的危险货物适装证书的复印件。若船方未申请监装,则港口法定监督部门有权对危险货物的装载过程进行法定监督。

8. 装货前的其他准备。

根据待装危险货物的《船舶载运危险货物应急措施》和《危险货物事故医疗急救指南》资料,备妥合适的消防器材和相应的急救药品。备妥衬垫材料和系固用具。保持烟雾报警和救生消防设备处于良好适用状态。保持装载货舱清洁、干燥、管系及污水沟(井)畅通,水密性能良好等。

二、装货过程

1. 按港口规定悬挂或显示规定的信号,甲板上设立醒目的"严禁烟火"警告牌。严禁与作业无关的船舶来靠船舷,作业期间原则上不安排油水、伙食和物料补给。作业现场备妥相应的消防设备。夜间作业配备足够的照明设备。督促港方在船与泊位、船与船之间设置安全网。装(卸)爆炸品、有机过氧化物、一级毒品和放射性物品时,装卸机具应按额定负荷降低 25% 使用。

船舶装(卸)易燃、易爆危险货物期间,要督促进入现场人员不得携带火种、穿带有铁钉的鞋或化纤工作服,不得在现场使用非防爆型照明、通风和机械设备,不得在甲板上进行能产生火花的检修或船体保养工作。禁止加油、加水(岸上管道加水除外)。开关舱盖时应采取措施,防止摩擦产生火花。装(卸)爆炸品和易燃液体时,港内应划定距装卸点 50m 范围的禁火区。装(卸)爆炸品(第 1.4S 除外)时,不得检修和使用雷达、无线电电报发射机,船舶烟囱应设置防火网罩。

2. 严格按积载图上标注的货位及其备注上的隔离、衬垫、隔票、系固等要求进行装货操作。如需要改动,若已申请监装的,则须经监装部门认可;若未申请监装的,则须经本船船长或大副同意,其他人员不得任意更改。

认真检查危险货物包装是否完好,标志是否清晰、正确。凡包装有破损、渗漏、严重变形、沾污等影响安全重量的应坚决拒装。督促装卸工人严格按有关操作规程作业,堆码整齐、稳固,桶盖、瓶口朝上。严防撞击、滑跌、坠落和翻滚等不安全作业。

3. 遇有雷鸣、闪电、雨雪或附近发生火警时,应立即停止作业。因故停工后,应当及时关闭有关货舱的人孔盖和舱盖。雨雪天气禁止装(卸)遇湿易燃物品。遇危险货物撒漏、落水或其他事故时,应迅速上报,按《应急部署表》要求采取妥善措施。

4. 装货结束后,做好系固及全面检查工作。备齐危险货物的单证(如"危险货物舱单"、"危险货物实积图"、"危险货物安全积载证书"(如申请过监装))。

三、途中保管

1. 载有危险货物的船舶,不论航行、锚泊或等卸期间,均要对危险货物进行有效的监管。检查货物是否有移位、自热、泄漏及其他危险变化。定时测定货舱温度、湿度。合理进行通风,防止汗湿、舱温过高及舱内危险气体积聚。

2. 如需进入可能引发中毒或窒息事故的货舱,甲板上必须专人看守,除非经过培训并戴有完备的自给式呼吸器等,否则进入前应对货舱进行彻底的通风并经检测以确认安全。

载有易燃易爆危险货物的船舶,航行中应避开雷区,以免遭雷击。船舶的烟囱口应设置防火网罩。进入货舱人员不得携带火种、穿带有铁钉的鞋或化纤工作服,舱内所使用的照明、通风和机械设备必须具有防爆特性。船上所有易燃易爆气体可及区域,不得进行任何能产生火花的检修或船体保养工作。

四、卸货过程

1. 卸货前,船方应向装卸、理货等有关方详细介绍危险货物的货位、状态、特性、卸货注意事项等。对可能存在危险气体的货舱进行彻底通风。

2. 按装货过程中1,3要求执行。

3. 督促装卸工人严格按有关操作规程作业,严防撞击、滑跌、坠落、翻滚,严禁挖井或拖关等不安全作业。

4. 卸货完毕后,应及时整理货舱。谨慎处理危险货物的残留物和垫舱物料。危险货物的残留物或含有这类残留物的洗舱水必须按国家和港口的规定处理,不得随意排放或倾倒。

知识点6:产生危险货物运输事故的主要原因

重视对产生危险货物运输事故的原因分析,对危险货物运输中及时采取有针对性的防护措施,减少同类事故的多次发生具有重要意义。从大量事故分析发现,人为因素是造成危险货物运输事故的重要原因。据统计,船运爆炸品的事故率要远远小于经常运输的棉花、麻、木炭等危险品的事故率。这足以说明,思想上的麻痹大意是危险货物安全运输的一大障碍。产生危险货物运输事故的主要原因如下。

一、缺乏危险货物运输的有关知识,特别是未掌握所运危险货物特性

掌握危险货物运输的有关知识,了解所运危险货物特性是保证危险货物安全运输的首要因素。有些船舶货运责任人员缺乏危险货物运输知识,对所运危险货物特性一无所知,且也未向有关方面提出了解要求,在危险货物运输的全过程中未采取任何防护措施。显然,此情况下不发生危险事故只能算是幸运,发生事故却属正常。如某轮大副为降低货舱内汽油味浓度,竟取出自己房内的非防爆电扇,接长电线移至舱内用作通风,结果引起舱内爆炸,死伤多名装卸工人。

二、船舶技术条件不满足危险货物的运输要求

如某船公司选派货舱水密性较差的船舶承运碳化钙。结果在装载该货时遇下雨,因舱盖无法迅速关闭,造成货舱进水。该轮在航行途中又发现装有该危险品的货舱舱盖漏水,造成险情。

三、由于危险货物本身的原因

如某轮从南美装运经抗氧处理的袋装鱼粉回国。在航行途中,该轮几个舱内鱼粉相继发生自燃,造成重大损失。从事故的调查发现:该轮承运的鱼粉中抗氧剂分布严重不均(高浓度处为 3 500 ppm,低浓度处则仅为 28 ppm),按危规要求,鱼粉在装运时其抗氧剂剩余浓度应不小于 100 ppm,这是引发事故的主要原因。

四、危险货物的标志不符合要求或包装破损

保证危险货物外包装上具有正确耐久标志,无论是在正常的运输中还是在发生事故后,都便于有关人员迅速识别,采取必要的防护或应急措施。同样,使用合格的危险货物包装并保持其在运输全过程中完整无损是防止发生各类危险事故的极为重要因素。造成包装破损的主要原因有:危险货物的包装不合格;装卸设备及其索具状况不佳;装卸工人违章操作;因货物系固不当造成货物移位撞击他物等等。

如某轮承运一氧醋酸 50 t。在装货港因操作不当,包装破损,致使货物撒漏。结果在卸货港造成作业工人皮肤灼伤,遭致拒卸。

五、危险货物积载和隔离不当

按危规要求正确进行危险货物的积载和隔离是防止发生各类危险事故,或发生事故后便于有效控制事故范围,减少事故损失的另一项重要因素。

如某轮将易自燃物质硫酸钠与氧化剂铬酸酐装于一室(按危规应要求"隔离")。结果两种货物包装破损,少量残留物混在一起。卸货时因对这类残留物有轻微摩擦引发自燃,酿成火灾。

六、危险货物运输途中监管不当

在危险货物运输的全过程中,对所运危险货物进行有效监管,可以及时发现一些事故苗子,便于及时处置以确保运输安全。

如某轮在低温港口装运袋装葵花籽饼。当船舶航经热带高温海域时,因货舱未能始终

保持良好通风,引发舱内货物发热自燃。

七、其他偶然事故

如某轮在装有易燃液体的货舱上关闭舱盖时,因关舱操作中舱盖与舱口构件摩擦产生火星引起火灾。又如某轮因遭他轮碰撞,其装有碳化钙的货舱破损进水,使该舱附近弥漫着高浓度的乙炔气体,极易发生燃烧或爆炸,结果被迫弃船。

三、评价标准

- 会编杂货船配载图
- 掌握航行中货物管理方法
- 能掌握危险货物分类及危险性,危险货物的包装、标志,危险货物积载、隔离
- 掌握货物系固核算方法,掌握装重大件货时船舶强度校核及衬垫方法
- 掌握冷藏货物装舱前、装卸中注意事项

四、拓展与提高

- 与货物单元相关的部分术语
- 货物系固方案有效性的校核
- 装卸重大件时船舶初稳性高度和横倾角计算
- 对木材甲板货的稳性衡准特殊要求和稳性校核的方法
- 危险货物积载类别的规定
- 爆炸品配装类及配装要点

五、测试练习

一、选择题

1. 海上货运事故的种类包括_____。

①货物残损;②货物差错;③货物逾期运达;④货物运费过低。

  A. ①②③④   B. ①②③   C. ②③④   D. ①③④

2. 某船测得外界气温 5 ℃,露点 10 ℃,舱内气温 18 ℃,露点 14 ℃,则可能_____。

  A. 在货物表面出汗   B. 在甲板下缘出汗

  C. 不会出汗   D. A 和 B 都可能

3. 某固体散货船装载重烧镁,则装货前船方对货舱的准备工作可不包括_____。

  A. 货舱清扫   B. 舱内设备检查   C. 备妥衬垫   D. 铲除浮锈

4. 可进行旺盛通风的条件是_____。

  A. 舱内空气露点高于舱外空气温度和露点

  B. 舱内空气露点高于舱外空气露点且低于舱外空气温度

  C. 舱内空气露点低于舱外空气露点,且高于舱外空气温度

D. 以上均不是

5.食品类如袋装的烟叶、辣椒粉、生姜粉等货属于_____。

    A. 气味货   B.怕潮货   C. A 和 B 均是   D. A 和 B 均不是

6.关于固体散货_____说法是错误的。

    A. 装后应平舱   B. 不能配在二层舱

    C.宜配在中区货舱的底舱   D. 因港序原因可以配在二层舱

7.根据忌装原则,茶叶与大米的最低忌装要求是_____。

    A. 不同室   B. 不同舱   C. 不相邻   D. 中间隔一个货舱

8.编织袋装货物的堆码方法中垂直堆码是指_____。

    A. 上层货件压在下层货件接缝处

    B. 袋口朝一个方向直上直下的堆码

    C. 袋口朝前后两个方向直上直下的堆码

    D. 上层货件横向压在下层货件纵向接缝处

9.根据经验,单件重 400 ~ 600 kg 的大桶装货物,其堆高应不超过_____层。

    A.2   B.3   C.4   D.5

10.在货物配载图中,二层舱的图示法以_____表示。

    A. 侧视图   B. 正视图   C. 俯视图   D. A,B 均可

11.移动式罐柜系固时,其对系固角要求为_____。

    A. 防滑目的对应不大于 25°,防翻倒目的时应不小于 40° ~ 60°

    B. 防滑目的对应不小于 25°,防翻倒目的时应不大于 40° ~ 60°

    C. 防滑目的对应不小于 40° ~ 60°,防翻倒目的时应不大于 25°

    D. 防滑目的对应不大于 40° ~ 60°,防翻倒目的时应不小于 25°

12.按我国远洋标准,下列货物属于重大件货物的是_____。

    A. 货物单重超过 5 t   B. 单长超过 9 m

    C. 货物单重超过 3 t 或单长超过 12 m   D. A,B 均是

13.通常情况下,将重大件装于船舶上甲板,该船的横摇周期将_____。

    A. 减小   B. 不变   C. 增大   D. 变化趋势不定

14.根据经验,重大件货物系固时的横向系索破断总拉力为货件自重的_____。

    A.150%   B.120%   C.100%   D.90%

15.重大件货物的系固,以下错误的是_____。

    A. 系索应松紧适宜

    B. 系固时每道系索应缠绕货件两周后再固定

    C. 为提高系固效果,系固角应适当

    D. 每个生根地令上不能超过三根绑索,且方向不同

16.国际海事组织制定的《船舶载运木材甲板货安全操作规则》适用于船长_____的运输木材的船舶。

    A. ≥24 m   B. ≥100 m   C. ≥90 m   D. ≥150 m

17.为保证安全,在使用冬季载重线时,木材甲板货在甲板上的堆装高度应不超过船宽的_____。

    A.1/3   B.1/4   C.1/5   D.1/6

18. 影响易腐货物安全运输的条件有_____。
   A. 湿度   B. 温度   C. 通风   D. A,B,C 均是

19. 易腐货物的冷藏方法中,冷冻运输的温度通常要求为_____。
   A. 0 ℃以下   B. 0 ~ 5 ℃   C. 5 ~ 10 ℃   D. 不低于 - 20 ℃

20. 冷藏货物在配装时,牛羊肉和猪肉_____。
   A. 不宜混装   B. 可以混装
   C. 是否混装不作限制   D. 视货物重量而定

21. 查《水路危规》得某种危险品的国标编号为 43025,则该编号中数字的含义依次为
_____。
   A. 第一位类别号,第二位项别号,后三位危险货物品名顺序号
   B. 第一位项别号,第二位类别号,后三位危险货物品名顺序号
   C. 前三位顺序号,第四位类别号,第五位项别号
   D. 第一位类别号,其后三位顺序号,最后一位项别号

22. 我国《水路危规》按_____将包装危险品分为两级。
   A. 危险品的危险程度   B. 危险货物品名编号
   C. 联合国编号   D. A 和 B 均对

23. 从现行《国际危规》危险货物英文名称索引表中,可查到某货物的_____。
   A. 联合国编号   B. 是否是海洋污染物
   C. 包装类别   D. A 和 B

24. 从现行《国际危规》危险货物中文名称索引表中,可查到某货物的_____。
   A. UN No.   B. 是否是海洋污染物
   C. 分类   D. A 和 B

25. 欲知某种危险货物的限量规定,应查《国际危规》_____。
   A. EmS 指南 - 索引表   B. 危险货物一览表
   C. MFAG 一览表   D. 危险货物英文名称索引表

26. 下列溢漏应急措施表编号不正确的是_____。
   A. F - Z   B. F - K   C. S - A   D. A 和 B 都是

27. 危险货物集装箱装运时,应查阅_____。
   A. IMDG Code   B. BC Code   C. IBC Code   D. IGC Code

28. 我国《水路危规》规定下列_____危险货物不属于感染性物质。
   A. 疫苗   B. 含有感染性物质的血液
   C. 含有感染性物质的排泄物   D. B,C 都是

29. 《国际危规》规定的危险货物中的气体按其危险性,可以分为_____。
①易燃气体;②有毒气体;③无害气体;④非易燃、无毒气体。
   A. ①②   B. ②③   C. ①②④   D. ①②③④

30. 对于具有 2 种以上危险性的货物,《国际危规》按_____确定其类别。
   A. 分别属于不同种类的危险货物   B. 占主导地位的危险性
   C. 对人身危害程度大小   D. 以上均不对

31. 易燃液体的闪点是指在一定加温条件下,易燃物质的_____。
   A. 蒸汽与空气的混合物遇明火能持续燃烧 5 s 以上的最低温度

B. 分子与空气的混合物遇明火即能爆炸的最低温度

C. 蒸汽与空气的混合物遇明火一点即燃的最低温度

D. 蒸汽与空气的混合物遇明火能发生不连续闪火现象的最低温度

32. 放射性危险货物第Ⅰ类包装的上半部分图案颜色是_____。

　　A. 红色　　　　　　　B. 白色　　　　　　　C. 黄色　　　　　　　D. 蓝色

33. 以下有关通用包装分类的说法,错误的是_____。

　　A. Ⅰ类包装能盛装中等危险性的货物　　　B. Ⅱ类包装能盛装高度危险性的货物

　　C. Ⅲ类包装能盛装低度危险性的货物　　　D. Ⅰ类包装能盛装低度危险性的货物

34.《国际危规》所指的"救助包装"是用于盛放_____。

　　A. 医疗急救用具　　　　　　　　　　　　B. 急救药品

　　C. 应急灭火用具　　　　　　　　　　　　D. 运输途中破损的危险货物

35. 第1类爆炸品的特殊积载方式,要求货物尽量布置在靠近船舶中心线处,且距离船舶任何一侧都_____。

　　A. 不小于1/8 船宽　　　　　　　　　　　B. 不小于2.4 m

　　C. 不大于2.4 m　　　　　　　　　　　　D. A 和 B 中取小者

36. 海洋污染物应_____。

　　A. 若允许舱面或舱内积载,尽可能舱内积载

　　B. 若允许舱面或舱内积载,可在防护甲板上积载

　　C. 若仅限舱面积载,可在防护甲板或遮蔽甲板上积载

　　D. 以上都是

37. 隔离表中的数字表示_____,其中数字4表示_____。

　　A. 隔离等级,远离

　　B. 隔离种类,隔离

　　C. 隔离种类,用一整个舱室或货舱隔离

　　D. 隔离等级,用介于中间的整个舱室或货舱作纵向隔离

38. 腐蚀品与食品同船积载时的隔离要求是_____。

　　A. 隔离4　　　　　　　B. 隔离3　　　　　　C. 隔离2　　　　　　D. 隔离1

39. 若某两种危险品的装载应用"隔离2",则这两种货物在舱面上装载时应至少间隔_____ m 的水平距离。

　　A. 24　　　　　　　　　B. 12　　　　　　　　C. 6　　　　　　　　　D. 3

40. 装载危险品集装箱的国际航行船舶,《国际危规》要求的随船单证包括_____。

　　A. 集装箱装运危险货物装箱证明书　　　　B. 危险货物舱单或积载图

　　C. 危险货物监装证书　　　　　　　　　　D. A,B 和 C

二、简答题

1. 货物的标志的分类和作用。

2. 杂货的分类和各自的特点。

3.《货物积载与系固安全操作规则》的适用范围和主要内容。

4. 重大件货物的概念和标准。

5. 木材甲板货的稳性衡准和特殊稳性衡准是什么?

6. 货物通风的方法和原则有哪些?

7. 杂货的积载原则和步骤有哪些?
8. 简述产生货运事故的原因。
9. 简述《国际危规》的编排和查阅方法。
10. 危险货物积载类别的规定。

项目四　散货船积载

一、学习目标

- 具有安全运输散装谷物的能力
- 具有使用 BC CODE 安全运输固体散货的能力
- 具有油轮运输的一般知识和技能
- 具有熟悉化学品、液化气运输的一般知识

二、背景知识

第一部分　散装谷物运输

海上货物运输中,谷物(Grain)是指包括小麦(Wheat)、玉米(Maize)、燕麦(Oats)、稞麦(Rye)、大麦(Barley)、大米(Rice)、豆类(Pulses)、种子(Seeds)及由其加工的与谷物在自然状态下具有相同特征的制成品。谷物的海上运输,除了部分采用袋装和少量采用散装集装箱运输形式外,大量采用的是专用船舶的散装运输形式。散装谷物运输具有节约包装费用,增加装货重量,便于实现机械装卸,缩短装卸作业时间等优点。散装谷物的海运量多年来一直被列为世界主要大宗干、散货之一。

知识点 1:船运散装谷物特性及运输要求

一、散装谷物的特性及其对船舶稳性的影响

散装谷物除具有与袋装谷物相同的呼吸性(需要通风)、吸附性(表现为异味难除)、吸收与散发水分性、自热性和易受虫害性外,还特别具有与船舶稳性密切相关的两个特性。

1. 散落性

指装于船舱内包括散装谷物在内的各种颗粒状、块状和粉末状的散货,受船舶摇摆、震动等外力的作用,能自动松散流动的性质。谷物的散落性与其颗粒形状、表面光滑程度、水分与杂质含量等因素有关。散装货物的松散流动程度可以用静止角 α(自然倾斜角,也称休止角、摩擦角)(Angle of Repose)表示。它系指谷物由空中缓缓倒下,在地面上自然形成圆锥体的棱与水平面的夹角 α(图 4-1)。显然,散装货物的休止角越小,其散落性越大。谷

物的休止角一般为 35°~37°,当其很干燥时为 20°~30°。谷物的散落性有利于其装卸,但是,船舱内散装谷物随船舶的摇摆、震动而出现自由谷面向一侧倾斜的现象,与自由液面相似,对船舶稳性产生不利的影响。

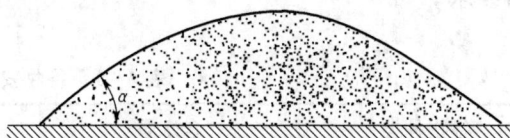

图 4-1 谷物移动分析

2. 下沉性

指装于船舶货舱内的散装谷物,受船舶的摇摆、震动作用,谷物颗粒间的空隙逐渐缩小引起谷物表面下沉的特性。散装谷物的下沉性与谷物颗粒大小、形状、积载因数、含水量、散落性等因素有关。船舱内谷物的下沉,一方面导致舱内谷物重心下降,另一方面引起舱内谷面下沉,使初始呈满舱状态的谷物出现自由谷面,这为其散落性提供了条件。这些都影响到船舶的稳性。船舱内散装谷物对船舶稳性的影响分析如下。

如图(4-2)所示为散装谷物船上某一初始呈满舱状态货舱的横剖面图。船舶经过一段时间航行后,舱内谷物因受船舶摇摆、震动的影响,谷面自舱顶下沉至 ab 位置,出现空挡 af。这一方面引起该舱谷物重心点 G_0(通常取舱容中心)下降至 G'_0 位置;另一方面,当船舶在风浪中产生某一横倾角 θ 时,舱内谷面 ab 移至 cd(cd 与水平线间的夹角 α 一般不等于船舶横倾角 θ)。此时,相当于舱内上

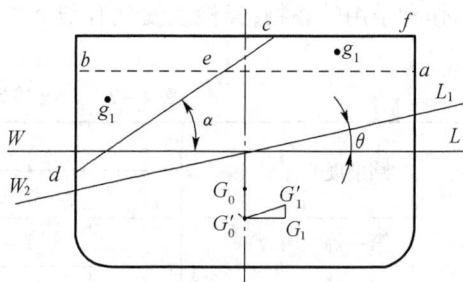

图 4-2 谷物移动分析

层 bed 三角形舱位的谷物移至 $ecfa$ 四边形舱位,相应的 bed 舱位谷物重心 g_1 移至 $ecfa$ 谷物舱位重心 g_2 处。根据重量移动原理,该舱谷物重心的移动方向与 g_1g_2 连线平行,移动距离可用重量移动原理求得,谷物重心由 G' 移至 G'_1 位置,从而产生对船舶的横向移动倾侧力矩(重心由 G_0' 横移至 G_1 所引起)和垂向移动倾侧力矩(重心由 G_1 上移至 G'_1 所引起)。对于初始呈满舱的货舱而言,若初始舱内谷物重心取在舱容中心位置,则谷物下沉导致的重心下移量 $G_0G'_0$ 要大于重心上移量 $G_1G'_1$。对船舶稳性而言,偏于安全。因此,此条件下可以忽略谷物垂向移动对稳心的影响。对于装载散装谷物的整船而言,当船舶航行中各个货舱内的谷面如均出现上述的下沉和向一侧倾斜,船舶的合重心将发生相应的横向和垂向移动,则直接对船舶稳性产生不利影响。由此可见,对于散装谷物运输船舶,如果仅局限于满足对普通干货船的基本稳性衡准指标的最低要求,那么在恶劣海况下,当船舶各舱内谷物移动产生的倾侧力矩超过一定限度时,就会有导致船舶发生倾覆的危险。

二、散装谷物运输要求

鉴于散装谷物的上述特性,对每批需船运的散粮,货主均应提供附有品质化验单或表明货物重量状态的重量保证书。在重量保证书内应特别标明谷物的温度和含水量。当运输潮湿的谷物时,还需标明其湿度。当发现待运谷物有下列情形时,船方应予拒装。

1. 谷物处于自热状态中。

2. 谷物湿度在 16% 以上。湿度可用专门的湿度计测定。表 4-1 列出了常运谷物安全

水分要求。

表 4 - 1   谷物安全水分要求

谷物种类	含水量	谷物种类	含水量
大米	15%以下	赤豆	16%以下
小麦	14%以下	蚕豆	15%以下
玉米	16%以下	花生	8.5%以下
大豆	15%以下	花生米	10%以下

3. 被仓库害虫感染的。感染壁飞目程度在一等以上的;感染象鼻虫等无论其感染度如何,均以 1 kg 谷物中含害虫(壁飞目和象鼻虫)的个数来划分,见表 4 - 2。

4. 进行过驱虫的毒气未解消的。

5. 作种子用的谷物,经检疫发现有杂草的。

表 4 - 2   1 kg 谷物中含害虫的个数

感染度	1 公斤谷物中的害虫个数	
	壁飞目	象鼻虫
第一等	1 ~ 20	1 ~ 5
第二等	20 以上	6 ~ 10
第三等	壁飞目形感呈毡状态	10 以上

三、散装谷物专用船的货舱结构特点

为改善散装谷物船舶稳性,散装谷物专用船和一些多用途船舶的货舱结构特点如下。

1. 单甲板,双层底

散装谷物具有较强的承受挤压能力,从装卸和减小舱内谷物移动倾侧力矩考虑,货舱都采用单层甲板结构。双层底的设置起到增加压载量,提高船舶抗沉性等作用。

2. 舱口围较高

对于初始呈满载或接近满载的散装谷物装载舱,当舱内谷面下沉后,较高的舱口围设置能保持谷面仍处于较小的舱口围之内,以起到减小谷物移动倾侧力矩的作用。

3. 设置顶边水舱和底边水舱

顶边和底边水舱的倾斜面与水平面的夹角一般略大于常运谷物的静止角(至少为30°)。顶边水舱的作用为减少谷物移动的倾侧力矩和平舱工作量,在空载时通常作为压载水舱使用。底边水舱除兼作压载水舱外,还可减少清舱工作量及提高卸货速度(图 4 - 3)。

四、散装谷物在舱内的几种装载方案

在散装谷物货舱内采用何种装载方案,将直接影响舱内谷物移动对船舶稳性的影响程度。我国《海船法定检验技术规则》和一些国际散装谷物运输规则对此都有具体的要求。

1. 经平舱的满载舱（Filled compartment after trimming）

指经充分平舱后，甲板和舱口盖下方的所有空间装满至最大限度的货舱。此情况下，谷物移动对稳性影响最小。

2. 未经平舱的满载舱（Filled compartment without trimming）

指使舱口范围内装满至可能的最大程度，但在舱口以外，专用舱在舱的两端可免于平舱，非专用舱除考虑甲板上经添注孔谷物可自由流入舱内形成自然流入状货堆的影响外，甲板下其他空挡处

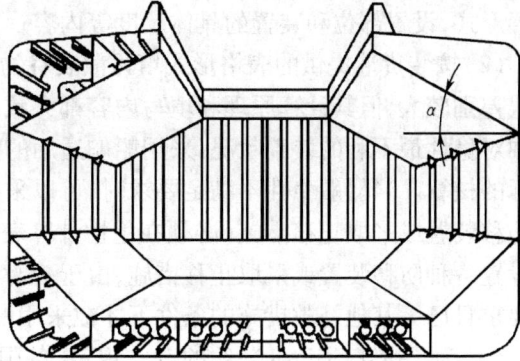

图4-3 专用散谷船结构示意图

可免于平舱的货舱。此情况下，谷物移动对稳性的不利影响要明显大于上述经平舱的满载舱。采用此种装载方案，可以为船方节约平舱费用。

3. 部分装载舱（Partly filled compartment）

指经合理平舱，将谷物自由表面整平，但未达到上述两种满载舱状态的货舱，又称松动舱（Slack Hold）。此情况下，谷物移动对稳性的不利影响随货舱结构形状及谷物装舱深度而变化，多数情况下要远远超过上述两种满载舱。

4. 共同（通）装载舱（Compartment loaded in combination）

指多用途船或一般干货船装载散装谷物时，在底层货舱舱盖不关闭的情况下，将底层货舱及其上面的甲板间舱作为一个舱进行装载的货舱。当货舱内谷物装载超过底层货舱舱盖高度时，采用此方案与将底层货舱舱盖关闭（即在底层货舱及其上面的甲板间舱内存在两个自由谷面）方案比较，前者谷物移动对稳性的不利影响较后者要减小许多。

五、散装谷物船运输注意事项

散装谷物在海上运输的全过程中，除需要按杂货的一般要求运输外，还应特别注意以下几个方面。

1. 装货前准备

（1）全面检查货舱设备并使之处于适用状态，疏通舱内污水沟（井），以保持其畅通，保证货舱污水泵和通风设备运行情况良好；

（2）彻底清洁货舱，保证货舱处于清洁、干燥、无异味、无虫害、无鼠害、无有害物质（如美国港口当局规定，如舱内有未能识别的物质，则以有毒物质论处）、无渗漏的状况；

（3）若舱内存在虫害、鼠害，则需对空舱进行熏蒸；

（4）当全船货舱均满足上述条件时，可向装货港有关部门申请验舱。当验舱合格和/或通过散装谷物稳性计算表审核，取得装载准备完成证明（Certificate of Readiness）后，才允许开始装货。装货前，还应备妥各类垫舱物料和止移装置。

2. 合理编制船舶积载计划

（1）编制散装谷物船积载计划与编制杂货船积载计划的步骤和方法基本相同。散装谷物船与杂货比较在积载图上不同的是，装货位置除需标明货物的名称（或其等级）、重量、积载因素外，满载舱需要标注其平舱形式，部分装载舱需要标注其谷物装舱深度，多层甲板船

需要标注是否采用共同(通)装载方式,设置防移装置的货舱则需要详细标注所设置的防移装置形式,设置部位和装置的具体尺度等内容;

(2)按装货港提供的表格形式填写散装谷物稳性计算表。尽管不同的港口提供的表格形式差别较大,但其计算原理和填写内容都大致相同。填写这类表格就是选择船舶在航行途中对稳性最不利的装载状况,采用船舶适用的散装谷物船运规则,进行船舶完整稳性衡准指标的核算。当船舶稳性不满足要求时,可以采用选择合适舱位打入或排出压载水,舱内设置防移装置或采取止移措施(必须在稳性计算表中详细标注)等补救方法。但是,对于在舱内设置各种防移装置或采取止移措施,由于费时费力,因此,通常仅在稳性衡准指标不能满足要求且已无其他补救措施的条件下才被采用;

(3)为了遵守 SOLAS 公约的有关规定,各国港口指定有关当局负责在装货前(有些港口在船离港前)对船方填写的散装谷物稳性计算表进行核准,只有当确认计算表中船舶稳性衡准符合 SOLAS 公约规定后,才准许船舶开始装货(有些港口作为准许离港的必要条件之一)。

3. 装货过程

(1)严格按积载计划装货,合理安排各舱装载顺序(Rotation)使吃水差始终保持尾倾,以便排放压载水;

(2)各舱装货次数以三轮为宜,以免船体受力不匀;

(3)监装中,应特别注意装船谷物的重量(主要指含水量),保持舱内易产生汗水部位与污水沟(井)的通道畅通;

(4)各舱临装货结束时,应按要求进行平舱和采取止移措施(如必要时),并做好货物顶部的铺垫以防止或减少舱顶汗水对谷物的影响。全船临装货结束时,应注意调整船舶吃水差,消除船舶横倾角。装货完毕后,可以利用水尺计重方法核准实装的全船谷物重量,以供参考;

(5)实测各部分装载舱内谷面以上空挡并对积载计划(包括稳性计算表)进行修改,绘制实际积载图。开航前,按贸易合同的规定进行货舱熏蒸。

4. 途中保管

(1)航行途中应当定时测定舱内污水沟(井)内水位,及时排除舱内污水;

(2)应注意经常检查舱内防移装置(如设置时)的状况是否良好;

(3)货舱通风可以根据杂货船运输中防止舱内产生汗水的原则进行,但应当认识到,对于导热性很差的散装谷物的通风仅仅是表面上的,企图将货堆内部谷物呼吸产生的水分和热量全部排出舱外是不可能的;

(4)对货舱底的燃油柜加热不可过高,以免谷物受热损害。

5. 卸装过程

(1)卸货前,货主通常委托有关机构人员上船检查各舱内谷物状况,只有在确认未发现待卸谷物存在水湿、霉变、虫害、污染等情况时,才准许开始卸货。因此,在船舶航行途中及抵港前,应注意检查舱内上层谷物的状况,以便及时发现问题采取应急补救措施;

(2)卸货前告知工头污水沟(井)位置,要其注意使用抓斗(Crab)或推土机(Bulldozer)时勿损坏或推走污水沟(井)盖及其他设备;

(3)卸货时舱内高处横梁等突出处常留有谷物,最好在卸货过程中及时清除,否则货物卸完后,将成为一项困难而危险的作业。

知识点 2:散装谷物船的稳性核算

为了有效地防止散装谷物运输船舶发生倾覆沉船事故,从 1860 年起就陆续有一些国家或地区制定了要求强制执行的散装谷物船舶运输规则,从 1948 年起这类规则就逐步发展成为国际性的规则。现行的规则主要如下。

1. 1960 年国际海上人命安全公约(简称《SOLAS 1960》)。

2. 1969 年政府间海事协商组织《1960 年 SOLAS 第六章谷物的装载规则的等效条例》(简称《1969 等效条例》)。

3. 1974 国际海上人命安全公约(简称《SOLAS 1974》)和《国际散装谷物安全装运规则》。

4. 我国现行《海船法定检验技术规则》(简称《法定规则》)。

一、IMO 对散装谷物船稳性要求及校核

IMO(国际海事组织)对散装谷物船舶的运输规则包括:

1. 1960 年国际海上人命安全公约(简称《SOLAS 1960》)

公约第六章对散装谷物运输船舶提出了特殊要求。分两部分:第一部分提出对一般干货船承运散装谷物时的要求。其要点是把设置合格的防移装置和采用适当的止移措施作为一般干货船能否装运散装谷物的必要条件,并提供了各种防移装置和止移措施的具体规定。规则对于单层和双层甲板非专用谷物船在装运散装谷物时,要求其经自由液面和添注漏斗内谷物移动修正后的初稳性高度不少于 0.3 048 m(1.0 ft)。

第二部分对散装谷物专用船舶提出了一项特殊稳性衡准要求,即谷物假定移动所引起的船舶横倾角应不大 5°。公约对谷物假定下沉和移动倾侧模型规定为:当谷物表面下沉 2% 舱容后,所有与水平线倾角小于 30°的边界下谷物表面移动 12°(谷物表面无袋装压包)或 8°(谷物表面有袋装压包)。

1965 年 5 月 26 日生效,并被我国承认。按 SOLAS 1960 设计和建造并提供有相应资料的船舶,应按该公约要求核算船舶稳性。

2. 1969 年政府间海事协商组织对 SOLAS 1960 第六章谷物的装载规则的等效条例,简称《1969 等效条例》

因《SOLAS 1960》建立的谷物假定下沉和移动倾侧模型在恶劣海况下,与舱内谷物的实际情况差距较大,故提出《1969 等效条例》。

(1)谷面假定下沉和移动倾侧模型

①谷面下沉。部分装载舱谷物下沉忽略不计。满载舱则按舱口内和舱口外两部分计算:对于舱口内,设定存在一个自舱口盖下缘至谷面平均深度为 75 mm 的空隙;对于舱口前、后、左、右端的甲板下面,设定所有与水平线倾角小于 30°的边界下面存在一个不小于 100 mm 的平均空隙。

②谷面倾侧。部分装载舱按谷面倾侧 25°,满载舱按谷面倾侧 15°。

(2)稳性衡准

《1969 等效条例》基于上述模型提出了无论对一般干货船还是专用散装谷物船都完全相同的具体稳性衡准指标,即任何散装谷物运输船舶在整个航程中的完全稳性,至少应满足以下要求:

①由于谷物假定移动所引起的船舶横倾角 θ_h 应不大于 12°；

②在静稳性曲线图上，由静稳性力臂曲线、谷物倾侧力臂曲线和右边界线所围面积，即船舶剩余动稳性，在一切装载情况下应不小于 0.075 m·rad；

③经修正各液舱自由液面影响后的初稳性高度应不小于 0.30 m。

《1969 等效条例》已生效，并已由我国政府宣布承认。对 1980 年 5 月 25 日以前安放龙骨的船舶，当其稳性资料未作更新时，使用本规则进行稳性核算。

3.1974 年国际海上人命安全公约（简称《SOLAS 1974》）和 1992 年国际散装谷物安全装运规则（简称《谷物装运规则》）

因《1969 等效条例》所建立的谷物倾侧模型与实际仍存在一定差距，而且稳性计算过程较为繁琐，不便于简化，对未经平舱的满载舱也未提出具体的谷面下沉和倾侧模型。《SOLAS 1974》提出了新的谷面下沉和倾侧模型。公约于 1980 年 5 月 25 日生效，我国政府已宣布承认。

1992 年第 95 届联合国海上安全委员会决定对《SOLAS 1974》第六章重新改组，将适用范围由谷物扩大到对船舶及船上人员有特别危害而需采取专门预防措施的货物，并将原散装谷物装运的强制性规定转换成一新的规则，即《国际散装谷物安全装运规则》，该规则于 1994 年 1 月 1 日生效。

（1）《谷物装运规则》中提出的谷物假定下沉和移动倾侧模型

①谷面下沉。部分装载舱谷面下沉忽略不计。满载舱按舱口内与舱口外两部分计算：对于舱口内，设定自舱口盖下缘与舱口围板顶端二者之较低者起至谷面平均深度之间存在一个 150 mm 的空挡；在舱口前、后、左、右端的甲板下面，设定所有与水平线倾角小于 30° 的边界下面存在一个不小于 100 mm 的平均空挡 V_d。

②谷面倾侧。部分装载舱按谷面与水平成 25° 倾侧；经平舱的满载舱按谷面与水平成 15° 倾侧；对未经平舱的满载舱，在舱口范围内仍按谷面与水平成 15° 倾侧；在舱口范围内之外，对在货舱两端未经平舱的散装谷物专用舱，在舱口两端按谷面与水平成 25° 倾侧。在舱口两侧按谷面与水平成 15° 倾侧；对于未经平舱的非散装谷物专用舱，在舱口两端或两侧均需由其具体空挡面积的计算结果来确定谷面的倾侧角度。

目前，在多数散装谷物船舶资料中都提供有"符合《谷物装运规则》（或 SOLAS 1974）要求的各货舱谷物横向移动倾侧体积矩图表"。

（2）对有批准文件的散装谷物船舶的稳性要求

《谷物装运规则》适用于从事散装谷物运输的任何尺度的船舶。规则对这类船舶在整个航程中经自由液面修正后的稳性指标提出的下列要求。

①初稳性高度 GM 应不小于 0.30 m；

②由于谷物假定移动所引起的船舶横倾角 θ_h 应不大于 12°，但对 1994 年月 1 月 1 日后建造的船舶还应考虑该横倾角 θ_h 应不大于 12° 和甲板边缘浸水角 θ_{im}，中较小者；

③船舶剩余动稳性（剩余静稳性面积）应不小于 0.075 m·rad。

（3）对无批准文件的散装谷物船舶的稳性要求

《谷物装运规则》提出：对无主管当局批准文件而部分装载散装谷物船舶，只有在符合下列条件后才允许装运散装谷物：

①散装谷物总重量不超过该船总载重量的 1/3；

②对经平舱的满载舱，应设置符合规则要求的中纵隔壁，舱口应关闭并将舱口盖固定；

③对部分装载舱内的散装谷物,平舱后还应采取符合规则要求的压包,或者使用钢带、钢索、链条或钢丝网进行谷面固定的措施;

④整个航程中经自由液面修正后的初稳性高度 GM 应满足:

$$GM \geqslant \max\{0.30, GM_R\}$$

其中,GM_R 的计算公式为:

$$GM_R = \frac{LBV_d(0.25B - 0.645\sqrt{V_dB})}{0.0875SF \cdot \Delta}$$

式中　L——所有满载舱的长度之和,m;

　　　B——船舶型宽,m;

　　　SF——积载因数,m^3/t;

　　　Δ——船舶排水量,t;

　　　V_d——按规则计算的舱内谷物平均空挡高度,m。

二、我国现行的(《法定规则》)

《法定规则》第九篇第三章谷物运输中,分别对国际和国内沿海航段航行的散装谷物船舶的稳性衡准提出了具体要求。其中对国际航段航行的散装谷物船舶的具体规定是以《谷物装运规则》为蓝本制定的。

1.适合国际海域航行的散装谷物船舶

《法定规则》对国际海域航行的散装谷物船舶,不但要求其满足与普通干货船相同的稳性基本衡准要求,而且还提出了要求其同时满足《谷物装运规则》完全相同的稳性衡准要求。

2.适合于国内沿海航行的散装谷物船舶

我国《法定规则》对仅在国内沿海各港口之间航行的(包括国际航行船舶在港外部分卸载后进港或驶往国内其他港口的)各类散装谷物船舶(以下通称国内航行船舶),提出了放宽对其稳性特殊要求的具体规定。《法定规则》对因水深限制等原因部分卸载后存在多个部分装载舱的船舶,提出下列要求:

(1)部分卸载后船舶的装载状况,应避免对船体产生过大的应力;

(2)船长应注意天气情况,遇有不良气象时,应及时采取措施或暂缓航行;

(3)应尽可能减少部分装载舱,以减少谷物移动倾侧力矩;

(4)对部分装载舱进行平舱,并保证船舶正浮。

《法定规则》对散装谷物的稳性衡准指标的最低要求,国内航行船舶与国际航行船舶完全相同,也是前述的 $GM \geqslant 0.30$ m、$\theta_h \leqslant 12°$(在 1994 年 1 月 1 日后建造的所有船舶 $\theta_h \leqslant \min\{12°, \theta_{im}\}$ 和 $S \geqslant 0.075$ m·rad 三项)。

《法定规则》建立的国内航行船舶的谷物假定移动倾侧模型设定为:满载舱和部分装载均假定谷物移动后的谷面与水平面成 12°倾角。因此,规则规定在确定谷物假定倾侧体积矩(数值上等于积载因素为 1.00 m^3/t 谷物倾侧力矩)时。

1.当船舶具备按《谷物装运规则》要求的谷物假定谷物倾侧体积矩 M_v 资料时,国内航行船舶的倾侧体积矩 M_v' 取为:

(1)未经平舱的满载舱和部分装载舱

$$M_v' = 0.46 \times M_v$$

（2）经平舱的满载舱

$$M'_v = 0.80 \times M_v$$

2. 当船舶缺乏谷物假定倾侧体积矩资料时,国内航行船舶的倾侧体积矩 M'_v 取为:

（1）部分装载舱

$$M'_v = \sum 0.017\ 7 \times l_i \cdot b_i^3 \qquad (m^4)$$

式中　l_i——各部分装载舱的长度,m;

　　　b_i——各部分装载舱谷物表面的最大
　　　　　　宽度,m。

（2）经平舱的满载舱

$$M'_v = 0$$

由国内航行船舶的谷物假定移动倾侧模
型(图 4-4)可知,国内航行船舶的稳性衡准
要求是低于公约规定的要求。

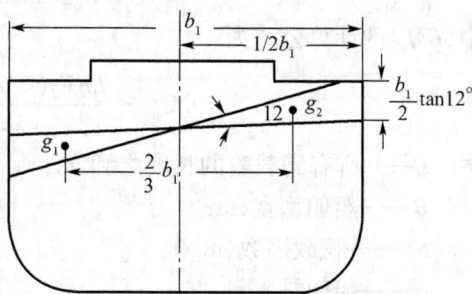

图 4-4　部分装载舱谷物移动倾侧模型

三、散装谷物船舶稳性的核算

鉴于国内航行的散装谷物船舶稳性衡准指标的具体核算方法和步骤与《谷物装运规则》的核算方法完全相同,因此,本节仅介绍《谷物装运规则》所规定的有关完整稳性要求的计算方法。

1. 经自由液面修正后的初稳性高度 GM 的核算

GM 的具体计算方法在项目二基本方法第一部分中已作详细介绍,此处不再重复。关于货舱内散装谷物重心高度的确定方法,《谷物装运规则》规定:

（1）满载舱

①谷物重心位置取在货舱的舱容中心处,其重心距基线的高度可以从货舱容积表中查取。因为这种确定方法简单,对均质谷物而言,按这种方法确定的谷物重心高度要大于其实际重心高度,偏于安全,所以有关人员乐于采用。

②谷物重心位置在考虑舱内谷面按规则假定的下沉量后,取在舱内谷物实际体积中心。

（2）部分装载舱

谷物重心位置取在舱内谷物初始装载体积的几何中心处,其重心距基线高度可根据货舱内谷物的初始装舱深度或所占舱容,从相应的舱容曲线图或数据表中查取。

按《谷物装运规则》规定的要求,散装谷物船必须满足:

$$GM \geqslant 0.30\ m$$

2. 由谷物假定移动引起船舶静倾角 θ_h 的核算

θ_h 可以按公式法和作图法求取。

（1）公式法计算 θ_h

按《谷物装运规则》建立的舱内谷面下沉和倾侧模型,若假定在谷物移动倾侧力矩 M'_u 作用下引起船舶静倾角 θ_h,则经推导得:

$$\theta_h = \arctan\frac{M'_u}{\Delta \cdot GM} \tag{4-1}$$

式中　θ_h——船舶静倾角,°;

　　　GM——经自由液面修正后的初稳性高度,m。

M'_u可按下计算:

$$M'_u = \sum C_{Vi} \cdot M_{Vi}/SF \tag{4-2}$$

式中　C_{vi}——第 i 舱舱内谷物重心垂向上移修正系数,按《谷物装运规则》规定:(1)经平舱或未经平舱的满载舱,当谷物重心取在舱容中心处时,取 $C_{vi}=1.00$;(2)经平舱或未经平舱的满载舱,当谷物重心取在谷物假定下沉后的体积中心处时,取 $C_{vi}=1.06$;(3)部分装载舱取 $C_{vi}=1.12$;

　　　M_{vi}——第 i 舱谷物横向移动倾侧体积矩(m^4)。通常由船舶设计或建造部门根据规则规定的谷物移动倾侧模型计算求取,并在船舶《散装谷物稳性报告书》中提供,(如图4-6);

　　　SF_i——第 i 舱舱内谷物的积载因数,当同一舱内装载积载因数不同的几种谷物时,应选取表层谷物的积载因数,m^3/t。

舱内谷物重心的移动可分为横向和垂向两部分。船舶资料所提的仅仅为谷物横向移动的倾侧体积矩。式(4-2)中谷物重心垂向上移修正系数 C_{vi} 是谷物重心移动的总倾斜体积矩与某移动倾侧体积矩之比。

满载舱内谷物重心取在舱容中心处时取 $C_{vi}=1.00$,这是因为,舱容中心是满载舱内均质谷物重心的最高位置,这样确定的满载舱内谷物重心位置,实质上,已包含了对谷物重心垂向上移有害的修正,而且偏于安全。满载舱内谷物重心取在谷物假定下沉后的体积中心处时取 $C_{vi}=1.06$,这实际上是将谷物横向移动倾侧力倾侧体积矩的6%用作修正舱内谷物重心垂向上的有害影响。

同样,部分装载舱取 $C_{vi}=1.12$,是将谷物横向移动倾侧力倾侧力矩的12%用作修正舱内谷物重心垂向上移的有害影响。

(2)作图法确定 θ_h

使用作图方法确定 θ_h 的步骤是:

①绘制核算装载状态下船舶的静稳性力臂曲线 $GZ=f(\theta)$。

绘制方法和步骤参阅项目二基本方法第一部分中所述。注意对曲线应进行自由液面的修正。

②绘制谷物倾侧力臂曲线 $\lambda=f(\theta)$。

规则规定:谷物倾侧力臂曲线是一条下降直线。横倾角0°时倾侧力臂 λ_0 和横倾40°时谷物倾侧力臂 λ_{40} 的值,其计算公式为

$$\lambda_0 = \frac{M'_u}{\Delta} \quad (m) \tag{4-3}$$

$$\lambda_{40} = 0.8\lambda_0 \quad (m) \tag{4-4}$$

式中　M'_u——谷物移动倾侧力矩,按(4-2)公式计算。

随后,在已绘制静稳性力臂曲线的坐标平面上寻找 $(0°,\lambda_0)$ 和 $(40°,\lambda_{40})$ 两点,过两点作

连线即为谷物倾侧力臂曲线(见图 4-5)。

③在 $GZ=f(\theta)$ 和 $\lambda=f(\theta)$ 两条曲线相交处,其横坐标值即为由作图法求得的谷物移动倾侧力矩 M_u' 作用下引起的船舶静倾角 θ_h。

公式法计算简单,但其计算结果常常偏大。作图法求取过程较繁琐,但计算结果精度较高。

当由公式法求出的结果不满足要求,而作图法求出的结果满足要求时,该装载情况下的 θ_h 指标仍被认作是满足规则要求。

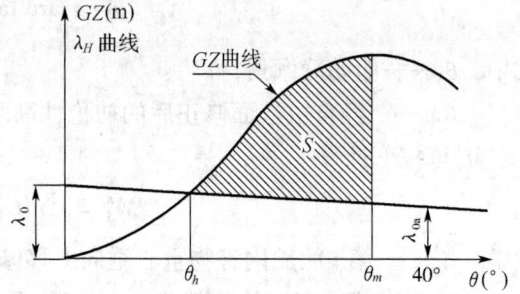

图 4-5　剩余动稳性 S

按规则的要求,散装谷物船必须满足 $\theta_h \leqslant 12°$。对于 1994 年 1 月 1 日后建造的船舶,若假设船舶在核算装载状况下甲板边缘浸入角为 θ_{im},则必须满足: $\theta_h \leqslant \min\{12°,\theta_{im}\}$。

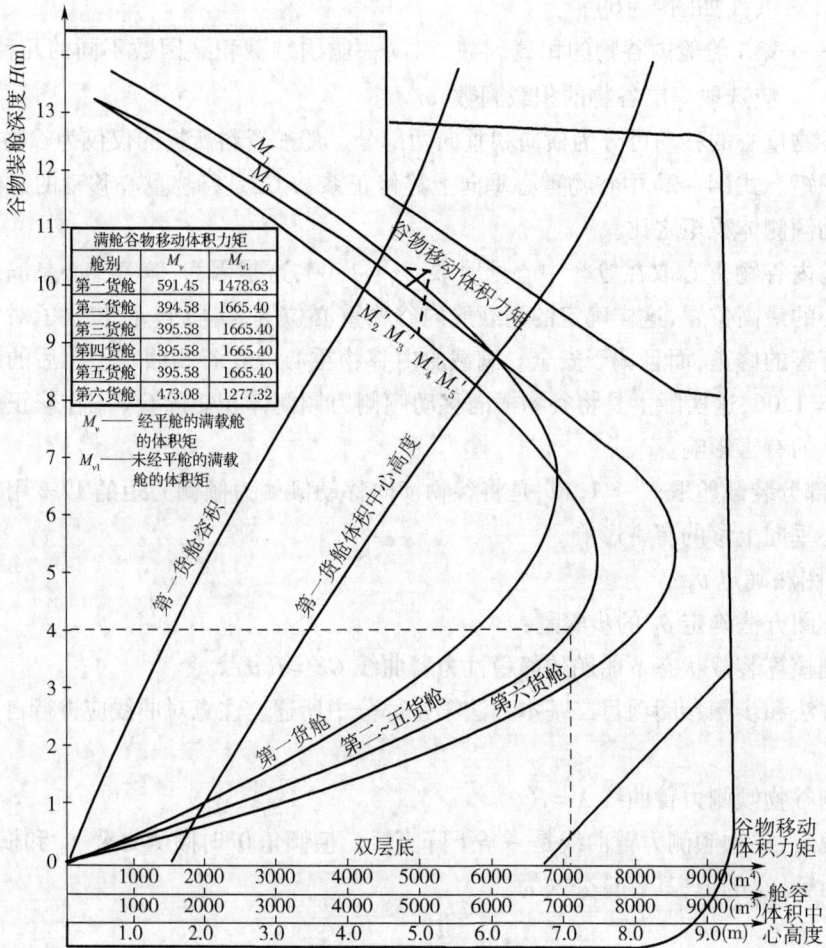

满舱谷物移动体积力矩		
舱别	M_v	M_{v1}
第一货舱	591.45	1478.63
第二货舱	394.58	1665.40
第三货舱	395.58	1665.40
第四货舱	395.58	1665.40
第五货舱	395.58	1665.40
第六货舱	473.08	1277.32

M_v——经平舱的满载舱的体积矩
M_{v1}——未经平舱的满载舱的体积矩

图 4-6　谷物移动体积力矩

3. 船舶剩余动稳性值 S 的核算

（1）确定右边边界线

规则规定：右边边界是一条垂直于横坐标值 θ_m 的直线，按下列公式确定：

$$\theta_m = \min\{\theta_{GZ'\max};\theta_f;40°\} \tag{4-5}$$

式中　$\theta_{GZ'\max}$——船舶复原力臂和谷物倾侧力臂之间纵坐标差值（即船舶剩余复力臂 GZ'）
最大处所对应的横倾角；

　　θ_f——规则定义的船舶进水角，系指在船体、上层建筑或甲板室上不能关闭成水密的
开口被浸没时的横倾角，可以从散装谷物船舶的《稳性报告书》或其他稳性计
算资料中根据船舶的排水量查取。

（2）计算剩余动稳性值（剩余静稳性面积）

在横坐标 $\theta_h \sim \theta_m$ 范围内将曲线横向六等分，并分别量取各等分处船舶剩余复原力臂值
（即 $GZ_\theta - \lambda_\theta$），随后按辛浦生第一法则公式计算，即：

$$S = \frac{x}{3}(y_0 + 4y_1 + 2y_2 + 4y_3 + 2y_4 + 4y_5 + y_6) \times \frac{\pi}{180} \tag{4-6}$$

式中　x——在横坐标 $\theta_h \sim \theta_m$ 范围内将曲线横向六等分的等分间距；

　　$y_0,y_1,y_2,\cdots,y_6$——依次表示在横坐标 $\theta_h \sim \theta_m$ 范围内将曲线横向六等分的每一垂线
处量取的船舶剩余复原力臂值。

按规则的要求，散装谷物船必须满足：$S \geq 0.075$ m·rad。

四、《谷物装运规则》稳性衡准指标的简化核算方法

对于《谷物装运规则》稳性衡准指标，若按上述计算方法，则过于繁琐。根据船舶资料、
稳性状况等条件可以选择下述简化的核算方法。

1. 谷物许用倾侧力矩法

使用此方法的前提是：散装谷物船舶《稳性报告书》或稳性计算资料中必须提供有"散
装谷物最大许用倾侧力矩表"资料。由查表引数为船舶排水量 Δ 和经自由液面修正后的重
心高度 KG，就可以从表中直接或使用内插法求得船舶的最大许用倾侧力矩 M_a。

表4-3　最大许用倾侧力矩 M_a 表（9.81 kN·m）

Δ \ KG	7.5	7.6	7.7	7.8	7.9	8.0	8.1	8.2	8.3	8.4	8.5
28 000	12 535	11 916	11 297	10 678	10 059	9 440	8 821	8 202	7 583	6 964	6 345
29 000	12 981	12 340	11 699	11 058	10 417	9 776	9 135	8 494	7 853	7 212	6 571
30 000	13 428	12 765	12 102	11 439	10 776	10 113	9 450	8 787	8 124	7 461	6 798
31 000	14 204	13 519	12 834	12 149	11 464	10 779	10 094	9 409	8 724	8 039	7 354
32 000	14 661	13 954	13 247	12 540	11 833	11 126	10 419	9 712	9 005	8 298	7 591
33 000	15 470	14 741	14 012	13 283	12 554	11 825	11 096	10 367	9 634	8 909	8 180
34 000	16 299	15 548	14 797	14 046	13 295	12 544	11 793	11 042	10 291	9 540	8 789

该表的基本原理是：从最大许用倾侧力矩表中查出的 M_a 值，即表示恰能使船舶同时满
足《谷物装运规则》的三项稳性特殊衡准指标要求的谷物最大许用倾侧力矩值。

根据"散装谷物最大许用倾侧力矩表",其简化核算步骤为:

(1)选择航程中对稳性最不利的装载情况计算船舶各排水量 Δ 和经自由液面修正后的重心高度 KG;

(2)按《谷物装运规则》提供的计算公式(4-2),计算各舱内谷物假定移动总倾侧力矩 M'_u;

(3)以 Δ 和 KG 查表引数,从"散装谷物最大许用倾侧力矩表"中直接查取或由内插法求取核算该装载情况下最大许用倾侧力矩 M_a。

(4)比较 M_a 和 M_u,当 $M_a \geqslant M_u$ 时,就表明船舶在该装载状况下,《谷物装运规则》三项稳性衡准指标同时得到满足。

2. 剩余静稳性力臂法

剩余静稳性力臂法是以横倾40°时剩余复原力臂 GZ_{40} 的计算替代三项稳性指标中求取过程繁琐的剩余动稳性值 S 的计算。

采用本方法的核算过程如下。

(1)判断下列三项简化核算条件是否同时满足:

①谷物假定移动所引起的船舶静倾角 $\theta_h \leqslant 12°$;

②经自由液面修正后船舶静稳性力臂 GZ 曲线在 $12° \sim 40°$ 范围内形状正常,无凹陷;

③右边边界线对应的横倾角 $\theta_m = 40°$。

若其中一项未满足,则应采用其他方法进行核算。上述条件(1)可以使用谷物假定移动引起的横倾角的计算公式(4-1)予以求证。条件(2)和(3)可以选择船舶《散装谷物稳性报告》中与核算装载状况相近的某一典型装载情况下已绘制的静稳性曲线作参考并查阅船舶进水角曲线图来求证。

(2)计算横倾40°时剩余复原力臂值 GZ'_{40}

$$GZ'_{40} = GZ_{40} - \lambda_{40} = (KN_{40} - KG \cdot \sin 40°) - 0.8 \cdot \lambda_0$$

$$= KN_{40} - KG \cdot \sin 40° - 0.8 \cdot \frac{M'_u}{\Delta} \qquad (4-7)$$

式中　GZ'_{40}——船舶横倾40°时剩余复原力臂,m;

　　　λ_0, λ_{40}——分别表示船舶横倾0°和40°时谷物倾侧力臂,m;

　　　KN_{40}——船舶横倾40°时形状稳性力臂,可从"稳性横交曲线图"中查取,m;

　　　KG——经自由液面修正后船舶重心距基线,m;

　　　M'_u——谷物总倾侧力矩,可按式(4-2)求取(9.81 kN·m)。

(3)稳性指标核算:当满足 $GZ'_{40} \geqslant 0.307$ m 时,就等同于满足船舶剩余动稳性值 $S \geqslant 0.075$ m·rad 的要求。

如图4-7所示,以横坐标从 $12° \sim 40°$ 为底边 l,以最小允许值 $GZ'_{40 \min}$ 为高作直角三角形,并设其面积 S' 恰好为 0.075 m·rad。显然,当同时满足上述三项简化核算条件时,船舶静稳性曲线下的面积 S 必定大于被包围其中的直角三角形面积 S'。若 $S' \geqslant 0.075$ m·rad,则必定满足 $S > 0.075$ m·rad 的要求。设 $S' = 0.075$ m·rad,则

$$S = \frac{1}{2}l \times GZ'_{40 \min} = \frac{1}{2} \times (40 - 12) \times \frac{\pi}{180} \times GZ'_4$$

求解上式可得:

$$GZ'_{40 \min} \approx 0.307 \quad (m)$$

3. 等值三角形面积法

若船舶不具备"散装谷物最大许用倾侧力矩表",又不同时满足上述简化 S 核算的三项条件时,可用本方法简化剩余静稳性面积 S 的计算。

按前述步骤和方法绘制船舶静稳性力臂曲线、谷物倾侧力臂直线和右边边界线,量取不同横倾角处的船舶剩余复原力臂 GZ' 值并绘制剩余复原力臂曲线 $GZ' = f(\theta)$,如图 4 - 8 所示。

作直角三角形,使其面积 S' 略小于剩余复原力臂曲线 GZ' 下的面积 S。若 $S' = a \cdot b/2 \geqslant 0.075$ m·rad,则必定满足 $S \geqslant 0.075$ m·rad。

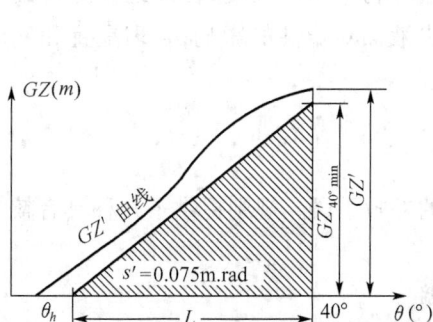

图 4 - 7　剩余静稳性力臂代替剩余动稳性　　　**图 4 - 8　用直角三角形面积代替 S 法**

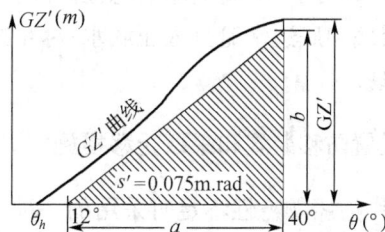

知识点 3:改善散装谷物船舶稳性的方法及措施

当散装谷物船的稳性衡准指标不能同时满足要求时,可以采取下列措施,以改善船舶稳性。

一、减少谷物移动倾侧力矩

散装谷物移动倾侧力矩是由满载舱和部分装载舱的移动倾侧力矩所组成。对于满载舱,不论经平舱与否,其谷物假定移动倾侧力矩是固定的。对于部分装载舱,其谷物移动倾侧力矩常常占了很大比例。因此,减少谷物移动倾侧力矩,首先应考虑部分装载舱的谷物移动倾侧力矩。常用的方法如下。

1. 将部分装载舱安排于舱宽较窄、内有纵隔壁的或舱长较短的货舱内

由于谷物移动倾侧力矩与谷面宽度的三次方成正比,因此,如将部分装载舱安排于舱宽较窄(如首部货舱)或有纵隔壁的货舱,就能大大减少部分装载舱的谷物移动倾侧力矩。在舱宽相同或相近时,部分装载舱则应选择舱长较短的货舱。但同时还需兼顾满足船舶强度条件和吃水差的要求。

2. 部分装载舱内谷物装舱深度应避开该舱谷物移动倾侧力矩的峰值附近

如果在确定散装谷物装载方案时,发现某个部分装载的谷物移动倾侧力矩正处于其峰值附近,则应考虑在某个满载舱内少装一些谷物,并将这部分谷物装入倾侧力矩正处于其峰值附近的部分装载舱内。这样,虽满载舱内谷物移动倾侧力矩有所增大,但部分装载内的谷

物移动倾侧力矩将减少得更多,从而使谷物移动总倾侧力矩减少。

3.采用共同(通)装载方案

对于多层甲板干货船,当其舱内谷物装载高度超过中间甲板舱口时,可以采用共同(通)装载方案,以减少谷物移动倾侧力矩。

4.将未经平舱的满载舱改为经平舱的满载舱

对满载舱进行完整的平舱,可以大大地减少谷物的移动倾侧力矩。

二、改善装载方案,提高船舶初稳性高度

使用各种方法,提高船舶初稳性高度:降低所装谷物的重心高度;在顶边水舱排出压载水,在双层底和底边水舱打入压载水;尽量减少自由液面对稳性的影响;合理配置和使用燃油等来实现。

三、设置防移装置和采取止移措施

这是作为船舶稳性不足时采用的一种不得已的补救手段。规则提供了几种具有较强实用价值的防移装置和止移措施。

1.适用于满载舱和部分装载舱——设置纵隔壁

若在矩形自由谷面货舱中设置一道纵隔壁,即可使谷物假定移动的倾侧力矩减少到原来的1/4。

规则对所设置的纵隔壁的要求是:隔壁必须为谷密。若在甲板间舱内,则隔壁垂向必须贯穿整个间舱。若在非甲板间舱内,则满载舱纵隔壁的设置要求在顶部甲板(舱盖)向下延伸大于0.6 m;部分装载舱的设置,除非受到舱顶和舱底的限制,纵隔壁的高度要求其位于谷面以上高度和谷面以下深度为该舱最大宽度的1/8。

2.仅适用于满载舱

(1)添注漏斗或设置托盘

添注漏斗(图4-9)。托盘可以替代纵向隔壁。托盘底部放置隔垫帆布或其等效物,其上装满袋装谷物或其他适宜货物。对托盘深度 d 的要求是:当型宽 $B \leqslant 9.1$ m 时,要求 $d \geqslant 1.2$ m;当 $B \geqslant 18.3$ m,要求 $d \geqslant 1.8$ m;当 9.1 m $< B < 18.3$ m 时,用内插法确定要求的 d 值。托盘顶部应由舱口边桁材或围板及舱口端梁组成。

(2)设置散装谷物捆包

作为设置托盘的一种替代方法,设置散装谷物捆包的形式和要求与设置托盘的相同,只是将托盘内的袋装谷物或其他适宜货物,改用散装谷物来填充,并要求在其顶部使用合适的方法加以固定。

3.仅适用于部分装载舱

(1)谷面上堆装货物

俗称压包(图4-10)。要求将自由谷面整平,谷面上使用隔垫帆布或其他等效物,或设置一垫木平台,其上要求堆满高度不小于谷面最大宽度1/16和1.2 m中较大者的袋装谷物或其他等效货物。

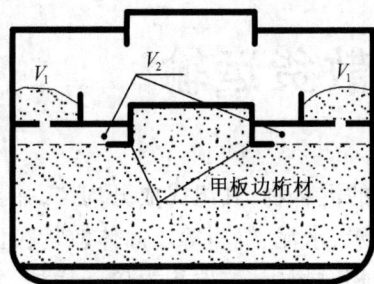

图 4 – 9　添注漏斗

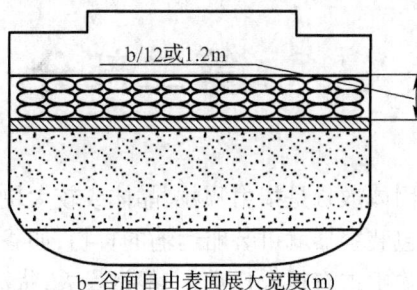

图 4 – 10　谷面压包

（2）用绑索或钢丝网固定谷面

用钢带、钢索或链条等系索固定谷面时，应在完成装载前先将系索用卸扣经一定间距（以不大于 2.4 m 为宜）连接在谷物最终谷面以下 0.45 m 的舱内两侧的船体结构上。当谷物装毕后将谷面平整至顶部略成拱形，用粗帆布、油布或等效物覆盖，垫隔布应只少搭接 1.8 m。在其上放置木制层。木制层是在谷面上铺设的二层满铺的木板地板，要求每块厚 25 mm，宽 150～300 mm。上层地板纵向铺设，下层地板横向铺设，并将上下层垫木钉牢。亦采用另一种方式，即上层用厚 50 mm 的木板纵向满铺，钉于厚 50 mm、宽不小于 150 mm 的横向底垫木上，底垫木应延伸至舱的全宽，其间距不超过 2.4 m。随后将预埋在左右谷面两侧以下的对应绑索用松紧螺旋扣紧固。其中在上层纵向垫木和每道绑索之间用贯穿该舱全宽的横垫木支撑，以分散绑索产生的向下压力。在船舶航行途中应经常检查绑索，且必要时应予以收紧。

也可在上述谷面上覆盖的粗制帆布或等效物之上使用的纵横密排的两层垫木，改用接头处至少应搭接 0.075 m，底层横向放置和上层纵向放置的两层增强钢丝网所替代，并在舱内两航这类钢丝网边缘，使用 0.15 m×0.05 m 的木板夹紧。

第二部分　固体散货运输

　　固体散货是指由颗粒、晶体或较大块状物质组成的混合物,其组成成分均匀,并且不用任何包装容器就可装船运输的货物,如谷物、矿石、煤炭、水泥、饲料等。固体散货在世界海上运输中占有很大比重,一般批量大,货流稳定,港口相对集中,一般均为单一货种,采用专用船舶进行整船单向运输的特点。虽然大多数船舶没有发生事故,但仍有一定数量的船舶遭受严重海损灾难,足以引起人们的重视。为保证船运散装固体货物的安全,下面着重介绍除散装谷物外的其他散装固体货物运输的主要特点。

知识点 1:固体散货种类及运输危险性

　　为了促进除散装谷物外的散装货物的海上运输安全,国际海事组织(IMO)于 1965 年出了第一版《固体散装货物安全操作规则》(Code of Safe Practice for Solid Bulk Cargoes)(简称《BC 规则》),以后又相继出了几个修订版,IMO 于 1994 年将该规则部分内容加入到 SOLAS 1974 的第六章中。

　　《BC 规则》正文的主要内容包括:散装固体货物及与装运散装固体货物相关的术语和定义;散装固体货物的积载、装卸、平舱要求;影响人身与船舶安全的因素及防范措施;散装固体货物的适运性鉴定;静止角及易流态化货物的测试方法;易流态化货物的性质、特点、运输的危险性及预防措施;具有化学危险的散装固体货物的分类、积载与隔离要求;以及散装固体垃圾的运输。

　　《BC 规则》附录的内容包括:散装固体货物明细表;实验室测试程序、相关仪器及标准;散装固体货物的特性;散装固体货物的密度测量规范;货煤气体的监测程序;关于进入船舶封闭处所的建议;关于船上使用杀虫剂的建议;以及散装固体货物索引等。

一、固体散货种类

　　在《BC 规则》中固体散货分为以下三类:

　　1. 易流态化货物(Cargoes which may liquefy),即 A 类散货。

　　一般由较细颗粒状的混合物构成,如黄铁矿、铁精矿、硫化锌、锰精矿等。这类货物在海运时的潜在危险是:当它们的含水量超过其"适运水分限量"(TML—Transportable Moisture Limit),当采用流盘试验法时,通常取流动水分点(Flow moisture point,FMP)的 90%(泥煤干燥条件下且 $SF < 11.11$ m³/t 时,取其 FMP 的 85%)。由于大量含水,在航行中因船舶的颠簸、振动,其水分逐渐渗出,表面形成可流动状态。表层流态化的货物在风浪中摇摆时会流向一舷,而船回摇时却不能完全流回,如此反复,将会使船舶逐渐倾斜乃至倾覆。

　　2. 具有化学危险的货物(Materials possessing chemical hazards),即 B 类散货一般指由于本身的化学性质而在运输中产生危险的货物。这类货物又分为以下两小类。

　　(1)已列入《国际危规》的固体货物,如干椰子肉、蓖麻子、硝酸铝、鱼粉、种子饼等。它们在包装条件下的安全运输可查阅《国际危规》,而在散装运输时的安全要求则应查阅《BC 规则》。

（2）仅在散装运输时会产生危险的货物（MHB—Materials Hazardous only in Bulk），如焙烧黄铁矿、煤炭、氟石、生石灰等。这类货物的危险性往往被人们忽略，因而使一些本来可避免的危险酿成灾难，如散货本身的氧化，造成货舱缺氧或散发有毒气体，致使卸货时人员伤亡；易于自热的散货，由于通风不良而酿成火灾等。

3.既不易流态化又无化学危险的散装物质（Bulk materials which are neither liable to liquefy nor to possess chemical hazards），即 C 类散货。

此类货物滑石、水泥、种子饼、带壳花生等。须注意这类货物中有些与 A 类货物同名，但其块状较大或含水量较小。有些与 B 类货物同名，但已经过抗氧化（常用乙氧基奎林、山道奎林等抗氧剂）处理或某些物质含量较小。运输 C 类货物时，应注意测定其静止角。静止角小的散货潜在移动性一般要超过同名的 A 类散货。

除上述 3 类外，还有既具有易流态化又具有化学危险的散货（Bulk materials which are both liable to liquefy and to possess chemical hazards）（A/B 类散货）。A、B、C 以及 A/B 类散货可在《BC 规则》附录 9 中查取。在《BC 规则》中列有 7 种 A/B 类散货，如煤、硫化金属精矿、铜精矿等。运输这类货物时，必须兼顾其易流态化特性和化学危险性对运输安全的影响。

二、固体散货运输危险性

散装固体货物在运输中有以下三方面的危险：

1.由于货物重量分配的不合理而造成船舶结构上的损坏。

2.船舶在航行中由于稳性的减少或丧失而造成危险。其原因有：（1）由于平舱不当或货物重量分配不合理而使货物在恶劣天气中发生位移；（2）由于船舶在航行中的振动与摇摆，使货物流态化而滑向或流向一侧。

3.由于固体散货的化学反应，如释放有毒或可燃、可爆气体，而造成中毒、腐蚀、窒息、起火或爆炸危险。

知识点 2：固体散货船稳性及强度

一、稳性

装运固体散装货物（除散装谷物外）船舶的稳性要求与杂货船的稳性要求相同。在具体装运中，对船舶稳性的影响须考虑以下几方面因素。

1.对积载因数较小的散货

一般应装底舱，但须保证船舶稳性不宜过大而在风浪中造成剧烈横摇。可通过往顶边水舱打入压载水、从底层（边）水舱排出压载水、设法提高底舱货的装舱重心等方法来减小船舶的初稳性高度。如须在二层舱装载，要对底舱货进行严格的平舱，确保船舶稳性不低于稳性报告书所允许的最小数值。

2.平舱措施

（1）在强度允许的前提下，应尽可能装满，并进行合理平舱。

（2）为减少散装货物移动的危险，货物应平整至货舱边界，对于船长为 100 米及以下的船舶尤应如此。

(3)对于静止角小于或等于30°的非黏性散货,因其具有和散装谷物一样的散落性,因此应遵守谷物装载的有关规定。

(4)对于静止角在30°~35°的非黏性散货,在船体强度允许的前提下,应尽量装满,并予以合理平舱,至少应使其货堆表面最高与最低的水平面间的垂直距离 δ_h 不超过船宽的1/10 m,而且最大不能超过1.5 m(我国交通运输部规定生铁、煤炭的 δ_h 不能超过1.0m)。当 δ_h 无法测量时,如果装货中使用了主管机关认可的平舱设备,则装载也被认可。

(5)当装载静止角大于35°的非黏性散货时,装载中应特别注意避免在平整表面与舱壁间形成宽而陡的空隙。货物表面的倾角应平整到远小于其静止角。

3.对易流态化的散装货物

要求货主提供适运水分限量和含水量资料及相应的试验证书。只有含水量没有超过规定的适运水分限量(TML)的情况下,才能同意装运。精选矿的适运水分限量(TML)为流动水分点的90%,流动水分点系指精选矿在一系列振动或撞击后引起开始渗水流动时的含水量。

二、强度

为了保证船舶纵向强度不受损伤,须对固体散装货物在船舶纵向进行合理分配;对舱底板等的局部结构强度要求,可通过限制散物的装载高度来实现。当船舶装载积载因数为0.56m3/t或以下高密度固体散货时,应特别注意货物重量的分配,避免船体产生过大的应力。货物重量的分配可根据船舶资料中的建议值分配,如无资料时,应按下述《BC规则》推荐方法确定货物在各舱室间的重量分配。

1.货物重量的纵向分配应与正常合理的杂货分配方案相差不大。

2.各舱室的货物最大装载重量 P 应满足:

$$P \leqslant 0.9l \cdot b \cdot d_s \qquad (\text{t}) \qquad\qquad (4-8)$$

式中　P——各舱室的货物最大装载重量,t;

　　　l——舱长,m;

　　　b——舱宽,m;

　　　d_s——夏季满载吃水,m。

3.不平舱或仅作部分平舱时,各底舱内货物堆积高度 H_c 应不超过下式数值:

$$H_c \leqslant 1.1SF \cdot d_s \qquad\qquad (4-9)$$

式中　H_c——各底舱内货物堆积高度,m;

　　　$S.F$——货物的积载因素,m³/t;

　　　d_s——夏季满载吃水,m。

4.经充分平舱,各底舱可根据具体情况多装按(4-8)所得重量的20%,但必须严格遵守第1项的原则。

$$P \leqslant 1.08l \cdot b \cdot d_s \qquad (\text{t}) \qquad\qquad (4-10)$$

5.机舱后部各底舱由于轴隧的加强作用,可多装按式(4-8)和式(4-10)所得重量的10%,H_c 可比式(4-9)的值增加10%,但仍须与第1项的要求一致。

知识点3：固体散货船装运要求

一、固体散货安全运输的一般要求

鉴于固体散货在船舶运输中易产生的危险，《BC 规则》在船舶运输相应的各个环节都提出了安全运输要求，具体可归纳如下。

1. 了解拟装货物的理化特性

在装货前，船方应要求货方提供所托运货物的详细资料，如货物的含水量、流动水分点（FMP）、自然倾斜角（又称静止角、休止角、摩擦角）(Angle of Repose)、积载因数、毒性、腐蚀性、易燃性等，船方根据其货名可以在《BC 规则》中查到其安全运输的要求。对于在《BC 规则》中未列明的货物，货方还应提供该种货物发生的有关货运事故资料、应急措施、医疗急救方法等。

2. 合理确定货物在各舱室的重量分配

对拟装载的散装货物，尤其是积载因数（0.56 m³/t 及以下）较小的散装，必须对货物重量在各舱室进行合理分配，以确保船舶具有适当的稳性，船舶强度不受损害。

3. 合理选择散装的舱位和货位

（1）应根据不同货类，合理确定其舱位。配装 A 类散货的舱室应能防止任何液体流入，除罐装或类似包装的液体货外，应避免将其他液体货配于 A 类散装的上面或附近；配装 B 类货物的舱室应阴凉、干燥，应与热源、火源隔离，舱盖和舱壁应水、火密，而且舱内电器设备应符合防爆要求；装运易散发危险气体的散货，应选择有机械通风并且能有效防止危险气体渗入船员住室、工作处所的舱室。

（2）做好货物的隔离。若无特殊规定，B 类散装与包装危险货物应按表 4 - 4 进行隔离，B 类散货之间应按表 4 - 5 进行隔离。

表 4 - 4 散装危险货物与包装危险货物的隔离要求

散装货物（属危险货物类）	类别	包装形式的危险货物															
		1.1 1.2 1.5	1.3 1.6	1.4	2.1	2.2 2.3	3	4.1	4.2	4.3	5.1	5.2	6.1	6.2	7	8	9
易燃固体	4.1	4	3	2	2	2	2	×	1	×	1	2	×	3	2	1	
易于自燃物质	4.2	4	3	2	2	2	2	1	×	1	2	2	1	3	2	1	×
遇水后易放出易燃气体的物质	4.3	4	4	2	1	×	2	2	2	2	2	2	2	2	1	×
氧化物（剂）	5.1	4	4	2	2	×	2	1	2	2	×	2	1	3	1	2	×
有毒性物质	6.1	2	2	×	×	×	×	1	×	1	1	1	×	1	×	×	×
放射性物质	7	2	2	2	2	2	2	2	2	2	2	2	×	3	×	2	×
腐蚀性物质	8	4	2	2	1	×	1	1	1	1	2	2	3	2	×	×
其他危险物质和物品	9	×	×	×	×	×	×	×	×	×	×	×	×	×	×	×	×
仅在散装时才具有危险性的物质（MHB）		×	×	×	×	×	×	×	×	×	×	×	×	×	×	×

表4-4中的数字所代表的隔离要求如下:

1——表示"远离":互不相容的固体散货和包装危险货物在同一舱室或同一货舱内装载,在水平方向两者至少相距3 m(见图4-11(a))。

2——表示"隔离":装于不同货舱内。若中间甲板水、火密,则垂直分隔即装于不同舱室中可认为与本隔离等效(见图4-11(b))。

3 ——表示"用一整个舱室或货舱隔离":即垂向的或水平的分隔。如中间甲板不是水、密,则同一货舱的垂向分隔无效(见图4-11(c))。

4 ——表示"用一个介于中间的整个舱室或货舱纵向隔离":仅垂向隔离不符合要求(见图4-11(d))。

×——无一般隔离要求,应查阅"BC 规则"和"国际危规"有关该危险货物的条款。

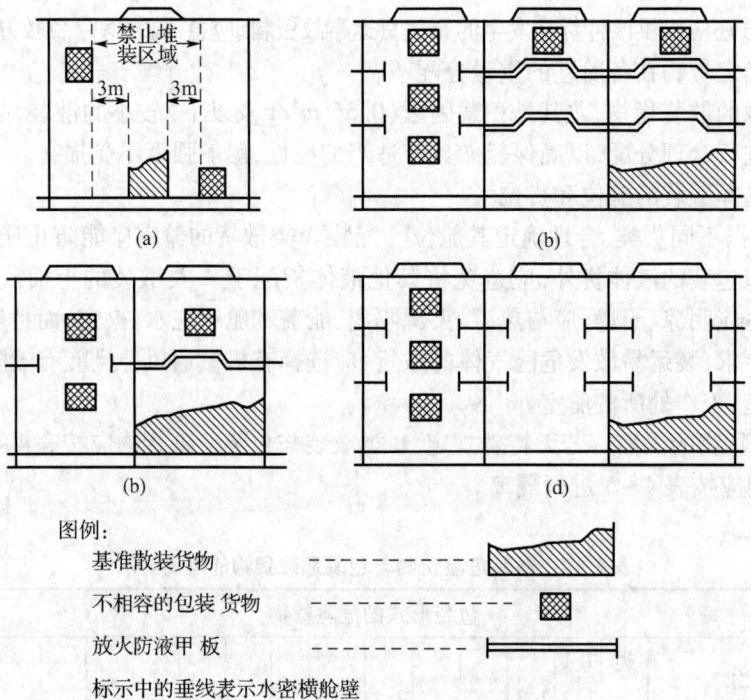

图例:

基准散装货物

不相容的包装 货物

放火防液甲 板

标示中的垂线表示水密横舱壁

图4-11 隔离要求示意图

表4-5中的数字所代表的隔离要求如下:

2——表示"隔离":即装于不同货舱内。若中间甲板水、火密,则垂直分隔(上、下舱)可认为与本隔离等效(见图4-12(a))。

3——表示"用一整个舱室或货舱隔离":即垂向的或水平的隔舱分隔。如中间甲板不是水、火密,则同一货舱的垂向分隔无效(见图4-12(b))。

×——无一般隔离要求,应查阅《BC 规则》和《国际危规》有关该危险货物的条款。

表 4 – 5 B 类散装危险货物之间的隔离

固体散装物质		固体散装物质								
		4.1	4.2	4.3	5.1	6.1	7	8	9	MHB
易燃固体	4.1	×								
易自燃物质	4.2	2	×							
遇水产生可燃气体的物质	4.3	3	3	×						
具有氧化性物质(氧化剂)	5.1	3	3	3	×					
有毒物质	6.1	×	×	×	2	×				
放射性物质	7	2	2	2	2	2	×			
腐蚀性物质	8	2	2	2	×	2	2	×		
杂类危险物	9	×	×	×	×	×	2	×	×	
仅在散装时产生危险的物质	MHB	×	×	×	×	×	2	×		×

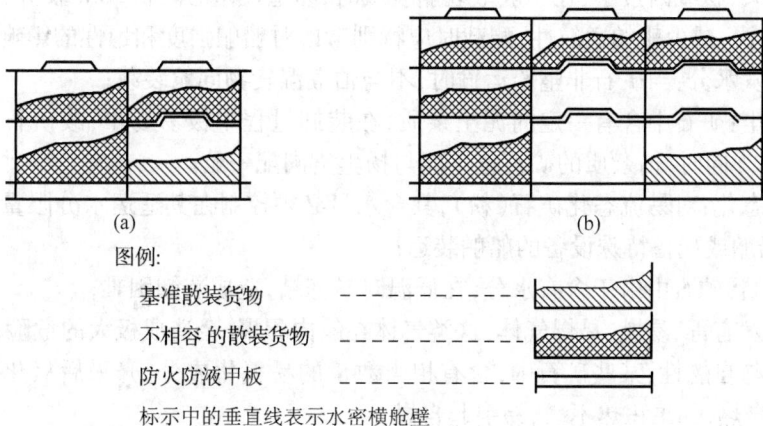

(a)　　　　　(b)

图例:

基准散装货物 　—————————

不相容 的散装货物 —————————

防火防液甲板 —————————

标示中的垂直线表示水密横舱壁

图 4 – 12

3. 做好货物的装货准备及装卸工作

(1)装货前,应检查和准备货舱,使其适货。检查和准备货舱包括检查并保证舱内污水沟管系、测深管以及其他舱内管线处于良好状态,污水井和黄蜂窝应畅通无阻并能防止散货流入污水排水系统。当装载 B 类散货时,要求在货舱及其附近设置醒目的警告标志。

(2)《BC 规则》规定,装货前,货方应向船长提交拟装货物特性的证书和证明文件,并在证书中申明:所提供的 A 类散货的含水量或 B 类散货的化学性质资料与装货当时的实际货物相一致。

(3)不相容的货物不应同时装载,特别要防止造成对食品的污染。在装完某种货物后,应立即关闭装载该货的每一个货舱,并清除甲板上的残余货物后,才能装载与已装载货物不相容的其他货物。卸货时也同样如此。

(4)装货时应做好货物的取样和样品封存,掌握装货时货物的状况,以便在发生有关货运事故时,用此样品作为有效的法律凭证。

(5)装货后应根据货物自然倾斜角的大小进行平舱。

(6)货物特别是高密度散货装载后,应测定货舱的污水深度,以确定船体或舱内管路是否仍处于良好状态。

(7)货物装卸期间,尽可能关闭或遮盖通风系统,空调应调为内部循环,以减少粉尘进入生活区和其他舱室,并应尽可能减少粉尘与甲板机械活动部件及外部助航仪器接触。

(8)装运中应遵守有关安全注意事项,船上应备有《危险货物医疗急救指南》(MFAG)及有关的监测仪器。应注意货舱及其相邻舱室有缺氧或含有有毒气体的可能性。大多数蔬菜产品、谷物、原木、木材产品、黑色金属、硫化金属、精矿、煤等储运中常会造成舱室缺氧,应特别注意人员安全,进入这些处所必须执行并符合《BC 规则》附录 F 中所载的"安全检查表"的各项要求。

二、几种特殊散装货物的装运特点

1. 散装矿石的装运特点

本节所述的矿石为金属矿石,如铁矿(Iron Ore)、锰矿(Manganese Ore)、铜矿(Copper Ore)及锌矿(Blende)等。矿石与海运有关的主要特性如下。

(1)密度大,积载因素小:在一般散装船装载时,易造成重心较低,GM 较大,船舶受风浪时横摇周期较快,减少船舶适航性,配载时应特别考虑对船舶强度和稳性的影响;

(2)易散发水分:当矿石非整船运输时,不与怕潮湿货物同舱装载;

(3)易扬尘:矿石中含有一定的泥土杂质,在装卸过程中极易扬尘,故矿石不应与怕尘货物同舱装载。同时,怕杂质的矿石也不能与扬尘货同配一舱;

(4)易流态化:对易流态化矿石(粉),其含水量必须控制在其适运水分限量以下,否则,必须由特殊船舶或配备特殊设备的船舶装运;

(5)易冻结:矿石中由于含有水分,在低温时易冻结,造成装卸困难;

(6)易散发有毒、易燃、易爆气体:这类气体在舱内积聚,会造成极大的危险;

(7)自热与自燃性:某些矿石中,含有相当数量的易氧化成分,开采后氧化条件更为充分,所以易于自热,如果积热不散,易引起自燃。

根据矿石的特性和矿石船的特点,在装卸和运输中应注意以下问题:

(1)装货前应了解装卸港口的有关资料,包括进出港口的泊位及航道的限制水深、基准水深、潮汐资料、船底富裕水深要求、装船机的类型、效率、及限制高度等。

(2)装卸前,应确定船舶的最大吃水和最小吃水,尤其是大型矿石船,一般可根据泊位水深、码头装船机高度,确定船舶装载前后的最大和最小吃水,见图 4-13。

最大吃水 D_{max} 可用下式计算:

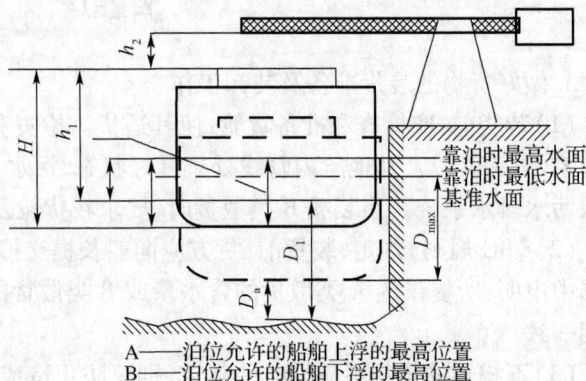

A——泊位允许的船舶上浮的最高位置
B——泊位允许的船舶下浮的最高位置

图 4-13　矿石船吃水

$$D_{max} = D_1 + H_w - D_a \qquad (4-11)$$

式中　D_1——泊位基准水深,m;

　　　H_w——靠泊期间泊位最低水位至基准水位的距离,m;

　　　D_a——泊位要求的富裕水深,m。

最小吃水 D_{min} 可用下式计算:

$$D_{min} = H - h_1 + h_2 + H'_w \tag{4-12}$$

式中　H——船底至上甲板可能与装卸机碰撞部位顶部的垂直距离,m;

　　　h_1——泊位基准水深至装船机可能碰撞位置下端的垂直距离,m;

　　　h_2——防止装船机与船舶发生触碰的安全距离,m;

　　　H'_w——靠泊期间泊位最高水位至基准水位的距离,m。

为了使船舶实际吃水控制在最大吃水与最小吃水之间,通常须依靠边装卸边排注压载水的方法来实现。

(3)合理确定货物装卸顺序和压载水排放方案。为了保证船舶在装卸期间的安全,提高装卸率,缩短船舶在港作业时间,需合理确定货物装卸顺序和压载水排放方案,并编制具体的"货物装卸和压载水排放计划表"。

装船顺序和排放水顺序确定后,还应计算装货过程中船舶吃水和校核纵向强度。每装载一个货舱(包括同时排放压载水)后,计算船舶吃水和各强度校核点的剪力与弯矩,要求在允许范围内。如果不符合要求,则应对计划表进行调整,或通过几个轮回(2～3个轮回)进行装卸,使其满足要求。普通船整船装运矿石时,应多舱同时作业,以防船体结构受损。

(4)装货时应按"货物装卸和压载水排放计划表"进行,并密切注意船舶的吃水变化。当实际装载效率和压载水排放量与计划值有较大出入时,应及时调整。必须严格控制船舶的最大吃水与最小吃水,以防止船舶发生事故。

(5)装货过程中,应督促装船机司机或工头及时调整装船机的喷口位置,使船舶横倾不超过3°,装载时不可装成一个金字塔形,应堆积成三个相连的金字塔形或长山脉形。当船舶纵倾较大时,应注意首、尾缆绳的松紧状态,及时调整。

(6)大型矿石船满载时,一般产生中垂变形,应特别注意防止船舶产生过大的中垂变形,在船舶装载结束前,可用观察吃水的方法检验船舶的拱垂变形是否在允许的范围内。

(7)装货结束前,应利用所预留的机动货物调整船舶吃水差使其符合要求,并消除横倾。在装货最后阶段,大副应对排出残余压载水和多余淡水后的货物加载量以及装货完毕后皮带运输机上的货量,做到心中有数。

(8)卸货开始时,如果船舶的富裕水深较小,船底与海底较近,则不宜马上用水泵压载,可利用海水压力,自然注入压载水,以避免吸入大量泥沙。

(9)当用普通货船整船装运矿石时,应注意船舶的强度和稳性。为减轻船体受力,应减载夏季满载装货重量的20%左右,且各舱应按舱容比例分配货重。为防止船舶的 GM 过大,在甲板强度允许的前提下,凡有二层舱的船舶,可在其二层舱内安排航次载货重量的1/4～1/3。

2.散装精选矿粉的装运特点

精选矿粉的特性:

(1)易流态化:湿精矿粉的易流态化特性是船舶运输中潜在的最大危险,必须引起高度重视;

(2)散落性:静止角较小的散货在船舶摇摆时易发生移动而使船舶倾斜,特别是静止角在35°以下的矿粉其危险性更大;

(3)易自燃及散发有毒气体:若热量积聚不散,易引起自燃;有些干精矿粉在自热过程

中散发有毒气体或使舱内缺氧;

(4)爆炸危险性:积聚在舱内的易燃、易爆气体,在空气中含量达到一定比例时可能产生爆炸;

(5)有腐蚀性:硫化金属矿粉遇到海水会使硫化物水解,呈强酸性,对船舶和设备有腐蚀危险。

根据精矿粉的特性和矿石船的特点,在装卸和运输中应注意以下问题:

(1)托运人应向船方提供由产品重量监督检验部门签发的有关货物的含水量、自然倾斜角、理化性质(吸湿、氧化、自燃、挥发有害气体等)和积载因数等证明文件;

(2)装船前,船方应做好货物取样工作,并用简易方法检验货物的含水量。如发现有问题或有怀疑,应及时通知货方重新申请检验。普通货船装运精选矿粉时,其含水量不得超过货物的适运水分限量(我国交通部规定不超过8%)。含水量超过适运水分限的货物,只能由特殊结构的船舶进行装运。这种船舶具有符合要求的永久性分隔设备,可以将货物的移动限制在允许的范围内,并携带有主管机关认可的证明;

(3)装船前,船方还应做好货舱的清洁工作,清除舱内任何化学物质和可燃物质,并保持货舱的水密。做好舱内污水井、管系的清洁养护工作,防止其堵塞或受损;

(4)对自然倾斜角小于35°的货物,在航行中很容易流动,装载时应特别采取相应的防范措施。为防止货物移动,可将部分矿粉袋装或设置纵向隔壁。同时,应防止粉尘污染,尽量降低其对人身与船体设备的危害;

(5)精选矿粉在选矿后15天内氧化温度最高,所以,装船前货物应在堆场累计堆放15天以上。装载时,舱内货堆面积应尽量大,货堆高度宜在1.2~1.5 m之间,以利散热;

(6)雨雪天不能进行装卸。装货过程中应防止混入杂质,特别是可燃性物质;

(7)装运干精选矿粉时,为限制其氧化,装妥后应平舱并压紧货物或在货物表面加以铺盖。航行途中每天至少测温两次,如发现货温升高可开舱翻动发热部分货物或通风散热;

(8)如遇船舶在航行中发生异常横倾,船长应立即电告船公司,并根据现场情况采取相应措施或驶往附近港口进行处理,以保安全;

(9)精矿粉燃烧起火时用CO_2灭火效果不明显,可用水雾灭火降温,单处冒火时,可用掩埋法灭火。

3. 种籽饼的装运特点

种籽饼是含油植物种子经机械压榨或通过溶剂萃取法提取油料后剩余的残渣,它主要用作饲料和肥料。最常见的种籽饼有:椰籽饼、棉籽饼、花生饼、亚麻仁饼、玉米饼、尼日尔草籽饼、棕榈仁饼、稻糠饼、大豆饼和葵花籽饼等。常以饼、片、球等形状交付运输。

种籽饼的主要特性:由于种籽饼内含有油和水,所以会自行缓慢地发热分解,并在遇潮或遇含有一定比例未经氧化的油类时会自燃,在长时间贮运过程中也易发热自燃,并能引起舱内缺氧,产生二氧化碳气体。所以包装运输的种籽饼在《国际危规》中被列为4.1类危险货物。散装的种籽饼在《BC规则》中则属于B类货物。和其他货物一样,不饱和的有机物质较其饱和状态更易产生化学反应,放出热量。表示有机物质不饱和程度的一个指标是碘值。碘值越大,不饱和程度越高。种籽饼是有机物质,因种类不同,其碘值也不同。葵花籽饼的碘值达125~140单位,棉籽饼为102~113单位,菜籽饼为97~107单位等。碘值越大越易氧化发热自燃。

种籽饼的自燃原因,主要由其理化性质决定,但外界因素如温度、湿度、货物内易氧化的杂质等也是导致其发热自燃的重要条件。

在《国际危规》中，根据种籽饼的含油、含水量的不同，其联合国编号分别为 UN No. 1386 和 UN No. 2217。前者危险性更大些，装载时应予以注意。

装运种籽饼的注意事项：

（1）托运的种籽饼其含油量和含水量必须符合船运要求。应取得发货人的保证，其货物在出厂后至装船前有两个月的氧化期；溶剂萃取的种籽饼应基本无易燃的溶剂；并提供符合要求的货物品质检验证书（其中应注明出厂日期、榨油方法、油、水及杂质含量）。应严格检查发货人送交的分析样品是否取样均匀。对结块、发霉及严重变色或有虫害以及含油、含水量超过标准及其他不符合要求的种籽饼应予拒装。

（2）装运种籽饼的船舶应按《国际危规》和《BC 规则》的要求，配备相应设备和监测仪器，具有良好的通风设备，具有 CO_2 灭火系统，货舱内管系、电缆状况良好，通风筒应装防火网罩。

（3）装货的舱室应保持污水井（沟）畅通，货舱清洁干燥。

（4）种籽饼不应装于机舱附近。整船装运散装种籽饼时，应从远离机舱壁的另一端开始装载并装成斜坡形。靠近机舱壁货堆高度不能超过 5 m。底舱装载种籽饼时，应避开需加温的油舱，如无法避开则应采取有效的隔热措施，同时控制燃油的加温时间和温度（一般宜在 50 ℃以下）。

（5）种籽饼本身含有油分，且有气味及具有吸味性，故不能与怕气味的和有气味的货物装在一起。同时应按"散装危险货物与包装危险货物间隔离表"、"散装危险货物之间隔离表"要求做好相应的隔离。

（6）装卸期间，应显示规定信号。装卸作业区严禁吸烟和使用明火。

（7）雨雪天和湿度较大时应停止装卸。装货过程中如货温超过当地最高气温 5 ℃应停止装货，并采取降温措施。

（8）当舱内货温升高时，不能采用甲板洒水的降温措施，以免舱内产生过多汗水，引起货物表层温度升高，反而增加种籽饼发热的可能性，且会影响货物重量。

（9）航行途中应定时测温并做好记录，当舱温和货温较高时，应根据外界温、湿度，适时进行通风或开舱晾晒。如种籽饼局部发热，可将焦化冒烟和温度过高的货物清除抛海。当货温达到 55 ℃时应封闭货舱并停止通风，对机械压榨的种籽饼可施放 CO_2，而对溶剂萃取的种籽饼则在未见明火前绝不能使用 CO_2，以防产生静电将溶剂蒸汽点燃。当舱内货物自燃起火时，可注入海水灭火，但须注意船舶的浮态、排水量的增加和货物体积的膨胀。

4. 煤炭的装运特点

煤炭是目前主要的能源之一，在海运量中占有相当的比重。在《BC 规则》中，煤炭被列为"仅在散装运输时会产生危险"（MHB）货物，同时又具有"易流态化"性质的货物。

煤炭的特性：

（1）煤炭自然倾斜角大，约36°至38°，流动性不大，但含水量高的煤炭（粉）仍具有易流态化的特性；

（2）易产生易燃易爆气体：煤炭会产生甲烷气体，当在空气中含量达到 5% ~16% 时，遇明火即可爆炸。煤炭的粉尘在空气中含量达到 10 ~30 g/m^3 时，遇明火也会爆炸；

（3）具有自热和自燃性：煤炭在空气中会氧化而释放热量，当热量聚集到自燃点时便会自燃。挥发物含量越高的煤炭越易自燃；

(4)易损失重量:水湿煤炭经运输时的水分蒸发,其重量可能减少3%。

根据煤炭的特性和散装船的特点,在装卸和运输中应注意以下问题:

(1)装运前,应弄清拟装煤炭所属种类、特性、岸上堆放时间、煤炭湿度、温度、开采季节等,煤中应不含杂质、粪便、废油渣等有机物质。若煤温达35℃以上或含水量过大,应拒装;

(2)煤炭装船前,应使货舱清洁、干燥、清除舱内残留的垃圾杂物;污水沟(井)必须畅通并注意适当的铺盖,以防被煤粉堵塞;货舱及其毗邻舱室内的电缆、电器设备的技术状况必须良好,符合安全规定并能在含有甲烷或粉尘的空间中安全使用,备妥安全灯,货舱内的电器设备均应为防爆型;船上 CO_2 灭火系统(包括烟雾探测器)、货舱管系、CO_2 钢瓶、CO_2 站的照明灯和门锁等均应处于良好的备用状态;

(3)货物应避免装于热源附近。在靠近机舱舱壁处,应采用斜坡式装载,以减少机舱对煤的传热增温。煤舱下的双层底中所装的燃油黏度不宜太大,尽量做到不加温或少加温。

(4)货煤装毕后必须进行合理平舱;

(5)货舱及其毗邻舱室应禁止一切明火作业。人员进入装有煤炭的舱室时,不能穿易产生静电的服装;装有煤炭的货舱上的甲板区域内,所有非防爆型电器设备均应切断电源;

(6)装货期间及装货后的一段时间内,应对易进入易爆气体的舱室(如起货机室、配电间、物料间等)进行通风并禁止吸烟和明火作业;

(7)运输途中必须经常测温并做好记录。运输 C 类煤且长航程船舶,每个货舱应有三个在货物表面下 3 m 处的均布测温点,每天至少监测货温三次。其他类煤如货温较低且稳定时应进行间断性的持续通风,以排除有害气体。煤炭装船后一般应进行 4～5 天的表面通风,然而每隔一天进行表面通风 6 小时,以达到排除有害气体的目的,并根据不同季节、海区、外界气温,采取甲板喷水的降温措施;

(8)当舱内货温接近 45 ℃时,应立刻停止通风,封闭货舱及通风筒,防止空气进入货舱。如货温继续升高并有烟雾,则应在严格封舱的前提下有步骤地施放足够的 CO_2 气体进行灭火。不能用海水冷却煤炭或灭火;

(9)在开舱卸货前,应对货舱进行通风,以排除有害气体,确保人员安全。人员不得随意进入可能积存有甲烷气体或缺氧的舱室,必须进入时,应先对舱室进行检测并确保其安全或佩戴自给式呼吸器方能进入。

知识点 4:货物适运性简易鉴定方法

对不同的固体散装货物,除了要求货方提供规定的货物有关资料和证明,以确定该票货物是否适合船运外,在实际装货前,一般可凭感官或使用简易器具对货物的适运性进行鉴定。

《BC 规则》规定,易流态化货物含水量的简易检验方法为:用坚固圆筒或类似容器(容积为 0.5～1.0 L)装半罐货品,从离地面约 0.2 m 高处猛烈摔在坚硬的地面,重复 25 次,每次间隔 1～2 s,如果货物表面出现游离水分或流动液面,则对货物的适运性存在怀疑,应对货物进行含水量的正规检验。

实验室中对适运水分限量的测试方法有以下三种:

1. 流盘试验

一般适用于粒度(粒径)为 1～7 mm 的精矿或其他颗粒物质,粒度大于 7 mm 则不适用。

2. 沉降试验

适用于精矿、类似于精矿的物质及最大粒度为 25 mm 的煤。

3. 葡氏/樊氏测试法

适用于细粒和粗粒精矿或最大粒度为 5 mm 的类似物质的试验。本方法不得用于煤或者其他多孔物质。按葡氏/樊氏测试法,适运水分限量取为饱和含水量的 70%。具体的测试方法,使用的有关仪器,详见《BC 规则》附录 2。

知识点 5:《BC 规则》的使用

船舶在装运固体散装货物过程中,船方必须保证人员、货物、船舶的安全。为此,要求正确地使用《BC 规则》,即在《BC 规则》中查阅相应的货物,仔细阅读此种货物的有关规定。

一、《BC 规则》的查阅

首先,应阅读了解《BC 规则》第 1 至第 12 节(正文部分)的内容,然后根据拟装货物所属类别,查阅《BC 规则》中有关的节和附录。如果不能预先确定其类别,可先由附录 9"散装固体货物索引"表中查取该货物的类别。再查阅附录 1 中的明细表以获取其货物特性、危害、积载与隔离、货舱清洁程度、注意事项、通风、装运、卸货、清扫等要求。

进入封闭舱室时的有关注意事项应查阅《BC 规则》中的附录 7。装运散装固体废弃物时应查阅《BC 规则》第 12 节的内容。装运散煤时,货舱中气体的监测应查阅附录 6。

知识点 6:水尺检量

水尺检量(Draught survey)是利用装卸货物前后船舶水尺变化来计算装货重量的一种方法。水尺检量在计重精度上是较为粗略,但方法简便,适用于价值较低的大宗散货计重,如煤炭、废钢、矿石、化肥等。水尺检量工作在国内一般由商品检验局承担,国外由公证鉴定机构承担,检量结束后出具货物计量证明,该证明在国际贸易中可作为货物重量交接凭证,出口时作为结汇凭证,进口时可作为到岸计价或短重索赔的依据。

一、水尺检量的基本原理

水尺检量的原理是利用船舶吃水与排水量的关系,通过测量船舶载货时的吃水和无货时的吃水求得船舶载货时的排水量(毛重)和无货时的排水量(皮重),这两者之差,扣除装卸前后船上非货物重量的变化,就可以得到装载货物的重量。水尺计量,需要在装货前后和卸货前后按相同的步骤和方法进行四次原始数据的测定及修正计算(即两次水尺计量过程),才能得到所运货物的装载重量及其变化。

二、水尺计量的步骤

1. 测定有关原始数据

为减少水尺检量的误差,应尽可能提高每一项原始数据的测定精度。

（1）测定船舶的六面吃水　六面吃水为船首左右舷吃水：d_{Fp} 和 d_{Fs}；船中左右舷吃水：$d_{中p}$ 和 $d_{中s}$；船尾左右舷吃水：d_{Ap} 和 d_{As}。测定时，船上不得进行一切可能影响水尺检量精度的操作，如排放压载水；有波浪时，应读取水面最高和最低时的多组吃水，并取其平均值，以使读取尽量准确；

（2）测定舷外海水密度 ρ　一般应与测定吃水同时进行，取样海水应尽量避开船舶排水管口和码头下水道口，通常在外挡船中部吃水深度一半处选取水样进行测定；

（3）测定液舱内油水等储备品的重量 δG　包括各油舱、淡水舱、压载水舱内的油水存量，船上污水沟和隔离舱内积水的重量及其他储备品和垫舱物等重量。

在测定油水舱内的油水存量时，如果船舶有纵倾或横倾且测量口不在液舱的中心时，应进行纵、横倾的修正，修正方法和油舱空挡的纵、横倾修正相同。

2. 计算并修正船舶吃水

（1）计算测定的船首平均吃水 d_F、船中平均吃水 $d_中$、船尾平均吃水 d_A 及吃水差 t：

$$d_F = (d_{Fp} + d_{Fs})/2 \quad (m) \tag{4-13}$$
$$d_中 = (d_{中p} + d_{中s})/2 \quad (m) \tag{4-14}$$
$$d_A = (d_{Ap} + d_{As})/2 \quad (m) \tag{4-15}$$
$$t = d_F - d_A \quad (m) \tag{4-16}$$

（2）进行首、尾垂线修正：由于船舶的首、尾吃水应以首尾垂线交点处的读数为准，而船舶的实际水尺标志往往不在首、尾垂线上。因此，当船舶有吃水差时，就需要对上述首尾吃水进行首、尾垂线修正。由图 4-14 可知：

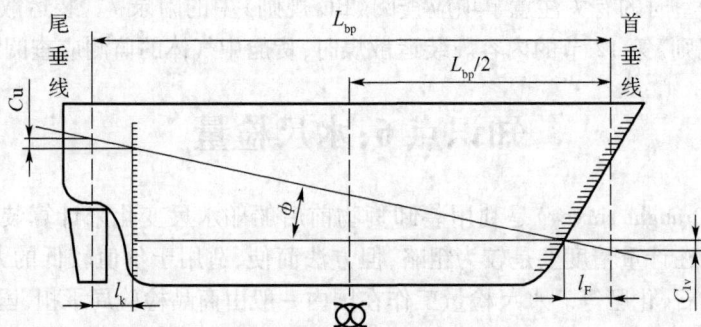

图 4-14　首尾垂线修正

首垂线修正值：　　$C_F = t \times l_F/(L_{bp} - l_F - l_A) \quad (m) \tag{4-17}$
尾垂线修正值：　　$C_A = -t \times l_A/(L_{bp} - l_F - l_A) \quad (m) \tag{4-18}$
当船舶的吃水差绝对值小于 0.3 m 时，可以不做此项修正。
式中　t——首、尾垂线修正前的船舶吃水差(m)，首倾取(+)，尾倾取(-)；
　　　L_{bp}——船舶垂线间长，m；
　　　l_F——首吃水水尺与首垂线间的水平距离(m)，其值可由船舶总布置图或首尾垂线图上量取；
　　　l_A——尾吃水水尺与尾垂线间的水平距离，m。
由此，经首、尾垂线修正后的首尾平均吃水和分别为：

$$d_{F1} = d_F + C_F \tag{4-19}$$

$$d_{A1} = d_A + C_A \qquad (4-20)$$

（3）计算船舶的首尾平均吃水为

$$d_{M1} = (d_{F1} + d_{A1})/2 \qquad (4-21)$$

（4）计算首尾平均吃水与船中平均吃水的平均值：

$$d_{M2} = (d_{M1} + d_{中})/2 \qquad (4-22)$$

（5）进行船舶拱垂修正：船舶在各种装载状态下都有可能出现中拱或中垂变形，因此对船舶吃水应作拱垂修正：

$$d_{M3} = (d_{M2} + d_{中})/2 \qquad (4-23)$$

3. 求取船舶排水量

（1）根据经拱垂修正后的船舶平均吃水 d_{M3}，从载重表尺中或静水力性能数据表中查取船舶排水量。查表时，先查出与 d_{M3} 邻近的吃水整数值对应的排水量基数，再将差额吃水乘以相应的每厘米吃水吨数（TPC），得出差额吨数，以排水量基数加、减差额吨数，即得 d_{M3} 对应的排水量 Δ_0。

（2）对排水量进行纵倾修正（图 4-15）。作为载重表等的查表引数，船舶平均吃水是指漂心处的吃水值，而上述计算到的 d_{M3} 是船中处的吃水，当船舶正浮时，船中吃水与漂心吃水相等。当存在吃水差时，Δ_0 并不是船舶实际的排水量，故应对其进行纵倾修正，修正的

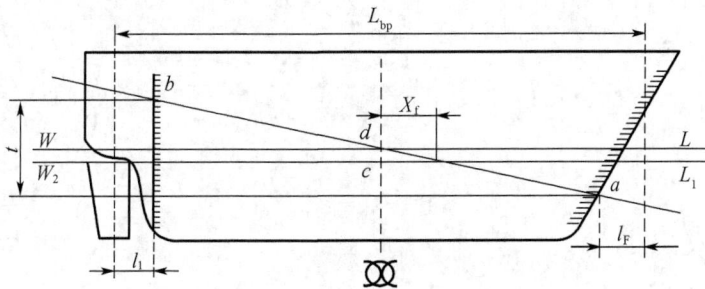

图 4-15 纵倾修正

排水量值由下式求得：

$$\delta\Delta = \frac{t \cdot x_f \times 100 TPC}{L_{BP} - l_F - l_A} + \frac{50t^2}{L_{BP} - l_F - l_A} \cdot \frac{dM}{dZ} \qquad (4-24)$$

式中　dM/dZ——平均吃水 d_{M3} 处厘米纵倾力矩（MTC）随吃水的变化率，即在吃水为 d_{M3} 时，当吃水各增、减 0.5 m 时的每厘米纵倾力矩的变化值。

当船舶吃水差小于 0.3 m 时，可不进行纵倾修正；当吃水差大于 0.3 m 而小于 1.0 m 时，仅需进行上式第一项修正；当吃水差大于 1.0 m 时，应进行上式第一项修正和第二项修正。

纵倾修正后的排水量为：

$$\Delta_1 = \Delta_0 + \delta\Delta \qquad (4-25)$$

4. 对排水量进行港水密度修正

由于上述 d_{M3} 是船舶在实测水域中（ρ）的吃水，而船舶资料中的吃水是船舶在标准海水中的吃水值，若测量时的水域不是标准海水，则还须进行海水密度修正，修正公式为：

$$\Delta = \Delta_1 \times \frac{\rho}{1.025} \tag{4 - 26}$$

式中　Δ——测定时的船舶排水量,t;

　　　　Δ_1——纵倾修正后的排水量,t。

　5. 计算货物装载量 Q

$$Q = (\Delta' - \delta G_2) - (\Delta - \delta G_1) \tag{4 - 27}$$

式中　Δ'——船舶装货后或卸货前的排水量,t;

　　　　Δ——船舶装货前或卸货后的排水量,t;

　　　　δG_1——装货前或卸货后船上存有的油水储备量,t;

　　　　δG_2——装货后或卸货前船上存有的油水储备量,t。

第三部分　散装液体货物运输

散装液体货物主要包括石油及其产品,以及各类液体或液化的化工产品。散装液体货物在世界海运量中约占 40%,是我国重要的进出口货源之一。下面主要介绍散装液体货的种类及其运输要求,散装液体货的装运操作和一般的安全防范措施。

知识点 1:石油类货物的种类和特点

一、石油类货物的种类

1. 原油(Crude petroleum or crude oil)

石油原油是直接由油井中开采出来的一种褐色或黑色的可燃性矿物油,是多种烃类(烷烃、环烷烃、芳香烃)的复杂混合物。它的碳含量为 84% ~ 87%,氢含量为 11% ~ 14%,此外,还含有少量的氧、氮、硫元素和由各种微量元素组成的灰分。原油经过加工可以提炼出汽油、煤油、柴油、润滑油和其他化工产品。

2. 石油产品

(1)汽油(Petrol)

有航空汽油、车用汽油和溶剂汽油等品种。车用汽油按马达法辛烷值分为 66、70、76、80、85 五个牌号。按研究法辛烷值分为 90、93、95、97、99 等牌号。不同的牌号表示辛烷值的高低,牌号越高,汽油含辛烷值越高,抗爆性能越好。汽油内常掺有剧毒四乙基铅,以提高其抗爆性能,为表示有毒,故染成红色或黄色,以引起注意。

(2)煤油(Kerosene)

有民用煤油、动力煤油和重质煤油等,按重量高低分为优质品、一级品和合格品三个等级,用于航空、照明、工业用溶剂等。

(3)柴油(Diesel Oil)

主要作为柴油发动机的燃料,可分为以下几种。

①轻柴油(Light diesel oil):供柴油汽车、拖拉机等各种高速柴油发动机作燃料。按凝点分为 10、0、- 10、- 20、- 35 和 - 50 六个牌号,10 号轻柴油表示其凝点不高于 10℃,余类推,牌号越高,凝点越低,成本和价格也越高。

②重柴油(Heavy diesel oil):按凝点高低分为 10、20 和 30 三个牌号,分别表示其凝点不高于 10℃、20℃ 和 30℃。可供中速和低速柴油机作燃料。

(4)燃料油(Fuel oil)

按其粘度大小分为 20、60、100、200 和 250 五个牌号。号数越大表示其粘度越大。其中:20、60、100 和 200 四个牌号的燃油又称重油,可作为船舶工业和取暖锅炉的燃料。250 号燃料油又称渣油,用于发电厂等大型锅炉。

(5)润滑油(Lubricating oil)

从原油中提炼汽油、煤油、柴油后剩下的油脚,再经过加工精制可提取润滑油。

二、石油类货物的主要特性及其对油轮设备配备的要求

1. 易燃性

易燃性可以用闪点、燃点和自燃点来衡量,我国按石油产品的闪点高低将其划分为三级:闪点在28 ℃以下的油品属于一级易燃液体,闪点在28 ℃~60 ℃范围内的油品属于二级易燃液体,闪点在60 ℃以上的油品属于三级易燃液体。一级和二级油品都极易燃烧,因此,运输原油及其产品的油轮必须配备完备的安全消防设备。

国际上将石油分为挥发性和非挥发性两级。挥发性石油是指闭杯闪点在60 ℃(140 ℉)以下的油品。包括原油、汽油、透平油、煤油、石脑油、轻质瓦斯油等。非挥发性石油是指闭杯闪点在60 ℃(140 ℉)及以上的油品。包括重瓦斯油、柴油、燃料油和各种润滑油等。

当某种非挥发性石油在装卸时的温度已达到比其闪点小10 ℃的温度时,则也应视为挥发性石油对待。

2. 爆炸性

石油类货物的蒸汽在空气中达到其爆炸极限的浓度范围时,遇明火就会引起爆炸。为防止石油类货物发生爆炸,要求在油轮上的危险油气可及区域内杜绝一切火源并须配备油气驱除系统和惰性气体系统。油气驱除系统是利用抽风机将油舱内高浓度油气驱除出货油舱,而惰性气体系统是将惰性气体注入货油舱,这两套系统配合使用,能使舱内的混合气体的含氧量低于5%。

3. 挥发性

在储运过程中,石油类货物的挥发不但会使货物的数量减少,而且由于其挥发成分多为轻质馏分而使油品重量降低,同时为其燃烧、爆炸提供了油气。石油类货物挥发的速度取决于油温的高低,温度越高,挥发越快。为此油轮上配备了甲板洒水系统,当气温高于27 ℃时,必须启动该系统,以减少油气蒸发。

石油的挥发性是以蒸汽压为特征的,通常用饱和蒸汽压和雷氏蒸汽压 RVP(Reid Vapour Pressure)来衡量。

盛装于一封闭容器中的液体,其中的分子不断挥发出来扩散到液面上面的空间,而挥发出的分子会不断地回到液体中,这一过程达到动态平衡时液体的蒸汽所产生的压力称为饱和蒸汽压。

雷氏蒸汽压是指在密封的容器内装入125 mL油品,使液体和气体的体积比保持在1:4,在容器内温度保持在37.8 ℃(100 ℉)的条件下测得的蒸汽压。

4. 毒害性

石油类货物中含有大量的碳氢化合物、少量的硫化氢以及某些油品中加入的四乙铅或乙基液等,对人体有害。其毒害性可用有害气体最大容许浓度 MAC(Maximum Acceptable Concentration)或浓度临界值 TLV(Threshold Limit Values)加以控制。MAC 或 TLV 以有害气体在空气中的容积百分比的百万分率 ppm 为计量单位。由于其毒害性,因此要防止石油类产品对海洋环境的污染。

5. 易生静电性

石油类货物在运动时会产生静电,静电荷积聚达到一定能量,会放电产生电火花,给油气的燃烧、爆炸提供火源。

6. 黏结性

一些不透明的油品在低温时会凝结成糊状或块状,给装卸造成困难。油品的黏结性可用凝点和黏度表示。凝点是指油品受冷后停止流动的初始温度,粘度则表示油品流动时内部摩擦力的大小或流动性大小的指标。黏度越大则流动性越小。

船舶装运高粘度油品时,需对油品进行加温以降低其粘度。因此,在不少油轮的货油舱底部常敷设加热的蛇形管系,用于对货油加温。但对货油的加温必须适当,使之既便于装卸又不使大量油气挥发。通常燃料油加温达 75 ℃时就要控制温升,最高不得超过 90 ℃。

7. 胀缩性

石油类货物其体积会随温度的变化而产生膨胀或收缩。因此,货舱装油时,必须留出适当的空挡(通常每个油舱都预留出舱容的 2% 左右)。

8. 腐蚀性

有些油品,如汽油中含有水溶性酸碱、有机酸、硫及硫化物,可能引起对船体材料的腐蚀。因此,船舶装运这些油品后,应清洗油舱并进行通风以减少其受腐蚀。

综上所述,石油类货物属于液体危险货物,它同时具有易燃、易爆、毒害等多种危险特性。因此,在运输中应特别重视其防火、防爆、防毒和防污染。

知识点 2:油轮的结构特点

为满足油轮的安全运输及防污染的要求,油轮在结构上有下列特点。

1. 尾机型

油轮的机舱均设在尾部。这主要是从安全考虑,以防止烟囱的火星进入货物区域引起危险。

2. 设有隔离舱室

为防止油气进入其他舱室,油轮货舱区的前后两端与机舱、船员住室及其他非货油舱之间均设有舱长不小于 76 cm 的隔离舱。有的油轮将油泵舱兼作隔离舱。

3. 货油舱尺度较小

为减小舱内货油自由液面对船舶稳性的影响以及货油对舱壁的冲击力,油舱的尺度较之其他船舶的货舱要小得多。为了减少由此引起的油轮空船重量的增加,货油舱采用槽形或波形舱壁。

4. 船体结构多采用纵骨架式

油轮船体长深比较大,所受的弯曲力矩也较大,故结构多采用纵骨架式,货油舱范围内的甲板,舱底均为纵骨架式,当船长大于 150 m 时,舷侧、纵舱壁一般也为纵骨架式。

5. 设有专用压载舱

油轮一般为单层连续甲板,老式油船货舱采用单层结构,利用货油舱兼作压载舱,现代油船则采用双层船壳,设有专用压载舱,以满足防污染要求。

6. 货油舱上部设置膨胀舱口

该舱口为油密的圆形或椭圆形开口,其尺度较普通船舶的舱口尺度小,舱口盖上设有测量孔和观察孔。每个货油舱舱口设有固定的钢质扶梯,在扶梯上设有休息平台,以供人员安全地上下货油舱。

7. 核定的最小干舷较其他船舶小

这是因为与其他船舶相比,油轮舱口较小,纵向强度较大和抗沉性较好,所以储备浮力可以小些。为了便于人员安全行走,甲板上设有人行步桥。

8.甲板上设有多种管系

包括货油装卸系统、货油清舱系统、货油加热系统、油舱通气系统、油气驱除系统、洗舱系统、甲板洒水系统、灭火安全系统等。

知识点3:油量计量

油轮在装油结束后,应根据陆上油罐或油舱内的空挡值,进行油量计算,以求出装油重量。船舶在抵达目的港卸油之前,也要确定船上实装货油重量。两次油量计量结果均应记入运输文件,作为货物数量交接的依据。在油量计量中,需要掌握下列一些术语。

一、货油计量的基本术语

为保证货油计量的准确性以及简化计算,各国均制定有油量计算换算表(简称石油计量表)。在石油计量表中有以下常用的有关石油的基本术语。

1.石油密度

某一温度下,单位体积石油的重量。我国用 ρ_t 表示,密度的单位为 g/m^3,g/ml 或 $kg/1$。关于石油的密度还包括:

(1)石油标准密度

标准温度时石油的密度。石油计量时,各国都规定了各自的标准温度。我国及东欧一些国家为 20 ℃,日本等国为 15 ℃,英美等国为 60 ℉。

(2)石油相对密度(或比重)

在温度 t_1 时的石油密度与温度 t_2 时纯水密度之比值,以符号 R. D t_1/t_2(或 S. G t_1/t_2)表示:石油相对密度与比重其含义是相同的。国际标准化组织 ISO R91 石油计量表规定采用相对密度。但目前还有不少国家仍使用比重。作为标准的石油比重,日本等国以 S. G 15/4 ℃表示,英美等国以 S. G 60/60 ℉表示。

(3)石油视密度(或称观察密度)

是在石油密度计上观测得到的某一温度下的石油密度。我国用 ρ'_t 表示。视密度不是石油的真正密度,不能直接用于计量,但它是石油计量的原始数据。可以根据视密度和观测油温在石油计量表的视密度(比重)换算表中查取石油的标准密度(比重)。表 4-6 为我国视密度换算表的格式和部分内容。

表 4-6　视密度换算表

视密度 ρ_{20} 油　温	0.845 0	0.846 0	0.847 0	0.848 0	0.849 0
35.0	0.854 6	0.855 6	0.856 6	0.857 6	0.858 6
36.0	0.855 3	0.856 2	0.857 2	0.858 2	0.859 2
37.0	0.855 9	0.856 9	0.857 8	0.858 8	0.859 8
38.0	0.856 5	0.857 5	0.858 5	0.859 4	0.860 4

表 4 -6(续)

ρ_{20} 油温	视密度	0.845 0	0.846 0	0.847 0	0.848 0	0.849 0
...		...	...	...	...	...
41.0		0.858 4	0.859 4	0.860 3	0.861 3	0.862 3
42.0		0.859 0	0.860 0	0.860 9	0.861 9	0.862 9
43.0		0.859 6	0.860 6	0.861 6	0.862 5	0.863 5
44.0		0.860 2	0.861 2	0.862 2	0.863 2	0.864 2

应该指出,以上所指石油密度或比重,均为石油在真空中的值。

2. 石油密度(比重)温度系数

又称石油密度(比重)修正系数。它是指温度变化 1 度石油密度(比重)的变化值。设温度 t_1 时石油的密度为 ρ_1,温度 t_2 时的石油密度为 ρ_2,则石油的密度温度系数 γ 可以下式表示:

$$\gamma = \frac{\rho_1 - \rho_2}{t_2 - t_1} \quad (g/cm^3/℃) \qquad (4-28)$$

计量时,其值可根据石油的标准密度(比重),在石油计量表中查得(见表 4-7)。

表 4 -7　石油密度温度系数(γ 值)表

石油在 20 ℃时的密度 ρ_{20}	密度温度系数 γ	石油在 20 ℃时的密度 ρ_{20}	密度温度系数 γ
0.599 3 ~ 0.604 2	0.001 07	0.757 5 ~ 0.764 0	0.000 79
0.604 3 ~ 0.609 1	0.001 06	0.764 1 ~ 0.770 9	0.000 78
0.609 2 ~ 0.614 2	0.001 05	0.771 0 ~ 0.777 2	0.000 77
0.614 3 ~ 0.619 3	0.001 04	0.777 3 ~ 0.784 7	0.000 76
0.619 4 ~ 0.624 4	0.001 03	0.784 8 ~ 0.791 7	0.000 75
0.624 5 ~ 0.629 5	0.001 02	0.791 8 ~ 0.799 0	0.000 74
0.629 6 ~ 0.634 7	0.001 01	0.799 1 ~ 0.806 3	0.000 73
0.634 8 ~ 0.640 0	0.001 00	0.806 4 ~ 0.813 7	0.000 72
0.640 1 ~ 0.645 3	0.000 99	0.813 8 ~ 0.821 3	0.000 71
0.645 4 ~ 0.650 6	0.000 98	0.821 4 ~ 0.829 1	0.000 7
0.650 7 ~ 0.656 0	0.000 97	0.829 2 ~ 0.837 0	0.000 69
0.656 1 ~ 0.661 5	0.000 96	0.837 1 ~ 0.845 0	0.000 68
0.661 6 ~ 0.667 0	0.000 95	0.845 1 ~ 0.853 3	0.000 67
0.667 2 ~ 0.672 6	0.000 94	0.853 4 ~ 0.861 8	0.000 66
0.672 7 ~ 0.678 2	0.000 93	0.861 9 ~ 0.870 4	0.000 65

表 4 -7(续)

石油在 20 ℃时的密度 ρ_{20}	密度温度系数 γ	石油在 20 ℃时的密度 ρ_{20}	密度温度系数 γ
0. 678 3 ~ 0. 683 9	0. 000 92	0. 870 5 ~ 0. 879 2	0. 000 64
0. 684 0 ~ 0. 689 6	0. 000 91	0. 879 3 ~ 0. 888 4	0. 000 63
0. 689 7 ~ 0. 695 4	0. 000 90	0. 888 5 ~ 0. 897 7	0. 000 62
0. 695 5 ~ 0. 701 3	0. 000 89	0. 897 8 ~ 0. 907 3	0. 000 61
0. 701 4 ~ 0. 707 2	0. 000 88	0. 907 4 ~ 0. 917 2	0. 000 6
0. 707 3 ~ 0. 723 2	0. 000 87	0. 917 3 ~ 0. 927 6	0. 000 59
0. 713 3 ~ 0. 719 3	0. 000 86	0. 927 7 ~ 0. 938 2	0. 000 58
0. 719 4 ~ 0. 725 5	0. 000 85	0. 938 3 ~ 0. 949 2	0. 000 57
0. 725 6 ~ 0. 731 7	0. 000 84	0. 949 3 ~ 0. 960 9	0. 000 56
0. 731 8 ~ 0. 738 0	0. 000 83	0. 961 0 ~ 0. 972 9	0. 000 55
0. 738 1 ~ 0. 744 3	0. 000 82	0. 973 0 ~ 0. 985 5	0. 000 54
0. 744 4 ~ 0. 750 9	0. 000 81	0. 985 6 ~ 0. 995 1	0. 000 53
0. 751 0 ~ 0. 757 4	0. 000 80	0. 995 2 ~ 1. 013 1	0. 000 52

3. 石油体积温度系数

又称石油膨胀系数。是指温度变化 1 度石油体积的变化率。设温度 t_1 时石油的体积为 V_1，温度 t_2 时石油的体积为 V_2，则其体积温度系数 f 可以下式表示：

$$f = \frac{V_2 - V_1}{V_1(t_2 - t_1)} \qquad (1/℃) \qquad (4-29)$$

计量时常用下式求得：

$$f = \frac{\gamma}{\rho_{20}} \qquad (1/℃) \qquad (4-30)$$

4. 石油体积系数

又称石油体积换算系数。是指石油在标准温度时的体积与某一温度时的体积的比值，如我国石油在标准温度时的体积为 V_{20}，某一温度 t 时的体积为 V_t，则体积系数 K 可以下式表示：

$$K = V_{20}/V_t = 1 - f(t - 20) \qquad (4-31)$$

计量时可根据货油温度和标准密度，在计量表中查得(见表 4 -8)。

表4-8　体积系数(κ值)

体积系数 ρ_{20} 温度℃	0.855 0	0.860 0	0.865 0	0.870 0
35.0	0.988 4	0.988 5	0.988 7	0.988 9
36.0	0.987 6	0.987 8	0.988 0	0.988 1
37.0	0.986 8	0.987 0	0.987 2	0.987 4
38.0	0.986 0	0.986 2	0.986 4	0.986 6
39.0	0.985 3	0.985 5	0.985 7	0.985 9
40.0	0.984 5	0.984 7	0.984 9	0.985 2
41.0	0.983 7	0.984 0	0.984 2	0.984 4
42.0	0.982 9	0.983 2	0.983 4	0.983 7
43.0	0.982 2	0.982 4	0.982 7	0.982 9
44.0	0.981 4	0.981 7	0.981 9	0.982 2

5.石油的空气浮力修正系数和空气浮力修正值

由于受空气浮力的影响,石油在空气中的重量要比其在真空中的重量小。石油计量时所用的密度(比重)均为真空中的值,而多数国家石油计量又都是在空气中进行,为此,必须对其密度进行空气浮力的修正。修正的方法有两种:

(1)用空气浮力修正系数 F 进行修正。石油在空气中的密度 $\rho_{a20} = F \cdot \rho_{20}$,其中,系数 F 可根据石油的标准密度 ρ_{20} 在石油计量表中查得,见表4-9;

(2)用空气浮力修正值(- 0.001 1)进行修正。石油在空气中的密度 $\rho_{a20} = \rho_{20} -$ 0.001 1(g/cm^3)。仅限于密度在0.600 0 ~1.000 范围内。

表4-9　空气浮力修正系数(F 值)

标准密度 ρ_{20}	空气浮力修正系数 F	标准密度 ρ_{20}	空气浮力修正系数 F
0.500 0 ~050 93	0.997 70	0.679 6 ~0.719 5	0.998 40
0.509 4 ~0.531 5	0.997 80	0.719 6 ~0.764 5	0.998 50
0.531 6 ~0.555 7	0.997 90	0.764 6 ~0.815 7	0.998 60
0.555 8 ~0.582 2	0.998 00	0.815 8 ~0.874 1	0.998 70
0.582 3 ~0.611 4	0.998 10	0.874 2 ~0.941 6	0.998 80
0.611 5 ~0.613 6	0.998 20	0.941 7 ~1.020 5	0.998 90
0.613 7 ~0.679 5	0.998 30	1.020 6 ~1.100 0	0.999 00

二、装油量计算

如按我国石油计量标准,油轮装油量计算的基本方法是:根据油舱内的油面高度或空挡高度求出舱内货油在测定油温时的实际体积 V_t,将其换算为标准温度时的货油体积($V_{20} = K_{20} \cdot V_t$),再乘以经过空气浮力修正后的货油标准密度($F \cdot \rho_{20}$ 或 $\rho_{20} - 0.0011$),即得货油在空气中的重量 $\sum Q$。具体步骤如下。

1. 计算货油的体积

(1)测定各油舱的空挡高度

一般需使用专用工具进行测量。

(2)对测定的空挡进行横倾或纵倾修正

当油舱的测孔不在舱的中心且船舶存在横倾或纵倾时,应对所测空挡进行横倾或纵倾修正。其修正值按以下方法计算:

①空挡的横倾修正值 AB(见图 4-16(a))为

$$AB = AC \times \tan\theta \quad (\text{m}) \tag{4-32}$$

②空挡的纵倾修正值 AB_1(见图 4-16(b))为

$$AB_1 = AC_1 \cdot t/L_{bp} \quad (\text{m}) \tag{4-33}$$

式(4-32)和式(4-33)中:

AC, AC_1——分别表示测孔中心至舱中心的横向和纵向距离,m;

θ——船舶的横倾角,°;

t——船舶的吃水差,m;

L_{bp}——船舶垂线间长,m。

进行横倾修正时,若船舶右倾,测孔在船舱中心线右边,空挡横倾修正量 AB 为正;测孔在船舱中心线左边,修正量 AB 为负。船舶左倾时符号相反。进行纵倾修正时,若船舶尾倾,测孔在舱中心后,空挡修正量 AB_1 为正值;测孔在舱中心前,空挡修正量 AB 为负。首倾时符号相反。

(3)测定各舱油脚或垫水深度

当舱内有积水(垫水)或油脚的油舱还应测定其深度并求出其体积。必要时也应作纵横倾修正,方法与油舱空挡高度修正相同。

(4)查算装油体积

根据经修正后的各油舱空挡高度,在油轮的油舱容量表中查得各油舱对应的体积,扣除垫水或油脚的体积,便可得到各油舱的货油体积,所有油舱的货油体积之和即为测定油温时的航次装油体积 $\sum V_t$ (m^3)。

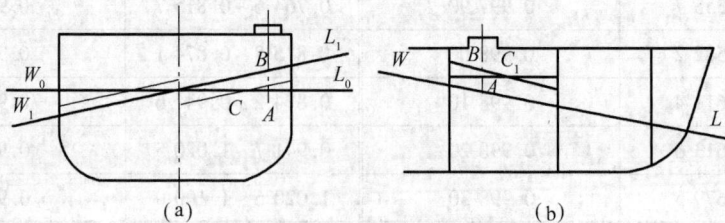

图 4-16 空挡横倾/纵倾修正

(a)空挡横倾修正;(b)空挡纵倾修正

2. 测算货油温度及密度

规定当油舱数少于或等于 15 个时,应全部测量每舱油温;油舱数超过 15 个时,每增加 5 个油舱,加测一个油舱油温。另外,在选择测温油舱时,应注意左、中、右油舱的代表性,使计算的平均值更符合实际。

(1)各舱的油温,有两种测量方法

①分上、中、下三层(上层距油面 1 m 处,中层在油深中部,下层距舱底 1 m 处)测量油温,然后计算其加权平均值,即:

$$t = (t_u + 3t_m + t_d)/5 \qquad (℃)$$

式中 t_u——上层油温,℃;

t_m——中层油温,℃;

t_d——下层油温,℃。

②只测中层油温。

(2)用密度计测定各油舱内货油的密度,然后求出全船货油的平均视密度 ρ'_t,再根据货油的平均油温和平均视密度在视密度换算表中查得货油的标准密度 ρ_{20};

3. 计算航次装油量

根据我国油量计算表的规定,航次装油量 $\sum Q$ 可按下列两式求得:

$$\sum Q = V_{20}(\rho_{20} - 0.001\ 1) \qquad (t) \qquad (4-34)$$

或

$$\sum Q = V_{20} \times \rho_{20} \times F \qquad (t) \qquad (4-35)$$

其中:

$$V_{20} = \sum V_t[1 - f(t - 20)] \qquad (m^3) \qquad (4-36)$$

或

$$V_{20} = K_{20} \cdot \sum V_t \qquad (m^3) \qquad (4-37)$$

式中 V_{20}——货油在 20 ℃时的体积,m^3;

$\sum V_t$——货油在测定温度 t 时的体积,m^3;

ρ_{20}——货油在 20 ℃时的密度,即标准密度,g/cm^3;

F——货油的空气浮力修正系数;

f——货油的体积温度系数,$1/℃$;

K_{20}——货油的体积系数。

如在计量时对油量数值有争议,则应以(4-35)式的计算结果为准。

知识点 4:油轮的积载特点

油轮的积载要求与杂货船的基本相同,但由于石油类货物及油轮结构及其设备的特殊性,油轮积载时考虑问题的侧重点有所不同,现将其特点概述如下。

一、确定航次货运量

油轮一般都是满载,且舱容有富裕。因此航次货运量一般应等于航次净载重量,即

$$\sum Q = NDW = DW - \sum G - C - S \qquad (t) \qquad (4-38)$$

式中 S——油舱内残存的上航次油脚、残水或污油舱中的污油水,t。

结合油轮营运的特点,(4-38)式中各因素应考虑如下问题。

(1)在计算油轮的航次储备量 $\sum G$ 时,除了考虑船舶航行和停泊的燃润料、淡水需要量外,还应考虑油轮的洗舱等特殊技术作业所需的燃料和淡水的储备量。

(2)确定油轮的航次货运量时应扣除上航次货油舱内的油脚和残水的重量 S。

有时,油轮因装运密度较小的油品,可能出现舱容不足,此时应按船舶实际舱容扣除膨胀余量后确定航次货运量。有时因货源不足,则应根据货源数量确定航次货运量。

二、确定货油在船上的配置

确定货油在船上的重量分配时考虑的因素仍然是稳性、船体纵向受力、吃水和吃水差。

1. 稳性

油轮在各舱满载时,其稳性一般是足够的。为满足稳性要求,货油的配舱原则是:除用于调整吃水差用的首尾少数舱外,其余舱要装则应装满,否则留作空舱。这样既能减少自由液面对稳性的影响,又可以减轻货油对舱壁的冲击。

2. 吃水和吃水差

油轮为便于排净压载水,要求有一定的尾倾。当舱容富裕时,可在首、尾各留出一个油舱不装满,用于调整吃水差。当装载多种油品时,也可通过安排不同油品的舱位来满足吃水差的要求。

油轮返航时一般为空航压载状态。其目的是为减小过大的中拱弯矩和船体振动,并提高船舶的适航性。因此,油轮空航压载时,其压载舱位应选在船舶中部附近漂心前的舱位,而不应仅仅安排在首部舱位,否则将使船舶产生严重的中拱变形。根据1978年防污染议定书,总载重量不小于20 000 t的原油船和不小于30 000 t的成品油轮的专用压载舱的容量应使船舶的吃水和吃水差在全航程中符合以下要求:

(1)船中型吃水 $d > 0.02 L_{bp} + 2.0$ (m);

(2)吃水差 $|t| < 0.015 L_{bp}$ (m);

(3)尾吃水必须使螺旋桨浸没于水中。

因此,这种油轮上的压载方案是容易确定的。油轮上都有船厂提供的推荐压载方案,可供参考。

3. 船体纵向受力

油轮为尾机型船,满载时多呈中垂变形,装载时应尽量减缓其中垂变形。当留空舱时,应选在船中部,当有两个以上空舱时,其位置应适当隔开。设有专用压载舱的油轮,一般在中部有压载舱,以使船舶满载时中部可以留空。

一般在油轮上均有在各种装载状态下的货油装舱和留空舱的推荐方案,可供参考。

三、确定合理的膨胀余量及空挡高度

货油的装舱位置确定后,应根据航线上气温的可能变化确定各油舱合理的膨胀余量。当由气温较低的地区装油驶往气温较高的地区时,应留较大的空挡;当由气温较高的区域驶往气温较低的区域时,考虑到气候反常的可能性,也应留出空挡,但可以小些;对于需加温的油品则所留空挡应大些。

空挡舱容 δV 可用下式求得:

$$\delta V = \frac{f \cdot \delta t}{1 + f \cdot \delta t} \cdot \sum V_{ch} \quad (\text{m}^3) \qquad (4-39)$$

式中　　$\sum V_{ch}$——油舱(或油轮全船)的舱容,m^3;

δt——货油在始发港和航线上预计最高油温之间的温差值,℃;

f——货油的体积温度系数,$1/℃$。

各舱可装货油的体积 V_C 即可求得:

$$V_C = \sum V_{ch} - \delta V \quad (m^3) \tag{4-40}$$

在实际工作中,每个油舱的膨胀余量均用空挡高度表示。油轮上备有各油舱的容量表,根据以上算得的各舱最大装油体积 V_C,在各舱容量表中便可查得装油时应留的空挡高度 H(必要时应作纵横倾修正)。

四、确定合理的装卸顺序

油轮在进行装卸作业时,由于受油轮上货油干管数目的限制和货油品种不同的影响,因此,各油舱不可能同时进行装卸,需要确定一个合理的各油舱装卸顺序。需要考虑的因素有:应满足油轮的纵向强度条件;保证船舶具有适当的吃水差;防止不同油品的掺混和尽可能同时使用所有的货油干管,以加速装卸。

若优先考虑船体受力和吃水差的要求,油轮的装货顺序应该是:先装中部油舱,以减轻中拱变形,再装首部油舱,以减小尾倾,然后,各油舱均衡地进行装货。如果船上有多条货油干管,则可把全船油舱分成前、后或前、中、后若干部分,各部分的油舱分别按先后顺序进行装油作业。在装单一油品时,可在中部油舱开装不久进油情况正常后,进行全部油舱的装油作业,当各油舱尚有 1 m 左右的空挡时,停止作业,然后逐舱按要求装足,其顺序为先边舱,后中舱(隔舱进行),最后为首尾部位的中舱,以利于调整吃水差。

油轮的卸油顺序与装油顺序相同。即先卸中部油舱以减缓船舶中垂,再卸首部油舱,使船舶产生一定的尾倾(尾吃水差一般控制在 $2\% L_{bp}$,以利于货油泵负荷均衡及清舱作业),然后各舱均衡地卸货。

五、保证货油的运输重量

为防止不同油品的掺混,保证货油重量及有利于减轻洗舱工作量,多数油轮都是运输固定的单一油品,不同航次换装不同油品前,应进行洗舱。当油轮同时运输多种油品时,一般,船上设有多条货油干管,装卸时,不同油品使用不同的干管,如只有单一干管,则应先装白油,后装黑油;卸货时按相反的顺序排列。安排油品的舱位时,如在油舱间设有泵舱,则泵舱前后可以配置两种油品,如油舱间无泵舱,则应在不同油品的油舱间留出空舱,以保证货油重量,防止混油。装卸中换装不同油品时,阀门的开闭一定要正确无误。

做好货油的取样封存工作是保证货油重量的重要措施。油轮装油时应以适当的方法选取货油样品并加以封存。到港卸油前同样要选取油样并进行检验。当收货人对货油重量没有异议时才能开始卸货,如收货人对货油重量有异议,则可对封存的油样进行检验并比较,以判别船方是否在管货方面负有责任。

1. 选取油样

油样作为重量交接的仲裁品,具有法律效力。油样的选取应有代表性并应由重量检验机关负责完成,但必须有船方和货方共同参与。

装油时选取油样一般有两种方法:

（1）在装油过程中，从码头装油管道的取样口进行取样。装油开始取一次，以后每隔1～2 h取一次。

（2）在已装油的油舱内取样。一般油轮至少要从25%的油舱中取样，其中首部和尾部油舱各占5%，中部油舱占15%。每个油舱取样时，一般应连续地从上、中、下三层分别采集，混合后装入容器，也有只从油舱中层取样。

船舶抵港卸货前，只采用上述第二种方法取样。

2. 油样封存

选取的油样经搅拌均匀后装入两个容器内，其中一份由船上密封后交给货方，作为货方发货的重量凭证，另一份由货方密封后交给船方，作为船方收货的重量凭证。

知识点5：油轮的安全操作及防污染

石油类货物具有多种危险特性，为保证油轮的安全运输和货油的运输重量，油轮在装油、运输和卸油的全过程中应注意做好以下几方面。

一、防火、防爆

1. 管制烟火

禁止人员携带火种及易燃物品上船，禁止在船上使用明火，只准在规定的安全处所吸烟，在未取得明火作业许可证时不得进行明火作业等。

2. 防止电火

包括船上必须使用防爆型灯具及电器设备，电器设备和电路的技术状态必须良好。船舶靠港和进行装卸、压载、洗舱、除气作业时必须关闭雷达和无线电发报机天线、不得进行电瓶充电。靠泊时如需进行雷达天线的维修保养必须得到有关部门的同意等。

3. 防止静电放电

包括装载能积蓄静电的货油时，油舱应惰化或在货油中加入抗静电添加剂，装卸时应控制流速，装载挥发性油品时不能用空气吹扫管线，作业人员应穿防静电服装等，以减少静电积聚；清除舱内漂浮的金属物体，测量和取样使用的器具必须保证不产生静电放电，以避免尖端放电。

4. 防止自燃和铝金属火

包括易燃物品应存放于安全处所并由专人保管，经常检查主、辅机的燃油管路，防止其漏油。严禁任何油品与高温管路接触，禁止在电器设备、蒸汽管和机炉舱内烘烤衣物及放置易燃物品。在油舱、货泵舱及其他可能聚集油气的处所，禁止使用铝质的工具等。

5. 预防摩擦和撞击火花

包括船舶靠离码头及用锚时应防止擦碰产生火花，使用工具应轻拿轻放，吊装物料时应停止货油装卸，关阀封舱并放好衬垫，轻吊轻放。禁止敲铲铁锈作业，登船人员不能穿带钉子的鞋靴等。

6. 防止意外火情

如遇雷雨、闪电、烟囱冒火星或附近发生火灾时，应立即停止装卸，必要时船舶移离码头。

（1）停止装卸作业的条件

①当风速超过15 m/s(蒲福风级约7级)、浪高1 m且预计将继续增大；

②雷暴天气；

③附近有火灾等危及本船；

④有船邻靠或邻驶，可能危及本船。

(2)停止靠泊作业的条件

①6级以上的风力将穿越油区；

②风速超过15 m/s(蒲福风级约7级)、浪高1 m；

③雷暴天气；

④油区海上能见度1 000 m以下。

(3)紧急驶离的条件

①风速超过18 m/s、浪高1.5 m以上；

②邻区有火灾，危及本船。

二、防止人员中毒

1. 装卸货油时，船上生活区的所有门窗和开口，船尾生活区面向货物区域的所有门窗和开口均应关闭，以防油气进入住室。

2. 未经许可任何人不得进入货泵舱或其他封闭空间，人员进入油舱前应对油舱进行彻底通风并经测定确认舱内气体对人员安全时才能下舱，下舱人员应穿戴防护服具，必要时需带呼吸器及其他安全用具。

3. 进行监测和取样人员应站在与风向成直角的位置并穿戴防护服，必要时佩戴呼吸器。

三、防止和减少油污事故

1. 保证船上防污染设备的技术状态良好

应由专人负责，做好经常的维护保养。所配备的防污染设备应坚持使用。

2. 严格执行有关防污染规定和法规

3. 增加船舶及港口接收与处理含油污水的设备和装置

4. 防止油轮操作性排油污染

(1)使用专用压载舱(SBT)：在空载航行时，在专用压载舱内装载的是干净的海水，装油前可以在任何海区及内陆水域将专用压载水排出舷外。

(2)使用清洁压载舱(CBT)：是现有油轮作为专用压载舱的临时替代措施，即在船舶油舱中专门划定某几个货油舱，经清洗后专门用来装载压载水，因此在压载航行时，清洁压载舱内装载的是干净的清洁压载水，避免了货油和压载水交替污染的问题。

(3)采用"装于上部"(Load_on_top)法：不将油轮操作中产生的含油污水直接排出，而是经过船内的设备适当处理或经过一定时间的静置，将油水混合物初步分离后，再将含油量符合规定的水排出舷外，把含有若干水分的残油保留在船上的污油舱内，在装货港将货油直接装在它的上部，一起在卸油港卸掉。

(4)采用原油洗舱(COW)法：是指用原油代替海水作为清洗介质的一种洗舱方法，即运输原油的油轮在卸油过程中，把一部分原油用固定式洗舱机在一定的压力下，喷射到正在卸油或卸完油的货油舱内管路，肋骨等结构表面，将附着的油渣和在舱底沉积的石蜡、沥青等残渣清除掉，并随货油一起卸出。

5.防止油轮事故性溢油

(1)设置专用压载舱保护位置(PL):即将专用压载舱合理地布置在船舶易损坏部位。

(2)正确进行货油装卸作业,防止作业中货油的跑、冒、滴、漏。

①装卸前应认真检查有关的阀门、管系、货泵、属具及其控制系统并使其处于良好的技术状态。

②装卸前应堵塞甲板所有的泄水孔。装卸时应在货油管路接口处放置盛油器。

③装卸时应正确安排管路,防止开错阀门。装货换舱时应先开空舱阀,后关满舱阀。

④装货时应正确掌握装货进度,注意留出适当的空挡舱容。

⑤卸货时应保证货泵有足够的压力,防止货油倒流。

6.发生污染海洋事故时控制和消除污染的措施

(1)围栏法:适用于少量油污染事故。

(2)燃烧处理法:适用于大量溢油事故。

(3)化学处理法:必须得到港务监督部门同意(对海洋造成二次污染)。

(4)生物处理法:适用于被污染的海岸和水域的净化和复原。

四、保证货油重量的要求

保证货油重量主要应注意防止油品掺混及产生货损、货差。为此应注意以下要求。

1.应定期对油舱及膨胀舱口进行油密试验,以保证其油密性。对各种管路、阀门进行压力试验,以确保其不渗漏。

2.对上述设备应有专人负责,做好经常的维修保养,使其技术状态始终良好。

3.装油前,船方应认真核实所装油品的理化性质,当其与所提供的资料有较大出入时应予提出,加以批注或拒装。

4.当油轮需改变承装油种时,应按原装油种和换装油种的不同理化性质,根据要求的洗舱等级对油舱进行清洗,以保证货油重量。

5.当同船装运两种或两种以上油品时,应严防不同油品的掺混。油泵舱位于中部的油轮可以安全地装运两种不同油品,油泵舱将油舱分隔为三部分时,可以安全地装运三种不同的油品。

6.装卸前船岸应填写船/岸安全项目检查表。同时双方商定装卸速度、数量、压力、联系方法等,防止产生操作性事故。

7.装货结束进行货油计量时,如船货双方的计量有较大的出入,应立即进行复核,必要时可要求重新计量。要认真办好货物交接手续,船方所签提单上的货油数量与计量部门所签发的货油数量要保持完全一致。

8.船舶离港前要检查所有阀门是否关紧,以防冒油和货油掺混。

9.航行中要经常检查油舱的空挡,发现异常应查明原因,采取措施。夏季及高温地区,甲板温度过高时,应按规定做好洒水降温工作。

10.卸货前应由船货双方共同测量油舱空挡、油温、密度并计算装油量,同时进行油品取样化验,此项工作结束前船方不能开始卸货。卸货时应做到相对干净,保证货油如数交付。卸货结束船方应取得干舱证书(DRY CERTIFICATE),办清货物交接签字手续。

知识点 6：散装液体化学品运输

以下将简要介绍散装化学品的主要特性，其运输船舶的结构特点及其主要的装运要求。

一、散装液体化学品及其危险特性

目前，与散装运输危险化学品有关的规则有：《国际散装运输危险化学品船舶构造及设备规则》（简称《IBC 规则》）、《散装运输危险化学品船舶构造及设备规则》（简称《BCH 规则》）、MARPOL 73/78 附则Ⅱ"防止散装有毒液体物质污染规则"及中国船级社《散装运输危险化学品船舶构造与设备规范》（简称《散化船规范》）。

液体化学品是指温度为 37.8 ℃时，其蒸汽压力不超过 0.28 MPa 的液体危险化学工业产品。主要有石油化工产品、煤焦油产品、碳水化合物的衍生物（糖蜜与酒精制品、动植物油）、强化学剂等。但不包括石油及上述所指的货物以外的物品。这些货物的危险性如下。

1. 易燃性

多数化学品都具有易燃性，与其他易燃液体一样，其易燃性可用货品的闪点、燃点、自燃点及可燃范围衡量。货品的易燃性将给运输带来火灾的危险性。

2. 毒害性和腐蚀性

多数液体化学品都具有这种特性。可以用半数致死量 LD_{50} 及半数致死浓度 LC_{50} 来衡量其直接接触的毒害性，或用紧急暴露限值（EEL——Emergency Exposure Limit）（即一次临时性接触的允许浓度）、货品的水溶性、挥发性等来衡量其间接接触的毒害性。货品的毒害性和腐蚀性将会造成人员由于直接接触而产生的健康危害性，或由于货品溶于水中或混入空气中而产生的水污染和空气污染造成人员间接接触的危害性。

3. 反应性

这是指货品本身的分解或聚合反应性、货品与水的反应性以及货品与其他化学品的反应性。这些反应性将会给运输带来相应的危险性。

二、散装化学品船及其液货舱

《IBC 规则》和《散化船规范》规定：凡从事运输上述液体危险化学品的船舶称为散装化学品船（以下简称散化船）。由于散装化学品的特性及其给运输带来的潜在的危险，为确保运输的安全，对散化船的结构和设备都有特殊的要求。

根据《IBC 规则》和《散化船规范》的规定，所有散化船的装货区域的船底、甲板、舷侧、横舱壁均为双层结构，其边舱可用作压载，但固定压载不能置于货物区域内的双层底，以免船底受损时引起的冲击载荷直接传递到货舱结构上；货舱与其他非载货处所之间均设有隔离舱；每个液货舱都有一套独立的不通过其他液舱的泵和管系以及液舱透气系统、消防系统和通风系统。此外，船上还设有污液舱，供储存具有污染的舱底水和洗舱水；同时，还应装备有液位测量仪、蒸汽探测仪、自动截止系统及安全报警装置等专用设备。

根据所运货品的危险程度，散化船分为以下三种类型：

（1）Ⅰ型船舶。适用于运输危险性最大的货品的散化船。其结构要求能够经受最严重的破损并需要用最有效的预防措施来防止货物的泄漏，因此，这种船上的液货舱舱壁与船舷侧外板之间要求的间隔距离最大，即 B/5 或 11.5 m（取小者）；与船底外板之间的距离为 B/

15 或 6 m(取小者),但其他任何部位离船体外板的距离都不得小于 760 mm,见图 4 – 17(a)。

(2)Ⅱ型船舶。适用于危险性次于Ⅰ型船舶所运的货品的散化船。其液货舱舱壁与船外板之间要求的间隔距离不小于 760 mm,但小于Ⅰ型船舶,见图 4 – 17(b)。

(3)Ⅲ型船舶。适用于运输危险性最小的货品的散化船。其液货舱所在位置基本上与单壳体油轮相同,见图 4 – 17(c)。

为保证货物运输的安全,《IBC 规则》和《散化船规范》对散化船上的货物围护系统作了专门的规定,并列出了各种货品对液货舱舱型的要求。货物围护系统(Cargo containment systems)是指用来围护货物的装置,它包括液货舱的舱壁及其附属设备和支持这些构件的邻接结构,而液货舱是指货物围护系统中用于装载货物的主要容器。

散化船的货物围护系统从不同的角度分为两组四类。从与船体结构关系的角度,分为独立液舱(其结构不直接与船体结构相接触)和整体液舱(其结构与船体结构直接接触);从舱顶设计表压力大小的不同,分为重力液舱(其舱顶设计蒸汽压力不大于 0.07 MPa 的液舱)和压力液舱(舱顶设计蒸汽压力大于 0.07 MPa 的液舱,只能是独立液舱)。

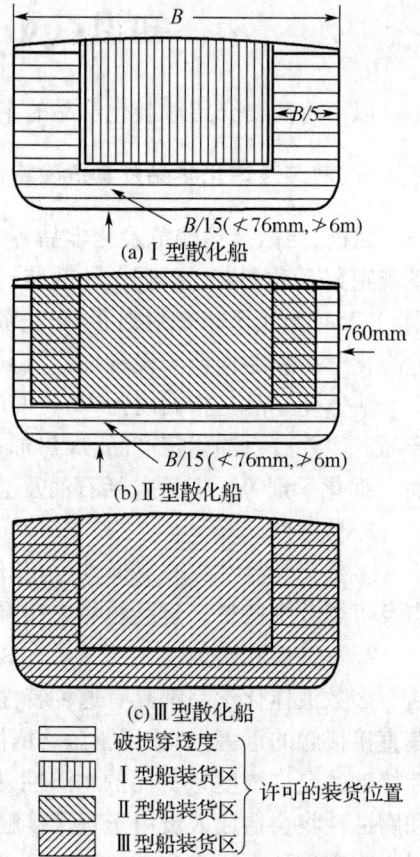

(a)Ⅰ型散化船

(b)Ⅱ型散化船

(c)Ⅲ型散化船

图 4 – 17　Ⅰ、Ⅱ、Ⅲ型散化船

三、散装化学品的分类

MARPOL 73/78 附则Ⅱ"防止散装有毒液体物质污染规则"中,根据其毒性和操作排放对环境污染的影响将其分为 4 大类。

1. X 类

指排放入海后将会对海洋资源或人类健康造成严重危害的有毒液体物质。因此有必要严禁将此类物质排入海洋环境。

2. Y 类

指排放入海后将会对海洋资源或人类健康造成严重危害,或对舒适性或对其他合法利用海洋造成损害的有毒液体物质。因此有必要对排入海洋环境的此类物质的重量加以限制。

3. Z 类

指排放入海后将会对海洋资源或人类健康造成较小的危害。因此有必要对排入海洋环境的此类物质的重量加以限制。

4. OS 类

《IBC 规则》第 18 章污染类栏中所示的 OS 类物质经评估后发现其并不属于 X 类、Y 类或 Z 类,将其排入海中后不会对海洋资源或人类健康造成危害,或不会对舒适性或其他合法利用海洋造成损害。因此排放含有 OS 类物质的舱底污水、压载水其他残余物或混合物不受附则 Ⅱ 和《IBC 规则》要求的约束。

四、散装化学品船装运操作要求及装卸安全注意事项

1. 承运前,货主应提供所托运货物的完整资料,包括货物名称、理化特性说明书、医疗急救和消防措施。对于易于分解的货物,应提供稳定剂证书,载明有关稳定剂的内容,否则应予拒装。对于易放出无法察觉的剧毒蒸汽的货物,应加入能察觉的添加剂,否则也应拒装。

2. 装货前,应对液货舱进行环境控制。其方法如下。

(1)惰化法。用不助燃也不与货物反应的气体或蒸汽置换货物系统中的原有气体。

(2)隔绝法。将液体、气体或蒸汽充入货物系统,使货物与空气隔绝。

(3)干燥法。将无水气体或在大气压力下其露点为 −40 ℃或更低的蒸汽充入货物系统。

(4)通风法。

各种货物对液舱环境控制的具体要求在《IBC 规则》的第十九章和《散化船规范》的第十七章中有具体说明。

3. 各舱装载量应不超出其最大允许载重量。按要求 Ⅰ 型船舶的任一液舱所装的货物数量不得超过 1 250 m³, Ⅱ 型船舶的任一液舱所装货物数量不得超过 3 000 m³,同时应考虑因货温变化引起货物体积的胀缩,留出合理的空挡舱容。

4. 运输怕热的货物时应与热货、热源隔离,所装舱柜的加热管系应能盲断(BLANKED OFF),并应安装货温的监测和报警装置。

5. 装卸前应取得港口当局签发的危险货物装运证书并严格遵守其要求。

6. 装卸前,船岸双方应逐项填写船/岸安全检查项目表。并共同商定装卸的流速、流量及停止作业的信号等。

7. 装货开始前,由货方在船方人员在场的情况下检查液货舱,检查合格后才能开始装货。装货结束应按规定方法进行货品取样及确定货量;卸货前需经货方确认封舱符合要求后方能开封并进行货品取样及确定货量。当货方认为货品重量合格后,才能开始卸货。

8. 装卸开始前,应正确设定各种阀的开关位置。装卸中应经常检查,以确保阀的开关正确无误,并注意泵和管路上有无泄漏现象,以确保安全。

9. 装卸开始时应以低速(1 m/s 以下)进行装卸,待经检查确认作业正常后才能按正常流速进行装卸(一般应限制在 3 m/s 以下)。

10. 必须遵守有关装运危险品及防污染等法规。装卸前,准备好灭火拖缆,置放危险标志,与其他船保持 30 m 以上的距离。装卸期间应禁止一切明火和进行装卸货以外的其他作业,并注意船舶周围海域的安全。当风速超过 15 m/s、浪高超过 1.5 m 时,不得进行靠泊和装卸作业。

11. 进入货物作业区的人员必须穿戴规定的防护服,人员不得随意进入可能有货物蒸汽的处所。

12. 装卸结束应清除软管内残留液体。2007 年 1 月 1 日或以后建造的散货船,经排放压载以后的舱内或有关管系内的残留物的最大允许残留量,对 X,Y 和 Z 类物质均为 75 L。

13. 散货船在装卸散装液体危险化学品期间禁止进行以下作业:

(1)检修和使用雷达、无线电发射机和卫星导航仪;

(2)从事可能产生火星的作业及明火作业;

(3)供受油(水)作业;

(4)进行吊运物件及其他影响安全的作业;

(5)其他影响船舶靠离泊及船舶、装卸货安全的作业。

14. 凡散化船在港期间进行洗舱、污水排放、冲洗甲板、驱气等可能导致污染的操作,均需向主管机关提出申请,批准后方可作业。

15. 船方应逐项检查并填写"船/岸安全检查项目表"中的 A 部分和 B 部分。

五、散化船装货量的计算

散装化学品的液舱装载量的计算方法与油船货油装载量的计算步骤基本相同,即:

1. 根据实测液舱空挡高度查液舱容量表得实际装货体积。

2. 实测液货温度和密度。

3. 将实测温度时的换算成标准温度时的数值。

4. 考虑空气浮力的修正,求得液货装载量。

知识点 7:液化气体运输

液化气是一种特殊的危险货物,从事运输的人员必须充分了解其特性,才能保证安全运输。下面简要介绍船运液化气的种类及其特性,船舶结构特点和装运要求。

一、液化气的种类和主要特性

液化气体是指在常温常压下为气体,通过冷却或在其临界温度下加压或冷却而成为液态的物质。

与液化气海上运输有关的规则有:《国际散装运输液化气体船舶构造和设备规则》(简称 IGC 规则)、《散装运输液化气体船舶构造和设备规则》(简称 GC 规则)及中国船级社《散装运输液化气体船舶构造与设备规范》(简称《液化气船规范》)。

根据上述规则,船运液化气的定义为:"在 37.8 ℃时其蒸汽的绝对压力超出 0.28 MPa 的液体化学品。"

根据液化气的成分不同,主要分为液化石油气(LPG—Liquefied Petroleum Gas)、液化天然气(LNG—Liquefied Nature Gas)和液化化学气(LCG—Liquefied Chemical Gas)。液化石油气和液化天然气的主要成分是碳氢化合物,其中,液化石油气是丙烷、丁烷及它们的混合物的总称,以丙烷为主;液化天然气的主要成分是甲烷,其他还有乙烷、丙烷、丁烷等。液化化学气的成分中除了碳氢化合物外,还有其他成分,例如氧化丙烯和聚氯乙烯单体等。液化化学气的大多数混合物是活性的。

根据液化气的沸点及临界温度不同又可分为高沸点液化气(指沸点不低于 −10 ℃的物质)、中沸点液化气(指沸点在 −10 ℃ ~ −55 ℃,且临界温度在 45 ℃以上的物质)和低沸点液化气(指沸点低于 −55 ℃,且临界温度低于 45 ℃的物质)三种。

液化气主要具有易燃易爆性、毒害性、腐蚀性、化学反应性和低温和压力危险性。其中低温和压力危险性是指液化气采用冷却或加压方式贮运时,由于低温、高压及低压(与周围压力的压差)会造成对人员冻伤的危害,对船体、设备的脆性破坏,对液舱及其设备的破坏,危险物质的释放和反应造成的毒害或腐蚀以及对货物和船体发生的燃烧或危险反应。

二、液化气船的种类和货物围护系统

《IGC 规则》和《液化气船规范》规定:凡从事运输温度在 37.8 ℃时其蒸汽绝对压力超过 0.28 MPa 的液化气体和它们的第十九章所列的其他货品的船舶为液化气体船(以下简称为液化气船)。

由于液化气具有上述危险特性,因此,以上两个规则对液化气船的结构和设备提出了内容基本相同的许多特殊要求。

液化气船的总体结构与散化船相似,其货物区域也是双层壳结构,尾机型,货舱与其他非货物舱室之间设有隔离舱。但由于其货物的特殊性,液化气船上必须设置的装置与散化船有所不同。液化气船上除了各液货舱独立的泵、管系、消防系统外,还设有远距离操纵装置用以遥控各种管系的阀门、泵等,设有测量仪器及监测装置用以测定液货舱的液面高度、压力和温度并监测各种设备的运转情况等。还设有许多安全设施,用于气体的检测、货舱的增压、货泵的自动应急止动等,低温式液化气船上还设有再液化装置等。

1. 液化气船按危险程度分类

(1) I G 型船舶

这是适用于运输危险性最大的货品的液化气船。这种船舶结构要求能经受最严重的破损,基本同 I 型散化船。

(2) II G 型和 II PG 型船舶

这是适用于运输危险性次于比型船舶运输的货品的液化气船,其结构要求基本同 II 型散化船。其中 II PG 型船是指船长不超过 150 m 的具有 C 型独立液舱的船舶。

(3) III G 型船舶

这是指适用于运输危险性最小的货品的液化气船。其货舱在船上的位置与 II G 型基本相同,但其船体结构经受破损的能力略低于 II G 型船。

2. 液化气船按液化方式的分类

(1)压力式液化气船(又称全加压式液化气船)

这种船主要用于运输液化石油气和氨。它是将加压液化气装载于耐高压的容器(液舱)中,在常温下运输。其液舱为圆柱形或球形或具有纵隔壁的双圆柱形或三圆柱形。这种船舶的规模一般较小。

(2)低温式液化气船(又称全冷冻式液化气船)

这是在常压下将气体冷却至其沸点以下而使气体液化的运输船。这种船舶用于运输液化石油气时,其冷却温度为 – 55 ℃,用于运输乙烯时,其冷却温度为 – 104 ℃,用于运输液化天然气时,其冷却温度为 – 165 ℃。液舱形状为棱柱形或梯形。

(3)低温低压式液化气船(又称半冷冻式液化气船)

这种船是压力式和冷冻式两种方式的折中方案。即采用在一定压力下使气体冷却液化,一般,设计压力为 0.30 ~ 0.7 MPa,而冷却温度则随运输对象的不同而异,较多的是 – 10 ℃左右。这种船的液舱形状有圆柱形、圆锥形、球形和双凸轮形。

3. 液化气船的围护系统

液化气船的货物围护系统有五种类型,即整体液舱、薄膜液舱、半薄膜液舱、独立液舱、内部绝热液舱。下面分别作简要介绍。

（1）整体液舱

整体液舱定义同上节所述。其设计蒸汽压力通常不应超过 0.025 MPa,船体构件尺度加大时,其最高值应小于 0.07 MPa。这种液舱一般不适于装运沸点低于 -10 ℃的货品。

（2）薄膜液舱

它是非自身支持的液舱,由其邻接的船体结构通过绝热层支持的一层薄膜组成,其设计蒸汽压力同整体液舱。薄膜厚度一般应不超过 10 mm。这种围护系统必须有完整的附属隔板(又称次屏蔽)(Secondary birrer),以保证万一主液舱泄漏,其货物围护系统仍保持完整(见图 4-18)。

（3）半薄膜液舱

这种液舱在空载时为自身支持,装载时由其相邻的船体结构通过绝热层支持。其液舱结构为单层,作用在主液舱壁上的液体和蒸汽压力通过绝热层传递到内船壳。其设计蒸汽压力同整体液舱(见图 4-19)。

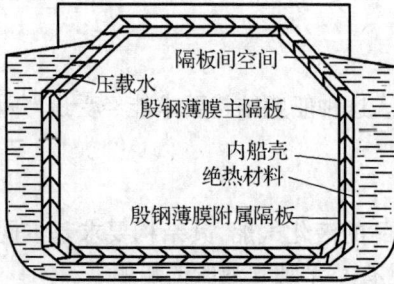

图 4-18　薄膜液舱

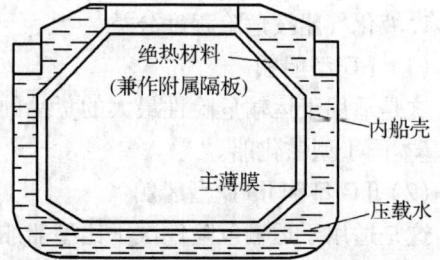

图 4-19　半薄膜液舱

（4）独立液舱

其定义见上节所述。根据其设计蒸汽压力的不同,分为 A 型独立液舱,B 型独立液舱和 C 型独立液舱三类。具体结构见图 4-20、4-21、4-22。

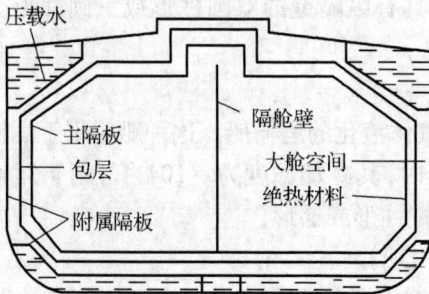

图 4-20　A 型独立液舱

图 4-21　B 型独立液舱旗舰
"圣·玛丽亚"号

（5）内部绝热液舱

它是非自身支持的液舱,由适合于货物围护的绝热材料组成,受其相邻的内层船体结构支持(设计蒸汽压力小于 0.07 MPa),或受独立液舱支持(设计蒸汽压力可以大于 0.07 MPa),绝热层的内表面直接与货物接触。这种系统已用于少数冷冻式液化石油气船上,但

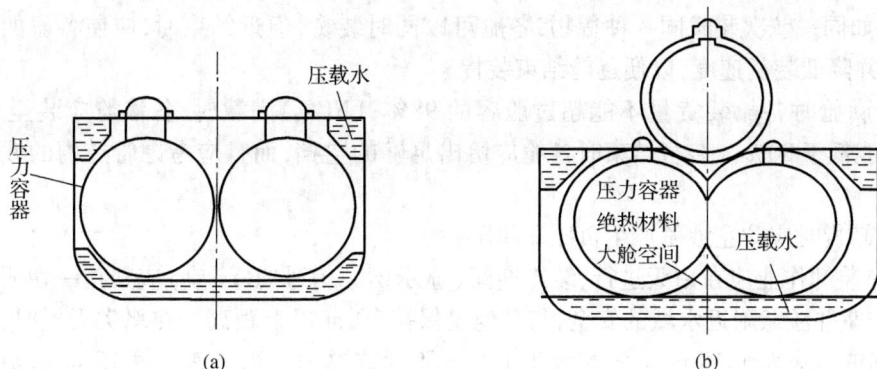

图 4 − 22　C 型独立液舱

效果并不令人满意。

三、液化气船的装载要求及装卸安全注意事项

1. 船舶承运液化气货物时,货主必须提供所托运货物的完整资料,包括货物名称、货物理化特性说明书,构成货物危险特性的主要因素、泄漏时应采取的措施,防止人员意外接触的措施,消防程序及应使用的灭火材料以及其他特殊要求和内容等。

2. 做好货舱的准备工作。船舶受载前,必须对货舱进行以下特殊作业。

(1)惰化(Inerting)。即用惰性气体置换货物系统中的空气或货物蒸汽,降低货物系统中气体的含氧量,以防止货物气化过程中引起燃烧。惰化后一般要求货物系统中气体的含氧浓度应不超过 5%(容积)。当然,不同货种的惰化要求也不同。

(2)除气(Purging,Gas freeing),又称驱气。即装货前需用待装货物的蒸汽置换货物系统中的惰气。

(3)预冷(Cool down)。冷冻式液化气船上,在对货物系统进行除气后,货物装载前应先以缓慢的速度将低温的液货输入货物系统,使其在正式装货前达到并保持足够的低温,以防止装货初期货物急剧气化和结构材料产生过度的热应力。

3. 装卸货过程中的注意事项

(1)装货前应由货方人员在船方人员在场的情况下,检查液货舱(主要通过仪表)并获通过后才能装货。卸货前需经货方确认封舱符合要求才能启封并按规定的方法取样和确定货量,确认货物重量合格后才能开始卸货。

(2)装卸前,船岸双方应逐项填写船/岸安全检查表。

(3)装卸开始时应以低速进行(1 m/s 以下),确认输送系统工作正常后,才能逐渐加快直至达到允许的最大速度。为防止静电,正常流速限制在 3 m/s 以下。

(4)装卸过程中必须严密监视货舱液面和压力的变化,发现异常应及时查明原因并采取相应措施。

(5)装卸过程中,各种阀不能快速操作和闭锁,换舱时应先开空舱阀后关满舱阀,以防货管中产生过大的压力差和严重的水击现象。

(6)装货时应注意,相邻货舱的温差不能太大,陆罐送出的货温也不能过低(如丙烷不

能低于 – 46 ℃,丁烷不能低于 – 7 ℃),否则应停止装货。

(7)如同一航次装载同一种货物,各舱可以同时装货,但近结束时,应使各舱的结束时间差开,并降低装货速度,以便逐舱结束装货。

(8)满舱时各舱装货量不能超过舱容的 98%;LNG 船满载时,各液舱应装至 90% ~ 98%,不能低于 80%。装货结束时各舱应留出足够的空挡,而且应考虑管道内的残液将送入液舱。

(9)卸货时应防止液舱产生负压和超压。

(10)装卸作业应在白天进行,装卸期间(显示国际信号"RY"旗)应禁止一切明火和进行其他作业并注意附近水域的安全,与其他船保持 30 m 以上距离。在恶劣天气时,如台风到来期间或风速大于 15 m/s,浪高大于 1.5 m 不允许靠泊。当风速超过 15 m/s、浪高超过 0.7 m 时,有雷电或附近有火灾时,应停止装卸。

(11)在装卸过程中必须注意人员的安全,操作人员必须佩戴防护服,遵守各项操作规程。

(12)船方应逐项检查并填写"船/岸安全检查项目表"中的 A 部分和 C 部分。

四、液化气船装货量的计算

液化气船液舱装货量的计算与油船装油量的计算原理是相同的,不同的是:液化气在运输过程中,液舱内始终是液体和蒸汽并存的,计量时不仅要计算舱内液体的重量,而且要计算舱内货物蒸汽的重量,因为后者是货物的一部分。

具体的计算方法和步骤如下:

1. 测定舱内液体和蒸汽空间的平均温度及蒸汽压力(通过仪表读取)。

2. 测定舱内的空挡高度(通过液位仪读取),并对其进行纵、横倾修正。

3. 根据修正后的空挡高度查取液舱容量表,得到标定温度下的液体体积 V_t。

4. 测定舱内液体密度,根据密度换算表查得液货的标准密度。

5. 根据船舶资料查得液舱从标定温度至货液测定温度时的体积热修正系数 K_1(即货舱体胀缩修正中的冷缩系数);根据船舶资料查得液舱从标定温度至蒸汽温度时的体积热修正系数 K_2;从货物计量表中查得货液从测定温度至标准温度时的体积温度系数 f。

6. 计算货液的标准体积 V_{15}:

$$V_{15} = V_t \cdot K_1 \cdot f \tag{4-41}$$

7. 计算货液的重量 M:

$$M = \rho_{15} \cdot V_{15} \tag{4-42}$$

8. 计算测定温度时的蒸汽体积 V_{t1}:

$$V_{t1} = (V - V_t) \cdot K_2 \tag{4-43}$$

式中　V——标定温度下液舱的容积,m^3。

9. 计算测定温度时蒸汽空间的蒸汽密度 ρ_{Vt}:

$$\rho_{Vt} = \frac{T_S}{T_V} \cdot \frac{P_V}{P_S} \cdot \frac{M_m}{I} \cdot \frac{1}{1\,000} \tag{4-44}$$

式中　T_S——标准温度,用绝对温标表示,即 $T_S = 288$ K;

　　　T_V——蒸汽空间的绝对压力,kPa;

　　　P_S——标准压力,即 $P_S = 101.3$ kPa;

M_m——混合蒸汽的摩尔重量,kg/mol;

I——混合蒸汽的摩尔体积(m^3/mol),即在标准温度288 K和标准压力101.3 kPa时的数值;由于蒸汽的重量在液货重量中所占比例很小,所以一般没有必要精确确定蒸汽的M_m值,可以取液体和摩尔重量。

10.计算蒸汽重量m：

$$m = V_{t1} \cdot \rho_{Vt} \qquad (t) \qquad (4-45)$$

11.计算货物总重量M_T：

$$M_T = M + m \qquad (t) \qquad (4-46)$$

12.将货物重量换算成空气中的重量Q：

$$Q = F \cdot M_T \qquad (t) \qquad (4-47)$$

三、评价标准

- 掌握散装谷物特性、装运要求及装舱前的准备工作
- 掌握IMO及中国对散装谷物船稳性要求及校核方法及散装谷物船装载方法
- 会进行散装谷物止移措施
- 掌握固体散货种类、特性及运输危险性(稳性、强度)
- 弄清固体散货船装运要求,会进行水中检量的方法和计算
- 掌握油轮的特点;掌握油轮配载及安全知识
- 掌握IBC、IGC运输的特点及要求

四、拓展与提高

- 根据《谷物装运规则》对散粮船稳性衡准核算
- 大型散装矿石船在泊位上的最大和最小水深的确定
- 常见固体散装货物的装运要求
- 油样的封存及相关责任
- 散装化学品船的装运要求
- 液化气船装运特点

五、测试练习

一、单项选择题

1.散装谷物的_____特性对船舶稳性产生不利的影响。

A.下沉性和吸附性　B.散落性和吸湿性　C.散落性和吸附性　D.下沉性和散落性

2.散粮船中,由于谷物移动引起的横倾角与_____无关。

A.GM　　　　B.KG　　　　C.谷物种类　　　　D.排水量

3.按照1974年《SOLAS》对散粮船进行稳性校核时,若满载舱内谷物重心取在体积中心处,则_____。

A. $M'_H = 1.00M_H$　　　　B. $M'_H = 1.06M_H$　　　　C. $M'_H = 1.12M_H$　　　　D. M'_H 与 M_H 无关

(M'_H:谷物移动倾侧总的体积矩;M_H:谷物移动横向体积矩)

4. 散粮船装载时,若为多头作业,则_____。
　　A. 必须隔舱装载　　　　　　　　　B. 可同时相邻装载
　　C. 应分 2 ~ 3 轮装满　　　　　　　D. A + C

5. 散装谷物验舱在国外一般由_____负责并出具证明。
　　A. 货主　　　　　　　　　　　　　B. 商品检验部门
　　C. 海事局　　　　　　　　　　　　D. 公证鉴定机构

6.1974 年的《SOLAS》关于散粮船稳性的计算提出的谷物假定移动倾侧模型中规定,部分装载舱按谷面倾侧_____。经平舱的满载舱按谷面倾侧_____来计算谷物移动倾侧体积矩。
　　A. 12°;12°　　　B. 15°;15°　　　C. 15°;25°　　　D. 25°;15°

7. 某散粮船的第二舱(满舱),谷物重心取在舱容中心处,查得谷物移动体积力矩 1 665 m^4,谷物积载因数为 1.2 m^3/t,问该舱谷物横向移动倾侧力矩为_____ t. m。
　　A. 1 387.5　　　B. 1 470.8　　　C. 1 554.0　　　D. 0.0

8. 下列_____不属于散装谷物船的止移装置。
　　A. 止移板　　　B. 立柱　　　C. 拉索　　　D. 漏斗

9. 根据《BC 规则》,固体散货分为以下几类_____。
①易流态化货物;②具有燃烧爆炸性的货物;③具有化学危险性的货物;④既不具有化学危险性又不易流态化的货物;⑤既有化学危险性又易流态化的货物。
　　A. ①③⑤　　　B. ①③④　　　C. ①③④⑤　　　D. ①②③④⑤

10. 下列_____属于 MHB 货物。
①煤炭;②氟石;③铁精矿;④铜精矿;⑤生石灰;⑥鱼粉;⑦直接还原铁。
　　A. ①②③④⑤⑥⑦　　　　　　　　B. ①②④⑤⑦
　　C. ①②⑤⑦　　　　　　　　　　　D. ②④⑥⑦

11. _____不属于易流态化货物。
　　A. 细颗粒矿粉　　　B. 散装鱼　　　C. 散装草泥　　　D. 散装鱼粉

12. 国际航运中,易流态化货物在船运时的含水量不得超过其_____。
　　A. 8%　　　B. 最大含水量　　　C. 适运水分限　　　D. 流动水分点

13. 船运干精矿粉时,每天至少应测温_____次,发现货温升高应及时通风散热。
　　A. 2　　　B. 3　　　C. 4　　　D. 5

14. 某矿石船卸货前的排水量和油水存有量分别是:卸前 58 450 吨,800 吨;卸后 7 300 吨,1 000 吨。则卸货量为_____吨。
　　A. 51 150　　　B. 51 350　　　C. 50 950　　　D. 51 550

15. 某轮第 4 舱舱长 25 米,舱宽 20 米,该轮夏季满载吃水为 9.0 米,则该舱在装载固体散货时的最大重量为_____吨。
　　A. 4 050　　　B. 4 250　　　C. 4 950　　　D. 4 500

16. 在进行水尺检量时,为尽可能使结果准确,在计算吃水和排水量时应进行下列修正:_____。
①拱垂修正;②纵倾修正;③空挡高度修正;④港水密度修正;⑤首尾垂线修正。

A. ①③④ B. ①②④⑤ C. ①②③④ D. ①②③④⑤

17. 石油及其制品的挥发性大小以_____衡量。

A. 闪点 B. TLV C. 雷氏蒸汽压 D. 爆炸极限

18. 某油舱舱容为 5 000 立方米,预计航线最大温差为 20 ℃,膨胀系数 $f = 0.000\ 81$,则在装油时应留出的膨胀余量为_____立方米。

A. 47 B. 79 C. 180 D. 240

19. 液舱测深孔在舱长中点后部,测深时船舶尾倾,则所测得的液面深度:_____。

A. 大于舱内液面的平均深度   B. 小于舱内液面的平均深度

C. 等于舱内液面的平均深度   D. 与舱内液面平均深度的关系不能确定

20. 散装化学品装卸作业中,将无水气体或在大气压力下其露点为 – 40 ℃或更低的蒸汽充入货物系统,称为_____。

A. 惰化法 B. 隔绝法 C. 干燥法 D. 通风法

二、简答题

1. 改善散装谷物船稳性的措施有哪些?

2. 水尺计量的原理是什么? 计量过程中需要哪些修正?

3. 油量计量的步骤分别是什么?

项目五　集装箱船积载

- 具有安全装卸和运输集装箱的能力
- 能正确识读集装箱船积载图

集装箱是一种有 1 m³ 及以上容积,具有足够强度,便于反复周转使用的标准化运输设备或流动小货舱。集装箱运输是指把大小不一、包装多样、换装不便的货物装入标准化的大型集装箱,并将集装箱作为货运单元实现从一地的门(Door)、货运站(Container Freight Station,CFS)或堆场(Container Yard,CY)到另一地的门、货运站或堆场的一种现代化运输方式。它为实现货物运输和装卸的机械化、自动化创造了条件。

知识点 1:集装箱和集装箱船概述

一、集装箱(Container)

1. 集装箱国际标准

集装箱有国际标准、地区标准、国家标准、公司标准等几种。国际标准集装箱(简称标准集装箱)是指按国际标准化组织(ISO/TC 104)制定的标准设计和制造的集装箱。表 5 - 1 列出的是几种标准集装箱的外部尺寸和总重量。

表 5 - 1　部分标准集装箱外部尺寸和总重

集装箱名称	长　度			宽　度			高　度			总　重	
	mm	ft	in	mm	ft	in	mm	ft	in	kg	lb
1AAA	12 192	40	0	2 438	8	0	2 896	9	6	30 480	67 200
1AA	12 192	40	0	2 438	8	0	2 591	8	6	30 480	67 200
1A	12 192	40	0	2 438	8	0	2 438	8	0	30 480	67 200
1BBB	9 125	29	11.25	2 438	8	0	2 896	9	6	25 400	56 000
1BB	9 125	29	11.25	2 438	8	0	2 591	8	6	25 400	56 000
1B	9 125	29	11.25	2 438	8	0	2 438	8	0	25 400	56 000
1CC	6 058	19	10.50	2 438	8	0	2 591	8	6	24 000	52 920
1C	6 058	19	10.50	2 438	8	0	2 438	8	0	24 000	52 920
D	2 991	9	9.75	2 438	8	0	2 438	8	0	10 160	22 400

由表 5 - 1 可见,标准集装箱的宽度均为 8 ft,长度有 40 ft、30 ft、20 ft、和 10 ft 四种,高度有 9. 5 ft、8. 5 ft、8 ft 和小于 8 ft(表中未列出)的四种,其中后两种高度集装箱现已极为少见。目前海运中,最多采用的是 1AA(箱容系数约 2. 433 m³/t)、1AAA(箱容系数约 2. 654 m³/t)和 1CC(箱容系数约 1. 493 m³/t)三种箱。据统计,目前国际流通的集装箱中按 TEU(Twenty Equivalent Unit 缩写)计算,20 ft 箱约占总量的 48. 5%,40 ft 箱约占总量的 49. 7%。

2. 集装箱标志

为便于集装箱在国际运输中的识别、管理和交接,国际标准化组织制定了《集装箱的代码、识别和标记》国际标准。该标准自 1969 年制订以来已经过多次修改,最新版本是 1995 年 12 月通过并颁布实施的 ISO 6346—1995。该标准中规定了集装箱标记的内容,标记字体的尺寸、标记的位置等。集装箱标记分为必备标记和自选标记。

(1)必备标记

①集装箱箱号(Container No.)

按顺序由箱主代码(3 个大写拉丁字母)、设备识别代码(1 个大写拉丁字母)、顺序号(6 个阿拉伯数字)和核对数字(1 个阿拉伯数字)共 11 位代码组成。如"COSU 0012342"。其标记位置如图 5 - 1 中"1"所注。箱主代码是集装箱所有人向国际集装箱局登记注册的代码。如中远集团的箱主代码之一是"COS"。

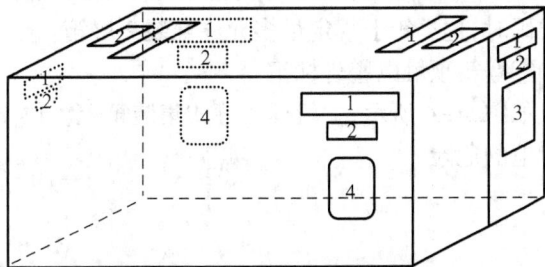

图 5 - 1　集装箱标志涂刷位置

设备识别代码规定为:"U"表示集装箱,"J"表示集装箱所配备的挂装设备,"Z"表示集装箱专用车和底盘车。

顺序号用以区别同一箱主的不同集装箱。若顺序号不足 6 位数字,则前面以"0"补足,如"001234"。

核对数字是在集装箱的数据记录或计算机处理时用于验证集装箱箱号前十位代码是否正确的一位数字。按规定核对数字等于计算整数 N 除以模数 11 所得的个位余数。其中,计算整数 N 的确定方法是:首先,将集装箱箱号前 4 位字母 A ~ Z 与等效数字 10 ~ 38(扣除其中的 11、22、33)相对应;然后,以箱主代码和设备识别代码的对应等效数字与顺序数字(共 10 个)依次假设为 $X_0, X_1, \cdots, X_9$,则计算整数 N 是按下式计算的结果:

$$N = \sum_0^9 2^i \cdot X_i \tag{5 - 1}$$

例如,对应于集装箱箱号前十位代码"COSU 001234"的整数 N 为

$N = 2^0 \cdot 13 + 2^1 \cdot 26 + 2^2 \cdot 30 + 2^3 \cdot 32 + 2^4 \cdot 0 + 2^5 \cdot 0 + 2^6 \cdot 1 + 1^7 \cdot 2 + 2^8 \cdot 3 + 2^9 \cdot 4$

$\quad = 3\ 577$

将 N 除以模数 11 所得余数 2,就是核对数字。其完整的集装箱箱号即为"COSU 0012342"。在船舶有关单证或积载文件中,若遇到某箱集装箱箱号印制不清或同一箱在两处单据上的数据有差异时,即可按上述方法校核确认。

②额定重量和自重标记

标记位置如图 5 - 1 中"3"所注。额定重量实为最大总重量,简称总重,是集装箱设计的最大允许总重量。自重是集装箱空箱时的重量。这两项标记要求同时以千克(kg)和磅

(lb)标示,如

MAX GROSS	24 000	kg
	52 920	lb
TARE	2 300	kg
	5 070	lb

③超高标记

标记位置如图 5 - 1 中"4"所标注,标记如图 5 - 2 所示。凡箱高超过 2.6 m(8.5 ft)的集装箱必须标有超高标记。标记位置通常在集装箱的两侧。

④空陆水联运集装箱标记

如图 5 - 3 所示,此类集装箱设计了适合于空运的系固和装卸装置。因其设计强度较低,海上运输时这类箱禁止在甲板上堆装,但在舱内堆码时箱上最多允许堆装 1 层箱。在陆上堆码时,这类箱上规定最多允许堆装 2 层箱。

⑤登箱顶触电警告标记

如图 5 - 4 所示,一般标于罐式集装箱上。位于邻近登箱顶的扶梯处,以警告登箱顶者有触电的危险。

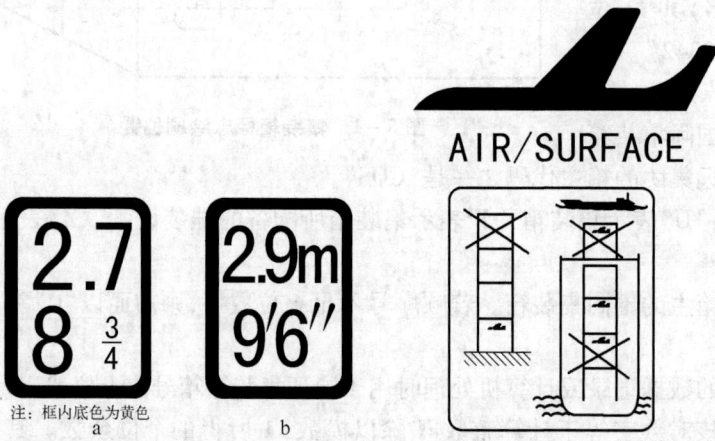

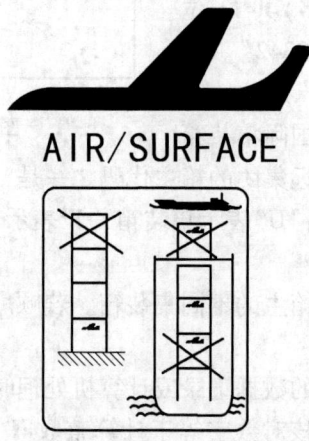

图 5 - 2　超高标记　　　　图 5 - 3　空陆水联运集装箱标记　　　图 5 - 4　登箱顶触电警告标记

(2)自选标记

①尺寸代码和类型代码(原国家或地区代码已被取消)

标记位置如图 5 - 1 中"2"所标注。尺寸和类型代码由 4 位数字和字母组成,前 2 位表示尺寸,后 2 位表示类型。尺寸代码中第一位表示箱长度(如"2"表示 20 ft 箱,"4"表示 40 ft 箱,"M"表示 48 ft 箱等),第二位表示箱的宽度和高度(如"2"表示宽 8 ft,高 8.5 ft 的箱;"5"表示宽 8 ft,高 9.5 ft 的箱)。类型代码分成总代码(Type group code)和细代码(Detailed type code)2 种。总代码用于在集装箱特性尚不明确或不需要明确的场合。细代码用于对集装箱特性要有具体标示的场合。当然,在新出厂集装箱上必须标注细代码。例如,"GP"是无通风设备的通用箱总代码,而"G0"是该类中一端或两端开门箱的细代码。ISO 6346 - 1995 文件(见附录七表 F7-3-F7-5)中提供了集装箱尺寸和集装箱类型代码资料。

②国际铁路联盟标记

凡符合《国际铁路联盟条例》规定的技术条件的集装箱可以获得此标记,如图 5-5 所示。

标记方框上部的"ic"表示国际铁路联盟(Union International des chemise de Fer)。标记方框下部的数字表示各铁路公司代码(33 是中华人民共和国铁路的代码)。

此外,《国际集装箱安全公约》(简称 CSC)要求主管部门对符合人身安全检验的集装箱加贴"CSC 安全合格"金属标牌。为确保集装箱对运输工具的安全,国际标准化组织要求检验机关(多为船舶检验机关)对符合该组织所制定标准并经试验合格的集装箱,在箱门处加贴该检验机关的检验合格徽记。《集装箱海关公约》(简称 CCC)要求经批准符合运输海关加封货物技术条件的集装箱增加标有"经批准作为海关加封货物运输"字样的金属标牌(常与"CSC 安全合格"金属标牌合二为一),以便于集装箱进出各国国境时,不必开箱检查箱内货物,以加速集装箱的流通。对运往澳大利亚和新西兰的集装箱,还应增加表明集装箱所用的裸露木材已经免疫处理的"免疫牌"等。

3. 集装箱分类

为适应不同货物的装载要求,出现了多种类型的集装箱。集装箱按其用途可分为以下几种。

(1)杂货集装箱(Dry cargo container)

杂货集装箱又称通用集装箱(图 5-6),适合于装载除散装液体货和需要调节温度货以外的各类杂货。据统计,世界上这类集装箱的数量约占集装箱总数量的 85%。

图 5-5　国际铁路联盟标记

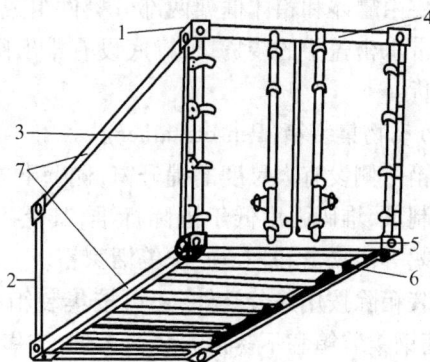

图 5-6　杂货集装箱

1—角件;2—角柱;3—端门;4—门眉;
5—槛;6—底梁;7—上、下侧梁

(2)敞顶式集装箱(Open top container)

此类箱箱顶采用可折叠式或可拆式顶梁作支撑由帆布、塑料布或涂塑布组成的可拆卸顶篷,适合于装载超高货物,或需要从箱顶部吊人箱内的如玻璃板、钢制品、机械类等重大件货物。此类箱的防水性较差。

(3)通风集装箱(Ventilated container)

此类箱的侧壁或端壁设置 4~6 个装有铅丝网罩,箱外部可以开闭操作的通风口,适合于装载不需冷藏而需通风的水果、蔬菜、兽皮等货物。

(4)台架式集装箱和平台式集装箱(Platform based container & platform container)

前者指箱体设有能承受载荷的 4 个角柱,但箱顶、侧壁和(或)端壁可以拆除或根本不设的一种非水密型集装箱(图5-7),适合于装载一定限度超标准箱尺度的货物、钢材、木材、机械设备等。后者指在台架集装箱上再简化,4个角柱被去除或可折叠,主要由具有较强承载能力(有些40 ft平台式箱的额定总承载量达54 t)的下底板组成的特殊集装箱。在集装箱船的舱面上,若将多个平台式集装箱组成一个大平台,适合于装载重大件货物。

(5)冷藏集装箱(Reefer container)

指箱体内设冷冻机,能使箱内温度

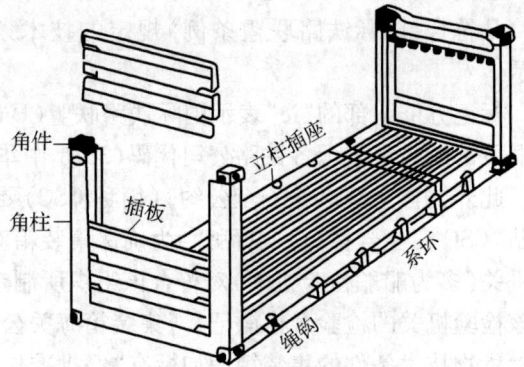

图5-7 台架式集装箱

保持在+25 ℃～-25 ℃间某一指定温度的一种绝热集装箱。有20 ft箱也有40 ft箱。其多数装船后需要船舶提供电源,但也有可自行发电制冷的冷藏箱,适合于装载要求保持一定温度的冷冻货或低温货,如鱼、肉、新鲜水果、蔬菜、某些化工品或危险品等。世界上流通的冷藏集装箱约占箱总量的4%左右。

(6)干散货集装箱(Bulk container)

箱顶设有带水密盖子的2~3个装货口,端壁下部设有两个卸货口,适合于装载大豆、面粉、水泥、矿砂等固体散货。

(7)罐式集装箱(Tank container)

主要由罐体和箱体框架两部分构件组成。罐体为圆柱或椭圆体,箱体框架为箱形。罐顶设有带水密盖子的装货口,罐底设有排出阀。此类集装箱适合于装载酒类、油类、化学品等液体货。

(8)动物集装箱(Pen container)

在箱一侧设有大尺度的提升窗,侧壁下方设有清扫口和排水口,箱体多采用易于清扫的玻璃钢制成,堆码强度低于国际标准,其上不允许其他箱体堆装。此类集装箱适合于装载鸡、鸭、鹅等活家禽和牛、马、羊等活家畜。

集装箱除按用途分类外,还可按集装箱主体部件使用材料分为钢集装箱、铝合金集装箱、玻璃钢集装箱和不锈钢集装箱4种;按集装箱结构,又可分为内柱式和外柱式集装箱、折叠式和固定式集装箱、预制件式和薄壳式集装箱。

二、集装箱船舶

1. 集装箱船舶种类

(1)吊装式集装箱船(Lift on & lift off container ship)

通称"集装箱船"。这类船舶多数不设装卸设备,而利用岸上高效的集装箱装卸桥将集装箱吊进、吊出,完成装卸作业。这类船舶中舱内和舱面全部舱位专为装运集装箱而设计,称为全集装箱船。其船舶结构特点如下。

①单层甲板,宽舱口,舱口与货舱同宽。

国际标准集装箱的强度设计要求达到其上能承受堆码8层满载箱的负荷。目前大型集装箱船的舱内设计最多堆码9层。因此,集装箱船货舱目前还没有必要设置多层甲板来减小上层箱对下层箱的负荷量。船舶舱口一般达船宽的70%～90%,目前,6 000TEU集装箱船的船舱内最多横向为15列,舱面为17列。集装箱船舱口与货舱同宽的设计能保证舱内装载的每一集装箱无需横移,均能被直接吊进或吊出货舱。

②舱内设有固定的箱格导轨,舱面设有集装箱系固设备。

为方便装卸和防止船舶摇摆运动引起集装箱发生移位,集装箱船在舱内设计了由角钢立柱、水平桁材和导箱轨组成的箱格导轨(图5-8)。装卸时,集装箱自动吊具可通过导箱轨顶端的喇叭口形的导槽,顺着导箱轨进出货舱。显然,装入与舱内箱格导轨角钢立柱的间距相同长度的集装箱,就无需任何系固。集装箱船舱面通常设有整套系固设备,如扭锁、桥锁、锥板、绑扎装置等。装载于舱面的集装箱目前通常是靠人工方法进行系固。目前不少新型集装箱船在舱面设置了一定高度的箱格导轨,以减少舱面集装箱系固的作业数量。

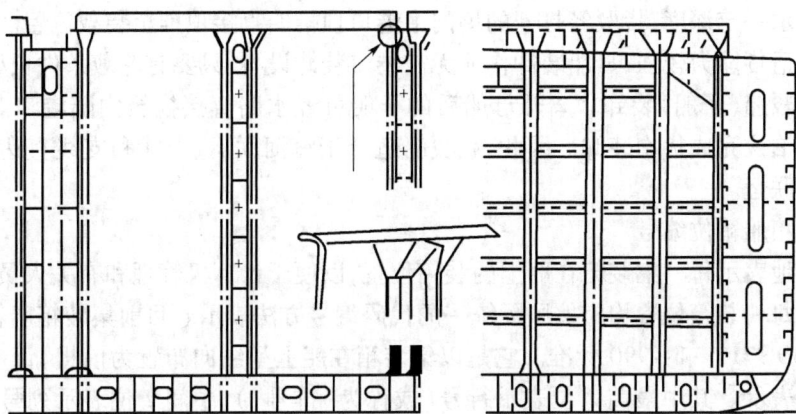

图5-8　集装箱船舱内箱格导轨

③采用双层船壳结构,设置有大容量压载水舱。

为弥补单层甲板和长大货舱开口设计对船体结构强度的不利影响,集装箱船体通常采用双重侧壁、双重横舱壁和双层底的双层船壳结构,以增加船体强度。双层船壳结构同时为船舶提供了大量的液体舱室。这些舱室除用作燃油、淡水舱外,大量用作压载水舱(约占船舶夏季总载重量的30%),以适应船舶空载或舱面装载大量集装箱时调整船舶重心高度的需要。

④采用尾机型或舯后机型。

这种布置主要为提高船舶的舱位利用率,即在船体形状变化较大部位布置机舱,就能在船体中部形状变化较小的部位安排更多的集装箱箱位。

鉴于目前吊装式的全集装箱船数量最多,下面仅限于介绍这类船舶的货运问题。

(2)滚装式集装箱船(Roll on & roll off container ship)

船舶设有多层甲板,各层甲板间设有供车辆上下通行的斜坡道或升降平台,在船尾或船侧设有吊门和连接码头的倾斜跳板。滚装船是把装于底盘车上的集装箱、托盘货物等作为一个货物运输单元,用拖车牵引底盘车(完成牵引后两者将相互脱离),经连接船舶与码头的倾斜跳板直接进出货舱,完成装卸作业。

滚装船的适货性较强,除集装箱外,它也适合于各种车辆和重大件货物装运。滚装船由于采用水平的装卸方式,装卸可同时进行,对泊位设备投资较低,装卸效率很高。所以,这类船特别适合于靠泊港口潮差变化较小的短途水陆联运。其缺点是舱容利用率低,船舶造价高。

(3)载驳船(Barge carder ship)

又称子母船,专用于运载能浮于水面的特殊集装箱——货驳(子船)的船。母船可分为门式起重机式、升降机式和浮船坞式 3 种。箱形货驳依据母船装载方式不同,最大总重为140~1 000 t。

门式起重机式载驳船,其上甲板沿两舷铺设有轨道并延伸至尾部悬臂梁支架上,轨道上配备可纵向移动的门式起重机。装驳时,起重机可在船舶尾部水面装卸区直接将货驳垂直吊起,再纵向移动至设有箱格导轨的舱内堆放。

升降机式载驳船,其尾部设有可沉入水下的升降平台,各层甲板上设有货驳水平移动机构。装驳时,尾部升降平台将货驳从水面托至各层甲板,再由水平移动机构将货驳移至装载位置。

浮船坞式载驳船,在船首或船尾设有坞门。装驳时,载驳船通过打入压载水使其下沉至某层甲板入水一定深度,货驳经打开的坞门由港口顶推船直接顶推至装载位置。

载驳船适货能力较强,母船装卸作业无需港口装卸设备,只要有遮蔽条件良好的水面即能独立完成驳船(子船)装卸。离开母船后的子船可经水路直接拖至内陆港口。子船特别适合在浅水泊位完成货物装卸。因此,载驳船适合于海河联运、干线和支线直达运输,但不适合于海陆联运。

2. 集装箱船箱位编号

为准确地表示每一集装箱在船上的装箱位置,以便于计算机管理和有关人员正确辨认,集装箱船上每一装箱位置均应按国际统一的代码编号方法表示。目前集装箱船箱位代码编号是采用 ISO 9711 – 1:1990 标准。它是以集装箱在船上呈纵向布置为前提,每一箱位坐标以 6 位数字表示。其中最前 2 位表示行号(或称为"排号"),中间 2 位表示列号,最后 2 位表示层号。行号、列号和层号的每组代码不足 10 者在前一位置 0。

(1)行号(Bay No.)

行号作为集装箱箱位的纵向坐标。自船首向船尾,装 20ft 箱位上依次以 01、03、05、07……奇数表示。当纵向 2 个连续 20ft 箱位上被用于装载 40ft 集装箱时,则该 40ft 集装箱的行号以介于所占的 2 个 20ft 箱位奇数行号之间的一个偶数表示。例如,在船舶的 03 行上装载某一 20ft 集装箱时,则该箱的行号即为 03;若在 03 和 05 两个行上装载某一 40ft 集装箱时,则该箱的行号就以介于 03 和 05 之间的 04 这一偶数作为其行号。

(2)列号(Row No. or Slot No.)

列号作为集装箱箱位的横向坐标。以船舶纵中剖面为基准,自船舯向右舷以 01、03、05、07……奇数表示,向左舷以 02、04、06、08……偶数表示。若船舶纵中剖面上存在一列,则该列列号取为 00。

(3)层号(Tier No.)

层号作为集装箱箱位的垂向坐标。舱内以全船最底层作为起始层,自下而上以 02、04、06、08……偶数表示。舱面也以全船最底层作为起始层,自下而上以 82、84、86、88……偶数表示。舱内和舱面非全船最底层的层号,大致上以距船舶基线高度相同、层号相同为原则确定。

显然,全船每一装箱位置,都对应于唯一的以 6 位数字表示的箱位坐标;反之,一定范围内的某一箱位坐标,必定对应于船上一个特定而唯一的装箱位置。例如,某一集装箱的箱位号为"080382",则由此即能判断:该箱必定为 40 ft 箱,纵向位于自船首起的第 4 和第 5(行号 07 和 09)2 个 20 ft 箱位上,横向位于自船纵中剖面起向右舷的第 2 列上,垂向位于舱面的最下层。

知识点 2:集装箱船配积载与装运特点

一、充分利用船舶的装箱容量和净载重量

在集装箱箱源充足的条件下,提高集装箱船的箱位利用率,充分利用集装箱船的净载重量,是提高集装箱船营运经济效益的重要途径。

1. 提高集装箱船的箱位利用率

(1)集装箱船舶的装箱容量指标

与编制杂货船积载计划相类似,当航次箱源较多时,校核集装箱船的装箱容量与航次订舱单所列的集装箱数量是否相适应,是编制集装箱船预配积载计划第一步中的一项重要内容。表征集装箱船装箱容量大小的指标如下。

①换算箱容量。

换算箱容量指船舶所能承运各类国际标准集装箱的最大换算箱容量(TEU)。这是一项表征集装箱船规模的重要指标。

②20 ft 箱容量。

20 ft 箱容量指集装箱船所能承运 20ft 箱的最大箱位数(TEU),通常不等于船舶的标准箱容量。这是因为许多集装箱船上都设计有一些仅适合装载 40 fi 集装箱的箱位 FEU(Forty Equivalent Unit 缩写)。

③40 ft 箱容量。

40 fi 箱容量指集装箱船所能承运 40 ft 箱的最大箱位数(FEU)。它并非是船舶标准箱容量的一半。这是因为集装箱船每个货舱长度往往难以都被设计成安排40ft 箱位所需长度的整数倍。

④特殊箱容量。

船舶承运如危险品箱、冷藏箱、非标准箱、平台箱等特殊箱数量的最大限额(TEU),即为特殊箱容量。

集装箱船的危险品箱装载容量有一定限制。同一船舶常常有些货舱的设计决定了不容许装载任何危险品箱,另一些货舱的设计则仅限于装载《国际危规》定义的某几类危险品箱。因此,在为集装箱船选配仅限于舱内积载的危险品集装箱时,必须考虑船舶的这一限制条件。

冷藏集装箱装船后多数需要船舶电站连续提供电源。受船舶电站容量和电源插座位置的限制,每一集装箱船所能承运的冷藏箱最大数量和装箱位置通常是确定的。

⑤巴拿马运河箱容量。

巴拿马运河当局规定,过运河的任何船舶不得因舱面堆装的货物而阻挡驾驶台的　望视线。这样,多数集装箱船的舱面前部有不少箱位将阻挡驾驶台的　望视线,因而,过运河前这些箱位将不得使用,从而使船舶的装箱容量减少。

(2)提高集装箱船的箱位利用率的主要途径

①集装箱船预配时,如船舶某离港状态箱源数量接近船舶标准箱容量时,应当注意核对订舱单上该离港状态的 20 ft 箱数量和 40 ft 箱数量与船舶 20 ft 箱容量和 40 ft 箱容量相适应,以提高船舶的箱位利用率。

②为提高在中途港承载该港以后卸港的集装箱承载能力,减少或避免集装箱的捣箱数量,在箱位选配时,应尽量保持不同卸港集装箱垂向选配箱位和卸箱通道各自独立。

③当需由船舶供电制冷的冷藏集装箱的数量超过船舶额定冷藏集装箱容量时,其超出船舶供电容量的冷藏箱应改换成能自行发电制冷的冷藏箱;或者船上配备一定数量的定时器,其作用是实现在一定时间间隔内自动交替向其连接的两个冷藏箱之一提供电源;或者根据装箱港条件,超容量冷藏箱数量,船舶装载状况等资料进行经济论证,以确定能否承租载于舱面的流动电站集装箱,用以向超容量冷藏集装箱提供电源,以提高船舶承载冷藏集装箱的能力。

④在装箱港箱源充足的条件下,选配特殊箱箱位时,应当尽量减少承运这类货箱引起的箱位损失数量,例如,在条件许可时,可以将原安排于舱内占用垂向两个箱位的超高集装箱,选配于舱面的顶层,以减少舱内箱位的损失。

2. 充分利用集装箱船的净载重量

当航次承运的集装箱总重量较大或船舶吃水受航线水深限制时,校核航次订舱单所列的集装箱总重量与集装箱船的净载重量是否相适应,是编制集装箱船预配计划第一步中的另一项重要内容。集装箱船的净载重量 NDW 计算式是:

$$NDW = DW - \sum G - C - B \quad (t) \tag{5-2}$$

式中 B 是为满足船舶稳性要求而必须打入的压载水重量。在集装箱船预配时,准确地估计所需打入压载水的重量,需要一定的积载经验。在缺乏经验时,可以参考船舶的《稳性报告书》或借助装载计算机进行估算。集装箱船 NDW 计算式中的船舶常数 C 通常较大,这是因为 C 中包括了船舶所有非固定系固设备的重量。

集装箱船在箱位接近装满时,船舶重心往往很高。此时,为降低船舶重心高度获得适度稳性,就需要在压载舱内打入大量压载水,这样使船舶净载重量大幅减少。因此,努力提高集装箱船配积载计划的编制水平,合理确定不同卸港轻重集装箱在舱内和舱面的配载比例,减少用于降低船舶重心所需打入的压载水重量,是增加集装箱船净载重量的主要措施。

二、满足集装箱船的稳性要求

集装箱船由于要求舱形方整,使船舶容积的利用率降低。为提高装箱能力,集装箱船通常将约占总量 1/3～1/2 的箱位安排于舱面。这将引起船舶重心上升,水线以上受风面积增大,对船舶稳性不利。因此,营运中的集装箱船除必须具有足够的稳性外,又不宜使其初稳性高度过大,以免船舶剧烈摇摆使集装箱所受惯性力过大而对系固设备产生不利的影响。

1. 我国《法定规则》的特殊稳性衡准要求

我国《法定规则》对装载集装箱的专用和非专用船舶,除要求其满足对普通船舶稳性的各项基本衡准指标要求外,还提出了两项稳性的特殊衡准指标要求:

(1)经自由液面修正后初稳性高度 GM 应不小于 0.30 m;

(2)船舶在横风作用下从复原力臂曲线上求得的静倾角应不大于 1/2 上层连续甲板边缘入水角,且不超过 12°。

《法定规则》对这类船舶在稳性计算时提出了三项规定:

(1)计算船舶稳性时,每一集装箱重心垂向位置应取在集装箱高度的一半处;

(2)计算稳性特殊衡准指标时所使用的横风风压倾侧力臂,取在计算稳性衡准数 K 时

所确定值的 1/2,且假定其不随船舶横倾而变化;

(3)计算复原力臂曲线时,不计入舱面集装箱浮力的影响。

除《法定规则》外,我国中远集团对所属集装箱船经自由液面修正后的初稳性高度最低要求值为 0.60 m,高于《法定规则》要求。

2.《IMO 稳性规则》的特殊稳性衡准要求

《IMO 稳性规则》即"IMO 关于适合各种类型船舶的完整稳性规则(A.749(18))"对于船长大于 100 m 的集装箱船和其他具有可观外漂或大的水线面面积的货船,建议采用下列 6 项完整稳性的衡准要求,以代替《IMO 稳性规则》对各种类型船舶完整稳性基本衡准要求中除天气衡准以外的前 6 项要求:

(1)复原力臂曲线在横倾角 0°~30°之间所围面积不应小于 0.009/C(C 为船体形状因数,其计算后述)m·rad;

(2)复原力臂曲线在横倾角 0°~40°或进水角 θ_f 中较小者之间所围面积应不小于 0.016/Cm·rad;

(3)复原力臂曲线在横倾角 30°~40°或进水角 θ_f 中较小者所围面积应不小于 0.006/Cm·rad;

(4)复原力臂在横倾角 30°处的值应大于或等于 0.033/Cm;

(5)最大复原力臂应大于或等于 0.042/Cm;

(6)复原力臂曲线在横倾角 0°~进水角 θ_f 之间所围面积不应小于 0.029/Cm·rad;

上述衡准中的船体形状因数 C 的计算,规定按下列公式求取:

$$C = \frac{d \cdot D'}{B_h^2} \sqrt{\frac{d}{KG}} \cdot \left(\frac{C_b}{C_w}\right)^2 \cdot \sqrt{\frac{100}{L}} \tag{5-3}$$

式中　　d——平均吃水,m。

$$D' = D + h\frac{2b - B_D}{B_D} \cdot \frac{2\sum L_H}{L} \tag{5-4}$$

其中　　h——船舶舱口围高度,m;

　　　　b——船舶中部货舱舱口宽度,m;

　　　　B_D——船中剖面上甲板左边缘与右边缘之间的水平距离,m;

　　　　L——船舶两柱间长,m;

　　　　$\sum L_H$——船舶 $L/2$ 船中处向前 $L/4$ 和向后 $L/4$ 之间船长段货舱舱口长度之和,m;

　　　　B_h——船中剖面 $d/2$ 吃水处的船宽,m;

　　　　D——船舶型深,m;

　　　　KG——船舶重心距基线距离(m),不应小于 d;

　　　　C_b——方形系数;

　　　　C_w——水线面系数。

保证集装箱船适度稳性的方法是:控制舱内和舱面所装集装箱的重量处于合适的比例范围内。对于不同船舶和同一船舶在不同排水量条件下,这一合适比例是不同的,可以通过计算或长期配积载实践的资料积累获得。例如,全集装箱船在满载状态下,舱内装箱的总重量通常取全船装箱总重量的 60%或以上。

三、合理确定各类集装箱箱位

编制集装箱船配积载计划时,首先需要熟悉航次箱源的挂港数量、平均箱重、特殊集装箱对运输的要求等;随后总体上划定各挂港集装箱在船上的装箱区域;最后按特殊箱先配,普通箱后配,后到港箱先配,先到港箱后配,下重上轻、下强上弱的原则,逐一为每一待装集装箱选定合理的具体箱位。

1. 特殊集装箱的箱位选配原则

(1)危险品集装箱的箱位选配

①危险品集装箱之间的隔离。

根据箱内所装危险货物的正确学名或联合国编号,查《国际危规》确定其所属危险品类别号,并由类别号查《国际危规》中包装危险品的隔离表3－10确定其隔离等级,然后,按照《国际危规》规定的危险品集装箱的隔离表5－2确定不同危险品集装箱之间的具体隔离要求。

表5－2中,"封闭式"是指封闭式集装箱,意为采用永久性的结构将内装货物全部封装在内的集装箱。它不包括具有纤维质周边或顶部的集装箱。"开敞式"是指开敞式集装箱,意为非封闭式集装箱。"一个箱位"是指前后不小于6 m,左右不小于2.4 m的空间。

②危险品集装箱与包装危险货物之间的隔离。

《国际危规》规定:包装危险货物与开敞式危险品集装箱之间的隔离,应遵照包装危险货物之间的隔离表3－10要求执行;包装危险货物与封闭式危险品集装箱之间的隔离除下列情况外,仍遵照包装危险货物之间的隔离表要求执行:

a. 要求"远离"时,包装危险货物与封闭式危险品箱之间无隔离要求;

b. 要求"隔离"时,包装危险货物与封闭式危险品箱之间按包装危险货物隔离表中的"远离"要求执行。

③危险品集装箱的舱位选配。

舱面承运危险品集装箱的特点是:运输中观察方便;通风条件良好,箱内若有有毒气体逸出时易于被驱散;若装载腐蚀品的集装箱有渗漏时,危害较小而且处置方便;遇危急时,有可能打开箱门采取抛货措施。

舱内承运危险品集装箱的特点是:遮蔽条件好,不会受到海浪冲击;环境温度较低而且相对稳定;航行途中遇火灾时,可施放 CO_2 扑灭。

《国际危规》规定:装有可挥发易燃蒸汽危险货物的封闭式或开敞式集装箱如果选配于舱内,那么,不应与可能提供火源的冷藏或加热集装箱装在同一舱室中;如果选配于舱面,那么,这类封闭式箱在纵向和横向都应与这些可能的火源保持至少不小于4.80 m距离,这类开敞式箱与这些可能的火源应"隔离一整个舱室或货舱"的距离。装有海洋污染物的集装箱,应尽可能选配于舱内;若只限于舱面装载时,则应优先选配于舱面防护或遮蔽条件良好的处所。

装有第4.3类遇水放出易燃气体物质和有温度控制要求的危险品集装箱,其选配的箱位应能避免受阳光直射,能保持阴凉,温差变化较小和不易受上浪海水冲击的部位。

装有"如有可能卷入火灾,应将货物投弃"这类消防建议货物的集装箱,当数量相当多时,应尽可能远离居住处所和驾驶区域;当数量较少时,应尽可能选装于舱面,且其箱门应在易于被打开的位置,以便于遇危险时用人力将包件从集装箱中取出并加以投弃。

表 5 - 2　危险货物集装箱的隔离表

隔离要求	垂　直				水　平					
	封闭式与封闭式	封闭式与开敞式	开敞式与开敞式		封闭式与封闭式		封闭式与开敞式		开敞式与开敞式	
					舱面	舱内	舱面	舱内	舱面	舱内
"远离" 1	允许一个装于另一个上面	允许开敞式装于封闭式上面,否则按开敞式和开敞式的要求装载	除非以一层甲板隔离,否则不允许装于同一垂直线上①	首尾向	无限制	无限制	无限制	无限制	一个箱位	一个箱位或隔一个舱壁
				横向	无限制	无限制	无限制	无限制	一个箱位	一个箱位
"隔离" 2	除非以一层甲板隔离,否则不允许装于同一垂直线上①	按开敞式与开敞式的要求装载		首尾向	一个箱位	一个箱位或隔一个舱壁	一个箱位	一个箱位或隔一个舱壁	一个箱位②	隔一个舱壁
				横向	一个箱位	一个箱位	一个箱位	两个箱位	两个箱位②	隔一个舱壁
"用一整个舱室或货舱隔离" 3				首尾向	一个箱位②	隔一个舱壁	隔一个箱位②	隔一个舱壁	两个箱位②	隔两个舱壁
				横向	两个箱位②	隔一个舱壁	两个箱位②	隔一个舱壁	三个箱位②	隔两个舱壁
"用一介于中间的整个舱室或货舱作纵向隔离" 4	禁　止			首尾向	最小水平距离24 m②	隔一个舱壁并且最小水平距离不小于24 m③	最小水平距离24 m②	隔两个舱壁	最小水平距离24 m②	隔两个舱壁
				横向	禁止	禁止	禁止	禁止	禁止	禁止

注:所有舱壁和甲板均应是防火防液的;
　　①——对于无舱盖集装箱货船,《国际危规》定义为:"不允许在同一垂线上";
　　②——对于无舱盖集装箱货船,《国际危规》定义为:"一个箱位且不在同一货舱上";
　　③——集装箱距离中间舱壁不少于6.0 m。

(2)冷藏集装箱的箱位选配

此类箱多数由于在其箱位附近需要设置外接电源插座和监控插座,因此,船舶所能提供的此类箱位和数量是确定的,通常位于舱面船中和船后部,且避开船舶左右舷最外一列箱位的下面几层。具体箱位可以查阅船舶资料确定。在此类箱位的船舷外侧应当选配几层通用集装箱作遮挡,以防止冲上甲板的海浪对冷藏箱制冷设备的冲击。

(3)超高集装箱的箱位选配

集装箱船货舱的有效高度多按8.5 ft(趋向于按9.5 ft)箱高的整数倍再加些余量设计。因此,舱内选配超高集装箱时,应当校核该处箱体总高度是否小于货舱的有效高度。若超过时,则应相应减少其装箱层数。软顶超高箱防水性较差应尽量选配于舱内,这类箱如果箱内货物堆装高度超过集装箱角件的高度时,那么无论选配于舱内或舱面,其箱顶部都不宜堆装任何其他集装箱而必须选配于最上一层。

(4)超长集装箱的箱位选配

对于舱内设置固定箱格导轨的集装箱船,因舱内每一箱格通常设有横向构件,无法装载超过箱格长度的超长箱。因此,20 ft 的超长箱可以选配于舱内 40 ft 箱位,但 40 ft 的超长箱通常只能配于舱面。

(5)超宽集装箱的箱位选配

此类箱可以选配于舱面,能否装于舱内,取决于货舱的箱格结构和入口导槽的形状和尺寸。一般,对于中部超宽,两端 50 cm 范围内不超宽的集装箱,可以选配于舱内;但对于货舱箱格结构之间设有纵向构件的集装箱船,则舱内不能装载此类箱。无论舱内或舱面,当超宽箱的超宽尺度小于该行与相邻列位之间的空隙时,则该超宽箱不占相邻箱位;反之,箱内超宽货物将伸至相邻箱格中,相邻箱位必须留出空位。

(6)通风集装箱的箱位选配

为便于箱内货物的自然通风和监控,此类箱通常应选配于舱面,而且应当选择能避开冲上甲板的海浪并经通风口灌入箱内的箱位。对于装载兽皮的通风集装箱,为避免箱内温度过高引起货物腐败变质,应避免选配于受阳光直射的甲板最上一层。

(7)动物集装箱的箱位选配

此类箱因耐压强度较弱,其上通常不得堆装其他货箱。应选配于通风良好的舱面,但为减少风浪的袭击,周围须以其他货箱作遮蔽,也可以将饲料箱选配于动物箱的两侧。此外,所选的箱位还应满足供水方便,周围留有便于在航行中清扫和喂料的通道,而且能最后装最先卸和不妨碍其他集装箱作业的要求。

2. 普通集装箱的箱位选配原则

(1)垂向箱位选配

重箱、强结构箱应配于下层,轻箱、弱结构箱应配于上层,舱面应尽量选配新箱、强结构箱,舱内多配旧箱、弱结构箱。

40 ft 箱上面不得配装非 40 ft 箱(主要是 20 ft 箱),否则会造成被压的 40 ft 箱顶板和上侧梁等结构受损。纵向两个高度不同的 20 ft 箱之上除非增设高度补偿器,否则仅在两个箱的角件处于同一水平面时才能配装 40 ft 集装箱。

满足集装箱船的局部强度(堆积负荷)要求。在集装箱船的资料中均提供有舱面和舱内设计的每一堆装集装箱的 4 个底座上最大允许负荷量数据。因此,在确定集装箱垂向箱位时,应当满足每叠集装箱总重不得超过集装箱船装箱底座的最大允许负荷量要求。

确定集装箱垂向箱位时,应当注意控制舱内和舱面所配集装箱重量的合适比例,以保证船舶的稳性处于适度的范围内。

箱内装载易出汗水或有温度控制要求货物的集装箱,应选配于温度较稳定的舱内箱位。如必须配于舱面时,则应尽量避免选配于温差变化较大的上甲板顶层箱位。

由于国际上有些运河(如苏伊士运河)当局制定的船舶过运河收费规则规定,集装箱船通过运河将随船舶舱面集装箱堆装最高层数的不同加收一定百分比的额外运河通航费。因此,集装箱船在通过这类运河前,应适当考虑过运河的特殊收费规定,在可能的条件下,采取措施(如适当降低舱面集装箱的最高堆装层数)以减少运河通航费的支出。

（2）纵向箱位选配

纵向箱位选配应当满足船舶的纵强度条件和适当的吃水差要求。当船舶资料中提供有最佳纵倾数据时，则应尽量调整船舶的纵倾至推荐的最佳状态。此外，还应当兼顾满足集装箱的快速装卸要求。为保证驾驶员具有良好的瞭望视线，舱面驾驶台前部集装箱的堆装层数，要求满足 IMO 的 A(17)708 文件规定：即船舶驾驶台瞭望盲区不得超过 2 倍船长。

（3）横向箱位选配

横向箱位选配应尽量保证各卸箱港集装箱在每一行（排）位上集装箱重量对船舶纵中剖面的力矩代数和接近于零，以满足船体扭转强度不受损伤以及船舶在每一离港状态下无初始横倾角的要求。对于舱面无箱格导轨的集装箱船，在舱面无外层堆码或两列箱横向空挡较大（特别是超过 5 m），即受风压影响的集装箱箱位，应选配轻箱（特别是上层箱位），并尽可能选配 20 ft 集装箱（所受风压约为 40 ft 箱的一半），这样，在同样系固条件下，能增加这类箱位所装箱的系固可靠性。

四、满足集装箱装卸顺序和快速装卸的要求

集装箱船多以班轮形式投入营运，中途常有一个以上挂港，港口常常多线作业，装卸同时进行，港口作业机械效率很高，船舶在港停泊时间短。因此，合理选配箱位，满足集装箱装卸顺序和快速装卸要求，对确保船舶安全准班，减少不必要的港口费用支出具有重要意义。

1.避免或尽量减少中途港发生捣箱现象

编制集装箱船预配积载计划时，要有全航线的整体观念，要对船舶在整个航线的挂港顺序和各挂港的箱源情况进行综合考虑。应当避免后卸港集装箱压住先卸港箱或堵住先卸港箱卸箱通道的现象出现，否则将产生捣箱现象。应当特别注意的是，有些航线上同船运输的相同卸箱港集装箱，因港内有多个卸箱泊位或采用不同的卸箱方式（如一部分特定箱采用码头卸箱，而另一部分箱采用锚地驳卸），如不留意也会出现捣箱现象。为避免或尽量减少中途港发生捣箱现象，应当注意集装箱船舶的舱盖形式和一些港口的特殊规定对不同卸港集装箱箱位选配的影响。

集装箱船有多种舱盖形式，甚至一艘集装箱船的不同货舱，有时也采用不同的舱盖形式，应当根据不同舱盖形式正确确定舱内和舱面不同卸港集装箱的合理箱位，以避免发生捣箱现象。图 5-9 所示为某集装箱船第 25 行的行箱位图。该舱舱盖形式是在纵向一个 40 ft 箱位行上，横向设计 3 块可被独立吊至岸上的箱型舱盖。如果在该舱全部承载 40 ft 集装箱，则这 3 块舱盖相当于将一个舱分为无纵隔壁的 3 个小舱，左舷小舱占 04、06、08 三列，中间小舱占 02、00、01 三列，右舷小舱占 03、05、07 三列。若设 A、B 为某航次任意两个卸箱港港名缩写，则该行箱位上较合理的箱位选配方案之一是：舱内中间小舱选配 A 港箱，舱内左右两个小舱选配 B 港箱，舱盖上 01 和 02 列上只能选配 A 卸港

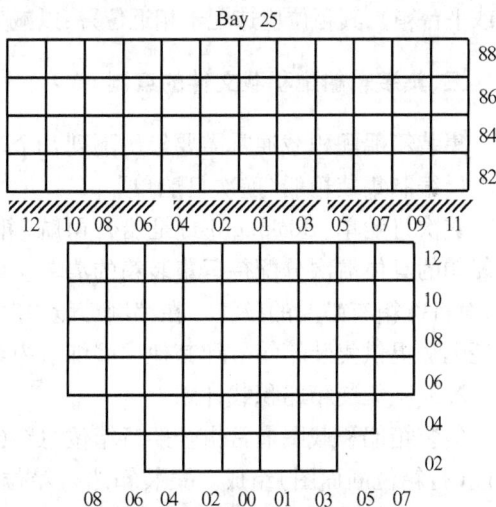

图 5-9　某轮第 25 行行箱位图

或先于 A 卸港的集装箱,舱盖上 05 ~ 12 列上只能选配 B 卸港或先于 B 卸港的集装箱,而舱盖上 03 和 04 列上只能选配 A、B 中的先卸港或先于 A、B 卸港的集装箱。

目前,无舱盖集装箱船已投入使用,这类船舶中部多个舱设计成无舱盖形式,并将舱内箱格导轨延伸到舱面。它不但可以省去舱面集装箱的系固作业,而且为彻底避免出现捣箱现象提供了有利的条件。

国际上有些港口制定的港内危险品装卸和过境管理特殊规则,对不同到港危险品集装箱的箱位选配也有影响。例如,新加坡当局规定,凡装载当局规定的一级危险品货物(包括集装箱)的船舶,必须先在规定锚地将这类危险品过驳后,才准许靠码头作业。若这类危险品属于过境性质,则需要等船舶靠泊作业完毕后,再驶回锚地重新将暂存的危险品装船。这就要求装有当局规定的一级危险品箱驶往新加坡且必须靠泊作业的船舶,对这类无论卸港是新加坡还是过境的危险品箱,都必须选配于抵港后能一次卸载的箱位上,以免引起捣箱。

2. 尽力满足快速装卸要求

集装箱船舶的装卸作业多采用岸上高效的集装箱装卸桥。大型集装箱船有时采用多达 5 台以上装卸桥同时并排作业。但由于装卸桥的结构原因,使得两台装卸桥不容许紧靠在一起作业,必须至少纵向间隔一个 40 ft 行箱位。因此,在集装箱箱位选配时,应当考虑这一因素,以满足其快速装卸要求。

当船舶在港作业量较大时,应当根据集装箱泊位的装卸桥作业台数,均衡分配船上各台装卸桥作业区域的集装箱作业量(主要以自然箱数计算),以缩短船舶装卸作业时间。当船舶在港作业量很少时,若条件许可,其箱位应尽量选配于舱面,以减少开关舱作业量。

20 ft 箱和 40 ft 箱在每一行位的舱内和舱面上应当尽量保持各自对船舶纵中剖面的力矩接近于零,以免装卸中为减少船舶横倾角而需多次调整装卸桥自动吊具尺度和装卸桥大车沿岸移动及其对位时间。

当船舶停靠的泊位装卸作业可同时进行时,船上同一泊位卸载箱和装载箱的箱位应选配于相近位置,以减少装卸桥吊具空返次数和装卸桥大车沿岸移动及对位时间。对于靠泊具备一次起吊一层 2 个或两层 4 个 20 ft 箱吊具的某些港口的集装箱船,20 ft 集装箱的箱位应当成对选配,以发挥这类装卸机械的作业效率。对于一些需要特殊吊具操作的特殊集装箱(如超高箱或平台箱),其箱位应选配于相近位置,以减少在集装箱自动吊具上更换附属吊具的次数。

五、集装箱船配积载文件的编制

集装箱船配积载通常需要经历下列几个过程。

1. 编制集装箱船"航次订舱单"

航次订舱单(Booking list)是船公司航(箱)运部门或其代理根据货主的托运申请为特定船舶的具体航次分配待运集装箱的清单。该清单通常按不同卸港、重量和不同箱类型列出,对特殊箱有必要的备注。在编制订舱单时往往由于许多货物还未完成装箱,因此,清单上还无法提供集装箱箱号和其他一些细节内容。

2. 编制集装箱船积载计划

集装箱船积载图通常由全船行箱位总图(封面图,行箱位断面总图)和每行一张的行箱位图(行箱位断面图)组成。集装箱船行箱位总图是将集装箱船上每一装 20ft 箱的行箱位横剖面图自船首到船尾按顺序排列而成的总剖面图。从该图上可以总览全船的箱位分布情况。集装箱船行箱位图是船舶某一装 20 ft 箱的行箱位横剖面图(图 5 - 10)。它是对集装

Bay25[26]

	12	10	08	06	04	02	00	01	03	05	07	09	11	
90														90
88	OPT/ HAM C8RU 1207294 COS 3.8 42G0 261288	OPT/ HAM C8RU 1438550 COS 3.7 42G0 261088	OPT/ HAM FBZU 4268792 COS 3.8 42G0 260888	OPT/ HAM GSTU 7903272 COS 3.9 42G0 260688	OPT/ HAM FBZU 7035114 COS 3.5 42G0 260488						OPT/ HAM CBHU1182508 COS 3.7 42G0 260788	OPT/ HAM FBZU4257972 COS 3.8 42G0 260988	OPT/ HAM CBHU1148041 COS 3.8 42G0 261188	88
86	HKG/ HAM CBHU1524067 COS 14.3 42G0 261288	HKG/ HAM CBHU1389563 COS 14.5 42G0 261086	HKG/SYD HAM CBHU1295736 COS 15.0 42G0 260886	HKG/ HAM CBHU1119090 COS 20.9 42G0 260686	HKG/ HAM TOLU6003360 COS 16.4 42G0 260486					HKG/ HAM CBHU1120532 COS 16.0 42G0 260586	HKG/ HAM CBHU1474177 COS 15.9 42G0 260786	HKG/ HAM CBHU1120532 COS 14.5 42G0 260986	HKG/ HAM CBHU1481598 COS 13.3 42G0 261186	86
84	HKG/ HAM CBHU5402935 COS 21.1 42G0 261284	HKG/ HAM CBHU1236230 COS 21.2 42G0 261084	HKG/SYD HAM TRIU5054810 COS 21.3 42G0 260884	HKG/SYD HAM TPHU5105720 COS 22.5 42G0 260684	HKG/LSI HAM TEXU7076199 COS 22.7 42G0 260484					HKG/LSI HAM TOLU3608399 COS 22.6 42G0 260584	HKG/ HAM CBHU1385927 COS 21.7 42G0 260784	HKG/SYD HAM FBZU4219930 COS 21.5 42G0 260984	HKG/ HAM FBZU4238627 COS 21.1 42G0 261184	84
82	HKG/HUA HAM CBHU9650713 COS 27.9 45G0 261282	HKG/HUA HAM GCEU7791770 COS 28.2 +4.0℃ 45R1 261082	HKG/HUA HAM GCEU6972602 COS 30.3 +4.0℃ 45R1 260882	HKG/ HAM TRIU8704821 COS 29.4 -20.0℃ 45R1 260682	HKG/ HAM CBHU1342036 COS 30.3 -22.0℃ 45R1 260482				HKG/ HAM FBZU2301335 COS 27.5 -22.0℃ 42G0 250382	HKG/HUA HAM CBHU9661127 COS 27.5 42G0 260582	HKG/HUA HAM CBHU9607996 COS 27.5 42G0 260782	HKG/HUA HAM CBHU9641558 COS 27.5 42G0 260982	HKG/HUA HAM CBHU9708876 COS 27.5 42G0 261182	82

	10	08	06	04	02	00	01	03	05	07	09	
16	HKG/ HAM GCEU1106410 COS 24.1 45G1 261016	HKG/ HAM TRLU4711977 COS 24.2 45G0 260816	XGG/ HAM CBHU1342036 COS 7.0 45G0 260616						XGG/ HAM TEXU4297600 COS 6.6 +4.0℃ 45G0 268516	HKG/ HAM CBHU1530286 COS 24.6 +4.0℃ 45G0 260716	HKG/ HAM TRIU5051404 COS 24.2 +4.0℃ 45G0 260916	16
14	HKG/ HAM CBHU1083059 COS 26.2 45G0 261014	HKG/ HAM CBHU1337180 COS 26.5 45G0 260814	HKG/ HAM GSTU679950 COS 13.0 45G0 260614	XGG/ HAM CBHU9626492 COS 15.2 45G0 260414				XGG/ HAM CBHU9651031 COS 11.6 +4.0℃ 45G0 260314	HKG/ HAM TRIU4636971 COS 7.7 +4.0℃ 45G0 260514	HKG/ HAM CBHU1323930 COS 27.7 +4.0℃ 45G0 260714	HKG/ HAM CBHU1448687 COS 27.6 +4.0℃ 45G0 260916	14
12	HKG/HUA HAM ZTEU6627613 COS 26.1 45G0 261012	HKG/HUA HAM FBZU7041919 COS 29.1 45G0 260812	XGG/ HAM CBHU1371245 COS 13.8 45G0 260612	XGG/ HAM TEXU5375550 COS 15.3 45G0 260412				XGG/ HAM CBHU6921269 COS 15.2 45G0 260312	XGG/ HAM CBHU1186360 COS 11.3 45G0 260512	HKG/HUA HAM TPHU4713160 COS 29.1 45G0 260712	HKG/HUA HAM CBHU1277898 COS 28.1 45G0 260912	12
10	HKG/HUA HAM TOLU3513190 COS 29.3 45G0 261010	HKG/HUA HAM CBHU1126870 COS 29.3 45G0 260810	HKG/HUA HAM TOLU4948114 COS 13.6 45G0 260610	XGG/ HAM CBHU9702822 COS 15.3 45G0 260410				XGG/ HAM CBHU9704574 COS 15.3 45G0 260310	XGG/ HAM CBHU1513083 COS 15.3 45G0 260510	XGG/ HAM CBHU5401950 COS 13.7 45G0 260710	XGG/ HAM CBHU1497130 COS 29.3 45G0 260910	10
08	HKG/HUA HAM CBHU1464550 COS 29.5 45G0 261008	XGG/DLC HAM CBHU1219839 COS 16.5 45G0 260808	XGG/DLC HAM TOLU4839849 COS 16.5 45G0 260608	XGG/ HAM CBHU9657220 COS 15.3 45G0 260408				XGG/ HAM CBHU9691116 COS 15.3 45G0 260308	XGG/ HAM MLCU4366814 COS 28.5 45G0 260508	XGG/ HAM CBHU5401986 COS 13.9 45G0 260708	XGG/HUA HAM CBHU1252523 COS 29.6 45G0 260908	08
06	HKG/HUA HAM CBHU1467368 COS 29.7 45G0 261006	XGG/DLC HAM CBHU1100222 COS 19.3 45G0 260806	XGG/DLC HAM FBZU1016858 COS 17.8 45G0 260406	XGG/ HAM CBHU9634477 COS 15.3 45G0 260406				XGG/ HAM CBHU9642338 COS 15.4 45G0 260306	HKG/ HAM CBHU1480204 COS 17.4 42G0 260506	HKG/ HAM CBHU1067818 COS 15.1 42G0 260706	HKG/ HAM CBHU1498482 COS 29.7 42G0 260906	06
04	XGG/HUA HAM CHHU1063480 COS 29.7 45G0 261004	XGG/DLC HAM MLCU4087234 COS 18.8 45G0 260804	XGG/DLC HAM CBHU1246243 COS 24.4 45G0 260604	XGG/DLC HAM CBHU9614906 COS 15.4 45G0 260404				XGG/DLC HAM CBHU9642338 COS 15.4 45G0 260304	XGG/DLC HAM CBHU1360702 COS 21.7 42G0 260504	XGG/DLC HAM CBHU1166934 COS 17.8 42G0 260704	XGG/ HUA HAM CBHU1511780 COS 29.9 42G0 260904	04
02		XGG/ HAM TRIU5837590 COS 25.7 45G0 260802	XGG/ HAM CBHU1398293 COS 26.8 45G0 260602	XGG/ HAM TEXU5027282 COS 15.5 45G0 260402				XGG/ HAM CBHU9613725 COS 15.4 42G0 260302	XGG/ HAM CBHU1292275 COS 25.8 42G0 260502	XGG/ HAM TRLU4715843 COS 25.7 42G0 260702		02
	10	08	06	04	02	00	01	03	05	07	09	

图5-10　箱位图

箱船行箱位总图上某一行箱位横剖面图的放大。在该图上可以标注和查取某一特定行所装每一集装箱的详细数据。

（1）集装箱船行箱位总图的标注方式

行箱位总图通常有两种标注方式：

①在总图上每一小方格内，标注以吨为单位的集装箱重量数据，并涂以代表集装箱不同卸港的特定颜色。方格内标以"×"，表示该箱位已被40 ft箱所占用。对特殊集装箱箱位，则在其箱位方格上划圈并在适当位置加以标注。如"R"表示冷藏集装箱；"D6.1"表示危险品集装箱，箱内装有6.1类危险货物等等；

②因上述标注方式中代表不同卸箱港的颜色无法用单色打印机或复印机制作，也无法使用传真机传输，所以有时采用两张行箱位总图——字母图和重量图（图5-11）来分别标注集装箱的卸箱港和箱重。在字母图上每一装箱箱格的方格内，标注代表某一卸箱港港名的一个字母（如以"S"代表Shanghai）。在重量图上每一装箱箱格的方格内，则仍标注以吨为单位的集装箱重量。特殊集装箱可以在字母图也可以在数字图上标注。当特殊集装箱标注内容较多时，可以单独用一张行箱位总图特别予以标注，该图被称为特殊集装箱行箱位总图。

（2）集装箱船行箱位图的标注内容

行箱位图的标注内容如图5-12所示，该图中所标字母和数字说明如下：

①卸箱港港名缩写，如"SHA"表示上海港缩写。

②装箱港港名缩写，如"KOB"表示神户港缩写。

③集装箱箱号。

④集装箱实际重量(t)。

⑤集装箱在船上的箱位号或集装箱在码头堆场上的箱位编号。集装箱箱位号由于很容易根据其在行箱位图中所处的相对位置确定，所以这项标注常常被省略。但为便于集装箱在港内的装箱作业，集装箱装卸公司往往将待装集装箱在码头堆场上的箱位编号标注于该位置。

⑥集装箱备注，如：E表示空箱；M表示邮件箱；R+2～ +4表示冷藏集装箱，要求的冷藏温度应保持在2 ℃～4 ℃之间；D 3.1、H 3.1、IMDG 3.1或IMO 3.1通常都表示危险品集装箱，箱内装有《国际危规》3.1类危险货物等等。

⑦集装箱类型。40'或F表示40ft集装箱，20'或T表示20ft集装箱。40ft箱仅需在前一箱位上标注，而后一箱位通常标以"×"。

此外，对非标准集装箱，常用"∧"，"＜"和"＞"符号并配以数字以标注超高、左超宽或右超宽集装箱，其数字为货物超出箱体外表面的尺度。有时在行箱位图中还标出集装箱尺寸和类型代码如"42GO"（见附录七表F7-3～表F7-5），集装箱承租人名称缩写如"COS"等（图5-10）。

（3）编制集装箱船积载计划的过程

集装箱船在港停泊时间短，积载计划编制的工作量大，船舶性能指标核算的要求高，装卸公司在船舶装箱前通常需要在堆场上对集装箱堆码位置和顺序进行调整以适应集装箱的装船顺序。

因此，编制集装箱船积载计划，通常需要借助计算机，在船公司或其代理、装卸公司以及集装箱船船长和大副共同参与下，依靠传真、计算机网络等现代化通讯手段进行文件传送，

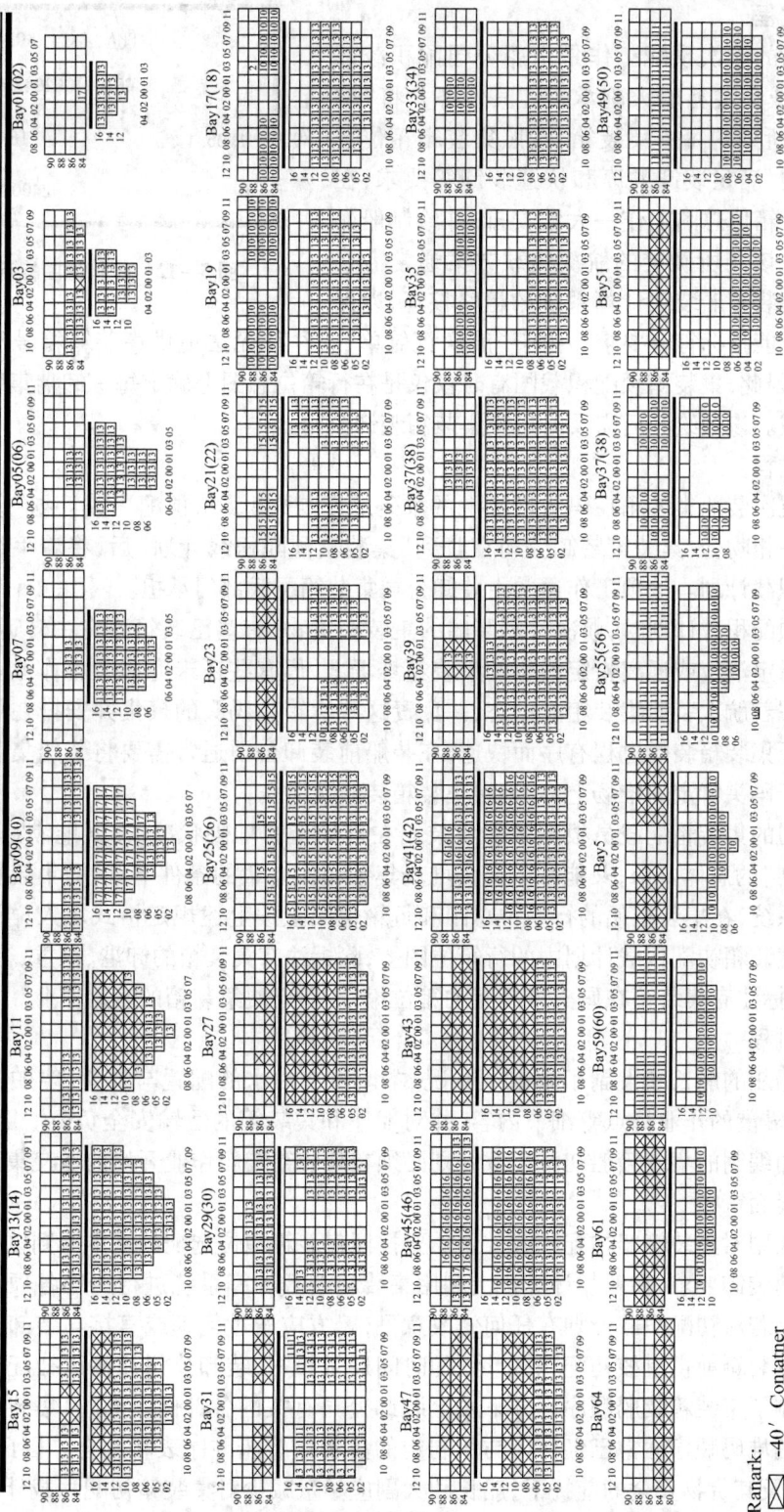

M/V:2
General Bayplan
Vog.No:v0077E

XX Ocean shipping Co.
From: 中国上海
To ： 美国查尔斯大林顿

Container Weight General Bayplan

图5—11 行箱位总图之质量图

Ranark:
-40′ Container
-Questlon Cell
-Contalner about Weight(maric tons)

并经历预配、初配和审核三个过程才能完成。

①预配过程

集装箱船的航次预配工作是由船公司配积载部门、船舶代理或集装箱船大副承担。其任务是将"航次订舱单"上所列的每一集装箱,按照集装箱箱位选配的基本原则,满足装卸顺序和快速装卸等要求,在集装箱船的行箱位总图上作一大致安排,并绘制船舶预配积载图。该图所确定的航次装载方案通常需在计算机上经集装箱船装载计算系统的粗略核算,以保证船舶各项性能指标符合要求。由于"航次订舱单"上往往无法提供集装箱箱号和其他一些细节资料,因此,集装箱预配积载图有时仅仅是在行箱位总图上确定每一卸港集装箱在船上的装载区域。该图绘制后需及时送交集装箱装卸公司。

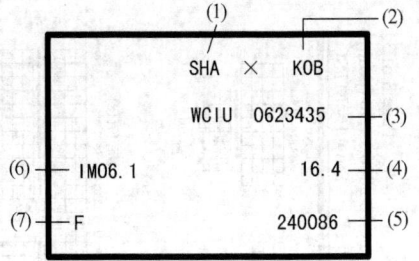

图 5 – 12　行箱位图标示

②初配过程

为保证航次装船集装箱在码头堆场上的堆码顺序与"集装箱预配积载计划"确定的集装箱装船顺序相吻合,集装箱装卸公司在收到"集装箱预配积载计划"后,将着手编制集装箱船的初配积载计划。该项工作通常由装卸公司集装箱配载部门承担。

在编制预配积载计划时,航次计划装船的集装箱货物,有些已装箱正在中转运输途中,或者堆存于指定泊位或远离指定泊位的集装箱堆场上,但有些还未完成装箱作业。集装箱装卸公司掌握着航次装船集装箱的动态,并负责这些货箱在码头的聚集并安排在堆场上的箱位。为保证集装箱装船过程有序而快速,在装船前装卸公司通常需要将装船集装箱按一定顺序安排于码头特定的堆场上,并编制集装箱装船顺序表。

装卸公司的集装箱配载员根据装船集装箱在堆场上的堆码状况,在既能满足"集装箱预配积载计划"的总体要求,又能减少码头堆场集装箱作业量的条件下,借助集装箱船计算机装载计算系统,在集装箱船的行箱位总图和行箱位图上按上述规定格式填人详细的集装箱数据。在集装箱初配积载计划中的行箱位图上,除标注有集装箱的卸港、箱重、箱号、备注以外,还通常标注有集装箱在码头堆场上的箱位编号,以方便集装箱的装船作业。

③审核过程

集装箱船舶的船长和大副了解航线状况、本船航次油水的配置与消耗、船舶的装载特性、途中各挂靠港的作业特点等细节内容,并对船舶和集装箱的运输安全负责。因此,由集装箱装卸公司编制的集装箱船初配积载计划必须在集装箱装船作业开始前送交集装箱船船长和大副作全面审核。

船长和大副对集装箱船初配积载计划需要按照集装箱箱位选配的基本原则以及满足装卸顺序及快速装卸要求,在船舶计算机上利用集装箱装载计算系统进行船舶各项性能指标的全面核算。若对初配积载计划有任何修改意见,船方应通过代理或直接与装卸公司协商解决。由于在装箱前供审核初配积载计划的时间通常较短,装卸公司往往以初配积载计划为依据已编制了集装箱装船顺序表并下发至装卸公司有关的各部门。同时,集装箱堆场上该轮待装箱的堆码顺序通常已经保持与所制定的集装箱装船顺序表相吻合。因此,在确保船舶、集装箱及其货物安全的前提下,船长和大副应尽量减少对集装箱初配积载计划的修改量,或者选择对集装箱堆场作业影响较小的修改方案,以免造成集装箱堆场作业顺序混乱,影响作业效率。

　　船长和大副对集装箱船初配积载计划审核通过后,常常根据航线条件和船上《货物系固手册》中推荐的集装箱系固方案,在积载计划的行箱位总图和行箱位图上使用特定符号绘制集装箱系固方案图,供装卸公司在装箱同时按要求进行系固操作。

　　只有经船长和大副核准并签字后,该初配积载计划才能作为指导船舶装箱作业的正式积载计划。它与初配积载计划的形式和内容基本上相同。

　　3.编制集装箱船实配积载文件

　　集装箱船积载计划在装箱过程中会因某些原因需要作一些修改。集装箱船现场理货员对每一装船集装箱箱号、所配箱位等均作有记录。船舶装箱完毕后,由船舶理货员依据现场记录负责绘制集装箱船实配积载图,集装箱船大副负责进行实际装载条件下船舶稳性、强度、吃水和吃水差的核算。目前,该项工作可以通过对船舶计算机磁盘上已存积载文件的修改和计算结果的打印来完成。实配积载文件内容通常包括:

　　(1)全船行箱位总图(封面图);

　　(2)集装箱船各行箱位图;

　　(3)集装箱装船统计表;

　　(4)船舶稳性、强度和吃水核算结果。

　　集装箱船实配积载文件中全船行箱位总图和各行箱位图与积载计划中的形式和内容基本相同,只是在实配积载文件的行箱位图中删除了集装箱在堆场的箱位编号。实配积载文件中行箱位总图和各行箱位图应当由船舶代理通过某种通讯手段送交船舶各有关的挂靠港。它是港口有关部门编制船舶卸箱或中途加载计划的主要依据。

　　集装箱装船统计表是用于统计实船装载的不同装港和卸港、不同状态货箱(重箱、冷藏箱、危险品箱和空箱)、不同尺度货箱(20 ft 和 40 ft 箱)的数量和重量,以及各卸港和航次装船集装箱的合计数量和重量。

六、满足集装箱与系固设备的强度要求

　　国际上许多船级社,在船舶入级与建造规范中,都提供有集装箱受力计算公式和对集装箱系固及其所用设备的基本要求。中国船级社在 2006 版的《钢质海船入级与建造规范》(以下简称"我国规范")中,提出了集装箱系固设备的材料与试验标准,集装箱堆装与系固要求,集装箱受力与系固设备的计算以及系固设备的检验。

　　1.集装箱船部分系固设备

　　(1)角紧锁装置,又称扭锁(Twist lock,如图 5 – 13)

　　使用时,先将手柄置于非锁紧位置,将普通扭锁(图 5 – 13(a))置于上下两层集装箱之间的角件内,或者将底座扭锁(图 5 – 13(c))置于舱底或舱面箱位的底座和集装箱底部角件内,旋转手柄即可使上下两层集装箱或集装箱与船体连结起来。目前船上较多使用的是一种半自动扭锁(图 5 – 13(b))。装箱时只需在岸上事先将这种扭锁连接于集装箱底部的角件内。当集装箱置人船上箱位时,受集装箱的压力作用,这种扭锁能自动扭转锁住。这种扭锁的开启过程也比较简单,只需使用专用工具将扭锁上的拉销拔出,扭锁即可随箱一起卸至岸上,再由作业人员在箱着落前将其取出。

　　(2)绑扎装置

　　如图 5 – 14 所示,它由绑扎杆(Lashing Bar)和松紧螺杆(Turnbuckle)组成。使用时,将绑扎杆的一头插人集装箱的角件内,另一头通过松紧螺杆连接在船舶甲板的地令上,通过调

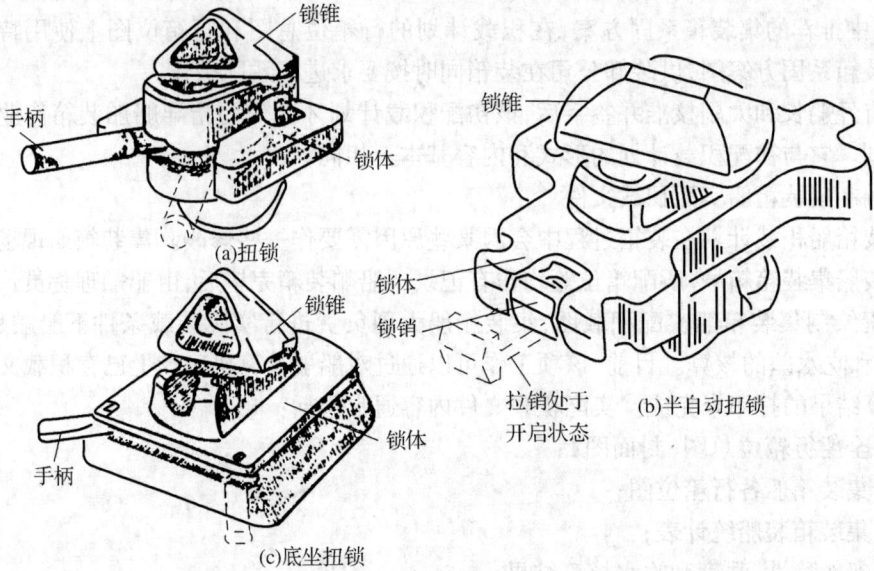

图 5 – 13　角紧琐装置

(a)扭锁;(b)半自动扭锁;(c)底座扭锁

节松紧螺杆即能使绑扎杆拉紧。

（3）桥锁(Bridge fitting)

如图 5 – 15 所示,分抗拉型和抗拉抗压型两种,通常指用于对最上一层处于相同高度的相邻两列集装箱作横向水平连接的系固件。高低桥锁是指用于对最上一层存在一定高度差的相邻两列集装箱作横向连接系固件。

（4）定位锥(又称连接板 Stacking cone),分单头定位锥(Single stacking cone)和双头定位锥(Double stacking cone)

如图 5 – 16 所示,可用来置于上下两层集装箱之间,以防止集装箱水平滑动。双头定位锥还能用作相邻两列集装箱之间的水平连接。定位锥通常在舱内 40 ft 箱位上装载 20 ft 集装箱时用于固定 20 ft 集装箱。显然,不同卸港集装箱之间不得采用双头定位锥,否则,将造成中途港的卸箱困难。

（5）锥板(Cone plate),分单头锥板(Single cone plate)和双头锥板,(Double cone plate)如图 5 – 17 所示,使用时,将其置于集装箱箱位底座与集装箱底部角件之间,以起到集装箱的定位和防移作用。

（6）高度补偿器

如图 5 – 18,高度补偿器用于补偿相

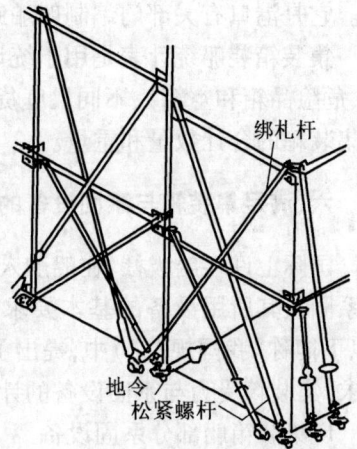

图 5 – 14　绑扎装置

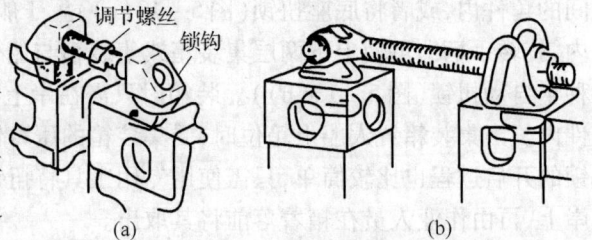

图 5 – 15　桥琐装置

(a)抗拉型桥锁;(b)抗拉抗压型桥锁

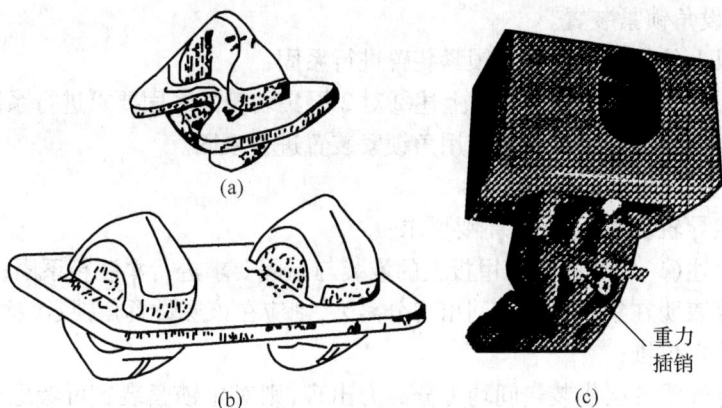

图5-16 定位锥

(a)单头定位锥;(b)双头定位锥;(c)单半自动定位锥

邻两列同一层数仅因箱高不同引起的集装箱箱顶角件的高度差,以便于使用系固设备或在纵向相邻两行20 ft箱顶部堆装40 ft箱等。补偿器有多种型号,有效的补偿高度通常在0.152 m ~ 0.305 m。该设备因操作不便,较少使用。

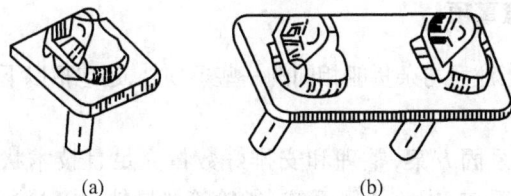

图5-17 锥板

(a)单头锥板;(b)双头锥板

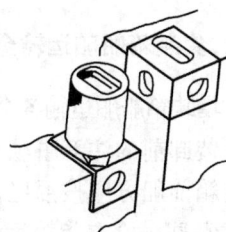

图5-18 高度补偿器

2.集装箱堆装与系固要求

集装箱的堆装与系固要求同时满足集装箱系固设备的强度条件和集装箱本身的强度条件。

集装箱堆装与系固的一般要求以及集装箱的许用负荷在我国规范中有明确的规定。我国规范对集装箱堆装与系固的一般要求如下。

(1)集装箱露天甲板上的堆装与系固

①对1层集装箱的系固:

a.在集装箱的底角处应用角锁紧装置对集装箱进行系固;

b.除上述a.外,也可在每只集装箱的两端用绑扎装置以对角或垂直的方式对集装箱系固,并在每个集装箱角处用定位锥定位。

②对2层集装箱的系固:

a.在每一层集装箱的底角处应用角锁紧装置对集装箱系固;

b.除上述a.外,也可在第2层每只集装箱的两端与甲板或舱口盖之间对集装箱进行系固,且在每一层集装箱的底角处应设置定位锥。若经计算表明在集装箱的底角处出现分离力,则应在该处设角锁紧装置。

③对两层以上的集装箱应用角锁紧装置进行系固:

a. 对第1层和第2层集装箱应按上述②对2层集装箱的系固要求进行系固;

b. 对第2层及其以上的集装箱应用角锁紧装置进行系固。

(2)集装箱在舱内的堆装与系固

①对无箱格导轨装置的货舱,主要要求:

a. 可参照上述(1)集装箱露天甲板上的堆装与系固要求进行集装箱系固;

b. 若经计算表明在集装箱层之间出现分离力,则应在该层设置角锁紧装置,对其他位置可考虑使用双头定位锥;

c. 若经计算表明各层集装箱间均无分离力出现,则对角锁紧装置可考虑全部由双头定位锥替代。

②对有箱格导轨装置的货舱,我国规范对此无明确规定。

通常,舱内装于箱格导轨中的集装箱,若设计的导轨长度与所装集装箱长度相吻合,则无需设置任何系固索具。当舱内供装载40 ft箱的箱格导轨内装载20 ft箱时,则应当在40 ft箱的导轨中间底部使用锥板,两层箱之间使用定位锥来系固20 ft集装箱。

每一船舶应当严格按照船上《集装箱系固手册》的系固要求编制航次集装箱的系固方案。

七、集装箱船舶运输全过程中的注意事项

在集装箱船舶运输各个过程中,除应当注意与杂货船相同的一些事项外,还包括以下几种。

1. 装卸前的注意事项

装箱前船方应按照已制定的集装箱系固方案,整理和安排好数量充足且技术状态良好的系固索具。检查货舱污水井及其排水系统、货舱通风系统,货舱箱格导轨、货舱舱盖、甲板上系固用地令、全船压载水系统等是否处于适用状态。如有问题,应尽力在装箱前予以修复。

卸箱前船方应向卸箱方(工头)详细介绍船上待卸集装箱的系固情况,以方便装卸工人按卸箱顺序迅速解除集装箱系固索具。

2. 监装中的注意事项

严格监督集装箱的装船过程是维护船方利益,确保集装箱船货运重量的重要一环。现场值班监装人员应注意选择适宜的观察位置,并随身携带对讲机和计划积载图。装箱中如遇各类问题应随时随地与大副保持联系并及时予以处理。应当特别重视做好在夜间、风雨中等视线不良时的监装工作。

(1)严格执行"积载计划"确定的集装箱装载箱位

积载计划图中确定的每一集装箱装载箱位都有一定考虑,未经船舶大副和装卸公司同意,不得随意修改。否则,可能会造成船舶某行位所配集装箱重量对船舶纵中剖面力矩左右不等,先卸港箱被后卸港箱堵住等后果。应当督促理货员对每一装船集装箱的箱号进行严格核对并作正确记录,以防止发生错装漏装的现象。

监装中,应当要求装船的每一非冷藏箱端门保持向船尾方向堆码,以避免上浪海水对集装箱水密性较差的一端的直接冲击。

(2)检查集装箱箱门铅封的封志是否完好

除空箱和非封闭结构的集装箱外,卸箱时若发现箱门的铅封封志缺少,因疏忽未被完全锁住,受撞击遭受破坏或已被人为剪断等情况,除非船方能举证说明,否则将对箱内货物短缺或与提单记载不符负有难以推卸的责任。因此,现场值班船员应当对装船的每一集装箱箱门的铅封封志进行严格检查。

(3)检查集装箱箱体外表状况是否良好

认真观察箱体外表,若发现箱体破损、严重锈蚀,局部或整体严重变形等现象,在区分原残(装船以前已存在的残损)还是工残(装船过程中造成残损)的基础上,应在现场记录单(Container Inspection Record)上用准确的文字记载或图形标注(必要时配以现场照片),并及时送交工头或理货员签认,以免除船方对该箱破损或变形的任何责任。否则,在卸箱中若港方发现集装箱破损(此时被认作"原残")时,往往要求船方在卸箱港提供的箱体破损记录上签字,从而可能最终承担对收货人或保险人的赔偿责任。

(4)检查箱体外是否有液体渗漏或气体外泄

装箱前,箱内货物可能因堆码或系固不当,受到猛烈冲击和震动、受到温度、湿度剧烈变化等原因造成货物包装破损,引起液体货物渗漏或气体货外泄现象。此时,应当从该箱舱单上了解所装货物的名称、性质等。如确认箱内所装货物属危险品,则应坚决拒装,并严格按《国际危规》和当地有关法规采取正确的应急措施,妥善处理泄漏物。

(5)对冷藏、危险品等特殊箱的装船严格把关

冷藏集装箱装载时,为防止航行中上浪海水侵入冷藏箱的机械和电器部分,应要求将冷藏箱制冷机组一端朝船尾方向。而且该端应留有人员能接近的通道,并尽量避免冷藏箱堆装超过两层,以方便有关人员的检查和修理。冷藏箱装船后,应由大管轮和电机员负责尽快按冷藏箱舱单(Reefer Cargo Manifest)上的标注检查其设定的冷藏温度并对制冷机械试机运行。若存在故障,则应采取及时修理、临时换箱或退关的方法解决。若对冷藏箱有任何疑问,大副应在冷藏箱设备交接单上签名的同时加以批注。

危险品集装箱装载时,除检查其箱体外表状况是否良好外,还应特别核查其箱外两端和两侧是否均粘贴了符合《国际危规》要求的危险品主、副标牌或海洋污染物标记。若缺少时,应及时补上。无关的各种标记、标志或标牌均应去除。此外,承运危险品集装箱必须附有表明符合《国际集装箱安全公约》要求的"CSC安全合格"金属铭牌。船上应备有托运人提供的"集装箱装运危险货物装箱证明书(Container Packing Certification)",以表明箱内所装货物符合《国际危规》各项要求。对装运过危险货物的集装箱在未彻底清洗或消除危害之前,应仍按原所装危险货物的要求运输。

(6)做好集装箱的系固工作

船舶值班人员应严格按计划积载图上集装箱系固方案监督执行。对于舱面不设或部分设置箱格导轨的集装箱船舶,做好舱面集装箱的系固工作对确保集装箱的运输安全尤其重要。如因系固过失造成集装箱灭失,则属于船方管货过失而应承担责任。

应当特别注意的是,使用非自动扭锁索具进行舱面集装箱系固的船舶,因这类扭锁的开启和关闭难以由视觉直接判断,因此,在监装中,特别在船舶开航前,应确保舱面系固的每一扭锁处于锁闭状态。

3.监装监卸中的共同注意事项

(1)装卸过程中,应当均衡各作业线的作业进度,保证满足船体的强度和最低限度的稳

性要求。同时注意调整平衡水舱的压载水,防止船舶装卸中出现较大的横倾和纵倾(通常应小于2°~3°),以免集装箱被箱格导轨卡住而无法装卸。

(2)应当监督装卸工人正确进行集装箱的装卸操作。集装箱起吊受力后应稍停顿,以检查箱的受力是否平衡;当箱稳定后继续起吊时,操作动作应尽量平缓;集装箱在快速下降中应避免突然停止;集装箱在着地前,下降速度应减慢;着地时,不能使箱受到猛烈冲击。在大风浪恶劣天气下作业时,应使用防震索控制集装箱的晃动。

(3)严禁在地面或其他集装箱上拖曳集装箱;不能用滚轮或撬棒移动集装箱;集装箱不能在摇摆状态时着地或者拖曳起吊;不能利用摇动作用力将集装箱放置在吊索正下方以外的位置。

(4)堆装集装箱的舱内或舱面,不能放置任何可能损伤集装箱的障碍物或突出物,也不能有积水,这是因为除罐式集装箱等少数箱外,集装箱不具有水密性,而仅具有风雨密性。

(5)集装箱装卸中如因装卸工人操作不当造成如货舱、箱格导轨、舱盖等船体或设备的任何损坏,船方应及时出具现场事故报告并要求港方(工头)签认。

4. 运输途中的注意事项

集装箱船航线设计,应尽量避开大风浪出现频率较高的海域。航行途中,应当对船上所载的集装箱进行有效监管。遇到大风浪警报时,应当注意检查和增设集装箱的系固设备。当舱面集装箱系固索具发生松动或断裂现象时,应当及时采取当时条件下力所能及补救措施,以避免集装箱被甩入海中。对装载有温度控制要求的集装箱,航行中须定时检查其温度。对集装箱箱内货物产生的任何异常现象,应当尽快查明原因,采取尽量不殃及其他集装箱的处置措施,并注意记录事故发生的时间、环境、气象、温度及观测到的其他各种现象和变化过程,以及船方的处理措施。

当认为必须进入集装箱内部才能查明事故原因或采取确保船、货安全的措施时,经船公司同意后可以打开集装箱箱门,但应考虑其所装货物的性质以及渗漏可能产生毒性或易燃蒸汽,或箱内可能产生富氧气体或缺乏氧气的可能性。如这种可能性存在时,进入集装箱内部时应格外小心。

八、集装箱运输中产生货运事故的原因

与普通货船运输相比,集装箱船运输中的货损货差事故率已有了明显下降。这主要是因为:集装箱运输能够实现"门到门"的直达运输,运输途中货物操作次数减少;集装箱本身坚固耐压,箱体高度远低于货舱舱高,箱内货物多采用货板装载方式,使箱内底层货物承受的压力大大减小;集装箱货物多数都被箱体严密封闭,箱门被妥善铅封,其防盗性大大增强。但尽管如此,国内外集装箱运输的货运事故还是时有发生。据统计,船运集装箱货损事故90%以上发生在舱面。集装箱运输各环节中产生货运事故的主要原因可归纳如下。

(1)箱内货物本身或其包装存在缺陷,如货物含水量过高;货物包装强度不足等。

(2)集装箱不适货或货箱本身存在缺陷,如怕潮货选用敞顶(软顶)式集装箱装运,结果造成货物受潮变质;冷藏集装箱装运冷藏货物时,因未打开箱底排水口,致使冷藏货物因箱内污水积存造成货损等。

(3)箱内货物装载或系固方法不当,如不相容货物装于一箱,货物固定或衬垫不当等。

(4)集装箱在搬运或装卸操作中疏忽大意,如司机操作技术不熟练,违章操作等。

(5)集装箱在船上箱位选配或系固不当,如危险品集装箱隔离不当;舱面集装箱系固不

当,造成航行途中集装箱被甩入海中等。

(6)集装箱在运输途中因箱内产生汗水造成货损,如受外界温、湿度变化的影响,导致箱内货物受湿造成货损。

(7)其他偶然事故,如将箱顶带积雪的集装箱装入舱内,船舶航行途中因积雪融化但又未及时排出舱外,造成该舱下层集装箱因融化的雪水进入箱体使货物水湿受损等。

三、评价标准

- 掌握集装箱和集装箱船基本知识,掌握集装箱船稳性要求
- 会集装某船配载图的编制方法和正确识读
- 掌握集装箱船安全装卸方法及集装箱的系固要求

四、拓展与提高

- 集装箱配积载图的编制程序及流程
- 集装箱船稳性、强度的校核、吃水差的计算与调整

五、测试练习

一、选择题

1.两个1CC型国际标准集装箱的长度之和比一个1AA型国际标准集装箱的长度_____。

　A.长　　　　　　B.短　　　　　　C.相同　　　　　　D.视具体集装箱而定

2.按集装箱的_____可以将其分为杂货箱、通风箱、冷藏箱等。

　A.结构　　　　　B.大小　　　　　C.用途　　　　　　D.主体部件使用材料

3.冷藏集装箱箱内可保持的温度范围为_____。

　A. $-25 \sim +25$ ℃　　B. $-10 \sim +25$ ℃　　C. $-15 \sim +20$ ℃　　D. $-5 \sim +20$ ℃

4.根据规定,凡箱高超过_____的集装箱均应有超高标记。

　A.8.0 ft　　　　B.8.5 ft　　　　　C.2.6 m　　　　　D.B 或 C

5.在国际标准集装箱标志中,第二行位置按顺序标明的内容是_____。

　A.顺序号和核对数字　　　　　　　　B.尺寸和类型代码

　C.箱主和设备识别代号、顺序号和核对数字　D.箱主代号、尺寸和核对数字

6.带有空陆水联运集装箱标记的集装箱,在岸上其顶上仅能堆码_____层。

　A.1　　　　　　　B.2　　　　　　　C.3　　　　　　　D.4

7.集装箱箱号第四位若为"J",则表示该集装箱为_____。

　A.集装箱　　　　　　　　　　　　　B.带可拆卸设备的集装箱

　C.集装箱拖车和底盘车　　　　　　　D.敞顶集装箱

8.集装箱标记中,常用_____代码表示固体散货集装箱。

　A. GP　　　　　　B. PF　　　　　　C. BU　　　　　　D. RF

9. 吊装式全集装箱船舱口宽大,不利于_____。
　　A. 配积载　　　　　　　　　　　　B. 集装箱装卸
　　C. 船舶总纵强度和扭转强度　　　　D. 集装箱箱格导轨设置

10. 集装箱在船上的装载位置可以用_____表示,其中中间两位表示_____的位置。
　　A. 六位数字;沿船宽方向　　　　　B. 六位数字;沿船长方向
　　C. 六位字母;沿船宽方向　　　　　D. 五位字母;沿船长方向

11. 某集装箱船上,集装箱的装载位置为090482,它表示该箱_____。
　　A. 是 40 ft 箱,装于左舷舱内　　　B. 是 40 ft 箱,装于右舷舱内
　　C. 是 20 ft 箱,装于左舷甲板　　　D. 是 20 ft 箱,装于右舷甲板

12. 表征集装箱船箱容量大小的指标包括_____。
①20ft 箱容量;②40ft 箱容量;③20ft 换算箱容量;④标准换算箱容量;⑤特殊箱容量。
　　A. ①②③④⑤　　B. ①②③⑤　　C. ①②③④　　D. ②③④⑤

13. 根据 IMO 对集装箱船舶稳性的要求,横倾角在 0°～40°或进水角中较小者之间,静稳性曲线下的面积应不小于_____ m·rad。(C 为船体形状因数)
　　A. 0.016/C　　B. 0.009/C　　C. 0.09/C　　D. 0.006/C

14. 在集装箱船的实际营运中,船舶的计算重心与实际重心相比,通常计算重心_____。
　　A. 较低　　　　　　B. 较高　　　　　C. 两者相同　　　　D. 大小不定

15. 根据我国《法定规则》对国内航行海船稳性的要求,以下_____船舶装载后经自由液面修正的 GM 值不小于 0.30 m。
①油船;②木材甲板货船;③集装箱船;④滚装船;⑤固体散货船;⑥散装谷物船。
　　A. ①②③④⑤⑥　　B. ②③④⑤⑥　　C. ③⑥　　D. ②③⑥

16. 冷藏集装箱在船上堆装时,其制冷机组一端应保持朝向_____方向,以防止海浪的冲击和侵入。
　　A. 船首　　　　　　B. 船尾　　　　　C. 船舶左舷　　　　D. 船舶右舷

17. 判断下列两种装载下,是否会发生倒载_____。
①先卸港箱位 130304,后卸港箱位 140382;②先卸港箱位 160484,后卸港箱位 170408。
　　A. ①会②不会　　B. ①不会②会　　C. ①②都会　　D. ①②都不会

18. 《国际危规》规定:装有可挥发易燃蒸汽危险货物的封闭式集装箱选配于舱面时,其在纵向和横向上与火源的水平距离应不小于_____ m。
　　A. 3　　　　　　B. 4.8　　　　　C. 6　　　　　D. 8

19. 以下_____集装箱常配置在上甲板。
①危险货物集装箱;②40 ft 超长且超高集装箱;③冷藏集装箱;④超高集装箱;⑤动物集装箱;⑥通风集装箱。
　　A. ①②③④⑤⑥　　B. ②③④⑤⑥　　C. ②③⑤⑥　　D. ①②③⑤

20. 就"远离"和"隔离"而言,包装危险货物与封闭式危险货物集装箱之间的隔离要求比包装危险货物之间的隔离要求_____。
　　A. 低　　　　　　B. 相同　　　　　C. 高　　　　　D. 不能确定

二、简答题

1. 按用途划分的集装箱的种类。
2. 集装箱的必备标志和自选标志有哪些？
3. 集装箱船舶的箱位是如何表示的？
4. 集装箱船的稳性要求有哪些规定？
5. 危险集装箱隔离要求有哪些？
6. 集装箱的系固设备的种类及用途。
7. 集装箱船积载的总体思路是什么？

附　　录

附录一　常见货运单证

货物运输包括办理托运手续、装船、卸货和交付等几个过程，在此期间需要编制各种单证。这些单证虽各有其特定用途，但彼此相互依存，并在货方与船方之间起到从办理托运直至交接整个运输过程的证明作用，也是划分货方、港方、船方各自责任的重要依据。

知识点 1：货运单证的种类及作用

货运单证基本上是按照各国国内法规或港口当局的规定和航运习惯编制的，其主要内容大致相同。下面简要介绍国际上通用的及我国航行于国际航线船舶所使用的主要单证。

一、在装货港缮制的单证

1. 托运单（Booking Note，B/N）

也称订舱单。它是指由托运人（发货人）根据买卖合同和信用证的有关内容向船公司或其他承运人提出托运货物的书面申请。经承运人或其代理人对该单的确认，一般是由承运人在托运单上指定装运的船名并签字盖章，即表示已接受托运人的申请，此时承托双方之间的货物运输合同即告建立。

托运单的主要内容包括：托运人名称，收货人名称，货物名称、件数、重量、尺码，货物的包装式样、标志或号码，目的港，装船期限，信用证有效期，对运输的要求及能否分批装运或转船运输等。

2. 装货单（Shipping Order，S/O）

装货单是由托运人按照托运单的内容填制并交船公司或其他承运人或其代理人审核签章，可作为通知船方接受承运货物装船的凭证。

装货单是国际航运中最为常见的单证，通常由三联组成。第一联留底（Counter Foil），作为编制装货清单用。第二联是装货单（Shipping Order），货方可凭此向海关办理货物出口手续，因此又称关单。第三联是收货单，又称大副收据（Mate's Receipt），是船方接受货物装船后由大副签发给托运人的收据，也是托运人换取提单的收据。除这三联外，根据业务的需要，还可增加若干份副本，如我国就增加两联副本用于计算运费和向付费人收取运费的通知。

装货单的流转程序是：船公司或其代理人接受货物托运后，将确定的载运船舶的船名及编号填入托运单，然后将装货联单发给托运人填写，填妥后交回船公司的代理人，经代理人审核无误后签章留下留底联，将装货单和收货单（第二、第三联）交给托运人，以用于办理出口货物报关手续。加盖海关放行的装货单章便可要求船方将货物装船运输。

当某一票(某一装货单的)货物全部装上船后,现场理货人员即核对理货计数单的数字,在装货单上签注实装数量、装舱位置、装船日期并签名,再由理货长审查和签名,证明该票货物如数装船无误,然后连同收货单一起送交船上大副,大副审核属实后在收货单上签字,留下装货单,将收货单退给理货长转交给托运人或货运代理人。

3. 收货单(Mate's Receipt, M/R)

指某一票货物装船完毕后,由船上大副会同理货员签发给托运人的、作为证明船方已收到该票货物并已装上船舶的凭证。

收货单的作用如下:

(1)划分承托双方责任的初始证据。根据《海牙规则》及我国《海商法》相关条文的规定,承运人只对货物在装上船起至卸下船为止的一段期间内负责(对货物在装前卸后另有协议者除外)。鉴于法律中的这一规定,在货物装船时,为明确双方责任,大副必须将货物的实际状况与装货单所记载的内容仔细核对,若发现货物有数量短缺、损坏等情况,应如实地在收货单上加以记载,此种记载即是通常所说的大副批注。大副收据上有了此种批注,在换发提单时,就要被原封不动地转移到提单之上,这样的提单亦便构成了不清洁提单,其作用在于证明货物在装船时数量上有差错或外表有缺陷,从而在一定程度上可以减轻或免除承运人的赔偿责任。反之,在大副收据上未加任何批注,托运人即可凭此换取清洁提单,而清洁提单本身即在承运收人与托运人之间构成船方在良好的状态下收到货物并装船的初步证据(在承运人与包括收货人在内的第三人之间则构成了绝对证据),当收货人藉此向承运人就货物的灭失或损坏提出索赔时,承运人将处于十分不利的地位。因此,承运人要维护自己的合法权益,必须对签发大副收据问题给予充分的注意。

(2)作为船方收到货物的临时收据。货物装船完毕后,大副在收货单上签章并还给托运人,意味着船方已收到货物。

(3)托运人凭经大副签署的收货单向船公司或其代理人换取正本已装船提单。

收货单是前述装货联单的第三联,它除了增加大副签署一栏外,其所记载的内容和格式与装货单完全一样。为了便于与装货单相识别,常用淡红色或淡蓝色纸制成并在左侧纵向增加一较宽的线条。

4. 装货清单(Loading List, L/L)

船公司或其代理人根据装货单留底联,将全船待装货物按卸货港的顺序和货物的性质归类后制成的汇总清单。

它的作用如下:

(1)作为船舶大副编制船舶积载计划的主要依据。

(2)作为现场理货人员进行理货、港方安排驳运、进出库场以及承运人掌握托运人备货及货物集中情况等的业务单据。如有增加或取消货载的情况发生,则船公司或其代理人应及时填制加载清单(Additional cargo list)或"取消货载清单"(Cancelled cargo list)并及时分送船舶及有关单位。

5. 载货清单(Manifest, M/F)

载货清单又称"舱单",是按卸货港顺序逐票列明全船实际载运货物的明细表,它是在货物装船完毕后,由船公司的代理人根据大副收据或提单编制的,编妥后再送交船长签认。

载货清单的内容除应逐票列明货物的详细情况(包括提单号、标志和号数、货名、件数和包装、重量、发货人、尺码)外,还应记明货物的装货港和卸货港。在该单的上方还记有装运船舶的船名及船长名、开航日期等项内容。

它的作用如下:

(1)是海关对海上货运出(进)国境实施监督管理的单证。船舶办理出口报关手续时,必须递交一份经船长签字确认的载货清单。根据船舶办理出(进)口报关手续的不同,向海关递交的载货清单可分为在装货港装货出口时使用的"出口载货清单"(Export M/F)、在卸货港进口卸货时使用的进口载货清单(Import M/F)和"过境货物载货清单"(Through cargo M/F)。如果船舶在港口没有装货出口,在办理出口报关手续时,船舶也要向海关递交一份经船长签名并注明"无货出口(Export cargo nil)"字样的载货清单。反之,船舶没有载货进口,则向海关递交一份由船长签名并注明"无货进口(Import cargo nil)"字样的载货清单。

(2)是船舶载运货物的证明,是随船单证之一。因此,船舶装货完毕离港前,船长应主动向船公司的代理人索取若干份随船,以备中途挂靠港口或到达卸货港时办理进口报关手续时使用。

(3)卸货港代理可据以事先做好卸货准备。但若船舶到达卸货港时,卸货港的船舶代理人尚未接到装货港船舶代理人寄送的有关货运资料时,还可将随船所带的载货清单或复制件分送港口有关部门作为安排卸货应急之用。

6. 载货运费清单(Freight Manifest,F/M)

载货运费清单简称运费清单或运费舱单,是由船公司在装货港的代理人按卸货港及提单号码逐票列明的所载货物应收运费的明细表。它是船公司营运业务的主要资料之一,也是船代向船公司据以结算代收运费的明细情况的单证。因此,其内容除载货清单上记载的内容外,还有计费吨、运费率、预付或到付的运费额等项内容。故载货运费清单也可代替载货清单作为船舶出口、进口报关及在卸货港安排卸货应急之用,还可作为查对全船有关航次装载货物情况之用。因此,当前不少国家的港口,为了简化制单工作,常将"载货清单"和"载货运费清单"两单合并使用。作为载货清单使用时,则不把该单上有关运费计收的栏目填上,而作为运费清单使用时,再将有关运费计收的栏目填入具体内容。

7. 危险货物清单(Dangerous Cargo List)

危险货物清单是专门列出船舶所载运全部危险货物的明细表。为了确保安全运输危险货物,按照各国港口的一般规定,船舶必须另外单独编制危险货物清单。为便于识别,危险货物清单通常都是红色的并附加特别标志,以便让有关部门及人员在装卸作业和运输保管中特别加以注意。该单内容除与装货清单、载货清单的内容一致外,还增加了危险货物的性质(类别号)和装船位置两项。除此之外,船方在装运危险货物时,应向有关部门申请派员监督装卸。在装货港装船完毕后由监装部门签发给船方一份"危险货物安全装载证书"(Dangerous cargo safe stowage certificate)。这也是船舶载运危险货物时所必备的单证之一。

8. 货物配载图(cargo plan)和货物实载图(Stowage plan)

货物配载图是承运船舶的大副在装货前,根据装货清单以及船舶的结构、货物的容积、性质、重量和到港顺序,以图示的形式绘制的表示货物在船舱内的装载位置的单证。货物配载图的作用是明确货物的计划装舱位置,同时也是指导理货人员理货、船员监装和装卸公司装载货物的依据。货物的配载图必须经大副和船长签字确认后,才可以据此安排货物的积载。

货物实载图是货物装船完毕后,由理货长根据货物实际装载情况重新绘制的实际积载图。

　　货物在实际装船过程中,货载计划可能发生变化,实际货载情况与托运人提供的情况不完全一致,如有些货物不能及时装船,或者船舶临时加载,或者在装货过程中,货物的实际装载位置与预配时不同等,因而货物配载图和货物实载图不一定完全一样。货物实载图主要作用是船方进行货物运输、保管、卸船等工作必要的查阅资料,也是卸货港安排卸货作用和理货人员进行理货的重要依据。

　　9. 剩余舱位报告(Space Report)

　　为了使船舶舱位得到充分利用,在各挂靠港口装船完毕后,船上看舱人员应实地测量舱位的利用情况及剩余情况。之后,船长应将计算出各货舱的剩余舱位电告下一挂靠港口和船公司在各挂靠港口设置的分支机构或揽货机构,或船公司的代理人,使之能够作好补充货载的揽货及装船准备。因为这种通知都是通过电报发出的,为了对这种通知的确认,通常使用一定格式的报表,这就是剩余舱位报告。

　　10. 积载检验报告(Stowage Survey Report)

　　当船舶装运易于受损或具有危险性质的货物时,常在这些货物装船时采取一些鉴定和检验的措施,包括要求具有公证资格的鉴定人对货物的装载方法、装舱位置、衬隔方法、积载状态等进行监督和鉴定,并要求发给证明积载适当的积载检验报告。这样,一旦发生不测而使货物受损时,船公司就可以据此证明船方在积载货物方面并未疏忽,而且已尽到谨慎处理的责任,从而可使船公司免除责任。积载检验报告除上述载运危险货物时必需的"危险货物安全装载证书"外,主要的还有以下几种。

　　(1)装船证书(Certificate of Loading),是由公证鉴定人签发的证明船方按规定进行装船准备,并在整个装船过程中都是在鉴定人的监督下进行的证明书。

　　(2)谷物证书(Grain Cargo Certificate),是由公证鉴定人签发的证明谷物在装船前已清扫船舱,并作好衬垫隔舱,适于装运粮谷类货物的证明书。

　　(3)甲板积载证明书(Deck Cargo Certificate),是公证鉴定人证明将木材和其他货物(如长大件、成套设备等)积载于舱面甲板承运,并在鉴定人的监督下进行装载并系固妥当的证明书。

　　(4)清洗油舱证明书(Tank Cleaning Certificate),是证明在以深油舱装运散装油类货物时,已进行了油舱的水密试验和油舱的清洗工作,并经鉴定人鉴定适于装载油类货物的证明书。

二、在卸货港编制使用的单证

　　在卸货时,船方、装卸公司或收货人之间也需要相互签认一种可以作为证明船方与装卸公司或收货人交接货物实际情况的单证。尽管在不同的国家和港口,用以证明卸货时所交接货物实际情况的单证名称可能有所不同,但它们所包括的内容和所起的作用基本是相同的。这类单证主要如下。

　　1. 过驳清单(Boat Note, B/N)和卸货报告(Outturn Report)

　　过驳清单是卸货港货物过驳卸船时,作为证明货物交接和表明所交货物实际情况的单证。过驳清单是根据卸货时的理货单证编制的,其内容包括:驳船名、货物标志、号码、件数及包装、货名、舱口号、卸货港、卸货日、过驳清单编号等,并由收货人、卸货公司、驳船经营人等收取货物的一方与船方共同签字确认。此外,过驳清单还要记载所卸货物的残损情况和程度(需由收货人或装卸公司共同签字确认)。

对于那些不是采用驳船作业的港口,通常使用的称为"卸货报告"作为卸货证明的单据。有些国家称为"货物确卸报告",或"卸货记录",其作用都是相似的。卸货报告是一份更为详细的载货清单,根据船舶进口卸货提供的进口载货清单和在卸货港卸下全部货物的情况重新逐票汇总编制而成。其内容除与进口载货清单相同外,还增加了卸货方式、实交数量、溢短卸数量、残损数量和备注栏。

2.货物残损单(Broken & Damage Cargo List)和货物溢短单(Overlanded & Shortlanded Cargo List)

货物残损单是在卸货完毕后,由理货员根据卸货过程中发现货物的各种残损情况记录汇总编制而成的。在卸货港卸货时,有关货物的破损、水湿、水渍、汗湿、油渍、污染等情况最终都将在该单证上体现出来。残损单由理货员和船方会同签字方才有效,它是收货人据以向有关索赔的主要证据之一。

货物溢短单是在卸货时,发现所卸货物与提单记载不符而有溢卸或短卸时,由理货员编制、经船方签字的单证。这是船公司或其代理向有关港口发出货物查询单,处理索赔案件以及收货人向船公司提出索赔的主要依据。

3.提货单(Delivery Order,D/O)

提货单是收货人或其代理人据以(码头仓库或船边)提取货物的凭证。从理论上讲,收货人是凭正本提单向船方的代理人要求提取货物的。但在实务中,收货人(或提单持有人)应先向船方的代理人交回正本提单,再由船方或其代理人签发提货单给收货人(或提单持有人),然后,收货人(或提单持有人)凭提货单前往码头仓库或船边提取货物。

船方或其代理人在签发提货单时,应认真核对提单和其他装船单证的内容是否相符,详细地将船名、货物名称、件数、重量、标志、提单号、包装、收货人名称等填入提货单上,然后由船方或其代理人签字交给收货人(或提单持有人)到现场提货。

三、在港装、卸货物时的理货单证

船舶在港装、卸货作业中,船方通常会委请当地理货公司派员负责清点装/卸货物的数量,核对货物标志,检查货物包装及残损情况,指导和监督货物装/卸作业,并代表船方与货方或港方办理货物交接的手续。

船舶要委请理货人代表船方理货,需要向当地的理货机构提出书面的"理货委托书"(Application for tally)。理货机构印有一定格式的理货委托书,以方便船公司或其代理人申请。

常见的几种理货单证如下。

1.理货计数单(Tally Sheet)

理货计数单是负责船舶各舱口进行现场理货工作的理货员于每工班结束时填制的一种报表。内容有船名、航次、舱口号、本工班装卸货数量、理货员签字、日期等项目。

理货计数单是货物计数的最原始数据,它主要用作:

(1)理货长填写理货日报单、理货证明书及其他理货单证的依据;

(2)在装货时,供填写装货单以及收货单上实装件数的依据;

(3)在卸货时,既是供核对载货清单及提单上数字的依据,又是供编制货物溢短单的依据。

2．日报单（Daily Report）

日报单是理货长每日根据船舶各舱口的"理货计数单"汇总而编制的船舶每日装/卸作业进度小结的报表。日报单内记载了船舶各舱口及全船当天装/卸货物的数量（件数、吨数），并且累计包括当天在内的已经完成的装/卸货物的数量。日报单能使理货方、船方以及港方都能及时了解船舶装/卸货物的进度，便于各方安排工作。

3．现场记录（On－the－spot Record）

它是对装卸作业过程中出现货物混装、隔票不清、原残等现象的记录。尤其在卸货时，每当发现异常情况，理货长随即通知船方验看并在记录上签字，然后才开始或继续卸货。它的作用如下。

（1）对货损情况及时记录、签认；

（2）理货长在卸货结束后据以编制货物残损单。

4．待时记录（Stand－by Time Record）

它是理货长要求船方签认的记载由于船方原因所造成的，如开/关舱、衬垫、隔票、冷藏舱预冷、船舶吊机故障等所引起的理货人员停工待时的记录。它的作用是理货公司据此向船方收取待时费。

5．理货证明书（Tally Certificate）

它是理货公司据此向委托方收取理货费的一种单证。是由理货长在理货结束后根据理货情况编制并经船方签认而成。

知识点 2：提单的性质、种类和内容

承运人接收货物或者货物装船后，应当签发运输单证。而国际运输中最为普遍的运输单证是提单。提单不仅是国际海上货物运输流程中最重要的单证，其作用和功能也经过多年的发展，使其成为国际贸易和国际结算中的核心单证。最重要的是，提单促成了国际贸易形式从实物交易过渡到了单证交易。

一、提单的性质和作用

1．提单是承运人与托运人之间达成的国际海上货物运输合同的证明

提单不论在托运人手中，还是转让至收货人或提单受让人，它只是海上货物运输合同的证明，而不是合同本身。因为，在提单签发之前，托运人向承运人订舱，承运人同意承运，双方达成海上货物运输的意思表示一致，海上货物运输合同即告成立。签发提单只是承运人履行合同的一个环节。

提单不仅证明在承运人与托运人之间存在海上货物运输合同，同时，它是合同内容的证明，即提单上的条款，除承运人与托运人事先另有协议外，是海上货物运输合同的组成部分。

2．提单是证明货物已经由承运人接收或者已经装船的单证

它是承运人或其代理人应托运人的要求所签发的货物收据（Receipt of the cargo），表明货物已在承运人的掌管之中或已装上船舶，承运人有义务在目的港交付，货物情况应与提单上所记载的货物情况相一致。

3．提单是承运人据以交付货物的凭证

托运人将货物交付给承运人，获得根据大副收据签发的提单，因此提单对托运人而言具

有货物收据的功能。此外,在国际市场上,提单可在载货船舶抵达目的港交货之前通过"背书"(endorsement)进行转让;也可向银行办理抵押和信贷。提单的合法受让人或提单持有人则可据以提取货物。显而易见,提单具有货物权证的功能。

二、提单的种类

1. 按货物装船与否划分

(1)已装船提单(On Board B/L 或 Shipped B/L)

指整票货物全部装船后,由承运人或其代理人向托运人签发的货物已经装船的提单。该提单上除了载明其他通常事项外,还须注明装运船舶名称和货物实际装船完毕的日期。

(2)收货待运提单(Received for shipment B/L)

简称待运提单或待装提单,是指承运人虽已收到货物但尚未装船,应托运人要求而向其签发的提单。由于待运提单上没有明确的装船日期,而且又不注明装运船的船名,因此在跟单信用证的支付方式下,银行一般都不接受这种提单。当货物装船后,承运人在待运提单上加注装运船舶的船名和装船日期,就可以使待运提单成为已装船提单。

2. 按对货物状况是否有不良批注划分

(1)清洁提单(Clean B/L)

清洁提单是指没有任何有关货物残损、包装不良或其他有碍于结汇的批注的提单。

(2)不清洁提单(Foul B/L)

不清洁提单是指承运人在提单上加注有货物及包装状况不良或存在缺陷的提单。承运人通过批注,声明货物是在外表状况不良的情况下装船的,在目的港交付货物时,若发现货物损坏可归因于这些批注的范围,从而减轻或免除自己的赔偿责任。在正常情况下,银行将拒绝以不清洁提单办理结汇。实践中,当货物及包装状况不良或存在缺陷时,托运人会出具保函,并要求承运人签发清洁提单,以便顺利结汇。由于这种做法掩盖了提单签发时的真实情况,因此承运人将会承担由此而产生的风险责任。

3. 按提单中收货人一栏的填写方式划分

(1)记名提单(Straight B/L)

记名提单指在提单"收货人"栏内具体写明特定的收货人名称的提单。记名提单只能由提单上所指定的收货人提取货物。记名提单不得转让。记名提单可避免因转让而带来的风险,但也失去了它代表货物可以流通的便利。银行一般不愿意接受记名提单作为议付的单证。记名提单一般用于展览品、援外物质或贵重物品的运输。

(2)不记名提单(Open B/L or blank B/L or bearer B/L)

不记名提单是指在提单的"收货人"栏内记名应向提单持有人交付货物或在提单"收货人"栏内不填写任何内容(空白)的提单。不记名提单,无需背书,即可转让。也就是说,不记名提单由出让人将提单交付给受让人即可转让,谁持有提单,谁就有权提货。

(3)指示提单(Order B/L)

指示提单是指在提单的"收货人"栏内只填写"凭指示"(To order)或"凭某人指示"(To the order of ……)字样的一种提单。指示提单,经过记名背书或空白背书转让。指示提单除由出让人将提单交付给受让人外,还应背书,这样提单才得到了转让。

4.按不同的运输方式划分

(1)直达提单(Direct B/L)

指由承运人签发的,货物从装货港装船后,中途不经过装船而直接运抵卸货港的提单。在国际贸易中,如果买卖合同或信用证有规定不允许转船条款,则托运人必须取得直达提单。即使有的提单条款中列有承运人有权转装他船的自由装船条款,但在提单上未加"转船"字样的批注,该提单仍视为直达提单。

(2)转船提单(Transshipment B/L Or through B/L)

指在装货港装货的船舶不直接驶达货物的目的港,而要在中途港换装其他船舶运抵目的港,由承运人为这种货物运输所签发的提单。若知道第二程的船名,亦应将船名注明。

(3)多式联运提单(Combined transport B/L)

指货物有两种或两种以上不同的运输工具共同完成货物全程运输而签发的一种提单。该种提单多见于集装箱多式联运,一般由负责海运区段的承运人签发。

5.按提单签发人不同划分

(1)班轮提单(Line B/L)

指在班轮运输中,由班轮公司或其代理人所签发的提单。在集装箱班轮运输中,班轮公司通常为整箱货签发提单。

(2)无船承运人提单(NVOCC B/L)

指由无船承运人或其代理人所签发的提单。在集装箱班轮运输中,无船承运人通常为拼箱货签发提单,因为拼箱货是在集装箱货运站内装箱货拆箱,而货运站又大多有仓库,所以有人称其为仓/仓提单(House B/L)。当然无船承运人也可以为整箱货签发提单。

6.按签发提单的时间划分

(1)倒签提单(Anti‑dated B/L)

指在货物装船完毕后,应托运人的要求,由承运人或其代理人签发的提单,但是该提单上记载的签发日期早于货物实际装船完毕的日期。即托运人从承运人处得到的以早于货物实际装船完毕的日期作为提单签发日期的提单。由于倒填日期签发提单,所以成为"倒签提单"。承运人倒签提单的做法掩盖了真实的情况,因此要承担由此而产生的风险责任。

(2)预借提单(Advanced B/L)

指由于信用证规定的装运期或交单结汇期已到,而货物尚未装船或货物尚未装船完毕时,应托运人要求而由承运人或其代理人提前签发的已装船提单。即托运人为能及时结汇而从承运人处借用的已装船提单。承运人签发预借提单要冒极大的风险,因为这种做法掩盖了提单签发时的真实情况。许多国家法律的规定和判例表明,一旦货物引起损坏,承运人不但要负赔偿,而且还要丧失享受责任限制和援用免责条款的权利。

(3)顺签提单(Post‑date B/L).

指在货物装船完毕后,承运人或其代理人应托运人的要求而签发的提单,但是该提单上记载的签发日期晚于货物实际装船完毕的日期。即托运人从承运人处得到的以晚于该票货物实际装船完毕的日期作为提单签发日期的提单。由于顺填日期签发提单,所以称为"顺签提单"。承运人顺签提单的做法也掩盖了真实的情况,因此也要承担由此而产生的风险责任。

7.其他几种特殊提单

(1)舱面提单(On deck B/L)

它是指将货物装于露天甲板,并在提单上记载"on deck"字样的提单,又称甲板货提单。

积载在船舱内的货物比积载于舱面的货物所可能遇到的风险要小,所以承运人不得随意将货物积载于舱面运输。但是,按商业习惯允许装于舱面的货物、法律规定应装于舱面的货物、承运人与托运人协商同意装于舱面的货物可以装于舱面运输。另外,由于集装箱运输的特殊性,通常有三分之二以上的货物要装于甲板,所以无论集装箱是否装于舱面,提单上一般都不记载"on deck"或"under deck",商业上的这种做法已为有关各方当事人所接受。

(2)并提单(Omnibus B/L)

指应托运人的要求,承运人将同一船舶装运的相同港口、相同货主的两票或两票以上的货物合并而签发的一套提单。

(3)分提单(Separate B/L)

指应托运人的要求,承运人将属于同一装货单号下的货物分开,并分别签发的提单。托运人为满足商业上的需要,会要求承运人为同一票多件货物分别签发提单,如有 3 件货物时,分别为每一件货物签发提单,这样就会签发 3 套提单。

(4)交换提单(Switch B/L)

指承运人应货方的要求为了满足贸易上的需要(经常是由于中间商处于隐藏真实买卖双方的目的)或其他原因将原提单收回后改变原提单上的收、发货人和通知方等栏目重新出单,或将原提单的整票或分为几票货,改变数量、原卸货港或收货人等栏目重新出单。交换提单涉及提单正面主要关系人或主要内容的变更,交换后的提单构成对不知情的原提单持有人的伤害,对承运人也存在潜在的风险。同样,由于提单交换后的内容与原来买卖双方的约定不符,可能会引起买卖双方对货款、数量、交付地等的争议。此外更为严重的是,有可能被欺诈方利用以达到非法牟利的目的。因此,在操作时要谨慎。

(5)交接提单(Memo B/L)

指由于货物转船或联运或其他原因,在不同承运人之间的不可转让、不是"物权凭证"的单证。交接提单只是具有货物收据和备忘录的作用。有时由于一票货物运输会由不同的承运人来运输或承运,为了便于管理,更是为了明确不同承运人之间的责任,就需要制作交接提单。交接提单的基本格式除了右上角印有"MEMO"标志以及"NON – NEGOTIABLE MEMO BILL FOR COMBINED TRANSPORT OR PORT TO PORT"的说明外,其他内容与一般提单基本相同。在缮制内容上应当包括前程承运人的名称、前程单证的编号、前程承运人的装港及卸港代理人名称、货物名称、件数、重量及标志等货物描述和特种货物的特别要求等内容。

(6)过期提单(Stale B/L)

指由于出口商在取得提单后未能及时到银行议付的提单。因不及时而过期,形成过期提单,也称滞期提单。过期提单是商业习惯的一种提单,但它在运输合同下并不是无效提单,提单持有人仍可凭其要求承运人交付货物。

三、提单的内容

提单是由各个船公司自行制订的具有法律效力的单证。不同的提单,其文字和格式虽有不同,但其主要内容和条款基本上是大同小异的。

在提单的正面通常都记载有有关货物和货物运输的事项。这些事项除包括承运人、托运人和收货人的名称、船名和国籍、装卸港,有关货物的情况以及签发提单的日期、地点、份数,运费的支付和签发人等栏目外,还有承运人声明性质的如下文字说明。

　　(1)上列外表状况良好的货物已装在上列船上并应在上列卸货港或该船所能安全到达并保持漂浮的附近地点卸货。

　　(2)重量、尺码标志、号码、品质、内容和价值是托运人所提供的,承运人在装船时并未核对。

　　(3)托运人、收货人和本提单的持有人兹明白表示接受并同意本提单和它背面所载的一切 印刷、书写或打印的规定、免责事项和条件。

　　全式提单的背面印有各种条款。这些条款一般可以分为两类:一类属于强制性条款,另一类是任意性条款。强制性条款的内容不能违反有关国际公约、国内法规或港口的规定,违反或不符合这些规定的条款是无效的。任意性条款是国际公约、国内法规或港口规定中没有明确规定,允许承运人自行拟定的条款。这些条款也是表明承运人与托运人、收货人或提单持有人之间承运货物的权利、义务、责任与免责的条款,是解决争议的依据。但是,这些条款并不一定都有效。此外,提单上还会有承运人以印刷、刻字印章或打字、手写的形式加列的适用于某些特定港口或特种货物运输的条款,或托运人要求加列的条款。

知识点3:货运单证的流转程序

　　在班轮运输中,所涉及的货运单证种类齐全,由于这些单证的有序流转,使货物的运输在 国际间得以顺利进行。现将班轮运输货运单证的流转程序说明如下,见图F1-1。

　　1. 托运人向船公司在装货港的代理人(也可直接向船公司或其营业所)提出货物装运申请,递交托运单,填写装货联单(S/O);

　　2. 船公司在装货港的代理人同意承运后,指定船名,核对 S/O 与托运单上的内容无误后,签发 S/O,将留底联留下后退还给托运人,托运人须将货物及时送至指定的码头仓库;

　　3. 托运人持 S/O 及有关单证向海关办理货物出口报关、验货放行手续,海关在 S/O 上加盖放行图章后,货物准予装船出口;

　　4. 船公司在装货港的代理人根据留底联编制装货清单(L/L)送船舶、理货公司和装卸公司;

　　5. 大副根据 L/L 编制货物积载计划交代理人分送理货、装卸公司等按计划装船;

　　6. 托运人将经过检验及检量的货物送至指定的码头仓库准备装船;

　　7. 货物装船后,理货长将 S/O 交大副,大副核实无误后留下 S/O 并签发收货单(M/R);

　　8. 理货长将大副签发的 M/R 转交给托运人;

　　9. 托运人持 M/R 到船公司,在装货港的代理人处付清运费(预付运费情况下),换取正本已装船提单(B/L);

　　10. 船公司在装货港的代理人审核无误后,留下 M/R 签发 B/L 给托运人;

　　11. 托运人持 B/L 及有关单证到议付银行结汇,取得货款,议付银行将 B/L 及有关单证邮寄开证银行;

　　12. 货物装船完毕后,船公司在装货港的代理人编妥出口载货清单(M/F)送船长签字后向海关办理船舶出口手续,并将 M/F 交船随带,船舶启航;

　　13. 船公司在装货港的代理人根据 B/L 副本(或 M/R)编制出口载货运费清单(F/M)连同 B/L 副本、M/R 送交船公司,并结算代收运费,同时将卸货港需要的单证寄给船公司在卸货港的代理人;

14. 船公司在卸货港的代理人接到船舶抵港电报后,通知收货人船舶到港日期,做好提货准备;

15. 收货人到开证银行付清货款,取回 B/L;

16. 卸货港船公司的代理人根据装货港船公司的代理人寄来的货运单证,编制进口载货清单及有关船舶进口报关和卸货所需的单证,约定装卸公司、理货公司、联系安排泊位,做好接船及卸货准备工作;

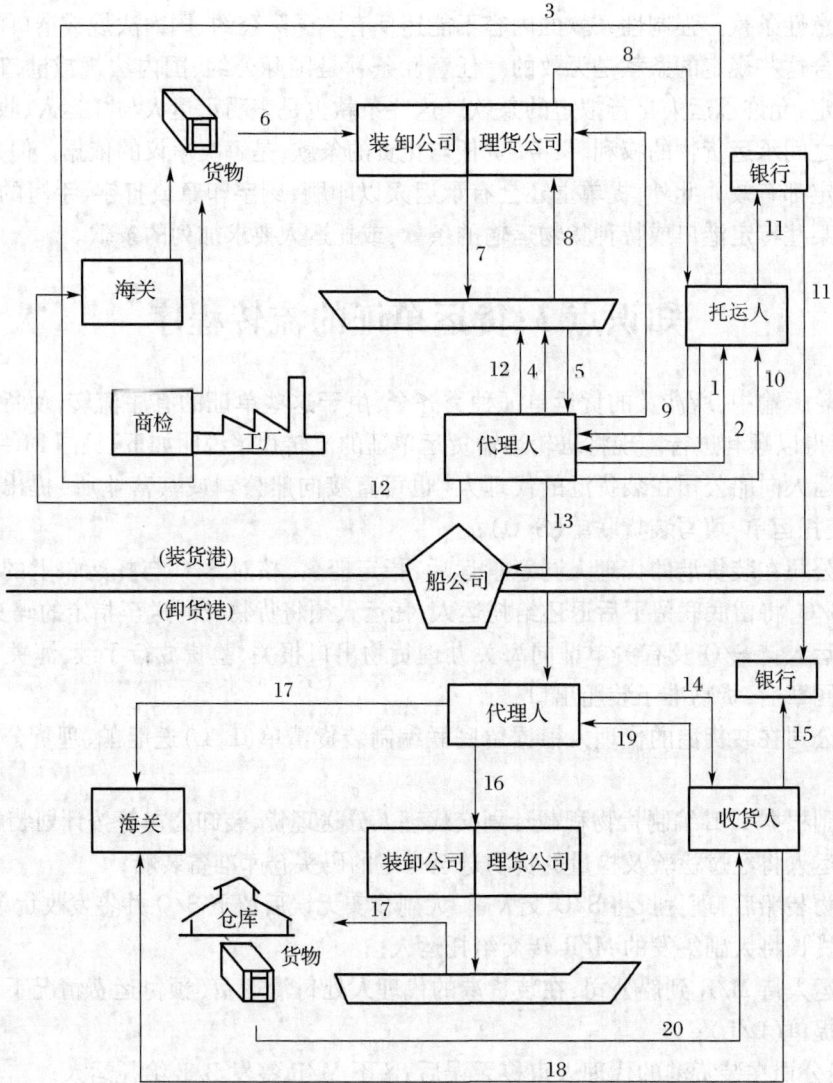

图 F1-1 班轮运输单证流程图

17. 船舶抵港后,船公司在卸货港的代理人随即办理船舶进口报关的各项手续,船舶靠泊后即开始卸货;

18. 收货人向海关办理货物进口手续,支付进口关税;

19. 收货人持正本 B/L 向船公司在卸货港的代理人处办理提货手续,付清应付的费用

后,换取代理人签发的提货单(D/O);

20.收货人持 D/O 到码头仓库或船边提取货物。

知识点 4:大副收据及批注

大副收据是大副签发给托运人,用以证明货物已经装船的单证。在大副收据上加以批注,其后果是妨碍了托运人换取清洁提单并进而影响结汇。为此,应注意以下几个问题。

1.防止两个极端

在签发大副收据时,容易出现两种倾向:一是不论货物是否完好,数量是否正确,为了迎合货方,一概不加批注,这样,就会使承运人承担不属于自己的责任。因为,不加批注就意味着船方在接受货物时,外表状况是良好的,数量是准确无误的,卸货时如发现有灭失或损坏,即可推定此种情况发生在承运人的责任期间。另一种情况是不论货物有无损坏或短缺,为避免将来可能产生的责任,尽量多加批注,这样又会给货主增加许多不必要的麻烦,长此以往,不仅影响到船方的信誉,也不利于国际贸易的进行。对以上两种情况,都应尽量防止,在具体工作中应本着实事求是的原则,既不夸大,也不缩小,做到恰如其分。

2.措辞清晰明确

大副批注是记录货物装船时实际状况的原始凭证,因此在大副收据上加批注,要准确地反映情况,切忌措辞含糊不清,以免日后发生争议。这里选取一些典型例句,供参考。

(1)关于货物残损的批注

①4 包破裂;

②3 包有手钩洞;

③2 包由于内装物溶解而潮湿。

(2)关于货物被污染的批注

①2 箱由于货物性质而致污渍;

②2 箱包装残旧并沾染;

③3 袋在装船前已有油渍。

(3)关于货物标志不清的批注

①标志混杂;

②无标志;

③标志不统一,船方不负责因此而造成的任何后果。

(4)关于货物溢短情况的批注

①短装一箱;

②5 箱短少在争议中;

③5 箱短少在争议中,如已装上船,则到目的港如数交货。

(5)舱面货及散装货的批注

①舱面货由发货人自担风险;

②根据发货人重量,船方不负责货物重量的短少;

③装船重量据称为 8500 公吨。

3.避免重复提单中的免责条款

在现行的海运提单中,通常都按照法律或国际公约的规定订有免责条款,只要货物的灭火、损坏是属于免责条款的范围,承运人均可不负赔偿责任,因而,大副没有必要以批注的形式将此类免责条款再重复一遍。此外,提单条款中有些免责事项虽然不是法律中规定的,但已成为一种航运惯例,因而,也没有必要在批注中加以重复。

4.注意货物的发展趋势

大副收据大多数是针对货物的外表状况而做出的,但是有时尽管货物在装船时其外表状况是良好的,然而经过长距离的海上运输,确有发生破损的可能,船方在签发大副收据时,应充分考虑此种情况。

知识点5:集装箱进出口货运单证

集装箱的货运单证与传统的货运单证相比既有相同之处,也有不同之处。例如两者所使用的载货清单和载货运费清单等相差无几,但场站收据、设备交接单等则是集装箱货运所特有的。

1.装箱单(Container load plan CLP or unit packing list UPL)

无论是整箱货还是拼箱货,装箱人都要做一份集装箱装箱单,作为商务处理的主要索赔单证。集装箱装箱单是按装箱顺序记载装箱货物的具体名称、数量、尺码、重量、标志和其他货运资料的单证。对于特种货物还应加注特定要求。

装箱单的主要作用如下:

(1)集装箱船舶进出口报关时向海关提交的载货清单的补充资料;

(2)向承运人提供箱内所装货物的明细清单;

(3)装、卸港的集装箱装卸作业区编制装、卸船计划的依据;

(4)集装箱船舶计算船舶吃水和稳性的数据来源;

(5)当发生货损时,还是处理索赔事故的原始依据之一;

(6)在卸货地作为办理集装箱保税运输的单据之一。

装箱单一式五联,其中,码头联、船代联、承运人联各一联,发货人/装箱人联二联。整箱货的装箱单由发货人缮制,而拼箱货的装箱单则由作为装箱人的集装箱货运站缮制。

2.场站收据(Dock receipt,D/R)

场站收据,又称港站收据,或码头收据,是指船公司委托集装箱堆场、集装箱货运站或内陆站在收到整箱货或拼箱货后,签发给托运人证明已收到货物,托运人可凭以换取提单或其他多式联运单证的收据。收据的形式类似提单,属于备运提单。在集装箱装船后,如加上船名、装船日期和承运人签章,即成为已装船提单。场站收据一般都由发货人或其代理编制。如果同一批货物装有若干个集装箱时,先凭装箱单验收,直到最后一个集装箱验收完毕后,才由场站管理员在D/R上签字。

场站收据标准格式一套共10联,分别是:

(1)货主留底;

(2)集装箱货物托运单(船代留底);

(3)运费通知(1);

(4)运费通知(2);

(5)装货单——场站收据副本;

(6)场站收据副本——大副联;

(7)场站收据；

(8)货代留底；

(9)配舱回单(1)；

(10)配舱回单(2)。

场站收据在托运过程中，任何项目的更改，都应由提出更改的责任方编制更正通知单，并及时送达有关单位主管部门。货代(托运人)在货物装箱时，必须在24h前向海关申报，经海关在装货单上盖章验放后，才能装箱。在海关盖章验放前装箱，必须征得海关同意；经海关同意在盖章验放前，货物装箱先进场的集装箱，必须在装船前24h，将经海关盖章的"场站收据"，立即送交收货港区场站业务员，否则一切责任由货主或货代自负。出口重箱箱号，允许在货物装箱后由货代或货代委托装箱点正确填写。海关验放时允许无箱号，但进场站后一票场站收据所列箱子进场站完毕时，必须写清所有箱号/封志号、箱数。货代(或托运人)凭场站业务员签收盖章的场站收据正本向船代换取提单。

3. 场站收据副本——大副联(Dock Receipt Copy)

场站收据副本是大副签发给托运人用以证明货物已经装上船舶的收货单证。它还是托运人凭以要求承运人签发已装船提单的凭证。由于该单是大副签发的，所以一般又称为大副收据。它是一套10联场站收据中的第6联，所记载的内容与装货单完全相同。在装船时，大副必须将货物的实际情况与装货单的记载加以核对。如果两者有差异，就应该将装货单与实际情况不同之处加以订正，使之与货物完全一致，然后签发收货单。如果发现货物数量短缺或损坏时，就应该将实际数量或短缺数量或损坏情况及程度，以及应急修理的事项明确地记载在收货单上。这种在收货单上所作关于货物实际情况的记载，称为批注(Remark or exception)。

4. 集装箱装货单——场站收据副本(Container shipping order – Dock Receipt Copy)

指接受了托运人提出装运申请的船公司，签发给托运人并凭以命令船长将承运的货物装船的单证。它是一套10联场站收据中的第5联。在集装箱运输单据中，以场站收据副本代替装货单。其内容包括货名、件数、包装式样、标志、重量、尺码、装货港、卸货港、交货地点等。

5. 配舱回单(Booking receipt)

它是指船公司或代理人接受托运并配妥船舶舱位后退回托运单位的单据。它是一套10联场站收据中的第9、第10联。托运单位收到配舱回单后，可据此编制有关单证。配舱回单的内容和集装箱货物托运单的内容相同。

6. 设备交接单(Equipment receipt, E/R)

它是指集装箱所有人或集装箱租用人委托集装箱堆场、集装箱货运站或内陆站与货方，即用箱人或其代理之间交接集装箱和/或底盘车(chassis)、台车(bogie)、冷藏装置(reefer unit)等设备的凭证。它是划分用箱人和箱子所有人或租用人之间责任、义务和权利的依据，也是集装箱货运索赔、理赔中不可缺少的重要单证之一。此单通常由承运人或其代理签发给货方，货方据此向场、站领取或送回集装箱及其设备。设备交接单除由正面内容外，还有划分集装箱出租方与租用方的责任的租赁合同背面条款。

7. 冷藏集装箱清单(Reefer container list)

它是指装载冷冻货物或冷藏货物的冷藏集装箱的汇总清单。其作用是促使承运人和集装箱货运站或集装箱后方堆场的经营人在温度的控制和保管的要求方面给予充分注意。清单上须详细列明所装冷冻或冷藏货物的名称和指定的温度范围。

8. 集装箱装运危险货物装箱证明书(Certificate of dangerous cargo in container)

它是负责将危险货物装入集装箱内的工作人员,证实已按照有关规定装箱的证明文件。其证明内容主要如下。

(1)集装箱清洁、干燥,外观上适合装货;

(2)集装箱及其包件上都有正确的标记;

(3)对集装箱内所装的每一票货物,应已经收到其根据《国际危规》所要求的危险货物申报单;

(4)所有包件都经过外部破损检查,已恰当地装入箱内并加以系固,装入箱内的包件是完好的;

(5)箱内未装入不相容的货物等。

9. 货装集装箱船证明(Cargo shipped in container vessel certificate)

它是指应收货方的要求,由发货人签发的货物已装集装箱内的证明。收货人为保证货物运输安全。要求发货人将货物装在集装箱内,并要提供证明作为议付单证之一。

附录二　杂货船 Q 轮船舶资料

1. 主要参数

表 F2-1

夏季排水量 Δs	19 710 t	夏季型吃水 d_s	9.200 m
热带排水量 Δ_T	20 205 t	热带型吃水 d_T	9.392 m
冬季排水量 Δw	19 215 t	冬季型吃水 d_w	9.008 m
空船排水量 Δ_L	5 565 t	空船型吃水 d_L	3.140 m
总吨位 GT	10 267.7	总长 L_{oa}	161.5 m
净吨位 NT	5 388.72	垂线间长 L_{bp}	148.0 m
苏伊士总吨	10 673.08	型宽 B	21.2 m
苏伊士净吨	7 533.17	型深 D	12.5 m
巴拿马总吨	10 830.12	龙骨板厚度	26 mm
巴拿马净吨	7 068.96	设计航速 V	17.5 kn

2. 货舱容积表

表 F2-2

舱名		位置（肋号）	包装舱容 m^3	包装舱容 ft^3	舱容中心位置/m 距基线	舱容中心位置/m 距船中	散装舱容 m^3	散装舱容 ft^3	舱容中心位置/m 距基线	舱容中心位置/m 距船中
第一舱	二层舱	160-187	1 030	36 373	11.85	53.18	1 116	39 410	11.92	53.18
	底舱	160-187	804	28 392	6.97	52.38	887	31 324	7.04	52.38
	合计		1 834	64 756	9.71	52.38	2 003	70 734	9.76	52.83
第二舱	二层舱	127-160	1 789	63 176	11.42	32.18	1 897	66 813	11.47	32.19
	底舱	127-160	3 260	115 124	5.51	31.30	3 441	121 515	5.58	31.30
	合计		5 049	178 300	7.60	31.61	5 333	188 328	7.67	31.61
第三舱	二层舱	95-127	1 630	57 562	11.18	8.00	1 724	60 881	11.23	8.00
	底舱	95-127	3 830	135 253	5.35	7.85	4 043	142 775	5.42	7.85
	合计		5 460	192 815	7.09	7.90	5 767	203 656	7.16	7.89
第四舱	二层舱	69-95	1 312	46 332	11.17	-13.87	1 388	49 016	11.23	-13.87
	底舱	69-96	3 090	109 120	5.37	-13.79	3 262	115 194	5.44	-13.79
	合计		4 402	155 452	7.10	-13.81	4 650	164 210	7.17	-13.81
第五舱	二层舱	12-40	1 461	51 594	11.54	-55.55	1 580	55 797	11.60	-55.55
	底舱	12-41	1 126	39 764	7.24	-54.25	1 241	43 825	7.31	-54.25
	合计		2 587	91 358	9.67	-54.99	2 821	99 622	9.72	-54.99
贵重舱	二层舱（左）	4-12	131	4 626	11.63	-68.70	142	5 015	11.71	-68.70
	二层舱（右）	4-12	128	4 520	11.63	-68.70	139	4 909	11.71	-68.70
	合计		259	9 146	11.63	-68.70	281	9 924	11.71	-68.70
总计			19 591	691 836			20 855	736 474		

3. "Q"轮静水力性能数据表

表 F2 – 3

型吃水 d	排水量 △	总载 重量	厘米吃 水吨数 TPC	厘米纵 倾力矩 MTC	横稳心距 基线高度 KM	浮心距基 线高度 KB	浮心距船 中距离 X_b	漂心距船 中距离 X_f
m	t	t	t · cm^{-1}	×9.81 kn · m · cm^{-1}	m	m	m	m
3.14	5 565	0	20.65	140.00	11.540	1.690	+0.360	+0.500
3.40	6 100	535	20.91	144.48	11.000	1.830	+0.370	+0.460
3.60	6 532	967	21.16	147.90	10.648	1.940	+0.379	+0.420
3.80	6 964	1 399	21.29	150.80	10.350	2.045	+0.380	+0.370
4.00	7 380	1 815	21.47	153.60	10.100	2.152	+0.379	+0.315
4.20	7 820	2 255	21.64	156.25	9.866	2.260	+0.371	+0.250
4.40	8 260	2 695	21.81	158.80	9.684	2.368	+0.362	+0.175
4.60	8 700	3 135	21.96	161.25	9.516	2.473	+0.350	+0.100
4.80	9 160	3 595	22.11	163.65	9.376	2.582	+0.336	+0.020
5.00	9 600	4 035	22.27	166.15	9.248	2.693	+0.316	−0.090
5.20	10 040	4 475	22.43	168.30	9.140	2.800	+0.294	−0.190
5.40	10 500	4 935	22.57	170.60	9.044	2.908	+0.270	−0.330
5.60	10 960	5 395	22.72	172.75	8.966	3.012	+0.238	−0.490
5.80	11 400	5 835	22.86	175.00	8.900	3.120	+0.202	−0.660
6.00	11 860	6 295	23.02	177.25	8.840	3.228	+0.164	−0.880
6.20	12 340	6 775	23.17	179.60	8.800	3.338	+0.120	−1.130
6.40	12 820	7 255	23.32	182.00	8.760	3.448	+0.068	−1.400
6.60	13 280	7 715	23.46	184.50	8.738	3.553	+0.015	−1.710
6.80	13 760	8 195	23.63	187.00	8.720	3.660	−0.048	−2.040
7.00	14 240	8 675	23.78	189.75	8.710	3.770	−0.114	−2.400
7.20	14 710	9 145	23.95	192.50	8.710	3.887	−0.192	−2.750
7.40	15 200	9 635	24.11	196.00	8.714	3.990	−0.280	−3.135
7.60	15 680	10 115	24.29	198.50	8.720	4.100	−0.370	−3.510
7.80	16 180	10 615	24.46	202.00	8.740	4.212	−0.483	−3.895
8.00	16 660	11 095	24.64	205.60	8.760	4.322	−0.582	−4.250
8.20	17 160	11 595	24.83	209.40	8.786	4.435	−0.697	−4.600
8.40	17 660	12 095	25.01	213.60	8.820	4.535	−0.812	−4.900
8.60	18 180	12 615	25.21	217.65	8.852	4.651	−0.930	−5.200
8.80	18 680	13 115	25.39	222.50	8.894	4.760	−1.050	−5.450
9.00	19 200	13 635	25.59	226.60	8.936	4.870	−1.170	−5.690
9.20	19 710	14 145	25.78	231.20	8.980	4.983	−1.292	−5.890
9.392	20 205	14 685	25.94	235.50	9.020	5.100	−1.405	−6.055

4. 液舱容积表

表 F2 – 4

舱名	位置（肋号）	净舱容/m³					舱容中心位置/m	
		燃油	柴油	滑油	压载水	淡水	距基线	距船中
No.1 燃油舱（左）	95 – 127	231					0.77	7.61
No.1 燃油舱（右）	95 – 127	288					0.76	7.67
No.2 燃油舱（左）	68 – 95	187					0.77	– 13.88
No.2 燃油舱（右）	68 – 95	253					0.76	– 13.95
燃油深舱（左）	40 – 44	95					6.25	– 43.81
燃油深舱（右）	40 – 44	95					6.25	– 43.81
燃油沉淀舱（左）	40 – 44	56.4					7.12	– 43.85
燃油沉淀舱（右）	40 – 44	56.4					7.12	– 43.85
燃油日用柜（左）	40 – 44	28.5					10.76	– 13.85
燃油日用柜（右）	40 – 44	24.0					10.64	– 44.00
溢 油 舱	40 – 43	24.1					0.78	– 44.20
柴油舱（左）	50 – 68		113				1.01	– 30.78
柴油舱（右）	43 – 68		139				1.02	– 32.57
柴油日用柜（左）	46 – 50		14.3				10.70	– 39.35
柴油日用柜（右）	46 – 50		14.3				10.70	– 39.35
柴油沉淀柜	40 – 50		40.4				10.73	– 41.51
滑油循环舱	44 – 56			22.5			1.32	– 37.60
滑油沉淀柜	40 – 44			21.6			10.74	– 43.45
滑油储存柜	40 – 45			19.7			10.70	– 43.29
汽缸油柜（左）	40 – 44			8.6			10.70	– 43.85
汽缸油柜（右）	40 – 44			7.7			10.62	– 43.98
汽缸油日用柜	43 – 44			0.9			11.40	– 42.73
污滑油舱	44 – 61			35			0.67	– 34.50
首 尖 舱	187 – 首				438		5.91	69.31
No.1 压载水舱	160 – 187				481		2.53	52.22
No.2 压载水舱（左）	127 – 160				149		0.78	30.21
No.2 压载水舱（右）	127 – 160				200		0.76	31.21
No.3 压载水舱	20 – 39				82		0.80	– 51.83
尾压载水舱	4 – 12				124		7.59	– 68.42
尾 尖 舱	尾 – 4				165.9		9.63	– 74.43
饮 水 柜	64 – 69					60.6	11.10	– 25.50
淡水舱（左）	25 – 39					101	3.32	– 50.80
淡水舱（右）	25 – 39					129.6	3.27	– 50.69
锅炉水舱	44 – 49					19.9	1.07	– 40.31
汽缸冷却水舱	62 – 65					13.0	0.92	– 27.40
总　计		1 320.4	321	116	1 639.9	324.1		

5. 各液舱自由液面惯性矩

表 F2 – 5

序号	舱别	肋位号	最大装载重量 /t	液体密度 $\rho/(g/cm^3)$	惯性矩 i_x/m^4	$\rho \cdot i_x$ (9.81 kn·m)
1	No.1 燃油舱(左)	95 – 127	203.3	0.88	1 000	880
2	No.1 燃油舱(右)	95 – 127	253.4	0.88	1 780	1 566
3	No.2 燃油舱(左)	68 – 95	164.6	0.88	777	684
4	No.2 燃油舱(右)	68 – 95	206.8	0.88	1 445	1 276
5	燃油深舱(左或右)	40 – 44	83.6	0.88	50	440
6	燃油沉淀舱(左)	40 – 44	49.6	0.88	16	14
7	燃油日用柜(左)	40 – 44	25.1	0.88	16	14
8	燃油日用柜(右)	40 – 44	21.1	0.88	16	14
9	溢油舱	40 – 43	21.2	0.88	191	168
10	柴油舱(左)	50 – 68	94.9	0.84	250	210
11	柴油舱(右)	43 – 68	116.8	0.84	263	225
12	首尖舱	187 – 首	449.0	1.025	71	72
13	No.1 压载水舱	160 – 187	493.0	1.025	1 200	1 230
14	No.2 压载水舱(左)	127 – 160	152.7	1.025	383	393
15	No.2 压载水舱(右)	127 – 160	205.0	1.025	811	830
16	No.3 压载水舱	2039	84.0	1.025	316	324
17	尾尖舱	尾 – 4	170.0	1.025	543	556
18	饮水柜	64 – 69	60.6	1.000	42	42
19	淡水舱(左)	25 – 39	101.0	1.000	72	72
20	淡水舱(右)	25 – 39	129.6	1.000	124	124
21	锅炉水舱	44 – 49	19.9	1.000	22	22
22	尾压载水舱	4 – 12	127.1	1.025	520	533

注:i_x 小于 10 m^4 的各油水舱柜均未列入本表。

6. "Q" 轮防堵舱容表

表 F2 – 6

舱别		No.1	No.2	No.3	No.4	No.5
舱口位容积(m^3)		299	531	489	313	479
防堵 舱容	舱盖半开时	799	1 429	1 299	1 084	969
	舱盖全开时	568	1 068	968	865	637

7. "Q"轮对船中载荷弯矩允许范围

表 F2 - 7

型吃水 d_M/m	排水量 Δ/m	载荷对船中弯矩值 $\sum P_i X_i$(kn·m)			
		中拱状态		中垂状态	
		允许范围	有利范围	有利范围	允许范围
3.14	5 565	1 028 807	—	—	—
3.50	6 320	1 223 930	195 122	—	—
4.00	7 380	1 498 826	470 017	—	—
4.50	8 480	1 792 420	763 610	182 094	—
5.00	9 600	2 089 947	1 061 138	479 621	—
5.50	10 730	2 397 059	1 368 250	786 733	205 215
6.00	11 860	2 703 190	1 674 381	1 092 864	511 346
6.50	13 050	3 034 817	2 006 008	1 424 491	842 973
7.00	14 240	3 366 120	2 337 311	1 755 794	1 174 277
7.50	15 440	3 700 347	2 671 539	2 090 021	1 508 503
8.00	16 660	4 046 375	3 017 566	2 436 049	1 854 531
8.50	17 920	4 412 681	3 383 871	2 803 355	2 220 837
9.00	19 200	4 781 389	3 752 580	3 171 063	2 589 546
9.20	19 710	4 933 023	3 904 213	3 322 697	2 741 179
9.392	20 205	5 078 632	4 049 823	3 468 306	2 886 789
9.40	20 240	5 093 799	4 064 991	3 483 473	2 901 955

续表（允许范围-中垂状态）

型吃水	允许范围
7.00	145 468
7.50	479 695
8.00	825 723
8.50	1 192 029
9.00	1 560 737
9.20	1 712 371
9.392	1 857 980
9.40	1 873 147

8. 基本装载情况稳性总结

序号	装载情况	排水量 /t	总载重量 /t	货、油、水/t	平均吃水 首尾吃水	KG	初稳性高度/m		K	$GZ\|_{\theta=30°}$	$\theta_{s\,max}$	θ_V	T_θ
							FS 修正前	FS 修正后					
1	空船	5 565	—	—	3.140 1.380 4.930	9.070	2.460	2.460	—	—	—	—	10.32
2	满载出港	19 710	14 145	12 400 1 341 324	9.200 8.925 9.435	7.806	1.180	1.158		0.644	33	>55	14.06
3	满载到港	18 208	12 643	12 400 134 62	8.620 8.854 8.417	8.220	0.640	0.624		0.510	37	>55	19.45
4	满载到港（加压载水 144 t）	18 352	12 787	12 400 134 62	8.670 8.670 8.670	8.215	0.645	0.570	—	—	—	—	—

（续）

序号	装载情况	排水量/t	总载重量/t	货、油、水/t	平均吃水 首尾吃水	KG	初稳性高度/m FS修正前	FS修正后	K	$GZ\|_{\theta=30°}$	$\theta_{s\,max}$	θ_V	T_θ
5	空船压载出港	8 991	3 426	— 1 341 324	4.730 3.260 6.210	7.020	2.400	2.352		2.020	53	>55	9.52
6	空船压载到港	7 489	1 924	— 134 62	4.050 3.465 4.640	7.870	2.170	2.132		1.450	52	>55	10.40
7	满载出港（装有300 t甲板货）	19 710	14 145	12 400 1 341 324	9.200 8.925 9.435	7.893	1.093	1.071		0.595	32	>55	14.66
8	满载到港（装有300 t甲板货）	18 208	12 643	12 400 134 62	8.620 8.854 8.417	8.315	0.545	0.529		0.453	36	>55	21.12
9	满载出港（结冰、装有甲板货）	18 259	12 694	12 400 134 62	8.640 8.891 8.423	8.332	0.528	0.512		0.448	35	>55	21.52

9. 加载100 t首尾吃水变化数值表

型吃水 d	排水量 Δ	No1 货舱 $x=52.83$ (m)		No2 货舱 $x=36.61$ (m)		No3 货舱 $x=7.89$ (m)		No4 货舱 $x=-13.81$ (m)		No5 货舱 $x=-54.98$ (m)		贵重货舱 $x=-68.70$ (m)	
/m	/t	δd_F/cm	δd_A/cm	δd_F/cm	δd_A/cm	δd_F/cm	δd_A/cm	δd_F/cm	δd_A/cm	δd_F/cm	δd_A/cm	δd_F/cm	δd_A/cm
3.14	5 565	23.406	-13.973	15.878	-6.343	7.464	2.185	-0.234	9.987	-14.838	24.791	-19.705	29.724
3.50	6 320	22.536	-13.246	15.333	-5.955	7.280	2.195	-0.086	9.651	-14.063	23.796	-18.720	28.510
4.00	7 380	21.680	-12.510	14.801	-5.573	7.113	2.181	0.079	9.275	-13.265	22.734	-11.713	27.219
4.50	8 480	20.984	-11.910	14.373	-5.272	6.982	2.149	0.220	8.938	-12.607	21.817	-16.882	26.109
5.00	9 600	20.435	-11.420	14.040	-5.039	6.892	2.094	0.353	8.619	-12.054	20.999	-16.188	25.124
5.50	10 730	19.991	-10.993	13.781	-4.851	6.841	2.015	0.459	8.297	-11.556	20.214	-15.570	24.185
6.00	11 860	19.673	-10.626	13.616	-4.711	6.846	1.901	0.652	7.950	-11.099	19.426	-15.015	23.250
6.50	13 050	19.429	-10.252	13.517	-4.584	6.908	1.751	0.862	7.547	-10.608	18.544	-14.430	22.208
7.00	14 240	19.224	-9.872	13.453	-4.463	7.002	1.583	1.101	7.115	-10.096	17.610	-13.827	21.107
7.50	15 440	19.023	-9.480	13.395	-4.336	7.105	1.415	1.350	6.675	-9.568	16.651	-13.206	19.982
8.00	16 660	18.742	-9.032	13.283	-4.165	7.180	1.275	1.598	6.252	-8.993	15.695	-12.524	18.841
8.50	17 920	18.322	-8.524	13.065	-3.939	7.188	1.186	1.812	5.875	-8.387	14.772	-11.786	17.736
9.00	19 200	17.807	-8.007	12.767	-3.686	7.133	1.143	1.979	5.561	-7.799	13.943	-11.058	16.736
9.20	19 710	17.589	-7.809	12.634	-3.585	7.096	1.136	2.029	5.455	-7.582	13.650	-10.786	16.381
9.392	20 205	17.381	-7.623	12.507	-3.487	7.059	1.136	2.075	5.368	-7.382	13.393	-10.533	16.068

（续）

型吃水 d /m	排水量△ /t	No1 燃油舱 x=7.64(m) 容积519 m³		No2 燃油舱 x=-3.92(m) 容积422 m³		No3 燃油舱 x=-43.81(m) 容积190 m³		No4 燃油舱 x=-31.77(m) 容积252 m³		No5 燃油舱 x=69.31(m) 容积438 m³		No1 压载水舱 x=52.22(m) 容积481 m³	
		δd_F /cm	δd_A /cm	δd_F /cm	δd_A /cm	δd_F /cm	δd_A /cm	δd_F /cm	δf_A /cm	δf_F /cm	δf_A /cm	δf_F /cm	δf_A /cm
3.14	5 565	7.375	2.275	-0.273	10.027	-10.875	20.775	-6.605	16.445	29.252	-19.898	23.189	-13.754
3.50	6 320	7.195	2.281	-0.124	9.688	-10.271	19.958	-6.183	15.821	28.131	-18.908	22.329	-13.036
4.00	7 380	7.032	2.263	0.044	9.311	-9.645	19.082	-5.742	15.146	27.021	-17.897	21.482	-12.310
4.50	8 480	6.904	2.227	0.187	8.972	-9.126	18.323	-5.375	14.556	26.119	-17.066	20.794	-11.710
5.00	9 600	6.817	2.169	0.320	8.652	-8.688	17.640	-5.059	14.019	25.401	-16.375	20.251	-11.236
5.50	10 730	6.768	2.088	0.459	8.329	-8.287	16.981	-4.764	13.495	24.813	-15.763	19.812	-10.817
6.00	11 860	6.774	1.970	0.621	7.980	-7.910	16.312	-4.474	12.956	24.376	-15.220	19.499	-10.456
6.50	13 050	6.838	1.818	0.832	7.577	-7.496	15.560	-4.141	12.344	24.020	-14.654	19.259	-10.089
7.00	14 240	6.934	1.647	1.071	7.143	-7.058	14.762	-3.784	11.693	23.706	-14.073	19.058	-9.717
7.50	15 440	7.039	1.475	1.321	6.702	-6.605	13.948	-3.413	11.029	23.393	-13.474	18.861	-9.332
8.00	16 660	7.116	1.333	1.569	6.277	-6.120	13.133	-3.023	10.371	22.982	-12.812	18.585	-8.892
8.50	17 920	7.126	1.240	1.785	5.899	-5.620	12.358	-2.637	9.756	22.404	-12.086	18.170	-8.393
9.00	19 200	7.074	1.194	1.953	5.583	-5.146	11.669	-2.287	9.218	21.721	-11.362	17.662	-7.883
9.20	19 710	7.038	1.186	2.004	5.477	-4.974	11.427	-2.163	9.030	21.436	-11.090	17.446	-7.688
9.392	20 205	7.001	1.186	2.049	5.389	-4.816	11.216	-2.051	8.869	21.166	-10.836	17.241	-7.504

型吃水 d /m	排水量△ /t	No2 压载水舱 x=31.78(m) 容积349 m³		No3 压载水舱 x=-51.83(m) 容积82 m³		尾压载水舱 x=-68.42(m) 容积124 m³		尾尖舱 x=-74.43(m) 容积165.9 m³		饮水框 x=25.5(m) 容积60.6 m³		淡水舱 x=-50.75(m) 容积230.6 m³	
		δf_F	δf_A	δf_F	δf_A	δf_F	δf_A	δf_F	δf_A	δf_F	δf_A	δf_F	δf_A
3.14	5 565	15.935	-6.404	-13.720	23.658	-19.605	29.623	-21.737	31.784	-4.380	14.191	-13.337	23.270
3.50	6 320	15.390	-6.013	-12.993	22.714	-18.625	28.414	-20.665	30.479	-4.055	13.667	-12.627	22.343
4.00	7 380	14.857	-5.628	-12.244	21.704	-17.622	27.128	-19.570	29.092	-3.710	13.097	-11.894	21.351
4.50	8 480	14.425	-5.325	-11.625	20.832	-16.794	26.022	-18.667	27.902	-3.422	12.595	-11.289	20.494
5.00	9 600	14.091	-5.090	-11.104	20.051	-16.104	25.040	-17.915	26.847	-3.170	12.134	-10.779	19.727
5.50	10 730	13.831	-4.900	-10.634	19.302	-15.488	24.104	-17.247	25.844	-2.929	11.681	-10.318	18.989
6.00	11 860	13.665	-4.759	-10.200	18.548	-14.935	23.172	-16.650	24.848	-2.684	11.208	-9.891	18.247
6.50	13 050	13.564	-4.630	-9.730	17.702	-14.352	22.134	-16.026	23.739	-2.394	10.670	-9.429	17.414
7.00	14 240	13.499	-4.506	-9.240	16.807	-13.751	21.036	-15.386	22.568	-2.078	10.095	-8.945	16.531
7.50	15 440	13.441	-4.377	-8.732	15.892	-13.132	19.914	-14.726	21.371	-1.750	9.509	-8.446	15.630
8.00	16 660	13.326	-4.204	-8.184	14.972	-12.452	18.778	-13.998	20.155	-1.410	8.933	-7.906	14.724
8.50	17 920	13.107	-3.976	-7.607	14.091	-11.717	17.676	-13.206	18.897	-1.084	8.401	-7.339	13.878
9.00	19 200	12.807	-3.721	-7.051	13.302	-10.992	16.679	-12.419	17.903	-0.797	7.941	-6.795	13.082
9.20	19 710	12.674	-3.619	-6.847	13.023	-10.720	16.326	-12.123	17.522	-0.699	7.782	-6.595	12.808
9.392	20 205	12.546	-3.520	-6.658	12.779	-10.469	16.013	-11.849	17.185	-0.610	7.464	-6.410	12.569

附录三　散装谷物船 L 轮船舶资料

1. 主要参数

表 F3 – 1

夏季排水量 Δs	32 600.0 t	夏季型吃水 ds	9.80 m
热带排水量 ΔT	34 000.0 t	热带型吃水 d_T	10.20 m
冬季排水量 Δw	31 300.0 t	冬季型吃水 dw	9.40 m
空船排水量 ΔL	8 486.55 t	空船型吃水 d_L	3.60 m
总吨位 GT	14 108	总长 L_{oa}	187.72 m
净吨位 NT	10 167	垂线间长 L_{bp}	172.0 m
空船重心高度	9.53 m	型宽 B	23.2 m
空船重心距舯	– 9.116 m	型深 D	14.2 m
船员与行李重量	10.2 t	龙骨板厚度	28 mm
船员与行李重心高度	21.0 m	设计航速 V	15.5 kn
船员与行李重心距舯	– 59.0 m	粮食重量	13.6 t
粮食重重心高度	16.0 m	粮食重重心距舯	– 74.0 m

2. 货舱容积表

表 F3 – 2

货表面距舱底 /m	No. 1 V /m	No. 1 X_g /m	No. 1 Z_g /m	No. 2、No. 3、No. 4、No. 5 V /m	No. 2、No. 3、No. 4、No. 5 X_g /m	No. 2、No. 3、No. 4、No. 5 Z_g /m	No. 6 V /m	No. 6 X_g /m	No. 6 Z_g /m
1.00	440.0	62.01	1.95	520.0	No. 2 舱	2.10	400.0	– 33.85	2.00
2.00	610.0	62.02	2.44	700.0	X_g = 41.73 m	2.65	800.0	– 33.80	2.50
3.00	1080.0	62.03	2.98	1100.0		3.20	1300.0	– 33.78	3.00
4.00	1500.0	62.04	3.40	1522.8	No. 3 舱	3.70	1800.0	– 33.75	3.50
5.00	1900.0	62.05	4.00	1990.0	X_g = 23.05 m	4.00	2250.0	– 33.72	4.05
6.00	2400.0	62.06	4.50	2400.0		4.70	2800.0	– 33.71	4.60
7.00	2880.0	62.07	5.10	2800.0	No. 4 舱	5.20	3300.0	– 33.70	5.10
8.00	3210.0	62.08	6.15	3200.0	X_g = 4.35 m	5.65	3800.0	– 33.68	5.58
9.00	3800.0	62.10	6.20	3600.0		6.10	4210.0	– 33.66	6.10
10.00	4210.0	62.18	6.80	3800.0		6.50	4600.0	– 33.64	6.50
11.00	4600.0	62.30	7.30	4300.0	No. 5 舱	6.90	4990.0	– 33.62	6.90
12.00	5000.0	62.50	7.80	4500.0	X_g = – 14.35 m	7.10	5210.0	– 33.62	7.30
13.00	5400.0	62.53	8.10	4680.0		7.60	5500.0	– 33.64	7.60
14.00	5580.0	62.54	8.30	4800.0		7.65	5610.0	– 33.66	7.70
15.00	5687.0	62.65	8.44	4839.0		7.73	5706.0	– 33.64	7.79

3. "L"轮静水力性能数据表

表 F3 – 3

吃水 d_m/m	排水量 Δ/t	厘米纵倾力矩 MTC (tm/cm)	横稳心垂向坐标 KM/m	漂心纵向坐标 X_f/m	浮心纵向坐标 X_b/mw
5.00	15 750	353.0	10.82	5.75	6.10
5.20	16 420	356.0	10.62	5.62	6.09
5.40	17 100	358.0	10.45	5.53	6.07
5.60	17 850	360.0	10.30	5.42	6.06
5.80	18 500	362.0	10.15	5.30	6.05
6.00	19 200	364.0	10.03	5.17	6.00
6.20	19 900	367.0	9.92	5.04	5.98
6.40	20 550	368.5	9.82	4.90	5.95
6.60	21 300	370.5	9.75	4.73	5.91
6.80	21 900	372.5	9.67	4.55	5.88
7.00	22 600	374.5	9.60	4.36	5.85
7.20	23 350	376.5	9.55	4.16	5.80
7.40	24 050	378.0	9.50	3.93	5.73
7.60	24 800	380.0	9.46	3.70	5.68
7.80	25 500	382.0	9.44	3.43	5.60
8.00	26 200	384.0	9.42	3.12	5.55
8.20	26 900	386.5	9.41	2.86	5.45
8.40	27 600	389.0	9.40	2.57	5.37
8.60	28 350	391.5	9.40	2.15	5.31
8.80	29 000	394.0	9.40	1.88	5.22
9.00	29 700	397.5	9.40	1.50	5.14
9.20	30 400	401.0	9.40	1.12	5.05
9.40	31 100	404.5	9.41	0.72	4.95
9.60	31 850	408.5	9.44	0.37	4.86
9.80	32 600	413.5	9.45	0.00	4.74
10.00	33 250	417.5	9.48	−0.30	4.65
10.20	34 000	422.0	9.50	−0.60	4.54

4. 最大许用倾侧力矩 Ma 表(9.81 kN·m)

表 F3 – 4

Δ \ KG_0	7.5	7.6	7.7	7.8	7.9	8.0	8.1	8.2	8.3	8.4	8.5
28 000	12 535	11 916	11 297	10 678	10 059	9 440	8 821	8 202	7 583	6 964	6 345
29 000	12 981	12 340	11 699	11 058	10 417	9 776	9 135	8 494	7 853	7 212	6 571
30 000	13 428	12 765	12 102	11 439	10 776	10 113	9 450	8 787	8 124	7 461	6 798
31 000	14 204	13 519	12 834	12 149	11 464	10 779	10 094	9 409	8 724	8 039	7 354
32 000	14 661	13 954	13 247	12 540	11 833	11 126	10 419	9 712	9 005	8 298	7 591
33 000	15 470	14 741	14 012	13 238	12 544	11 825	11 096	10 367	9 634	8 909	8 180
34 000	16 299	15 548	14 797	14 046	13 295	12 544	11 793	11 042	10 299	9 540	8 789

5. 燃油舱柜容积表

表 F3 - 5

序号	舱柜	位置（肋位）	净容积/m³	重心距基线高度/m	重心距舯距离/m	自由液面惯性矩/m⁴
1	左轻油舱	50 - 76	387.5	1.258	- 34.32	1 540.0
2	右轻油舱	50 - 76	387.5	1.258	- 34.32	1 540.0
3	左重油舱	120 - 142	382.0	1.258	23.05	1 830.0
4	右重油舱	120 - 142	382.0	1.258	23.05	1 830.0
5	左燃油舱	44 - 50	230.8	7.070	- 48.30	53.0
6	右燃油舱	44 - 50	230.8	7.070	- 48.30	53.0
7	燃油日用柜(右)	11 - 15	60.5	11.300	- 77.15	28.0
8	柴油日用柜(左)	11 - 15	14.8	12.420	- 78.09	19.5
9	柴油日用柜(左)	13 - 15	16.0	12.420	- 76.39	24.6
10	柴油沉淀柜(左)	11 - 15	50.2	10.150	- 77.25	43.0
11	燃油日用柜(中)	11 - 15	65.3	10.830	- 77.25	21.0
12	左燃油沉淀舱	47 - 50	140.4	6.650	- 47.06	40.7
13	右燃油沉淀舱	47 - 50	140.0	6.650	- 47.06	40.7
燃油舱柜总容积			2 488.2			

6. 滑油舱柜总容积表

表 F3 - 6

序号	舱柜	位置（肋位）	净容积/m³	重心距基线高度/m	重心距舯距离/m	自由液面惯性矩/m⁴
14	滑油循环舱(左)	12 - 21	28.1	1.18	- 73.54	6.0
15	滑油循环舱(右)	12 - 21	28.1	1.18	- 73.54	6.0
16	滑油储存柜(左)	16 - 22	53.7	12.95	- 72.30	30.6
17	汽缸油柜(左)	25 - 25	20.5	12.92	- 67.90	14.0
18	汽缸油柜(右)	25 - 27	20.95	12.90	- 66.29	15.6
19	滑油沉淀柜(右)	23 - 25	20.5	12.92	- 67.90	14.0
20	滑油污油柜(右)	25 - 27	20.95	12.90	- 66.29	15.6
21	透平油柜(左)	27 - 28.5	8.67	12.27	- 64.659	11.0
22	透平油柜(右)	28.5 - 30	8.9	12.27	- 63.386	11.7
滑油舱柜总容积			210.37			

7. 淡水舱柜容积表

表 F3 - 7

序号	舱柜	位置（肋位）	净容积/m³	重心距基线高度/m	重心距舯距离/m	自由液面惯性矩/m⁴
23	清水舱	199 - 207	321.0	12.97	77.83	940.0
24	饮水柜(左)	16 - 19	25.3	12.96	- 73.50	13.12
25	饮水柜(右)	19 - 22	28.4	12.95	- 70.90	17.1
26	备用清水舱(左)	4 - 9	40.0	13.10	- 81.25	27.2
27	备用清水舱(右)	4 - 9	90.5	13.22	- 81.15	194.0
淡水舱柜总容积			505.2			

8. 压载水舱容积表

表 F3 – 8

序号	舱柜	位置（肋位）	净容积/m³	重心距基线高度/m	重心距舯距离/m	自由液面惯性矩/m⁴
28	第一压载舱（首尖舱）	199 – 207	1 102	7.50	81.30	855
29	第二压载舱	164 – 199（左）	409	1.51	62.10	1 170
30	第三压载舱	164 – 199（右）	409	1.51	62.10	1 170
31	第四压载舱	142 – 164（左）	364	1.24	41.40	1 700
32	第五压载舱	142 – 164（右）	364	1.24	41.40	1 700
33	第六压载舱	98 – 120（左）	382	1.238	4.35	1 830
34	第七压载舱	98 – 120（右）	382	1.238	4.35	1 830
35	第八压载舱	76 – 98（左）	376	1.28	– 14.20	1 810
36	第九压载舱	76 – 98（右）	376	1.28	– 14.20	1 810
37	第十压载舱	22 – 50（左）	198	1.12	– 57.50	630
38	第十一压载舱	22 – 50（右）	198	1.12	– 57.50	630
39	第十二压载舱（尾尖舱）	10 – 11	256	9.60	– 82.44	480
40	第一、二边水舱	142 – 199	2 × 635	12.84	50.51	400
41	第三、四边水舱	98 – 142	2 × 680	12.57	13.70	400
42	第五、六边水舱	50 – 98	2 × 725	12.57	– 24.98	450
	压载水舱柜总容积		8 896	7.51	18.68	

9. 回油舱、污水、污油舱柜容积表

表 F3 – 9

序号	舱柜	位置	净容积	重心距基线高度	重心距舯距离	自由液面惯性矩
43	燃油回油舱	45 ~ 50	16.7	1.05	– 47.9	2.50
44	柴油回油舱	45 ~ 50	22.0	1.05	– 47.9	5.66
45	污水舱	45 ~ 50	22.0	1.05	– 47.9	5.66
46	废油舱	45 ~ 50	16.7	1.05	– 47.9	2.50

10. "L" 轮布置图

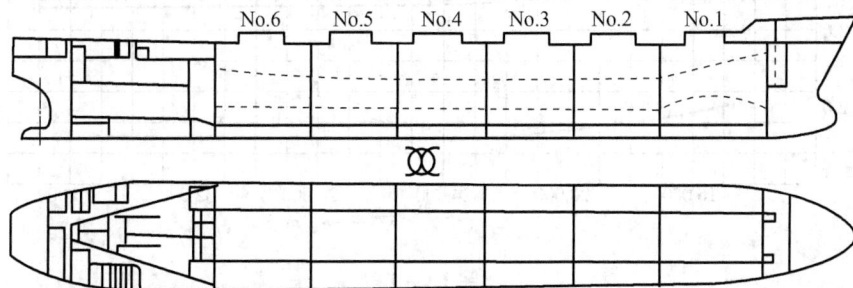

图 F3 – 1

11."L"轮进水角曲线

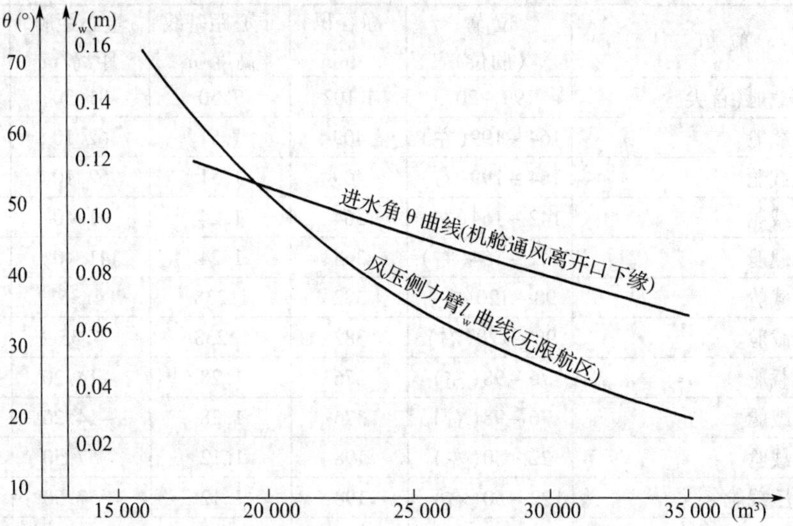

θ(°)　l_w(m)

进水角θ曲线(机舱通风离开口下缘)

风压侧力臂l_w曲线(无限航区)

图 **F3－2**

12."L"轮形状稳性力臂 KN 曲线

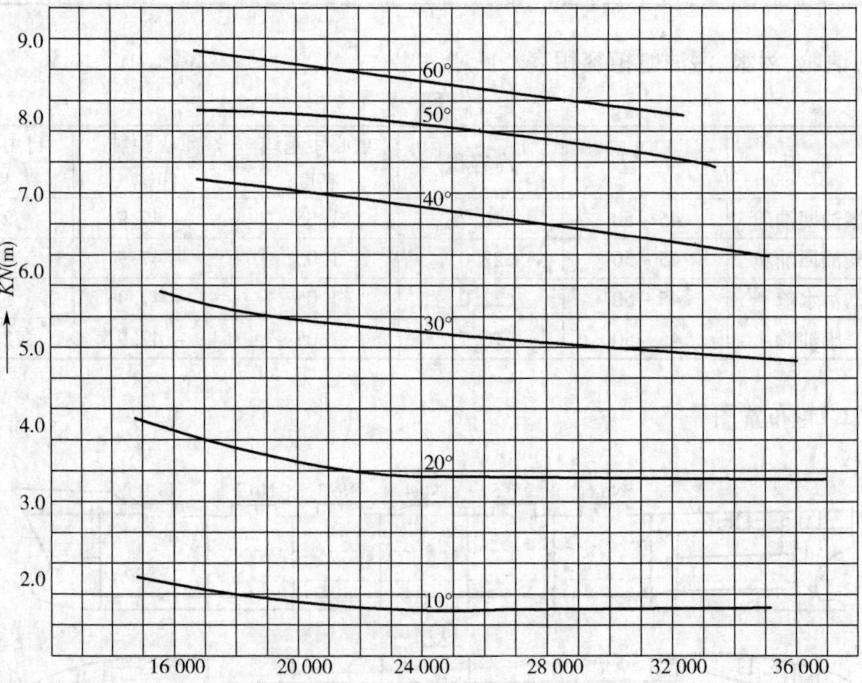

KN(m)

60°

50°

40°

30°

20°

10°

$\nabla \longrightarrow$ (m³)

图 **F3－3**

附录四　杂货船积载格式与实例

（资料以"Q"轮为例）

一、杂货船积载格式

（一）核定航次货运任务与船舶载货能力是否相适应

1. 计算航次净载重量 NDW，查取航次装货重量，并判别能否承运？

2. 查取货物总体积及船舶总舱容，并判别能否承运？

3. 船舶其他装载能力是否满足要求？

结论：

（二）确定航次货重在各货舱、各层舱的分配控制数

表 F4–1　各货舱配货重量核算表

离港别＼数量（t）＼舱别		No. 1	No. 2	No. 3	No. 4	No. 5	合计
各舱容占总值百分比（%）		9.36%	25.77%	27.87%	22.47%	14.53%	100%
各舱装载重量调整值（t）		115	314	339	274	147	
离	各舱装货重量上下限允许范围（t）	/	/	/	/	/	
港	各舱实际装货重量（t）						
离	各舱装货重量上下限允许范围（t）	/	/	/	/	/	
港	各舱实际装货重量（t）						
离	各舱装货重量上下限允许范围（t）	/	/	/	/	/	
港	各舱实际装货重量（t）						

表 F4–2　各层舱配货重量核查表

舱层及离港港别	二层舱					
	离	港	离	港	离	港
实配重量（t）/所占百分比（%）	/		/		/	

（三）确定货物的舱位和货位（货物初步配舱）

货物配舱的基本要求：（供参考）

1.为满足稳性、纵强度和吃水差的要求，各舱实配货物重量应在上、下限范围内，上、下层舱配货重量比应保持在 30% ～ 35% ;65% ~70% ;

2.合理确定不同货物的舱位和货位；

3.忌装货物之间应进行妥善隔离；

4.无重货压轻货,易碎品受压现象；

5.各舱室实际配货体积至少需小于该舱舱容 20 m^3 ;

6.满足装卸顺序要求,先卸港货不被后卸港货堵住；

7.各卸港货物的装载左右均衡,船舶无初始横倾角。

（四）对初配方案进行全面核查

表 F4 – 3　各货舱配货容积核查表

舱别 项 目	No. 1		No. 2		No. 3		No. 4		No. 5			合 计 /m^3
	二层舱	底 舱	二层舱	底 舱	二层舱	底 舱	二层舱	底 舱	贵重舱	二层舱	底 舱	
货舱容积/m^3	1 030	804	1 789	3 260	1 630	3 830	1 312	3 090	259	1 461	1 126	19 591
配货体积/m^3												

（五）离始发港状态下船舶的稳性、纵向受力和吃水差的核查与调整

表 F4 – 5　船舶载荷力矩计算表

项 目		重量 P_i /t	重心高度 Z_i /m	重心距舯距离 X_i/m		垂向重量力矩 P_iZ_i /(t·m)	纵向重量力矩 P_iX_i(t·m)		载荷对舯弯矩 |P_iX_i| /(t·m)	自由液面倾侧力矩ρi_x /(t·m)	备注
				舯前 +	舯后 –		舯前 +	舯后 –			
货 物	No. 1 二层舱		11.85	53.18							
	底 舱		6.97	52.38							
	No. 2 二层舱		11.42	32.18							
	底 舱		5.51	31.30							
	No. 3 二层舱		11.18	8.0							
	底 舱		5.35	7.85							
	No. 4 二层舱		11.17		13.87						
	底 舱		5.37		13.79						
	No. 5 二层舱		11.54		55.55						
	底 舱		7.24		54.25						
	小 计										
油	No. 1 燃油舱(左)	203	0.77	7.61		156	1 545		1 545		
	No. 1 燃油舱(右)	253	0.76	7.61		192	1 941		1 941		
	No. 2 燃油舱(左)	164	0.77		13.88	126		2 276	2 276		
	No. 2 燃油舱(右)	206	0.76		13.95	157		2 874	2 874		
	燃油深舱(左)	83	6.25		43.81	819		3 636	3 636		
	燃油深舱(右)	83	6.25		43.81	519		3 636	3 636		
	燃油沉淀舱(左)	49.5	7.12		43.85	352		2 171	2 171		
	燃油沉淀舱(右)	49.5	7.12		43.85	352		2 171	2 171		

表 F4 −5（续）

项目		重量 P_i /t	重心高度 Z_i /m	重心距舯距离 X_i/m 舯前 +	重心距舯距离 X_i/m 舯后 −	垂向重量力矩 P_iZ_i /(t·m)	纵向重量力矩 P_iX_i(t·m) 舯前 +	纵向重量力矩 P_iX_i(t·m) 舯后 −	载荷对舯弯矩 $\lvert P_iX_i\rvert$ /(t·m)	自由液面倾侧力矩 ρi_x /(t·m)	备注
油	燃油日用柜(左)	25	10.76		13.85	269		346	346		
	燃油日用柜(右)	21	10.64		44.00	223		924	924		
	柴油舱(左)	94	1.01		30.78	95		95	95		
	柴油舱(右)	116	1.02		32.57	118		118	118		
	柴油日用柜(左)	12	10.70		39.35	128		472	472		
	柴油日用柜(右)	12	10.70		39.35	128		472	472		
	柴油沉淀柜	33	10.73		41.51	353		1370	1370		
	滑油循环舱	20	1.32		37.60	26		752	752		
	滑油储存柜	17	10.70		43.29	182		736	736		
	汽缸油柜(左)	7.5	10.70		43.85	80		329	329		
	汽缸油柜(右)	6.5	10.62		43.95	69		286	286		
	污滑油舱	25	0.67		34.50	17		863	863		
	小　计	1480				4 061	3 486	23 527	27 013		
淡水	饮水机	60	11.10		25.50	666		1 530	1 530		
	淡水舱(左)	101	3.32		50.80	335		5 131	5 131		
	淡水舱(右)	129	3.27		50.69	422		6 539	6 539		
	锅炉水舱	19	1.07		40.31	20		766	766		
	汽缸冷水舱	13	0.92		27.40	12		356	356		
	小　计	322				1 455		14 322	14 322		
其他	粮　食	8	10.8		34.0	86		272	272		
	船员和行李	10	15.5		30.0	155		300	300		
	备　品	10	13.0	15.0		130	150		150		
	船舶常数	220	10.8		0.0	2 376		0	0		
	小　计	248				2 747	150	572	722		
空　船		5 565.0	9.07		− 8.63	50 475.0		48 026.0			
合　计											

从船舶资料中查取：

查表引数(排水量)	d_m/m	X_b/m	MTC/(tm/cm)	KM/m	GMc/m

1.1　计算离＿＿＿＿＿＿＿港(出发港)时的吃水差 t：

$$X_g = \frac{\sum P_x X_i}{\Delta} =$$

$$t = \frac{\Delta(X_g - X_b)}{100MTC} =$$

调整(若需要)：

1.2 核算船舶离_____港(出发港)时的纵强度:

$| \sum P_i X_i | =$

查船舶强度曲线图,船舶处于_____状态

调整(若需要):

1.3 计算船舶离_____港(出发港)时 GM 值,判别稳性是否符合要求:

$$KG_0 = \frac{\sum P_i Z_i}{\Delta} =$$

$\delta GM_f =$

$GM = KM - KG_0 - \delta GM_f =$

$GM_c + 0.2 =$ $\qquad \because GM \quad GM_c + 0.20$

结论:

调整(若需要):

1.4 横摇周期计算:

$$T_\theta = 0.58 f \sqrt{\frac{B^2 + 4KG^2}{GM}} \quad (s)$$

2.1 计算到_____港(中途港)时的吃水差 t(油、水消耗方案自己拟定,以下同):

$$X_g = \frac{\sum P_i X_i}{\Delta} =$$

$$t = \frac{\Delta(X_g - X_b)}{100MTC} =$$

调整(若需要):

2.2 核算船舶到_____港(中途港)时的纵强度:

$| \sum P_i X_i | =$

查船舶强度曲线图,船舶处于_____状态

调整(若需要):

2.3 计算船舶到_____港(中途港)时 GM 值,判别稳性是否符合要求:

$$KG_0 = \frac{\sum P_i Z_i}{\Delta} =$$

$\delta GM_f =$

$GM = KM - KG_0 - \delta GM_f =$

$GM_c + 0.2 =$ $\qquad \because GM \quad GM_c + 0.20$

结论:

调整(若需要):

2.4　横摇周期计算:

$$T_\theta = 0.58f \sqrt{\frac{B^2 + 4KG^2}{GM}} \ (\text{s})$$

3.1　计算离_____港(中途港)时的吃水差 t:

$$X_g = \frac{\sum P_i X_i}{\Delta} =$$

$$t = \frac{\Delta(X_g - X_b)}{100MTC} =$$

调整(若需要):

3.2　核算船舶离_____港(中途港)时的纵强度:

$$|\sum P_i X_i| =$$

查船舶强度曲线图,船舶处于_____状态

调整(若需要):

3.3　计算船舶离_____港(中途港)时 GM 值,判别稳性是否符合要求:

$$KG_0 = \frac{\sum P_i Z_i}{\Delta} =$$

$$\delta GM_f =$$

$$GM = KM - KG_0 - \delta GM_f =$$

$$GM_C + 0.2 = \qquad\qquad\qquad\qquad \because GM \quad GM_C + 0.20$$

$$\qquad\qquad\qquad\qquad\qquad\qquad\qquad\qquad 结论:$$

调整(若需要):

3.4　横摇周期计算:

$$T_\theta = 0.58f \sqrt{\frac{B^2 + 4KG^2}{GM}} \ (\text{s})$$

4.1　计算到_____港(目的港)时的吃水差 t:

$$X_g = \frac{\sum P_i X_i}{\Delta} =$$

$$t = \frac{\Delta(X_g - X_b)}{100MTC} =$$

调整(若需要):

4.2　核算船舶到_____港(目的港)时的纵强度:

$$|\sum P_i X_i| =$$

查船舶强度曲线图,船舶处于_____状态

调整(若需要):

4.3   计算船舶到_____港(目的港)时 GM 值,判别稳性是否符合要求:

$$KG_0 = \frac{\sum P_i Z_i}{\Delta} =$$

$$\delta GM_f =$$

$$GM = KM - KG_0 - \delta GM_f =$$

$$GM_C + 0.2 = \qquad\qquad\qquad\qquad \because GM \quad GM_C + 0.20$$

结论:

调整(若需要):

4.4   横摇周期计算:

$$T_\theta = 0.58f \sqrt{\frac{B^2 + 4KG^2}{GM}} \text{ (s)}$$

(六)绘制正式积载图

二、杂货船积载实例

"Q"轮第 038 航次计划于 11 月 10 日在上海港拟承运下列"装货清单"(表 F4-7)所列货物,经苏伊士运河开往英国的伦敦和德国的汉堡港。全航程中船舶吃水无水深限制,船舶航速 17.5 kn,船舶在始发港补足油水,无中途油水补给计划。船舶各液舱油水等储备量见"续表 F4-5","Q"轮其他详细资料见本教材附录二。试编制本航次积载计划。

表 F4-7   装货清单

关单号码 S/O No.	件数及包装 No. of PKGS	货 名 Description	重量/t Weight in metric tons	估计体积/m³ Estimated space in cu. m	目的港	备 注 Remarks
S/O 1	32500 cases	Hard ware 五金	1300	1020	London	
S/O 2	36667 ctns	Porcelain 瓷器	1100	3100	London	no pressing
S/O 3	82000 bags	Sodium nitrate 亚硝酸钠	400	480	London	Dangerous cargo class 5. 1
S/O 4	26428 bags	Sunflower seed 葵花籽	1000	3000	London	
S/O 5	550 ctns	Canned goods 罐头	1100	1890	Hamburg	
S/O 6	3240 rolls	Newsprint paper 新闻纸	810	2187	Hamburg	
S/O 7	In bulk	Dead burned magnesite 重烧镁	3000	2400	Hamburg	
S/O 8	1600 drums	Hog casing 肠衣	500	950	Hamburg	Away from heat stow below waterline
S/O 9	426 sheet	Steel plate 钢板	1500	765	Hamburg	
Total	183411		10710	15792		

（一）核定航次货运任务与船舶载货能力是否相适应

1. 计算航次净载重量 NDW,查取全船货舱总容积（包装舱容）

由开航日期查载重线海图得知本航次应使用夏季载重线,查得 $\Delta_s = 19\ 710$ t,根据续表 F4-5 所示得到 $\sum G = 1\ 830$ t,$C = 220$ t,从而

$$NDW = \Delta_s = \Delta_L - \sum G - C = 19\ 710 - 5\ 565 - 1\ 830 - 220 = 12\ 095 \text{ t}$$

查取全船货舱包装总舱容 $\sum V_{ch} = 19\ 332$ m^3。

2. 审核装货清单所列货物

经审核,装货清单所列货物总重 $\sum Q = 10\ 710$ t,包括亏舱的货物总体积为 $\sum V_c = 15\ 792$ m^3。

3. 比较船舶的载货能力是否满足航次货运任务的要求

本航次计划货载中有少量特殊货物,其中有易碎品:瓷器(s/o2);危险货:亚硝酸钠(s/o3);怕热货:肠衣(s/o8)。根据本船情况,上述特殊货物可以承运。

由以上计算和分析可知,本船本航次载货能力大于货运任务,并初步判定货物的装运条件基本上可以满足,可以承运装货清单所列全部货物。

（二）确定航次货重在各货舱、各层舱的分配控制数

表 F4-8　各货舱配货重量核算表

港别	舱别　数量(t)	No.1	No.2	No.3	No.4	No.5	合计
	各舱容占总值百分比/%	9.36%	25.77%	27.87%	22.47%	14.53%	100%
	各舱装载重量调整值/t	115	314	339	274	147	
离上海港	各舱装货重量上下限允许范围/t	1 117/887	3 074/2 446	3 324/2 646	2 681/2 132	1 703/1 409	
	各舱实际装货重量/t	984	2 787	3 000	2 360	1 579	10 710

表 F4-9　各层舱配货重量核查表

舱层及离港港别	二　层　舱	
	离　上　海　港	离　　港
实物重量/所占百分比	3 567/33.3%	/

本船底舱和二层舱货物分配比例为 66.7% 和 33.3%,即二层舱配货 3 567 吨,底舱配货 7 143 吨。

三、确定货物的舱位和货位(货物配舱)

1. 按港口和货物性质对货物分类和归纳

（1）伦敦货物港货物:共计 3 800t/7 600 m^3,4 票。其中有特殊货物怕压货物:瓷器 1 100 t/3 100 m^3;危险货物:亚硝酸钠 400 t/480 m^3,其他都为普通货物。

(2)汉堡港货物:共计 6 910 t/8 192 m³。其中特殊货物有怕热货:肠衣 500 t/950 m³,其他都为普通货物。

2. 配货整体思路

(1)本航次中间港口(伦敦港)货物 3 800 t/7 600 m³,末港货物 6 910 t/8 192 m³,因两港之间距离较近,可将伦敦港大部分货物配装于二层舱,汉堡港大部分货物则配装于底舱。

(2)本航次批量较大的货物应分装于几个舱内,便于货物的轻重搭配。

(3)瓷器属于易碎品,应配装于二层舱或底舱舱口下面,其他货物的上面,尽量后装先卸。

(4)亚硝酸钠为第 5 类危险货物,和其他货物配装时要注意隔垫。

(5)肠衣为怕热货,配装于远离机舱且在水线以下舱位。

(6)其他一般货物可按照轻重搭配及不同到港的要求,分布于各舱中。

(7)配装时,适当考虑二层舱和底舱的配货比例,以取得适当的船舶稳性,另外,对伦敦港卸货以后货物重量在各舱的分布也要给予考虑,以保证卸货后船舶保证安全的航行性能。

3. 各舱配货结果见配载图,实际配载中,应先拟定配载方案,然后根据核查结果,待调整以后给出正式配载图。

四、对初配方案进行全面核查

1. 检查各舱货物的配置情况

各舱货物的配置,基本副歌各项配装原则,货物搭配基本适当,无货物互抵及舱位选择不当情况。

2. 检查装货清单所列货物是否全部配入

经核查,装货清单所列货物已全部配入,无漏配重配现象,其重量和体积与装货清单所列完全一致,没有差错。

3. 核查卸货港港序是否满足

由配载图可知,伦敦港的货物大多配装于二层舱,只有少部分货物配装于底舱上层,因此,伦敦港的货物能够顺利卸出,不会发生倒载现象。

另外,两港货物均分别配装于各个货舱中,这样有利于货物多头作业,以减少船舶在港停泊时间。

4. 核查各舱配货重量及体积

各货舱所装货物重量在表 F4-11,各舱所装货物的体积见表 F4-10。

表 F4-10 各货舱配货容积核查表

舱别 项 目	No. 1		No. 2		No. 3		No. 4		No. 5			合 计 /m³
	二层舱	底 舱	二层舱	底 舱	二层舱	底 舱	二层舱	底 舱	贵重舱	二层舱	底 舱	
货舱容积	1 030	804	1 789	3 260	1 630	3 830	1 312	3 090	259	1 461	1 126	19 591
配货体积	1 000	780	1 755	2 276	1 580	3 180	619	2 257	230	1 400	715	15 792

五、离始发港状态下船舶的稳性、纵向受力和吃水差的核查与调整

1. 核算船舶离上海港时的稳性、吃水差、纵强度

(1)列表计算船舶重量、重心及对船中载荷弯矩

根据初配方案中各舱装货重量,列表计算船舶排水量、垂向重量力矩、纵向重量力矩、对船中

载荷弯矩、自由液面倾侧力矩及船舶重心距基线高度、船舶重心距船中距离和自由液面修正值。

表 F4 –11　船舶载荷力矩计算表

项　目	重量 P_i /t	重心高度 Z_i /m	重心距舯距离 X_i/m		垂向重量力矩 P_iZ_i /(t·m)	纵向重量力矩 P_iX_i(t·m)		载荷对舯弯矩 $|P_iX_i|$ /(t·m)	自由液面倾侧力矩 ρi_x /(t·m)	备注
			舯前 +	舯后 -		舯前 +	舯后 -			
No. 1 二层舱	354	11.85	53.18		4 195	18 826		18 826		
底　舱	630	6.97	52.38		4 391	33 000		33 000		
No. 2 二层舱	1 317	11.42	32.18		15 040	42 381		42 381		
底　舱	1 470	5.51	31.30		8 100	46 011		46 011		
No. 3 二层舱	767	11.18	8.0		8 575	6 136	6 136			
底　舱	2 233	5.35	7.85		11 946	17 529		17 529		
No. 4 二层舱	550	11.17		13.87	6 143		7 628	7 628		
底　舱	1 810	5.37		13.79	9 720		24 960	24 960		
No. 5 二层舱	579	11.54		55.55	6 682		32 163	32 163		
底　舱	1 000	7.24		54.25	7 240		54 250	54 250		
小　计	10 710				82 032	163 883	119 001	282 884		
No. 1 燃油舱(左)	203	0.77	7.61		156	1 545		1 545		
No. 1 燃油舱(右)	253	0.76	7.61		192	1 941		1 941		
No. 2 燃油舱(左)	164	0.77		13.88	126		2 276	2 276		
No. 2 燃油舱(右)	206	0.76		13.95	157		2 874	2 874		
燃油深舱(左)	83	6.25		43.81	819		3 636	3 636		
燃油深舱(右)	83	6.25		43.81	519		3 636	3 636		
燃油沉淀舱(左)	49.5	7.12		43.85	352		2 171	2 171		
燃油沉淀舱(右)	49.5	7.12		43.85	352		2 171	2 171		
燃油日用柜(左)	25	10.76		13.85	269		346	346		
燃油日用柜(右)	21	10.64		44.00	223		924	924		
柴油舱(左)	94	1.01	30.78		95	95		95		
柴油舱(右)	116	1.02	32.57		118	118		118		
柴油日用柜(左)	12	10.70		39.35	128		472	472		
柴油日用柜(右)	12	10.70		39.35	128		472	472		
柴油沉淀柜	33	10.73		41.51	353		1 370	1 370		
滑油循环舱	20	1.32		37.60	26		752	752		
滑油储存柜	17	10.70		43.29	182		736	736		
汽缸油柜(左)	7.5	10.70		43.85	80		329	329		
汽缸油柜(右)	6.5	10.62		43.95	69		286	286		
污滑油舱	25	0.67		34.50	17		863	863		
小　计	1 480				4 061	3 486	23 527	27 013		
饮 水 机	60	11.10		25.50	666		1 530	1 530		
淡水舱(左)	101	3.32		50.80	335		5 131	5 131		
淡水舱(右)	129	3.27		50.69	422		6 539	6 539		
锅 炉 水 舱	19	1.07		40.31	20		766	766		
汽缸冷水舱	13	0.92		27.40	12		356	356		
小　计	322				1 455		14 322	14 322		

表 F4 – 11(续)

项目		重量 P_i/t	重心高度 Z_i/m	重心距舯距离 X_i/m 舯前+	舯后-	垂向重力矩 P_iZ_i/(t·m)	纵向重量力矩 P_iX_i(t·m) 舯前+	舯后-	载荷对舯弯矩 $\|P_iX_i\|$/(t·m)	自由液面倾侧力矩 ρi_x/(t·m)	备注
其他	粮　　食	8	10.8		34.0	86		272	272		
	船员和行李	10	15.5		30.0	155		300	300		
	备　　品	10	13.0	15.0		130	150		150		
	船舶常数	220	10.8		0.0	2 376	0		0		
	小　　计	248				2 747	150		572	722	
空　　船		5 565.0	9.07		– 8.63	50 475.0		48 026.0			
合　　计											

(2)查取有关静水力参数

根据船舶离开海港的排水量,邮静水力参数表及临界稳性高度曲线图中查取有关数据,如下表:

查表引数(排水量)	d_m/m	X_b/m	MTC/(tm/cm)	KM/m	GMc/m
18 325	8.66	– 0.96	219	8.86	0.60

(3)计算初稳性高度、横摇周期及吃水差、校核总纵强度。

①计算并校核稳性

$$X_g = \frac{\sum P_i X_i}{\Delta} = 7.68 \text{ m}$$

未经自由液面修正的初稳性高度为:

$$GM_1 = KM_1 - KG_1 = 8.86 - 7.68 = 1.18 \text{ m}$$

经过自由液面修正后的初稳性高度

$$G_0M_1 = GM_1 - \delta GM_{fl} = 1.18 - 0 = 1.18 \text{ m}$$

查找船舶最小许用初稳性高度曲线得到船舶在离开上海港时的最小初稳性高度为

$$GM_c = 0.6 \text{ m}$$

所以

$$G_0M_1 > GM_c + 0.2$$

②计算横摇周期

$$T_{\theta 1} = 0.58f \sqrt{\frac{B^2 + 4KG^2}{GM_1}} = 14 \text{ s}$$

③计算吃水差

$$t = \frac{\Delta(X_g - X_b)}{100MTC} = \frac{18\,325(-2.07 + 0.96)}{100 \times 219} = -0.93 \text{ m}$$

④核算船舶离港时的纵强度

$$\left| \sum P_i X_i \right| = 310\,619 \times 9.81 \text{ kn·m}$$

查船舶强度曲线表,船舶处于中拱有利状态

结论：

由以上计算可知：经过初配后的船舶稳性、吃水差和船舶强度都符合要求。

2. 核算船舶到达伦敦港时的稳性、吃水差和总纵强度

（1）根据上海到伦敦的航程、船舶航速及油水消耗定额并考虑消耗天数，经计算得到船舶到达伦敦港时油水存量如下表所示：

表 F4 – 13

项目	重量/t	垂向重量力矩 (9.81 kn.m)	纵向重量力矩 (9.81 kn.m)		对船中载荷弯矩	自由液面力矩 (9.81 kn.m)
油舱	430	1 240	5 314		19 980	302
淡水舱	20	90		890	890	
其他	15	157		180	180	
合计	465	1 487	4 224		21 050	302

（2）计算船舶到达伦敦港时的排水量、垂向重量力矩、纵向重量力矩、载荷对船中弯矩、重心据基线高度、重心距船中距离、自由液面倾侧力矩和它对初稳性高度的影响。

表 F4 – 14

项目	重量/t	重心基线距离	重心距中距离		垂向重量力矩	纵向重量力矩 (9.81 kn·m)		对中载荷弯矩	自由液面倾侧力矩
			船中前	船中后		船中前	船中后		
货物合计	10 710				82 032	44 882		282 884	
其他合计	6 250				54 338		70 478	21 050	302
合计	16 960	8.04			136 370		25 592	303 934	302

（3）查取有关静水力参数

根据船舶抵达伦敦港时的排水量，查取静水力参数表和临界稳性高度曲线图中查得有关数据如下表所示。

表 F4 – 15

名称	排水量	平均吃水	横稳心距基线高度	浮心距船中距离	漂心距船中距离	每厘米吃水吨数	厘米纵倾力矩	临界稳性
数值	16 960 t	8.12 m	8.77 m	– 0.651 m	– 4.46 m	24.75 t/cm	207.88	0.32 m

（4）计算船舶到达伦敦港时的稳性、吃水差

①未经自由液面修正的初稳性高度

$$GM_2 = KM_2 - KG_2 = 8.77 - 8.04 = 0.73 \text{ m}$$

经过自由液面修正后的初稳性高度

$$G_0M_2 = GM_2 - \frac{\delta\rho i_x}{\Delta_2} = 0.73 - \frac{302}{16\ 960} = 0.71\ \text{m}$$

②计算横摇周期

$$T_{\theta 1} = 0.58f \sqrt{\frac{B^2 + 4KG^2}{GM_1}} = 18\ \text{s}$$

(3)吃水差

$$t_2 = \frac{\Delta_2(x_{g2} - x_{b2})}{100MTC} = \frac{16\ 960 \times (-1.5 + 0.651)}{100 \times 207.88} = -0.7\ \text{m}$$

(4)查取船舶载荷曲线

由 $d_{m2} = 8.12$ m 和 $\sum P_i X_i = 303\ 934 \times 9.81$ kn.m 查强度曲线图可知,船舶到达伦敦港的总纵强度处于中供有利范围之内。

3.核算船舶到达汉堡港时的稳性、吃水差和总强度

由于伦敦港到汉堡港之间航程短,途中油水消耗数量少,对船舶稳性、吃水差和纵强度影响不大,故对到达港(汉堡)状态核算不再赘述。

(六)绘制正式积载图

中国远洋运输公司
CHINA OCEAN SHIPPING COMPANY
货物积载图
STOWAGE PLAN

船名(M.V/S.S) ____ Q轮
航次(VOY.) 038 自(FROM) SHA 至(TO) LONDON
水尺(DRAFT): 首(F.) 8.16 后(A.) 9.09 平均(M.) 8.66

舱位	底舱	二层舱	甲板	总计件数/吨数
第一舱	630	354		11950/984
第二舱	1470	1317		32017/2787
第三舱	2233	767		108424/3000
第四舱	1810	550		11631/2360
第五舱	1000	579		19385/1579
总计	7143	3567		183411/10710

卸港	第一舱	第二舱	第三舱	第四舱	第五舱	甲板	总计
伦敦	354	1117	1400	350	579		3800
汉堡	630	1670	1600	2010	1000		6910
总计	984	2787	3000	2360	1579		10710

NO. 1

L S/O ② 瓷器 354t 11800ctns
H S/O ⑤ 罐头 300t 150ctns
H S/O ⑦ 重烧镁 330t 265m³

NO. 2

L S/O ② 瓷器 167t 5567ctns
L S/O ① 五金 950t 23750C/S
H S/O ⑥ 新闻纸 200t 800rolls
H S/O ⑤ 罐头 600t 300ctns
H S/O ⑦ 重烧镁 370t 296m³
H S/O ⑧ 肠衣 500t 1600drums

NO. 3

L S/O ④ 葵花籽 367t 8810bags
L S/O ③ 亚硝酸钠 400t 82000bags
L S/O ④ 葵花籽 633t 17618bags
H S/O ⑦ 重烧镁 1600t 1280m³

NO. 4

L S/O ① 五金 350t 8750C/S
H S/O ⑤ 罐头 200t 100ctns
H S/O ⑥ 新闻纸 610t 2440rolls
H S/O ⑨ 钢板 1200t 341sheet

NO. 5

L S/O ② 瓷器 497t 16567ctns t 2733ctns
H S/O ⑦ 重烧镁 700t 560m³
H S/O ⑨ 钢板 300t 85sheet

备注 1. 吊杆负荷量5吨; 2.申请理货; 3.No.1、No.2、No.3舱中重烧镁上面铺塑料布; 4.No.2舱肠衣:面铺塑料布; 5.No.3二层舱葵花籽上面铺帆布。No.2舱二层舱新闻纸上铺塑料布。

大副签章（SIGNATURE OF C/O.）

附录五　　散粮船积载格式

一、CCS 制定的稳性衡计算书

（资料以"L"轮为例）

表 F5 - 1　装载情况(谷物重量：吨积载因素：m³/t)

项　目	质　量 P	重心垂向坐标	垂向力矩 ΣPZ	重心纵向坐标	纵向力矩 船中前	纵向力矩 船中后	谷物体积 倾侧力矩	自由 液面矩
	t	m	9.81 kN · m	m	9.81 kN · m		m⁴	9.81 kN · m
空船	8 486.55	9.656	76 924.8	-9.713		-77 380		
船员备品	10.2	21.0	214.0	-59		-602		
粮食	13.6	16.0	218.0	-74		-1 005		
燃油	2 283.2	4.223	9 642.5	-26.96		-61 554		
淡水	374.7	12.965	4 858.0	56.481	21 163			
小计	10 648.6		91 858			-119 378		
货舱								
第一货舱								
第二货舱								
第三货舱								
第四货舱								
第五货舱								
第六货舱								
小计								
总　计								

查取资料并计算填表

表 F5 - 2

平均吃水　dm		m	自由液面修正值　δGM	m
浮心纵向坐标　Xb		m	修正后重心高度　KG_0	m
厘米纵倾力矩　M.T.C		×9.81 kN · m/ cm	修正后初稳性高度　GM_0	m
吃水差　t		m	许用倾侧力矩　Ma	×9.81 kN · m
横稳心垂向坐标　KM		m	计算倾侧力矩　Mu	×9.81kN · m
重心垂向坐标　KG		m	如 Mu < Ma,符合要求	
初稳性高度　GM		m	如不符合,则采取措施:	

表 F5 − 3

θ	10°	20°	30°	40°	50°	60°
KN(m)						
$\sin \theta$						
$KG \times \sin \theta$(m)						
$GZ = KN - KG \times \sin \theta$						

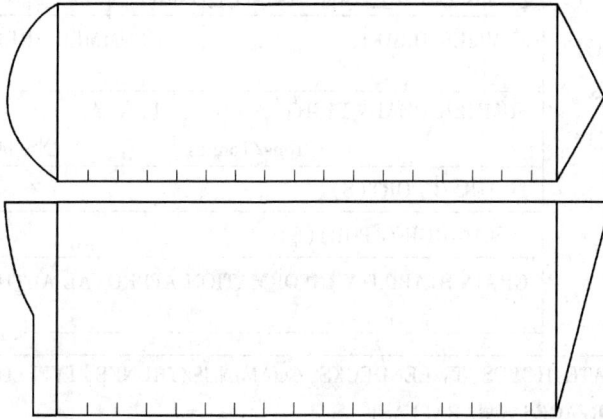

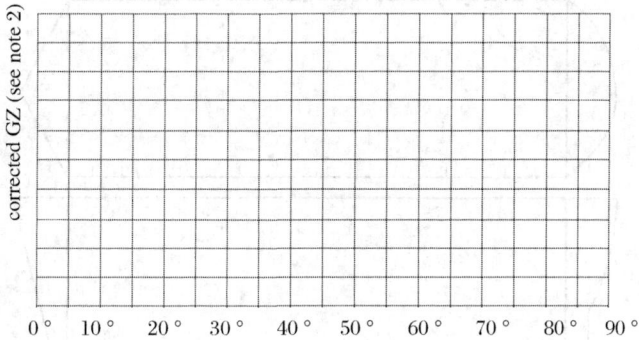

表 F5 − 4　θ_m 前剩余稳性面积计算

	$GZ - \lambda H$	辛氏系数	乘　积
	(1)	(2)	(1) × (2)
a		1	
b		4	
c		2	
d		4	
e		2	
f		4	
g		1	
$\sum$			

$\lambda_0 = M_u / \Delta =$ 　　　　　　　(m)

$\lambda_{40} = 0.8 \times \lambda_0 =$ 　　　　　(m)

$S =$ 　　　　　　(m·rad)

如 S > 0.075 (m·rad),符合要求。

结论:

二、澳大利亚装载散装谷物船舶的稳性衡准计算表

运 输 部
(DEPARTMENT OF TRANSPORT)

CALCULATION OF STABILITY FOR SHIPS LOADING BULK GRAIN	PORT OF REGISTRY			
	OFFICIAL UNMBER			
	TYPE OF SHIP □Bulk carrier □Tween Decker □Tanker □Other_Specify			
	SUMMER DRAFT		SUMMER FREE BOARD	
	SUMMER DEADWEIGHT　　　Tons/Tonnes	F. W. A.　INS/MMS		T. P. CM T. P. I
	LOADING PORT(S)			
	DISCHARGING PORT(S)			
	GRAIN STABILITY INFORMATION APPROVAL AUTHORITY AND DATE			

CARGO PLAN: INDICATE HOLDS, TWEENDECKS, COAMINGS/TRUNKS, TYPE OF GRAIN, SECURED AND UNSECURED SURFACES AND BALLAST

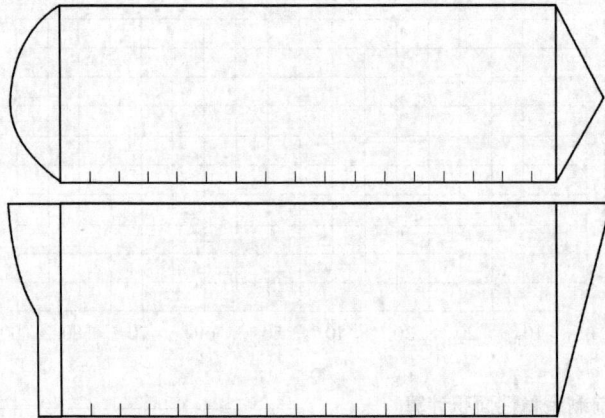

DEPARTURE CONDITION		
CREW & STORES (CONSTANT)	BALLAST	
BUNKERS	CARGO	
FRESH WATER		Tons
DRAFT　F　A　M　Ft/m	TOTAL DEADWEIGHT	Tonnes

I CERTIFY THAT THE CALCULATIONS SHOWN ON THIS DOCUMENT INDICATE THE WORST STABILITY CONDITION THAT WILL BE EXPERIENCED DURING THE VOYAGE AND THAT THE INFORMATION GIVEN IN THIS DOCUMENT IS CORRECT.

_____　　_____　　_____
　　　　DATE　　　　　　　　　　PORT　　　　　　　　　MASTER

START HERE

IS SHIP SUPPLIED WITH APPROVED DOCUMENTATION UNDER IMCO RESOLUTIONS 184 OR 264 OR SOLAS 1974 PART A7 (i.e. ANGLE OF HEEL LESS THAN 12°) ?

NO → IS SHIP SUPPLIED WITH APPROVED DOCUMENTATION AS SPECIALLY SUITABLE SHIP UNDER SOLAS 1960 REGULATION 12 SOLAS 1974 PART B (V) (c)? (i.e. ANGLE OF HEEL LESS THAN 5°)

NO → IS YOUR SHIP A TANKER AND NO APPROVED SCHEME OF LOADING IS PROVIDED?

NO → IS YOUR SHIP AN "EXISTING" SHIP AND NO APPROVED SCHEME OF LOADING IS PROVIDED?

COMPLETE TABLES 1, 2, 4, 6 AND 12

Branch from first question (YES):

YES → IS SHIP PROVIDED WITH ALLOWABLE HEELING MOMENT CURVE OR TABLE?

YES → COMPLETE TABLES 1, 2, 3, 4, 5, 6 AND 7 CALCULATION COMPLETED

NO → COMPLETE TABLES 1, 2, 3, 4, 5, 6 AND 8

FOR THIS CONDITION IS GZ CURVE OF NORMAL FORM AND DO MAXIMUM GZ AND FLOODING ANGLE OCCUR AT ANGEL OF HEEL GREATER THEN 40° ?

YES → COMPLETE TABLE 9 CALCULATION COMPLETED

NO → COMPLETE TABLE 10 CALCULATION COMPLETED

Branch from second question (YES):

YES → IS SHIP PROVIDED WITH ALLOWABLE HEELING MOMENT CURVE OR TABLE?

YES → COMPLETE TABLES 1, 2, 3, 4, 6 AND 7 CALCULATION COMPLETED

NO → COMPLETE TABLES 1, 2, 3, 4, 6, AND 11 CALCULATION COMPLETED

Branch from third question (YES):

YES → COMPLETE TABLES 1, 2, 3, 4, 6, 12 AND 8

FOR THIS CONDITION, IS GZ CURVE OF NORMAL FORM AND DO MAXIMUM GZ AND FLOODING ANGLE OCCUR AT ANGLE OF HEEL GREATER THEN 40°?

YES → COMPLETE TABLE 9 CALCULATION COMPLETED

NO → COMPLETE TABLE 10 CALCULATION COMPLETED

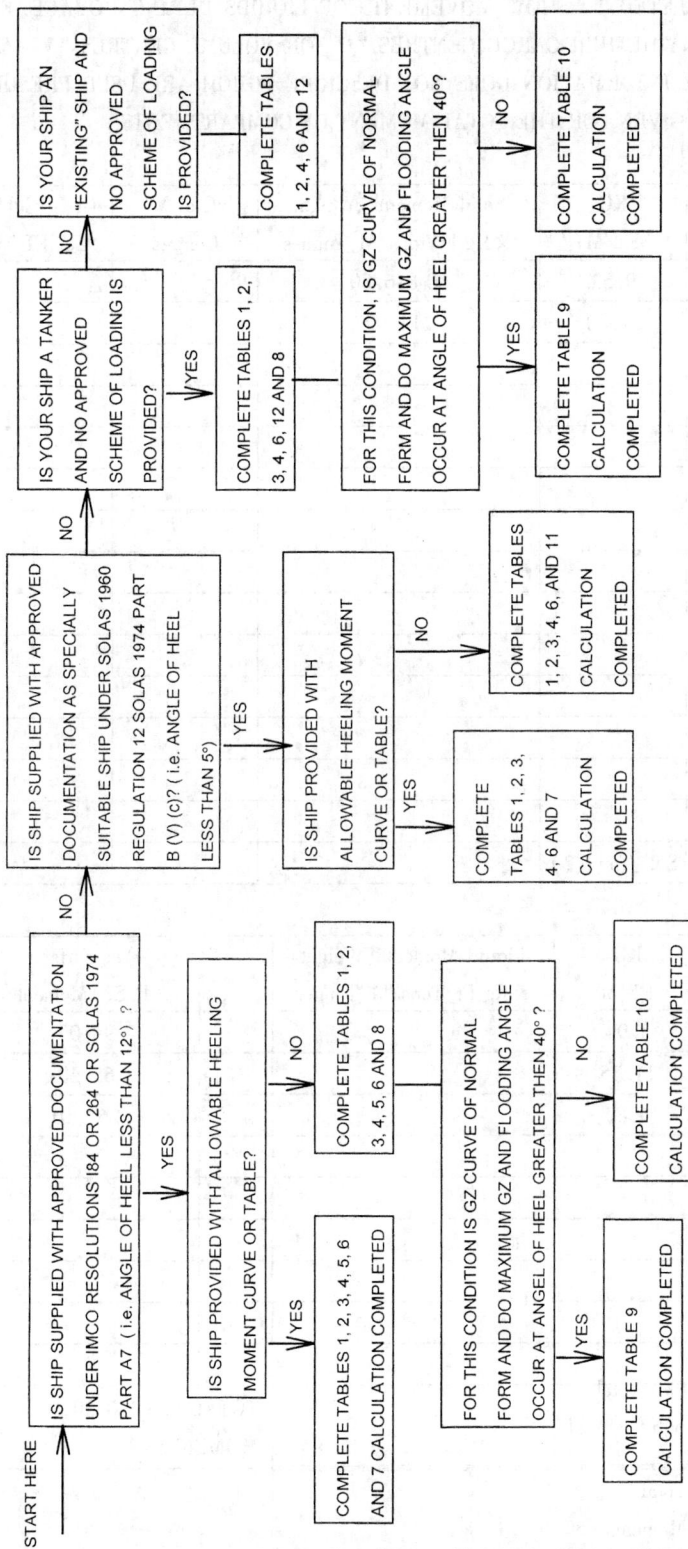

SHOULD YOU WISH TO LOAD IN A MANNER OTHER THAN SHOWN IN THE ABOVE DIAGRAM CONSULT DEPARTMENT OF TRANSPORT SURVEYOR

BEFORE COMMENCING TO LOAD

NOTES ON TABLES

TABLE 3 - STOWAGE FACTOR - WHERE TWO KINDS OF GRAIN ARE STOWED IN THE SAME COMPARTMENT, USE THE STOWAGE FACTOR OF THE GRAIN AT THE SURFACE.

-CORRECTION FACTOR COLUMN 5 - THIS IS NOT TO BE APPLIED IN THE CASE OF SHIPS LOADING AS A SPECIALLY SUITABLE SHIP.

TABLE 8 - WHERE THE ANGLE OF HEEL IS CLOSE TO OR ABOVE 12°, A MORE ACCURATE ANGLE OF HEEL MAY BE ESTABLISHED BY USING GRAPHIC METHODS IN TABLE 10.

TABLE 12 - THIS METHOD FOR TANKERS GIVES THE WORST CONDITION i.e. ALL TANKERS ARE ASSUMED TO BE PARTLY FILLED. THE KG OF THE CARGO IN A TANK IS TO BE ASSUMED TO BE AT THE VOLUMETRIC CENTRE OF THE TANK WHEN CALCULATING THE KG OF THE SHIP IN TABLE 2. WHERE A TANK IS LESS THAN 50% FULL., THE ACTUAL KG OF THE GRAIN MAY BE USED PROVIDED THE UPSETTING MOMENT FOR THAT TANK IS MULTIPLIED BY 1.12.

THIS TABLE IS TO BE COMPLETE FOR THE WORST CONDITION THAT CAN OCCUR DURING THE VOYAGE_TABLE **4** MUST BE FILLETED TO SHOW MOVEMENTS OF LIQUIDS DURING VOYAGE. FOR FULL COMPARTMENTS INDICATE WHETHER CARGO CENTRES "C" OR VOLUME CENTRES "V" ARE USED IF YOUR GRAIN STABILITY INFORMATION DOES NOT DESCRIBE WHICH ARE USED PRESUME "V" VALUES USED AND USE KG GIVEN FOR THE TOTAL MOMENT OF COMPARTMENTS.

TABLE 2

Compartment Number	Weight Tons Tonnes	KG FT/M	Solid Moments_Weight × Kg Ft_tons/M_Tonnes	C or V Centres	Grain Cubic CU. FT/M
LIGHT SHIP	8 486.55	9.53	80 846.80		
CREW & STORES	10.2	21.00	214.00		
CARGO					
Sub_Total(1)		Sub_Total(2)			

LIQUID'S WORST CONDITION

Tank Number	Weight Tons Tonnes	KG FT/M	Liquid Moments_Weight × Kg Ft_Tons/M_Tonnes		Free surface (F.S.) Moments
FUEL/LUB OIL	289.05	5.94			98.00
FRESH WATER	40.00	11.75			65.20
BALLAST WATER	262.00	9.60			267.10
Sub_Total Sub_Total(1)	+	Sub_Total Sub _ Total (2)	+		TOTAL F. S 430.30 MOMENTS
Displacement		Total Moments			

FILLED COMPARTMENTS（i）If ：V centres have been used in Table 2 – No correction is needed.

（ii）If "C" centres have been used in Table 2 – Correction factor is 1.06.

PARTLY FILLED COMPARTMENTS：CORRECTION FACTOR OF 1.12 IS TO DE USED EXCEPT.

（i）Where "V" centre of full compartment has been used in Table 2.

（ii）Where table or curve of upsetting moments has been adjusted for this correction.

TABLE 3

1 Grain Depth or Ullage Ft/M	2 Volumetric Upsetting Moment Ft^4/m^4	3 Stowage Factor CU. FT per Ton/ CU. M. per tonnes	4 Uncorrected Upsetting Moment Ft. Tons/M. Tonnes (2) ÷ (3)	5 Correction factor to allow for Vertical Shift of Grain Surface	6 Corrected Upsetting Moments Ft. tons/M. tonnes (4) × (5)
		Total Uncorrected Upsetting Moment		Total Corrected Upsetting Moments	

TABLE 4

TABLE 2 HAS BEEN COMPLETED FOR THE WORST CONDITION THAT WILL BE EXPERIENCED DURING THE VOYAGE. THE PROGRAM OF USE, TRANSFER AND ADDITION OR DISCHARGE OF LIQUIDS DURING THE VOYAGE IS EXPECTED TO BE AS FELLOWS

DAILY CONSUMPTION OF FUEL AND WATER

TABLE 5 ALTERNATIVE METHOD OF CORRECTING UPSETTING MOMENTS TO ALLOW FOR VERTICAL SHIFT OF GRAIN SURFACE

TABLE 6 CALCULATION OF KG & GM

UNCORRECTED KG FROM：$\dfrac{\text{TOTAL MOMENTS(TABLE 2)}}{\text{DISPLACEMENT(TABLE 2)}}$ =		FT
LIQUID F. S. GAIN FROM：$\dfrac{\text{TOTAL F. S. MOMENTS(TABLE 2)}}{\text{DISPLACEMENT(TABLE 2)}}$ =	+　　　　M	
CORRECTED KG =	−	
KM（FROM SHIPS STABILITY INFORMATION）FOR DISPLACEMENT SHOWN IN TABLE 2	=	
LEAST GM = 　　FT/M（MUST NOT BE LESS THAN 12 INCHES/0.3M)		

TABLE 7　MAXIMUM ALLOWABLE UPSETTING MOMENTS

CORRECTED KG OR GM (FROM TABLE 6)	
DISPLACEMENT (FROM TABLE 2)	
(A) MAXIMUM ALLOWABLE UPSETTING MOMENT (FROM SHIP'S STABILITY BOOK)	A
(B) actual corrected value of upsetting moments from (table 3).	B

　　　IF(A) EXCEEDS (B) SHIP COMPLIES.

NOTE:WHERE THE SHIPS DATA SHOWS THE MINIMUM GM OR MAXIMUM KG ALLOWED FOR THE ACTUAL UPSETTING MOMENT,THIS FORM SHOULD BE COMPLETED BY USING THE ACTUAL KG OR GM AND ENTERING THE TABLE OR CURVE IN THE SHIPS DATA TO FIND THE MAXIMUM ALLOWABLE HEELING MOMENT.

TABLE 8　ANGLE OF HEEL CALCULATION FOR 12(CRITERION)

$$\text{NAT TAN ANGLE OF HEEL} = \frac{\text{SUM OF CORRECTED UPSETTING MOMENTS (TABLE 3)}}{\text{DISPLACEMENT (TABLE 2)} \times \text{GM(TABLE 6)}}$$

$$= \frac{}{\times} =$$

ANGLE OF HEEL　　　　　=

ANGLE IS LESS THAN 12 SHIP COMPILES.

TABLE 9　CORRECTED RIGHTING ARM AT 40 HEEL USING CROSS CURVES

KN OR GZ FOR 40° FROM CROSS CURVES (SHIPS STABILITY INFORMATION) = _____ Ft/M

WHERE KN GIVEN,

　　　ACTUAL GZ AT 40° = KN – CORRECTED KG (TABLE 6) × SIN 40°

　　　　　　　= – 　　　　　×0. 642 8　　　　　　　　= A_____ .

　OR　　　　　　　　　　　　　　　　　　　　　　　　　　　　　　OR

WHERE GZ IS GIVEN FOR ASSUMED KG.

　　KG ON WHICH GZ CURVES ARE BASED (SHIPS STABILITY INFORMATION) =

　　　　　　　ACTUAL CORRECTED KG (TABLE 6)　　=_____

　　　　　　　　KG DIFFERENCE　　　　　　　±_____

ACTUAL GZ 40° = GZ FROM CURVES ± KG DIFFERENCE × SIN 40°

　　　=　　±　　×0. 642 8　　　　　　　　　　　　= A_____ .

$$\text{UPSETTING ARM CORRECTION} = \frac{\text{CORRECTED UPSETTING MOMENTS (TABLE 3)}}{\text{DISPLACEMENT (TABLE 2)}} \times 0.8$$

$$= \frac{}{} \times 0.8 \quad = B\_\_\_\_\_$$

　　　　　　　(A – B) CORRECTED GZ AT 40° HEEL = _____

IF CORRECTED GZ EXCEEDS 1. 008 Ft. OR 0. 307 M SHIP COMPLIES (SEE NOTE BELOW).

IF GZ CURVE IN THE NEAREST TYPICAL LOADED CONDITION SHOWN IN STABILITY BOOKLET IS OF NORMAL FORM AND MAXIMUM GZ OCCURS AT NOT LESS THAN 40,OR THE ANGLE OF FLOODING OCCURS AT NOT LESS THAN 40, THEN THE COMPLETION OF TABLE 9 IS SUFFICIENT TO DEMONSTRATE COMPLIANCE WITH REQUIREMENT FOR RESIDUAL AREA. IF ANY OF THESE CONDITIONS ARE NOT MET TABLE 10 IS TO BE COMPLETED.

TABLE 10　UPSETTING ARM CURVE AND RIGHTING ARM CURVE

ANGLES OF HEEL (LIMITING ORDINATE FOR AREA IS 40°, ANGLE OF MAXIMUM GZ VALUE OR FLOODING ANGLE WHICHEVER IS LEAST)

CORRECTION OF GZ VALUES									
ANGLES OF HEEL (°)	10°	20°	30°	40°	50°	60°	70°	80°	90°
KN or GZ FROM CROSS CURVES									
CORRECTIONS FOR DIFF. OF KG's (See Note 3)									
CORRECTED GZ VALUES									

SIMPSON'S PRODUCT FOR AREA		
SELECTED ORDINATE (See Note 4)	S. M.	PRODUCT FOR AREA
0	1	0
	4	
	2	
	4	
	2	
	4	
	1	
SUM OF PRODUCTS		

$$\text{AREA UNDER CURVE} = \frac{\text{SELECTED INTERVAL} \times \text{SUM OF PRODUCTS}}{3}$$

$$= \frac{}{3} \times$$

$$= \frac{}{3} \text{FT. DEGREES/M. DEGREES}$$

MINIMUM REQUIREMENT = 14.104 FT. DEGREES/4.296 M. DEGREES

NOTE 1: THE UPSETTING ARM CURVE IS A STRAIGHT LINE CONSTRUCTED BETWEEN THE FOLLOWING TWO VALUES:

$$\text{AT } 0° = \frac{\text{CORRECTED UPSETTING MOMENTS (TABLE 3)}}{\text{DISPLACMENT (TABLE 2)}}$$

AT 40° = 0.8 (VALUE AT 0°)

NOTE 2: THE VALUES OF GZ AND UPSETTING MOMENTS MUST BE DRAWN ON THE SAME SCALE.

NOTE 3: IF SHIP IS PROVEIDED WITH KN CURVES, THE CORRECTION = − KG SIN40°

IF SHIP IS PROVIDED WITH GZ CURVES FOR ASSUMED KG THE CORRECTION

(± KG DIFFERENCE) SIN 40°

NOTE 4: THE POSITION OF THE SELECTED ORDINATE SHALL BE AS FOLLOWS:

(1) THE FIRST ORDINATE SHALL OCCUR AT THE INTERSECTION OF THE UPSETTING ARM CURVE

AND THE GZ CURVE.

(2)OTHER ORDINATES SHALL OCCUR AT INTERVALS FROM THE POINT OF INTERSECTION OF $\frac{1}{6}$ {NUMBER OF DEGREES BETWEEN POINT OF INTERSECTION AND LIMITING ANGLE}.

TABLE 11　ANGLE OF HEEL CALCULATION (FOR 5° CRITERION)

$$\text{NAT TAN ANGLE OF HEEL} = \frac{\text{SUM OF UPSETTING MOMENTS (TABLE3,COLUMN 4)}}{\text{DISPLACEMENT (TABLE 2)} \times \text{GM(TABLE 6)}}$$

$$= \frac{}{\times} =$$

ANGLE OF HEEL　　　=

IF ANGLE IS LESS THAN 5° SHIP COMPLIES.

TABLE 12　ANGLE OF HEEL CALCULATION FOR TANKERS (WHERE NO APPROVED DATA IS HELD ON BOARD)

TOTAL COMBINED LENGTH OF ALL WING TANKS TO BE LOADED (L) =　　　　　FT.

(P. AND S. TANKS COUNTED SEPARATELY)　　　　　　　　　　　　　　　M.

MAXIMUM BREADTH OF WING TANKS TO BE LOADED (B)　　　　=

TOTAL COMBINED LENGTH OF ALL CENTRE TANKS TO BE LOADED ($L_{\overline{\Gamma}}$)

MAXIMUM BREADTH OF CENTRE TANKS TO BE LOADED (B_1)　　　=

WING TANKS UPSETTING MOMENT

$$= \frac{0.0389 L \cdot B^3}{\text{S. F.}} = \frac{0.0389 \times (L) \qquad \times (B) \qquad \times (B) \qquad \times (B)}{\text{S. F.}} =$$

CENTRE TANKS UPSETTING MOMENT

$$= \frac{0.0389 L_1 \cdot B_1^3}{\text{S. F.}} = \frac{0.0389 \times (L_1) \qquad \times (B_1) \qquad \times (B_1) \qquad \times (B_1)}{\text{S. F.}} =$$

TOTAL CORRECTED UPSETTING MOMENT　　　　　　　　　　　　　FT. TONS

　　　　　　　　　　　　　　　　　　　　　　　　　　　　　　　M. TONNES

THIS TOTAL CORRECTED HEELING MOMENT IS THEN USED TO SHOW COMPLIANCE BY COMPLETING TABLES 8,9 AND 10 AS APPROPRIATE

SPACE FOR ADDITIONAL CALCULATIONS OR INFORMATION

TABLE 13 CALCULATION FOR SHIP WITHOUT APPROVED DOCUMENTATION OTHER THAN A TANKER

AVERAGE VOID

DEPTH(V_d)　= MAXIMUM STANDARD VOID

　　　　　DEPTH + 0.75 (GIRDER DEPTH

MM – 600MM) FROM TABLE

　　　　=　　　+ 0.75 (　– 600MM)

　　　　=　　　MM.

　　　　=　　　METRES.

NOTE: MAXIMUM VOID DEPTH OCCURRING IN ANY FULL COMPARTMENT IS TO BE USED FOR THE CALCULATION BELOW.

MINIMUM REQUIRED GM =

$$\frac{L. B. V_d (0.25B - 0.645 \sqrt{V_d \cdot B})}{SF \cdot displacement \cdot 0.0875}$$

CALCULATION

AVERAGE VOID DEPTH × MOULDED BREADTH

OF SHIP　　　　　　　　　　= [A]

　　　　　×　　　　　　=

0.645 $\sqrt{A}$　　　　　　= [B]

0.645 $\sqrt{}$　　　　　　=

0.25 × MOULDED BREADTH OF SHIP　= [C]

0.25 ×　　　　　　　=

[C] – [B]　　　　　　= [D]

　–　　　　　　　=

DISTANCE FROM HATCH END OR HATCH SIDE TO BOUNDARY OF COMPARTMENT	STANDARD VOID DEPTH
METERS	MM.
0.5	570
1.0	530
1.5	500
2.0	480
2.5	450
3.0	440
3.5	430
4.0	430
4.5	430
5.0	430
5.5	450
6.0	470
6.5	490
7.0	520
7.5	550
8.0	590

FOR DISTANCE GREATER THAN 8.0 METERS STANDARD VOID DEPTH SHALL BE LINEARLY EXTRAPOLATED AT 80 MM INCREASE FOR EACH 1.0M INCREASE IN DISTANCE

MINIMUM REQUIRED GM =
$$\frac{\text{TOTAL COMBINED LENGTH OF ALL COMPARTMENTS} \times \text{MOULDE BREADTH OF SHIP} \times V_d \times [D]}{\text{DISPLACEMENT}}$$

$$= \frac{\times \qquad \times \quad \times}{\times \qquad \times 0.0875}$$

　　　=

SHIP COMPLIES IF ACTUAL GM IS GREATER THAN MINIMUM REQUIRED GM OR 1.0 METER, WHICHEVER IS GREATER, THROUGHOUT THE VOYAGE.

附录六　　组件货物系固方案的核查计算方法

货物单元装于甲板上所受的外力主要由船舶运动引起的惯性力、风压力和波溅力所组成。从货物积载和系固而言,主要是横向力和纵向力。对货件的系固目的在于阻止货件的水平(主要是横向)移动和倾覆。

一、核查计算方法

1. 阻止货件运动的约束力和货件运动力的平衡条件

当 $F_y \leqslant [F_y]$ 时,货件不会产生横向移动;

当 $F_x \leqslant [F_x]$ 时,货件不会产生纵向移动;

当 $M_y \leqslant [M_y]$ 时,货件不会产生横向倾覆。

若同时满足以上条件时,系固方案符合要求。

式中　F_y、F_x——分别为货件在横向和纵向的移动力,kN;

　　　M_y——货件横向倾覆力矩,kN·m;

　　　$[F_y]$、$[F_x]$——分别为阻止货件移动的横向和纵向约束力,kN;

　　　$[M_y]$——为阻止货件横向倾覆的约束力矩(kN·m)。

2. 货件移动力(力矩)的确定

$$F_y = m \cdot \alpha_y + F_{wy} + F_{sy}$$
$$F_x = m \cdot \alpha_x + F_{wx} + F_{sx}$$
$$M_y = F_y \cdot L$$

式中　m——货件的重量,t;

　　　α_y、α_x、α_z——货件所在位置的横向、纵向和垂向加速度,m/s^2;

　　　F_{wy}、F_{wx}——上甲板货件横向、纵向所受的风压力,kN;

　　　F_{sy}、F_{sx}——上甲板货件横向、纵向所受的风压力,kN;

　　　L——货件横向倾覆力臂,m。

(1)货件所受加速度的确定

$$\alpha_y = \alpha_{0y} \cdot K_1 \cdot K_2$$
$$\alpha_x = \alpha_{0x} \cdot K_1$$
$$\alpha_z = \alpha_{0z} \cdot K_1$$

式中　α_{0y}、α_{0x}、α_{0z}——货件所在位置的横向、纵向和垂向基本加速度(见表 F6-1);

　　　K_1——船长及航速修正系数(见表 F6-2);

　　　K_2——船宽与初稳性高度比修正系数(见表 F6-3)。

表 F6－1　基本加速度表

垂向货位	横向加速度 a_{0y}/(m/s²)									纵向加速度 a_{0x}/(m/s²)
上甲板高位	7.1	6.9	6.8	6.7	6.7	6.8	6.9	7.1	7.4	3.8
上甲板低位	6.5	6.3	6.1	6.1	6.1	6.1	6.3	6.5	6.7	2.9
二层舱	5.9	5.6	5.5	5.4	5.4	5.5	5.6	5.9	6.2	2.0
底舱	5.5	5.3	5.1	5.0	5.0	5.1	5.3	5.5	5.9	1.5
纵向货位（距船尾）	0.1	0.2	0.3	0.4	0.5	0.6	0.7	0.8	0.9 L	
垂向加速度 a_{0z} (m/s²)	7.6	6.2	5.0	4.3	4.3	5.0	6.2	7.6	9.2	

表中 L 为船长。

表 F6－1 所列基本加速度的条件为：无限航区；全年航行；25 天连续航行；船长等于 100 米；服务航速 15 节；B/GM 不小于 13。（B 为船宽，GM 为船舶未经自由液面修正的初稳性高度）

当本船的船长、航速及 B/GM 不符合上述条件时，应根据表 F6－2 和表 F6－3 查得相应的修正系数 K1 和 K2 进行修正计算。

表 F6－2　与船长(L)和航速(V)有关的 K_1 修正系数

V(kn) \ L(m)	50	60	70	80	90	100	120	140	160	180	200
9	1.20	1.09	1.00	0.92	0.85	0.79	0.70	0.63	0.57	0.53	0.49
12	1.34	1.22	1.12	1.03	0.96	0.90	0.79	0.72	0.65	0.60	0.56
15	1.49	1.36	1.24	1.15	1.07	1.00	0.89	0.80	0.73	0.68	0.63
18	1.64	1.49	1.37	1.27	1.18	1.10	0.98	0.89	0.82	0.76	0.71
21	1.78	1.62	1.49	1.38	1.29	1.21	1.08	0.98	0.90	0.83	0.78
24	1.93	1.76	1.62	1.50	1.40	1.31	1.17	1.07	0.98	0.91	0.85

注：表中数据来源于以下公式：

$$K_1 = (0.345v/L^{1/2}) + (58.62 \times L - 1\,034.5)/L^2$$

本公式不适用于 50 m > L 或 L > 300 m 的船舶。

表 F6－3　与 B/GM 有关的 K_2 修正系数

B/GM	7	8	9	10	11	12	≥13
上甲板高位	1.56	1.40	1.27	1.19	1.11	1.05	1.00
上甲板低位	1.42	1.30	1.21	1.14	1.09	1.04	1.00
二　层　舱	1.26	1.19	1.14	1.09	1.06	1.03	1.00
底　　舱	1.15	1.12	1.09	1.06	1.04	1.02	1.00

（2）上甲板货件所受风压力的确定

$$F_{wy} = P_w \cdot A_{wy}$$

$$F_{wx} = P_w \cdot A_{wx}$$

式中　P_w——估计风压强,取 $P_w = 1$,kN/m^2;

　　　A_{wy}, A_{wx}——上甲板货件的横向、纵向受风面积,m^2。风力作用点取在受风面积中心。

（3）上甲板货件所受波溅力的确定

$$F_{sy} = P_s \cdot A_{sy}$$
$$F_{sx} = P_s \cdot A_{sx}$$

式中　P_s——估计波溅压强,取 $P_s = 1$,kN/m^2;

　　　A_{sy}, A_{sx}——上甲板货件的横向、纵向受波溅面积,m^2。

货件受波溅面积是指高出上甲板或上甲板舱盖 2 m 以内的货件受波溅面积,其作用点取在波溅面积中心。

2. 货件约束力(力矩)的确定

2005 年修订的《系固规则》中提出了力系平衡的替代方法,给出了考虑系索的水平系固角的更为精确的计算公式。因为系固装置通常不可能纯粹的纵向和横向,其中水平面上也会有一个与横向的夹角,这种系固装置在横向和纵向同时起到系固作用,所以应以 f_y 和 f_x 分别计算货件的横向和纵向约束力中。其计算公式如下：

$$[F_y] = \mu \cdot m \cdot g + \sum_{i=1}^{N_y} cs_i \cdot f_{yi}$$

$$[F_x] = \mu \cdot m \cdot (g - \alpha_z) + \sum_{i=1}^{N_x} cs_i \cdot f_{xi}$$

$$[M_y] = m \cdot g \cdot b_1 + \sum_{i=1}^{N_y} cs_i \cdot \lambda_i$$

式中　μ——货件底部与衬垫材料或船体结构之间的摩擦系数,见表 F6-4;

　　　m——货件的重量,t;

　　　g——重力加速度,$g = 9.81$ m/s^2;

　　　b_1——货件重心至倾覆支点间的横向距离,m;

　　　cs_i——第 i 根系索的计算强度,$cs = MSL/1.35$,kN;

　　　λ_i——横向系索至货件倾覆支点间的垂直距离,m;

　　　N——系索根数;

　　　f_{yi}, f_{ix}——第 i 根系索的一个系数,其计算公式为:$f = \mu \cdot \sin \alpha + \cos \alpha$

　　　当 $\alpha > 60°$时,$f = 0$。

表 F6-4　摩擦系数 μ

接触材料	摩擦系数 μ
潮湿或干燥的木材——木材	0.4
钢——木材,或钢——橡胶	0.3
干燥的钢——钢	0.1
潮湿的钢——钢	0

二、系固方案核查计算用表

表 F6-5　有关船舶资料表

船长 L/m	航速 V/节	船宽 B/m	GM/m	B/GM

表 F6-6　有关货物资料表

垂向货位	纵向货位/L（距船尾）	货物重量/t	货物尺寸			横向力臂 L_z /m	系固点高度 h /m	货重心距支点横距 b_1/m	摩擦系数 μ
			长/m	宽/m	高/m				
		(1)	(2)	(3)	(4)	(5)=(4)/2	(6)	(7)=(3)/2	(8)

表 F6-7　有关系索资料表

系索编号	横向系索							纵向系索					
	左/右	系固角	MSL	CS	力臂 l	*f	CS·f	CS·l	前/后	系固角	MSL	CS	*f	CS·f
	(9)	(10)	(11)=(10)/1.35	(12)*	(13)	(11)×(13)	(11)×(12)		(14)	(15)	(16)=(15)/1.35	(17)	(16)×(17)
1	左								前					
2	左													
						(18)	(19)							(20)
合计					(左)				合计				前	
					(右)								后	

*注：(13)$f_y = \cos(11)\cos(12) + (7)\sin(11)$，当 (11) > 60° 时，取 (13)$f_y = 0.0$。

(15)$f_x = \cos(11)\sin(12) + (7)\sin(11)$，当 (11) > 60° 时，取 (15)$f_x = 0.0$。

(14)c：对于横剖面呈矩形的货件 $c = (8)\cos(11)\cos(12) + (3)\sin(11)$，当 11 ≤ 45°，且 (12) ≥ 45° 时，$c = 0$。当系固点高度 (8) 不知时，c 可保守地取为货件的宽度 (3)。

表 F6-8　甲板货物单元的风压力和波溅力计算表

风　压　力		波　溅　力	
横向风压力	纵向风压力	横向波溅力	纵向波溅力
(21)=(2)×(4)	(22)=(3)×(4)	(23)=2×(2)	(24)=2×(3)

*注：当 (4) < 2 m 时，取 (24)=(4)×(4) 和 (25)=(4)×(3)。

表 F6-9　货物单元的加速度计算表

基本加速度			K_1	K_2	修正后的加速度			$m(g-a_z)$
a_{0y}	a_{0x}	a_{0z}			a_y	a_x	a_z	

(25)	(26)	(27)	(28)	(29)	(30) = (25) ×(28)×(29)	(31) = (26)×(28)	(32) = (27)×(28)	(33) = (1) ×(9.81 - (32))

注:表中(26)~(28)栏数据由表 F6-1 中查取;

表中(29)栏数据由表 F6-2 中查取或由计算求得;;

表中(30)栏数据由表 F6-3 中查取。

表 F6-10　货物单元的运动情况核查表

横向移动核查			横向倾覆核查			纵向移动核查		
横向移动力 F_y	横向约束力 $[F_y]$	合格否? $F_y <$ $[F_y]$?	横向倾覆力矩 M_y	横向约束力矩 $[M_y]$	合格否? $M_y < [M_y]$?	纵向移动力 F_x	纵向约束力 $[F_x]$	合格否? $F_x <$ $[F_x]$?
(35) = (1) × (31) + (22) + (24)	(36)P = 9.81 ×(1) × (7) + (16) (36)S = 9.81 ×(1) × (7) + (17)	(35) < (36) ?	(38) = (35) ×(5)	(39)P = 9.81 ×(1) × (6) + (0.9) ×(18) (39)S = 9.81 ×(1) × (6) + 0.9 ×(19)	(38) ≤ (39)?	(41) = (1) × (32) + (23) + (25)	(42)P = (7) × (34) + (20) (42)S = (7) × (34) + (21)	(41) ≤ (42)?
		P			P			F
		S			S			A

附录七　有关货物及其他资料

1. 常见货物包装种类

表 **F7 -1**

包装名称		缩写		适装货物
		单数	复数	
装箱	箱装(Case)	C/ -	C/S,Cs	箱的总称
	木箱(Box)	Bx	Bxs	小箱、适装五金等
	木箱(Chest)	Cst	Csts	小型轻便箱,适装茶叶等
	明格箱(Skeletoncase)	C/ -	C/S,Cs	土豆、红葱等
	胶合板箱(Veneercase)			
	夹板箱(Plywoodbox)			
	席包箱(Mattedbox)			
	M/Bx	M/Bxs		
	柳条箱(Willowcase)			
	亮格箱(Cratecase)	Crt	Crts	自行车、玻璃、机械等
	纸板箱(Cardboardcase)			
	纸箱(Carton)	Ctn	Ctns	易碎品、香烟、日用品等
包捆装	包、捆(Bale)	B,Bl	B/S,Bls	纺织品等
	机包(Pressedbale)	Bl	Bls	棉花、棉布、纸张等
	席包、蒲包(Mat)			
	布包(Burlap)	Blp	Blps	砂糖、籽棉等
	麻布包(Jutecloth)			
袋装	袋(Bag)	Bg	Bgs	袋装总称,粮食、水泥等
	麻袋(Gunnybag)	Bg	Bgs	大米、豆类、砂糖
	草袋(Strawbag)	Bg	Bgs	谷物、盐等
	布袋(Clothbag)	Bg	Bgs	面粉、滑石粉、淀粉等
	布袋(Sack)	Sk,Xe	Sks,Xes	
	聚乙烯袋(Polyethylenebag)	Bg	Bgs	化肥、氯化铵等
	牛皮纸袋(Paperbag,Kraftbag)	Bg	Bgs	水泥、石灰、化肥等
桶装	鼓形桶(Barrel)	Brl	Brls	油类、肠衣、松脂等
	桶(Keg)	Kg	Kgs	小五金、油漆等
	桶(Cask)	Csk	Csks	水泥、碱性染料等
	罐头桶(Can)	Cn	Cns	油漆等
	听(Tin)			猪肉、油漆、药品等
	铁桶(Drum)	Drm	Drms	酒类、染料、药品等
	桶(Tub)			酱、酱油等
	手提桶(Pail)			油漆等
	桶(Butt)			酒等
	大木桶(Hogshead)	Hghd	Hghds	烟叶、酒类等

表 **F7 – 1**(续)

包装名称		缩写		适装货物
		单数	复数	
特殊包装	瓶(Bottle)	Botl	Botls	酒类、化学药品等
	柳筐瓶(Demijohn)	Dmjn	Dmjns	酸类等
	坛(Jar)			榨菜、咸蛋、酸类等
	钢瓶(Cylinder)			液化气体、压缩气体等
	细颈瓶(Flask)			化学药品等
	笼(Cage)	Cg	Cgs	鸟类容器等
	篓、篮(Basket)	Bkt	Bkts	水果、蔬菜等
	包裹(Parcel)			样品、赠品、行李等
裸装	裸装(Unpacked)			汽车、挖掘机等
	盘(Coil)	Cl	Cls	盘圆、铁丝、绳索等
	卷(Roll)	Rl	Rls	卷席、筒纸、油毡等
	卷(Reel)			电线、电缆、铁丝等
	捆、扎(Bundel)	Bdl	Bdls	铜棒、铁筋、藤条等
	大捆(Skid)			马口铁、废铁片等
	管(Pipe,Tube)			钢管、铁管等
	块(Ingot,Slab,Castwheel)			铸铁块、铅块、豆饼块等
	棒(Bar)			铁棒、铁条、角铁等
	张(Sheet)	Sht	Shts	铁皮、铜板等
	个、件(Package)	Pkg	Pkgs	个数的总称
	个、件(Piece)	Pc	Pcs	铁条型钢等
	对(Pair)	Pr	Prs	成对的车轮等
	组(Set)			成套的轮胎等
	头、匹(Head)	Hd	Hds	牛、马等

2. 部分货物忌装表

表 **F7 – 2**

忌装货名	混装后果	忌装要求	
钢材、生铁、金属设备、干电池等	酸、碱、化肥	酸、碱、化肥对钢材、生铁、金属设备有腐蚀作用,会使后者生锈;干电池遇酸碱后会起铜绿,会使之走电,腐烂电池	酸、碱、化肥与贵重钢材、设备、干电池不同舱室;与一般金属制品不相邻堆装
白铁皮、紫黄铜、铝锭、镀锌五金	纯碱	锌遇碱性就会加重锌皮锈蚀;纯碱腐蚀金属表层,并使金属发绿发锈	不同室
白铁皮、黑铁皮	食盐	白(镀锌)铁皮、黑(镀锡)铁皮遇盐溶解,产生黄色锈水而退锌退锡,加速铁皮生锈	不同室
棉制品、皮制品、文具、纸张	酸碱	棉制品遇酸碱使棉花纤维脆弱,皮制品遇酸碱使皮面生裂纹,纸张文具遇酸碱受蚀,失去使用价值	不同室

表 **F7 –2**(续)

忌装货名	混装后果	忌装要求	
橡胶	酸、碱、苯、乙醚、二硫化碳等	橡胶遇上述物质受腐蚀使其表面生裂纹,失去弹性或被溶解	不同室
玻璃及其制品	纯碱及潮湿货	玻璃接触纯碱会使玻璃表面受蚀发毛;其受潮后会影响其透明度或不易分开	不同室
硫酸铵、氯化铵过磷酸等酸性肥料	碱类	酸性化肥与碱作用,起中和作用,失去肥效	不同室
萤石、白云石、方界石	酸类	它们多为散装,萤石遇酸易产生有极毒和腐蚀性的氟化氢;白云石和方界石遇酸会溶解	不同室
尼龙及其制品	樟脑	两者有亲和力,樟脑气体进入尼龙纤维内部,影响其强度和染色牢度	不同室
水泥	食糖、氧化镁、氨肥	水泥遇万分之一的糖类会失去凝固作用,食糖混入水泥不能食用;水泥中如有氧化镁,在使用时氧化镁会与水化合,体积膨胀,影响水泥制品的重量;氨肥混入水泥会使水泥加速凝固,降低其使用价值,混入水泥的化肥也会降低肥效并影响土质	不同室
滑石粉、膨润土	生铁、矿砂等粉粒状货物	滑石粉混入杂质不能用作造纸、医药、化妆品等原料;膨润土为白色块状物质,作翻沙制模型用,混入杂质会影响翻砂重量	不同室

3. ISO6346 –1995 文件——集装箱识别和标记代号国际标准摘录

国际标准化组织集装箱技术委员会(ISO/TC104)于 1994 年 9 月通过该项国际标准。标准中集装箱尺寸代码和类型代码表摘录如下。

(1)集装箱尺寸代码

表 **F7 –3**　第一位字符

代码	箱长(L)		代码	箱长(L)	
	mm	ft　in		mm	ft　in
1	2 991	10′	D	7 430	24′6″
2	6 058	20′	E	7 800	
3	9 125	30′	F	8 100	
4	12 192	40′	G	12 500	
5	备用号		H	13 106	41′
6	备用号		K	13 600	
7	备用号		L	14 716	43′
8	备用号		M	14 630	48′
9	备用号		N	14 935	49′
A	7 150		P	16 154	
B	7 315	24′	R	备用号	
C	7 420		…	…	

表 F7 - 4　第二位字符

H \ W mm(ft,in)	2 438 (8′)	2 438 < W ≤ 2 500 (8′ < W(8′2″)	> 2 500 (>8′2″)
2 438(8′)	0		
2 591(8′6″)	2	C	L
2 743(9′)	4	D	M
2 895(9′6″)	5	E	N
>2 895(9′6″)	6	F	P
1 295(4′3″)	8		
1 219(4′)	9		

注:表中 H - 集装箱箱高;W - 集装箱箱宽。

(2)集装箱类型代码

表 F7 - 5

代码	箱型	总代码	集装箱主要特性	细代码	代码	箱型	总代码	集装箱主要特性	细代码
G	通用集装箱(无通风设备)	GP	一端或两端开门	G0	V	通用集装箱(通风设备)	VH	无机械排气系统,货箱上部或底部空间设有通风口(备用号)	V0
			货箱上部空间设有透气孔	G1					V1
			一端或两端开门,加上一侧或两侧全部敞开	G2				箱体内部设有机械通风装置(备用号)	V2
			一端或两端开门,加上一侧或两侧部分敞开(备用号)	G3					V3
				G4				箱体外部设有机械通风装置	V4
			……	…				(备用号)	V5
			……	…				……	…
			(备用号)	G9				(备用号)	V9
S	以货物命名的集装箱	SN	牲畜集装箱	S0	R	保温集装箱	RE	机械制冷	R0
			小汽车集装箱	S1		—冷藏			
			活鱼集装箱	S2					
			(备用号)	S3		—冷藏和加热	RT	机械制冷和加热	R1
			……	…					

表 **F7 –5**(续)

代码	箱型	总代码	集装箱主要特性	细代码	代码	箱型	总代码	集装箱主要特性	细代码
			……	…		—自备动力冷藏和加热集装箱	RS	机械制冷	R2
								机械制冷和加热(备用号)	R3
			……	…					R4
			……	…					
			……	…			……	…	
			(备用号)	S9				(备用号)	R9
P	平台式集装箱(具有不完整上部结构板架势) – 固定式	PL	平台集装箱	P0	T	罐式集装箱	TN	最小压力 45 kPa	T0
								最小压力 150 kPa	T1
						—用于液体非危险货物		最小压力 265 kPa	T2
		PF	有两个完整和固定的端板	P1				最小压力 150 kPa	T3
			有固定独立柱或带有可拆卸的顶梁	P2			TD	最小压力 265 kPa	T4
		PC	有折叠完整的端结构	P3		—用于液体危险货物		最小压力 400 kPa	T5
	– 折叠式		有折叠独立柱或带有可拆卸的顶梁	P4					
	具有完整上部结构的板架势	PS	顶部和端部都敞开	P5				最小压力 600 kpa	T6
				P6			TG	最小压力 910 kpa	T7
			(备用号)	…		—用于气体货物		最小压力 220 kpa	T8
			……	P9				最小压力(待定)	T9
			(备用号)						
H	保温集装箱设备	HR	设备置于箱体外部 其传热系数 0.4(W/m²k)	H0	U	敞顶式集装箱	UT	一端或两端开门	U0
			设备置于箱体内部	H1				一端或两端开门,加上端框架顶梁可拆卸	U1

表 **F7 –5**(续)

代码	箱型	总代码	集装箱主要特性	细代码	代码	箱型	总代码	集装箱主要特性	细代码
	可拆卸的冷藏和（或）加热集装箱	HI	设备置于箱体外部其传热系数 0.7 (W/m^2k)	H1	U		UT	一端或两端开门,加上一侧或两侧开门	U2
				H2					
				H3				一端或两端开门,加上一侧或两侧开门,加上端框架顶梁可拆卸	U3
			（备用号）	H4					
			（备用号）	H5					
	隔热集装箱							一端或两端开门,加上一侧局部敞开和另一侧全部敞开	U4
			有隔热性,其传热系数 0.4(W/m^2k)	H6					
			有隔热性,其传热系数 0.7(W/m^2k)						
				H7					U5
				...					...
			（备用号）					（备用号）	U9
			......	H9				......	
			（备用号）					（备用号）	
B	干散货集装箱（无压力）	BU	封闭式	B0	A	空陆水	AS		A0
			气密式	B1		联运集装箱			
			（备用号）	B2					
	干散货集装箱（有压力）	BK	水平卸货,实验压力 150 kPa	B3					
			水平卸货,实验压 265 kPa	B4					
			倾斜卸货,实验压 150 kPa	B5					
			倾斜卸货,实验压 265 kPa	B6					
			（备用号）	B7					
			......	...					
			（备用号）	B9					

参考文献

［1］中华人民共和国海事局. 船舶与海上设施法定检验规则. 2004/2005

［2］中国船级社. 钢质海船入级与建造规范. 2006

［3］熊仕涛. 船舶概论. 哈尔滨:哈尔滨工程大学出版社,2006

［4］SOLAS. 1974/2005

［5］中华人民共和国海事局. 中华人民共和国海船船员适任考试大纲. 大连:大连海事大学
出版社,2006

［6］沈玉茹. 船舶货运. 大连:大连海事大学出版社,2006

［7］IMO. 国际海运危险货物规则. 2006

［8］陈桂卿,李治平. 船舶货运. 大连:大连海事大学出版社,1991

［9］73/78 国际防止船舶造成污染公约(MARPOL73/78)

［10］邱文昌,施纪昌. 海上货物运输. 北京:人民交通出版社,2005

［11］中华人民共和国港务监督局. STCW78/95 公约. 北京:中国科学技术出版社,1997

［12］徐邦祯,王建平,田佰军. 海上货物运输. 大连:大连海事大学出版社,2001

［13］王捷. 海上货物运输. 大连:大连海事大学出版社,2007

［14］中国船级社. 货物系固手册编制指南. 北京:人民交通出版社,1997

［15］刘雪梅. 船舶原理. 哈尔滨:哈尔滨工程大学出版社,2005

［16］中国海事服务中心. 海上货物运输. 北京:人民交通出版社,2008

［17］中华人民共和国海事局. 中华人民共和国海船船员适任评估大纲和规范. 大连:大连海
事大学出版社,2009